KB176038

Be the Solver

신뢰도 성장분석(RGA)

문제 회피

Be the Solver

신뢰도 성장분석(RGA)

송인식 지음

이담북스

'문제 해결 방법론(PSM)'[1]의 재발견!

오랜 기간 기업의 경영 혁신을 지배해 온 「6시그마」의 핵심은 무엇일까? 필자의 과제 수행 경험과 강의, 멘토링, 바이블 시리즈 집필 등 20년 넘게 연구를 지속해 오면서 6시그마를 지배하는 가장 중요한 요소가 무엇인지 깨닫게 되었다. 그것은 바로 **'문제 처리(Problem Handling)'**, **'문제 해결(Problem Solving)'**, **'문제 회피(Problem Avoiding)'**이다. 이에 그동안 유지해 온 타이틀 『6시그마 바이블』 시리즈와 『Quality Bible』 Series를 이들 세 영역에 초점을 맞춘 **『BTS(Be the Solver)』 시리즈**로 통합하고, 관련 내용의 체계를 재정립한 뒤 개정판을 내놓게 되었다.

기업에서 도입한 경영 혁신의 핵심은 대부분 '문제 처리/문제 해결/문제 회피(이하 '3대 문제 유형')'를 위해 사전 활동으로 '과제 선정'이 요구되고, '3대 문제 유형'을 통해 사후 활동인 '성과 평가'가 이루어진다. 또 '3대 문제 유형'을 책임지고 담당할 '리더'가 정해지고, 그들의 '3대 문제 유형' 능력을 키우기 위해 체계적인 '전문 학습'이 기업으로부터 제공된다. 이들을 하나로 엮으면 다음의 개요도가 완성된다.[2]

---

1) Problem Solving Methodology.

2) 송인식(2016), 『The Solver』, 이담북스, p.38 편집.

상기 개요도에서 화살표로 연결된 내용은 '용어 정의'를, 아래 밑줄 친 내용은 '활동(Activity)'을 각각 나타낸다. 기업에는 모든 형태의 문제(공식화될 경우 '과제')들이 존재하고 이들을 해결하기 위해 세계적인 석학들이 다양한 방법론들을 제시했는데, 이같이 문제들을 해결하기 위한 접근법을 통틀어 **'문제 해결 방법론(PSM: Problem Solving Methodology)'**이라고 한다.

필자의 연구에 따르면 앞서 피력한 대로 문제들 유형은 '문제 처리 영역', '문제 해결 영역', 그리고 '문제 회피 영역'으로 나뉜다. '문제 처리 영역'은 '사소한 다수(Trivial Many)'의 문제들이, '문제 해결 영역'은 고질적이고 만성적인 문제들, 또 '문제 회피 영역'은 연구 개발처럼 '콘셉트 설계(Concept Design)'가 필요한 문제 유형들이 포함된다. '문제 회피(Problem Avoiding)'의 의미는 설계 제품이 아직 고객에게 전달되지 않은 상태에서 "향후 예상되는 문제들을 미리 회피시키기 위해 설계 노력을 강구함"이 담긴 엔지니어 용어이다. 이들 '3대 문제 유형'과 시리즈의 '문제 해결 방법론'을 연결해 정리하면 다음과 같다.

[총서]: 문제 해결 역량을 높이기 위한 이론과 전체 시리즈 활용법 소개.
- The Solver → 시리즈 전체를 아우르며 문제 해결 전문가가 되기 위한 가이드라인 제시.

[문제 처리 영역]: '사소한 다수(Trivial Many)'의 문제들이 속함.

- 빠른 해결 방법론 → 전문가 간 협의를 통해 해결할 수 있는 문제에 적합. '실험 계획(DOE: Design of Experiment)'을 위주로 진행되는 과제도 본 방법론에 포함됨(로드맵: 21 – 세부 로드맵).

- 원가 절감 방법론 → 원가 절감형 개발 과제에 적합. 'VE(Value Engineering: 가치공학)'를 로드맵화 한 방법론(로드맵: 12 – 세부 로드맵).

- 단순 분석 방법론 → 분석량이 한두 건으로 적고 과제 전체를 5장 정도로 마무리할 수 있는 문제 해결에 적합.

- 즉 실천(개선) 방법론 → 분석 없이 바로 처리되며, 1장으로 완료가 가능한 문제 해결에 적합.

- 실험 계획(DOE) → '요인 설계'와 '강건 설계(다구치 방법)'로 구성됨(로드맵: '빠른 해결 방법론'의 W Phase에서 'P – D – C – A Cycle'로 전개).

[문제 해결 영역]: 고질적이고 만성적인 문제들이 속함.

- 프로세스 개선 방법론 → 분석적 심도가 깊은 문제 해결에 적합(로드맵: 40 – 세부 로드맵).

- 통계적 품질 관리(SQC) → 생산 중 문제 해결 방법론. '통계적 품질 관리'의 핵심 도구인 '관리도'와 '프로세스 능력'을 중심으로 전개.

- 영업 수주 방법론 → 영업 수주 활동에 적합. 영업·마케팅 부문(로드맵: 12 – 세부 로드맵).

- 시리즈에 포함되지 않은 동일 영역의 기존 방법론들 → TPM, TQC, SQC, CEDAC, RCA(Root Cause Analysis) 등.[3]

---

3) TPM(Total Productive Maintenance), TQC(Total Quality Control), SQC(Statistical Quality Control), CEDAC(Cause and Effect Diagram with Additional Cards).

[문제 회피 영역]: '콘셉트 설계(Concept Design)'가 포함된 문제들이 속함.

- 제품 설계 방법론 → 제품의 설계·개발에 적합. 연구 개발(R&D) 부문 (로드맵: 50 – 세부 로드맵).
- 프로세스 설계 방법론 → 프로세스 설계·개발에 적합. 금융/서비스 부문(로드맵: 50 – 세부 로드맵).
- FMEA → 설계의 잠재 문제를 적출해 해결하는 데 쓰임. Design FMEA 와 Process FMEA로 구성됨. 'DFQ(Design for Quality) Process'로 전개.
- 신뢰성(Reliability) 분석 → 제품의 미래 품질을 확보하기 위해 수명을 확률적으로 분석·해석하는 데 적합.
- 신뢰도 성장분석(Reliability Growth Analysis) → '복구 가능 아이템'의 연구 개발 중, 또는 필드 제품의 신뢰도 향상을 위한 분석과 해석에 적합.
- 시리즈에 포함되지 않은 동일 영역의 기존 방법론들 → TRIZ, NPI 등.[4]

다음은 『Be the Solver』 시리즈 전체와 개별 주제들의 서명을 나타낸다.

분류	『BTS(Be the Solver)』 시리즈
총서	The Solver
문제 해결 방법론 (PSM)	[문제 처리 영역] 빠른 해결 방법론, 원가 절감 방법론, 단순 분석 방법론, 즉 실천(개선) 방법론 [문제 해결 영역] 프로세스 개선 방법론, 영업 수주 방법론 [문제 회피 영역] 제품 설계 방법론, 프로세스 설계 방법론
데이터 분석 방법론	확증적 자료 분석(CDA), 탐색적 자료 분석(EDA), 정성적 자료 분석(QDA)
혁신 방법론	혁신 운영법, 과제 선정법, 과제 성과 평가법, 문제 해결 역량 향상법
품질 향상 방법론	[문제 처리 영역] 실험 계획(DOE) [문제 해결 영역] 통계적 품질 관리(SQC)-관리도/프로세스 능력 중심 [문제 회피 영역] FMEA, 신뢰성 분석(수명분석), **신뢰도 성장분석**

---

4) TRIZ(Teoriya Resheniya Izobretatelskikh Zadach), DFQ Process(Design for Quality Process), NPI(New Product Introduction).

들어가는 말

　"신뢰성의 또 다른 분야." 이렇게 표현해도 될 것 같다. 앞서 출간되어 기업 교육 때 교재로 쓰이는 「BTS(Be the Solver) 시리즈_신뢰성 분석 편」은 아이템의 수명을 분석하는 원리와 방법을 담고 있다. 반면, 소개할 「BTS 시리즈_신뢰도 성장분석 편」은 같은 연구·개발 상황에서 필요로 하는 해석법이긴 하나 목적과 수행 절차에서 많은 차이가 있다. 먼저 일반적인 '수명시험'은 '고장 난 시점'과 '개수'를 수집해 '평균 수명'을 산정하나 '신뢰도 성장시험'은 '고장 나는 시점'까지 관찰하는 것은 유사하지만 그를 '복구'하는 과정이 반복된다. 따라서 전자는 "복구가 필요치 않은 아이템"에, 후자는 "복구가 가능한(Repairable) 아이템"에 필요한 분석법이다.

　주변에서 마주치는 제품들, 예를 들어 자동차, 냉장고, 텔레비전뿐만 아니라 항공기나 트럭, 인공위성, 다양한 발사체 등 소위 복잡도 높은 시스템들은 모두 '신뢰도 성장분석'의 대상이다. 항상 보는 제품들은 잘 작동하는 상태로만 접하므로 큰 문제의식을 못 느끼나 막상 최초 개발자 입장으로 돌아가면 양상은 크게 바뀐다. 아무리 초기 설계가 잘 이루어졌다 해도 프로토타입을 만들어본 개발자라면 예상대로 완전하게 작동하는 모습을 한 번에 마주하기란 하늘의 별을 따는 일만큼이나 희귀한 사건이다. 따라서 양산 전까지 보완에 보완을 거듭하는 과정은 불가피한데 그렇다고 막무가내로 일을 추진할 순 없다. 두 가지가 필요한데 하나는 '계획'이요, 다른 하나는 '정량화'이다.

먼저 **'계획'**은 검증 대상인 아이템을 어느 수준까지 높여야 고객이 만족할지 확인하고, 그 수준까지 달성하려면 중간 수준을 또 얼마만큼 달성해 갈지 미리 정하는 활동이다. 그냥 평소 연구 활동과 같이 계획하면 되지 않느냐고 반문할지 모르나 통상 복잡도 높은 초기 아이템이 갖고 있을 문제점을 드러내고 '개선 조치'해 가며 또 검증도 하는 과정은 단기간에 끝낼 사항은 아니다. 수개월은 기본이고 수년까지도 비일비재하다. 따라서 계획을 미리 수립하지 않으면 몇 년이 소요될 수 있는 시험 활동에 이정표 하나 없이 표류하게 될 수도 있다. 이 같은 사항을 고려할 때 '신뢰도 성장계획'을 위한 학습이 별도로 꼭 있어야 함을 짐작할 수 있다.

또 하나는 **'정량화'**이다. 정량화를 위해서는 '숫자'가 필요하고, 하나의 시험에서 유발되는 '숫자'는 제멋대로 형성돼서는 곤란하다. 초기 아이템이 지속해서 나아지고 있음을 숫자에서 읽어내야 하기 때문이다. 이를 위해 시험에 투입할 '아이템 수'와 '수집 방법', '해석법'들을 미리 결정하고 이해하지 않으면 서로 다른 환경에서 만들어진 숫자들에서 아무런 정보도 얻지 못할 수 있다. 장기간 수행되는 시험에서 아이템의 상태를 검증하지 못하면 모든 그동안의 노력이 물거품이 될 수 있다. 그런데 '신뢰도 성장분석'이 연구원들 주변에 깊이 침투하지 못하는 중요한 이유가 하나 있다. 바로 실제 분석을 수행해 보면 수집된 데이터 형식에 따라 전처리가 매우 까다롭고 수학적, 통계적 해석 과정도 그리 녹록지 않다. 어렵기도 하고 수작업으로의 계산도 분명 한계가 있다. 다양한 복잡도 높은 아이템을 개발하는 연구원, 개발자들에겐 본서가 매우 중요한 역할을 할 수 있으리란 자신감은 바로 이런 문제들을 해소해 줄 수 있다는 데 근거한다.

앞서 언급한 대로 수작업으로 '신뢰도 성장분석'을 수행하는 일은 매우 번잡한 일이긴 하나 원리 이해를 위해서는 어느 정도 감내가 요구된다. 이에 기본적 수학 원리는 될 수 있으면 '엑셀'을 이용하고 결과 검증용으로 통계 분석 전용 소프트웨어를 사용할 것이다. '신뢰도 성장분석' 전용 소프트웨어로는 'ReliaSoft社'의 'RGA(Reliability Growth Analysis)'가 있으나 기업 대부분이 다양한 통계 분석이 가능한 패키지 기능을 선호하므로 '미니탭'과 'JUMP'의 사용을 놓고 고민하였다. '미니탭'은 이미 많은 기업에서 도입해 운용하고 있어 접근성이 높지만 '신뢰도 분석'에 있어서는 'JUMP'의 '프로파일러' 같은 그래픽 기능과 뛰어난 확장성을 고려하지 않을 수 없다. 이에 본 '신뢰도 성장분석'만큼은 다른 시리즈와 달리 검증용 통계 분석 소프트웨어로 '미니탭'이 아닌 'JUMP'를 활용하였다. 또 'JUMP'를 확보하고 있지 않은 독자들을 위해 오픈 소스인 'R'의 코드를 함께 실었으니 **"원리는 엑셀로, 검증은 JUMP 또는 R 활용"**으로 이해해 주기 바란다. 아무쪼록 어려운 내용이지만 꼭 필요한 분야의 학습이니만큼 본 책을 통해 많은 성과를 이뤄내길 간절히 바라는 바이다.

저자 송 인 식

'신뢰도 성장분석'은 여타 신뢰성 분야와 마찬가지로 제2차 세계대전을 기점으로 형성되었으며, 따라서 국방부 무기 체계나 장비 개발과 직접적 연관이 있다. 한마디로 '원조'가 있으며, 이 '원조'를 따르는 일은 지금껏 기업 내 문제 해결의 필독서인 17권의 「BTS(Be the Solver) 시리즈」를 엮어내면서 기본 전제 조건으로 삼아 온 바 있다. 즉 원리의 탄생 배경을 명시하고 용어는 될 수 있으면 당시 문헌에 따라 기술하되 변경되거나 현대화한 내용은 주석으로 알리는 작업이다. 원리의 연대기적 흐름과 그 속에서의 발전을 독자가 학습하게 되면 그대로 응용력으로 재현된다. 본서의 '신뢰도 성장분석' 역시 원조인 「MIL-HDBK-189(또는 189C)」에 기반을 두고 내용과 목차, 용어 및 예제와 풀이를 참고해서 전개하고 있다. 주요 내용을 요약하면 다음과 같다.

「I. 신뢰도 성장분석 사전 학습」에서는 본문 전개에 필수인 기본 개념과 용어 정의들을 학습한다. '1. 수명분석과 신뢰도 성장분석'은 익숙한 '수명분석'과의 차이에 대해, '2. 신뢰도 성장분석 개요'는 각종 용어 정의와 시험 대상의 유형 분류, 그리고 '3. 신뢰도 성장 관리'에서는 시험을 시행하는 방법(또는 접근법)과 다루게 될 다양한 '데이터 유형'을 학습한다. '신뢰도 성장시험'의 특징이 시험 접근법에 따라 '데이터 유형'이 결정되는 면이 있고, 또

'데이터 유형'별 분석법들이 정해져 있어 본 주제는 앞으로 전개될 본문에 매우 중요한 기본 지식 역할을 한다.

「Ⅱ. 신뢰도 성장계획」은 본격적인 분석에 앞서 시험에서 달성하게 될 초기 성과 및 중간 성과와 최종 성과를 결정하는 방법을 학습한다. 단, 계획 수립이지만 나열식이 아닌 이론적으로 성장 추이를 마련하는 활동이다. 그 첫 번째로 '1. 신뢰도 성장계획 모형'에서는 계획 곡선 및 이후 분석에 쓰일 기본 모형과 모형의 유도 과정을 학습하고, '2. 신뢰도 성장 곡선의 작성'에서는 이미 배운 모형을 이용해 '이상 성장 곡선'과 '계획 성장 곡선' 작성법을 학습한다. '3. 신뢰도 성장계획의 실사례'에서는 여러 문헌에서 알려진 사례를 앞서 학습했던 이론과 연계해 재현해 봄으로써 응용력을 높여 나간다.

「Ⅲ. 신뢰도 성장추적분석」은 「Ⅱ. 신뢰도 성장계획」이 과거의 시험 경험이나 자료를 토대로 진행되는 것과 달리 시험 중 직접 수집한 데이터를 기반으로 현 아이템의 '구성(Configuration)'이 보유한 '신뢰도(MTBF)'를 계산한다. 우선 '1. 신뢰도 성장추적분석 개요'에서 추적분석의 의미와 이론적 배경 및 수학적 모형을 학습하고, '2. 신뢰도 성장추적분석의 사례'에서 다양한 분석 사례를 다룬다. 이때 「Ⅰ. 신뢰도 성장분석 사전 학습」의 '3. 신뢰도 성장 관리'에서 설명했던 '데이터 유형'을 기반으로 분석과 해석을 상세히 설명한다. 아마 실무자 대부분이 관심 있게 들여다봐야 할 장이 될 듯싶다.

「Ⅳ. 신뢰도 성장 예상분석」은 현재 시험 구간이 끝난 직후 이어지는, 다음 시험 구간 초기 때의 '신뢰도(MTBF)' 예상 방법과 과정을 학습한다. 먼저 '1. 신뢰도 성장 예상분석 개요'에서는 예상분석의 특징과 모형에 관해 설명하고, 이어 '2. ACPM(AMSAA-Crow Projection Model)'에서는 시험 종료 후 '개선 조치'가 이루어질 때 모형을 이용한 예상 분석법을, '3. CERPM(Crow Extended Reliability Projection Model)'에서는 역시 모형을 이용한 예상분석을 설명하되 이전과 달리 '시험 중'과 '시험 후' 모두에서 '개선 조치'가 수행될 때에 대해 알아본다. 끝으로 '4. 복구 가능 아이템의 신뢰도 성장 실증시험 설계'는 아이템의 '신뢰도(MTBF)'를 평가하기 위한 시험설계를 간단한 관계식을 통해 알아본다. 시험을 준비하는 연구원이나 개발자라면 학습에 큰 도움이 될 것이다.

기업에서 다루어지는 다양한 문제들의 해결 방법에 관심 있는 독자는 'www.ps-lab.co.kr'의 「소통방/자료방」을 방문해 관련 내용을 참고하기 바란다.

차례

『Be the Solver』 시리즈 전체 이해하기_4

들어가는 말_ 8

본문의 구성_ 11

Ⅰ. 신뢰도 성장분석 사전 학습_ 19

1. '수명분석'과 '신뢰도 성장분석'_ 20

2. '신뢰도 성장분석' 개요_ 25

   2.1. 용어 정의_ 27
   2.2. '신뢰도 성장시험'용 아이템(제품)의 분류_ 34
   2.3. '신뢰도 성장시험'이 수행되는 '개발 단계(Stages)'_ 36

3. 신뢰도 성장 관리_ 39

   3.1. 기본 통계 모형의 선정법_ 39
   3.2. '신뢰도 성장시험' 방법과 산출 지표_ 42
   3.3. '시험 국면'과 '개선 조치 기간(CAP)'의 관계_ 48
   3.4. '신뢰도 성장시험'의 패턴과 해석_ 50
      3.4.1. Test-Fix-Test 접근법_ 51
      3.4.2. Test-Find-Test 접근법_ 53
      3.4.3. Test-Fix-Test with Delayed Fixes 접근법_ 55
      3.4.4. '시험 로드맵'과 '신뢰도 성장'의 경우의 수_ 56

3.5. '신뢰도 성장분석'에 쓰이는 데이터 유형_ 58

    3.5.1. 고장 시간 데이터(Failure Time Data)_ 59

    3.5.2. 다중 아이템 데이터-작동 시간이 알려짐_ 60

    3.5.3. 다중 아이템 데이터-동시에 작동함_ 62

    3.5.4. 다중 아이템 데이터-날짜가 포함됨_ 63

    3.5.5. 그룹 데이터(Grouped Data)_ 65

    3.5.6. 필드 아이템 데이터-복구 가능_ 66

    3.5.7. 필드 아이템 데이터-플릿(Fleet)_ 68

II. 신뢰도 성장계획(Reliability Growth Planning)_ 71

1. 신뢰도 성장계획 모형_ 72

    1.1. '신뢰도 성장계획'의 이론적 배경_ 73

    1.2. 'Duane 모형'의 그래프 해석_ 76

    1.3. 'Duane 모형'의 수학적 해석(=AMSAA Crow 모형)_ 81

2. 신뢰도 성장 곡선의 작성_ 88

    2.1. '이상 성장 곡선(Idealized Growth Curve)'의 작성_ 89

        2.1.1. AMSAA Crow Planning Model_ 90

        2.1.2. Planning Model based on

            Projection Methodology(PM2)-Continuous_ 101

    2.2. '계획 성장 곡선(Planned Growth Curve)'의 작성_ 116

3. 신뢰도 성장계획의 실사례_ 125

    3.1. 신뢰도 성장계획 - '화재 진화 시스템' 사례_ 125

    3.2. 신뢰도 성장계획 - '탱크(Tank)' 사례_ 131

Ⅲ. 신뢰도 성장추적분석(Reliability Growth Tracking Analysis)_ 139

1. 신뢰도 성장추적분석 개요_ 140

1.1. '실증 MTBF'와 '예상 MTBF'의 이해_ 141

1.2. '고장 시간'의 순서와 'MTBF'_ 145

1.3. '신뢰도 성장 모형'의 이론적 배경_ 147

1.3.1. 포아송 과정(Poisson Process)_ 153

1.3.2. Duane 모형(Duane Model)_ 157

1.3.3. RGTMC[또는 AMSAA Crow(NHPP) 모형]_ 165

2. 신뢰도 성장추적분석의 사례_ 182

2.1. 단일 아이템의 '고장 시간'으로 이루어진 데이터_ 182

2.2. 다중 아이템의 '고장 시간'으로 이루어진 데이터_ 193

2.2.1. '고장 시간'과 '작동 시간' 모두 알려진 경우
(Known Operating Times)_ 193

2.2.2. 다중 아이템을 동시에 작동시키는 경우
(Concurrent Operating Times)_ 206

2.2.3. 다중 아이템을 동시에 작동시키는 경우
('수정 시점'이 다름)_ 213

2.2.4. 다중 아이템에 날짜가 포함된 경우
(Multiple Systems with Dates)_ 218

2.3. 그룹(또는 구간) 데이터_ 222

2.4. 결측 자료(Missing Data)_ 235

2.5. 불연속(기울기의 변화) 데이터_ 241

2.6. '일회성 아이템(One Shot System)'의 추적_ 246

2.7. '일회성 아이템'의 '혼합 데이터(Mixed Data)'_ 254

2.8. 이산 데이터(Discrete Data) - RGTMD_ 260

2.8.1. 'RGTMD'의 기초 이론_ 261

2.8.2. '구성별 그룹 데이터'를 위한 모형 유도_ 263

　　　　2.8.3. '순차 데이터(Sequential Data)'를 위한 모형 유도_ 265
　　2.9. 설계 목표달성의 확인_ 273
　　2.10. '예상 MTBF' 구하기_ 276
　　2.11. '예상 MTBF' 산정에 관한 경험 사례_ 277

Ⅳ. 신뢰도 성장 예상분석(Reliability Growth Projection Analysis)_ 281

　1. 신뢰도 성장 예상분석 개요_ 282
　　　1.1. '신뢰도 성장 예상분석'을 위한 모형(Model)_ 284
　　　1.2. '신뢰도 성장 예상분석'의 특징_ 288
　　　1.3. '신뢰도 성장 예상 모형'의 '모수' 특징_ 290

　2. ACPM(AMSAA-Crow Projection Model)_ 292
　　　2.1. ACPM 개요_ 292
　　　2.2. 'ACPM'의 '고장 강도(Failure Intensity)'_ 293
　　　2.3. 'ACPM'의 '모수 추정(Parameter Estimation)'_ 301
　　　2.4. 신뢰도 성장 잠재력_ 304
　　　2.5. 'ACPM'의 '적합도 검정(Goodness-of-Fit Test)'_ 306
　　　2.6. 'ACPM' 사례 분석_ 309
　　　　2.6.1. Case Study 17: 올바른 분석과 '신뢰도 블록' 분석법_ 310
　　　　2.6.2. Case Study 18: 한 개 아이템의 'BD-모드'와
　　　　　　'FEF' 고려_ 322
　　　　2.6.3. Case Study 19: 다중 아이템의 'BD-모드'와
　　　　　　'FEF' 고려_ 329
　　　　2.6.4. Case Study 20: '중도 절단 자료' 형태가
　　　　　　포함된 예_ 339
　　　　2.6.5. Case Study 21: '신뢰도'와
　　　　　　'최적 정비 시간/비용' 평가_ 342

      2.6.6. Case Study 22: 플릿 데이터 분석-1_ 348

      2.6.7. Case Study 23: 플릿 데이터 분석-2_ 353

3. CERPM

  (Crow Extended Reliability Projection Model)_ 362

    3.1. 'CERPM' 개요_ 363

    3.2. 'CERPM'의 '고장 강도(Failure Intensity)'_ 365

    3.3. 'CERPM' 사례 분석_ 367

      3.3.1. Case Study 24: 'A/BC/BD-모드'를
           모두 포함한 분석_ 367

      3.3.2. Case Study 25: 'A/BC/BD-모드'를
           모두 포함한 '그룹 데이터' 분석_ 375

4. 복구 가능 아이템의 신뢰도 실증시험 설계_ 384

Ⅴ. 부록(Appendix)_ 389

      A. '최소 제곱법' 유도_ 390

      B. 'RGTMC(또는 AMSAA Crow(NHPP) 모형)' 유도_ 393

      C-1. MTBF의 '신뢰구간' 계산표(정시 중단시험)_ 404

      C-2. MTBF의 '신뢰구간' 계산표(정수 중단시험)_ 405

      D. 모형 적용을 위한 '고장 시간 데이터' 최소 수량_ 406

      E. '그룹 데이터'의 '순간 MTBF 구간 추정'_ 407

      F-1. '그룹 데이터' 분석 'R 코드'_ 414

      F-2. '불연속 데이터' 분석 'R 코드'_ 417

      F-3. ACPM [표 Ⅳ-5] Case Study18 'R 코드'_ 419

      F-4. ACPM [표 Ⅳ-11] Case Study20 'R 코드'_ 420

    색인_ 423

신뢰도 성장분석 사전 학습

본 장에서는 실무자에게 익숙한 '수명분석'과 앞으로 설명할 '신뢰도 성장분석' 간의 기본적 차이에 대해 알아볼 것이다. 이어 '신뢰도 성장 분석'의 핵심인 '신뢰도 성장계획', '신뢰도 성장추적' 및 '신뢰도 성장 예상'을 이해하기 위한 용어와 시험 전개 및 분석과 해석법에 대해 간 략히 학습한다. 좀 더 깊이 들어가기 위한 기본 정보 습득이므로 독자 들은 정독해 주기 바란다.

I. '수명분석'과 '신뢰도 성장분석'

복잡한 아이템을 개발할 때 평가 목적으로 초기 프로토타입을 제작하게 되는데 이때 '현재의 품질'인 '성능(Performance)'과 '시간의 품질'인 '신뢰성(Reliability)'을 떨어트리는 본질적인 결점은 피할 수 없다. 설계 활동이 아무리 완벽해도 초기에 이들 모두를 예측하고 제거하는 일은 분명 한계가 있기 때문이다. 따라서 부족한 설계를 드러내고 '개선 조치'하기 위해 프로토타입을 대상으로 한 시험 수행, 그리고 수집한 데이터로 목표 설계를 검증하기 위한 수학적 모형들이 필요하다.

이제 양산품 일부를 표집해 '수명시험'을 한다고 가정하자. 이때 제품은 "새 제품"이어야 한다. 사용한 제품으로 수명 상태를 파악할 순 없기 때문이다. 공정에서 제조한 아이템(시스템, 서브 시스템, 모듈, 부품의 총칭)은 모두 같은 환경과 조건에서 만들어진다(물론 약간의 변동은 인정해야 한다). 또 애초 설계대로 철저하게 관리하는 공정에서 양산되므로 그들의 수명도 이상적으론 모두 같아야 한다. 그러나 시간이 지나면서 하나 둘씩 고장 날 때, 설계 당시의 기대와 달리 모두 제각각의 시점에서 고장이 난다(물론 같은 시점에 여럿이 고장 날 수도 있다). 이 같은 사고 실험을 통해 고장 발생은 서로 간에 아무런 영향을 미치지 않는 독립된 사건임을 추론할 수 있다(Independent).

또 하나, 고장 날 때의 '분포(Distribution)'를 생각해 보자. 참고로 '분포'는 "정한 범위에 흩어져 퍼져 있음"이다. '고장 시간'을 수집하면 모두 같지 않고 최솟값부터 최댓값 사이에서 값들이 퍼져 있다. 이제 양산 공정에서 10개를 표집한 후 수명시험을 시작하고, 또 다른 시점에 10개를 재표집해 다시 같은 수명시험을 반복한다. 시간이 흘러 아이템들이 고장 나고 이들의 고장 시간을 모두 수집해 관찰해 보자. 두 집단(또는 그 이상 집단)의 수명 분포는 아이템별론 제각각처럼 보이지만 모아 놓고 관찰하면 특정 '확률 밀도 함수'로 해석할 수 있음을 경험적으로 알 수 있다. 이미 하나의 설계도로 똑같이 제조했으므로 대부분은 기대치만큼 생존하고, 일부는 기대치에 조금 못 미친, 또 다른 일부는 기대치보다 좀 더 오래 생존하는 일관성을 보이기 때문이다(Identically Distributed). 종합하면 "고장은 독립적으로 발생하며 값들의 차이는 같은 분포를 따르는(iid, Independently and Identically Distributed)" 특징이 있음을 알 수 있다. 즉 **수명분석에서 'i.i.d.'의 의미는 같은 구성의 여러 아이템을 대상으로 하며,**[5] **하나의 '확률 밀도 함수'로 해석할 수 있음을 암시**한다.

[그림 Ⅰ-1]은 앞서 설명한 '수명시험'을 시각적으로 요약한 개요도이다. 왼쪽 그림은 무작위로 발생하는 고장을 'X'로 표시하고 있으며, 이들 고장 난 아이템들은 서로 '독립적(Independent)'으로 발생한다. 오른쪽 그림은 '고장 시간'의 빈도인 '히스토그램'을 보여준다. 히스토그램 외곽을 연결한 매끈한 '도수 분포 곡선'을 수학적 관계로 발전시키면 아이템의 속성을 잘 설명하는 '확률 밀도 함수'를 얻는다(예로써 '와이블 분포 확률밀도함수' 등). 즉 이 아이템의 수명 자료는 설계 조건이나 제조 조건이 바뀌지 않는 한 같은 시험을 반복할 경우 기본적으로 "같은 분포를 따르는(Identically Distributed)" 형태로 계속 관찰된다.

[그림 Ⅰ-1] '독립적이며 같은 분포를 따르는(iid)' 확률 변수의 개요도

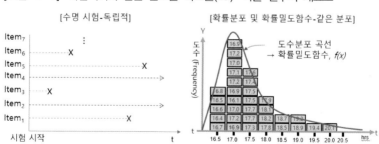

[수명 시험-독립적]   [확률분포 및 확률밀도함수-같은 분포]

---

5) "여럿"이 아니더라도 "개별 아이템이 다른 아이템들과 같은 분포를 따른다."라고 해석할 수 있다.

이제 상황을 바꿔 연구개발 단계에서 '유도 미사일'처럼 복잡한 아이템을 개발한다고 가정하자. 일반 기업일 경우 '냉장고'나 '차량 엔진'을 상상해도 좋다. 연구소 업무에 맞는 신규 아이템의 개발이며 기존에 없던 재료나 부품들의 도입 때문에 기대하는 것만큼의 성능을 첫 프로토타입에서 얻기란 쉽지 않다. 따라서 문제점을 계속 찾으며 '개선 조치(또는 설계 변경)'와 그 개선이 올바르게 됐는지 확인하는 '검증/평가'가 반복되는데, 이때 다루는 '고장 시간'[6]들은 상호 종속의 관계를 유지한다. 예로써, 한 '복구 가능 아이템(Repairable System)'의 최초 고장은 이후 고장들에 영향을 미치는, 즉 서로 독립이기보다 상호 종속의 관계임을 쉽게 짐작할 수 있다(Dependent). 왜냐하면, 연구원이 수행하는 '개선 조치'의 변경 상태와 정도에 따라 본 아이템의 이후 '고장 시간'이 매번 새롭게 결정되기 때문이다. 재탄생한 아이템은 고장 나기 직전의 '아이템 사용 연한(System Age)'부터 다시 시작하는 "As-bad-as-old" 상태가 된다. '새 제품'이 아니라 개선 직전 "나이 든 만큼의(?) 상태"와 단지 연결되는 것이다. 이처럼 아이템 처지에서 보면 매번 세상을 뜨는(?) 경험을 하고 전능하신(?) 연구원의 소생술로 재탄생하기를 반복한다. '복구 가능 아이템'의 특징이다.

추론을 좀 더 확장해 보자. '설계 변경' 이후 발생한 '고장 시간'은 '개선 조치' 이전과 똑같은 '확률 밀도 함수'로 해석하긴 어렵다. 이미 '개선 조치' 이전과는 확연히 달라진 신생 '구성(Configuration)'과 변화된 체질을 갖췄기 때문이다(Differently Distributed). 지금까지의 설명을 종합하면 **연구 개발 중 '개선 조치'를 해가며(Repairable Systems) 신뢰도를 높여 가는(또는 고장 확률을 줄이는) 활동은 한 개 아이템을 대상으로 하며, 별도로 해석할 새로운 모형(Model)의 도입 필요성을 암시**한다.

[그림 Ⅰ-2]는 한 개의 복잡한 아이템을 개발할 때 'MTBF'를 점진적으

---

6) 정확히는 "고장까지의 시간(Time-to-Failure)"이나 편의상 이후부터 '고장 시간'으로 명명할 것이다.

로 높여 나가기 위해 수행된 '신뢰도 성장시험' 개요도이다. 'X' 표시는 [그림 Ⅰ-1]에서의 그것과 의미가 다른데, 당시는 고장이 발생한 '고장 시간'이었으나 '신뢰도 성장시험'에서는 "첫 시험 구간이 종료된 시점"을 나타낸다. 이때 '고장'은 시험 구간 어디에서도 발생할 수 있고 그들은 대부분 'X' 표시 직후에 '개선 조치(재설계, 설계 변경)'된다. 고장 난 아이템은 '개선 조치'를 통해 'MTBF'가 높아지는데 이것은 그림에서 다음 시험의 수평선이 점진적으로 위로 '도약'하는 패턴에서 짐작할 수 있다. 세 번째 수평선의 상태로 볼 때 향후 동일 '구성'으로 아이템을 제작하면 't = 현시점'에서의 'MTBF', 즉 개선을 통해 'MTBF'가 높아진 아이템으로 재탄생한다. 이 경우 [그림 Ⅰ-1]과는 시험 목적과 과정에서도 크게 차이 나므로 '고장 데이터'의 성격 역시 다를 수밖에 없다. 따라서 이들을 수용할 새로운 '모형(Model)'이 요구된다.

[그림 Ⅰ-2] '개선 조치(재설계, 설계 변경)'가 있는 '신뢰도 성장시험' 개요도

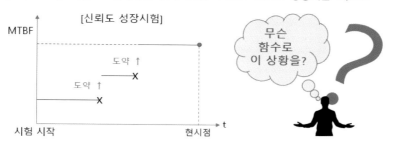

'신뢰도 성장'을 위한 시험은 특별히 준비된 스트레스를 아이템에 인가함으로써 설계에 내재한 부적절한 결점들이 드러나도록 계획돼야 한다. 이 과정에서 드러난 고장을 분석하고 설계를 변경한 다음, 수정된 아이템을 검증함으로써 설계 변경이 제대로 됐음을 최종적으로 확인한다. 이때 개선 여부를

파악할 측도로 'MTBF(Mean Time between Failures)'가 쓰인다. '고장 간 시간 간격'을 늘려 나가야 하기 때문이다. 이처럼 하나의 프로세스로 접철되는 시험 과정은 'TAFT(Test-Analysis-Fix-Test) 절차'로 요약되며 아이템의 신뢰도 성장을 달성하는 주요 촉매 역할을 한다. 이 절차를 통해 아이템에 내재한 '고장 모드'를 충분히 제거함으로써 고객이 원하는 요구 수준까지 아이템의 신뢰도를 높일 수 있다.

'신뢰도 성장시험'을 성공적으로 마무리하기 위해 염두에 둬야 할 세 가지 요건이 있다. **첫째**, 아이템의 현재 신뢰도를 정확하게 결정할 수 있어야 한다. **둘째**, 아이템이 가진 본질적 결점을 드러내기 위한 스트레스 수준의 인가, 그리고 '개선 조치' 결과를 검증할 수 있는 시험 프로그램을 계획해야 한다. **셋째**, 수행 관리자는 시험 일정의 조정 능력과 'TAFT 절차'를 완성하는 데 필요한 자원을 충분히 검토·확보해야 한다.

'신뢰도 성장시험'에 대한 상기 세 가지 요건 외에 시험 중 생기는 돌발 변수들을 적절히 제어할 필요가 있다. 이를 위해 시험 기간 전체에 걸쳐 신뢰도 성장을 꼼꼼하게 모니터하는 것이 중요하다. 모니터링은 아이템의 신뢰도를 주기적(예를 들어, 시험의 각 '시험 국면'이 끝날 때)으로 평가하고 현재의 신뢰도를 해당 시점의 계획된 신뢰도와 비교해서 '시험 국면(Test Phase)'별 목표달성 여부를 판단한다. 또 '시험 국면'별 얻게 되는 자료의 분석을 통해 이들 모두의 활동이 제대로 이뤄지고 있는지, 그리고 '개선 조치'가 잘 작동하고 있는지 등의 근거로 활용한다.

이어지는 본문은 신뢰도를 높이기 위해 시험 전체를 계획하는 데 필요한 방법과 연속 '시험 국면' 속에서 아이템의 실제 성장을 추적하는 유용한 도구들에 대해 알아볼 것이다.

2. '신뢰도 성장분석' 개요

　　　　　　　　　　신뢰성 이론이 기업 실무자들에게 낯선 면이 있고 시중에서도 잘 준비된 자료를 찾아보기 어려운 게 현실이다. 사실 신뢰성 데이터 분석에 있어 실질적 체험과 산지식, 인지도를 충분하게 가진 문헌이 미 국방성의 'Military Standard'임을 부인하기 어렵다. 따라서 어려운 '신뢰도 성장분석'에 대해 쉽고 체계적인 학습을 유도하기 위해 그리고 인터넷에서 바로 검색과 다운로드를 할 수 있는 다음의 문헌들을 본문에 활용하였다.

○ 문헌-① MIL-HDBK-189C(14 June 2011), "Reliability Growth Management" → '신뢰도 성장'의 A부터 Z까지를 담고 있다. 단, 수학적 모형의 유도와 예제들은 '문헌-②'를 참고하도록 하고 있다. 본문에서는 현업에서 사용 빈도가 높은 모형들 중심으로 소개할 것이다.

○ 문헌-② MIL-HDBK-189(13 Feb 1981), "Reliability Growth Management" → 바로 앞서 소개한 'MIL-HDBK-189C'의 이전 버전이다. 모형의 수학적 전개와 예제가 학습 가치가 높아 본문에 소개하였다.

○ 문헌-③ MIL-HDBK-781A(1 Apr 1996), "Reliability Test Methods, Plans, and Environments for Engineering, Development Qualification, and Production" → 주요 신뢰성 시험법들을 소개하고 있으며 '신뢰도 성장' 관련 용어 정의, 대상 제품의 분류, 주요 수학적 모형(Model) 전개 및 사례를 참고하였다. '신뢰성 업무'를 기술한 「MIL-STD-785B의 'Task 302」와 함께 참고하면 도움이 된다.

○ 문헌-④ DoD 3235.1-H(Mar 1982), "Test & Evaluation of System Reliability, Availability and Maintainability" → 제목처럼 '신뢰도', '가용도', '보전도'를 설명하는 문헌이다. 그러나 신뢰도 영역의 '이상 성장 곡선' 및 '계획 성장 곡선' 설명과 그 사례들이 비교적 쉽고 간단히 소개돼 있어 참고하였다.

○ 문헌-⑤ ReliaSoft Corporation, "Reliability Growth & Repairable System Data Analysis Reference" → 웹에서 제공되는 '신뢰도 성장분석' 자료로 이론, 사례 분석과 해석이

상세하게 소개돼 있다. 본문에서는 주요 모형의 수학적 전개와 사례를 참고하였다 (pdf로도 제공됨. 본문은 pdf와 Web 자료를 함께 활용함).

상기 자료들을 본문에서 참고할 때는 '[문헌-①(p.20)]'과 같이 '문헌명'과 '참고 위치'를 함께 나타낼 것이다. 독자들의 학습권을 보장하기 위함이다. 실무에 자주 적용되는 모형들은 비교적 정립이 잘돼 있어 활용하는 데 큰 지장은 없다. 다만 수학 전개 과정이 많은 경우 될 수 있으면 '부록(APPENDIX)'에 싣고 본문은 주요 내용 설명에 할애할 것이다.

'신뢰도 성장'을 아이템에 적용하기 위해서는 두 개의 핵심적인 활동이 있다. 하나는 '신뢰도 성장계획(Reliability Growth Planning)'이고 다른 하나는 '신뢰도 성장평가(Reliability Growth Assessment)'이다.

[문헌-①(p.6)] **'신뢰도 성장계획'**이란 프로그램 일정, 시험량, 가용자원의 고려뿐 아니라 고객 요구 수준을 달성하기 위해 앞으로의 시험이 현실성 있게 진행될 수 있도록 고민하는 활동이다. 계획은 수치로 나타내서 '계획 성장 곡선' 작성과 지원 활동의 구성에 활용한다. 시험은 전체 기간을 '시험 국면(Test Phase)'이라고 하는 다수의 구간으로 나눈다. 이때 '시험 국면(Test Phase)'별로 신뢰도 목표를 설정하는 데 '계획 성장 곡선'을 이용한다. **'신뢰도 성장평가'**는 각 '시험 국면' 끝에서 행해지며, '계획 성장 곡선'과의 비교를 통해 신뢰도 목표달성 여부를 판단한다. 신뢰도 '측정 지표'는 'MTBF'를 사용한다.

신뢰도의 '계획 성장 곡선'이나 '시험 국면(Test Phase)' 같은 낯선 단어들은 이어지는 용어 정의나 본문을 통해 익혀 나가도록 하자. [그림 Ⅰ-3]은 '신뢰도 성장계획'과 '신뢰도 성장평가'에 쓰이는 수학적 모형들을 모아 놓은 것이다[문헌-①(목차)]. 복잡해 보이고 양도 많지만, 사각형 점선으로 강조해 놓은 모형들만 학습하면 나머지는 필요에 따라 약간의 노력만으로 이용할 수 있다. 이에 본문은 그림의 점선 사각형으로 강조한 모형들을 중심으로 전개해 나갈 것이다. 번역이 오히려 원 의미를 훼손시킬 수 있어 불편을 감수하고 영문 그대로 옮겨 놓았다. 글자가 좀 작아 불편한 점 양해 바란다.

[그림 Ⅰ-3] '신뢰도 성장분석 모형(Model)'들의 모음

[그림 Ⅰ-3]에서 **'신뢰도 성장계획'**의 하위 모형들은 '시스템(System)과 하위 시스템(Subsystem)', '연속 자료(Continuous)와 이산 자료(Discrete)'의 구분에 따라 갈린다. **'신뢰도 성장평가'**는 그림에서 보듯 다시 '신뢰도 성장추적'과 '신뢰도 성장 예상'으로 나뉘고 각각은 앞서와 유사한 구분으로 모형들이 존재한다. 통상 얘기하는 **'신뢰도 성장분석'** 하면 **'신뢰도 성장추적' 모형을 사용한 분석**을 지칭한다.

2.1. 용어 정의

한 분야나 원리를 학습하기 이전에 그 영역에서 쓰이는 용어를 명확히 인지하고 시작하는 게 효과적이다. 다소 낯설게 읽히더라도 한번 훑고 지나가

면 나중에 이론이나 사례 분석을 학습할 때 본문을 이해하는 데 큰 도움을
받기 때문이다. 다음은 [문헌-①(pp.2~4)]인 「MIL-HDBK-189C(2011)」와 [문
헌-③(pp.6~7)]인 「MIL-HDBK-781A(1996)」의 용어를 번역해 옮겼다. 출처가
다른 곳에서 설명된 용어는 그 위치를 별도로 기록하였다.

○ **계획 성장 곡선**(Planned Growth Curve): 아이템개발에 들어가기 전 작
성되는 '계획 MTBF' 대 '시험 시간'의 그래프. '시험 국면(Test Phase)'별
로 구성하며, 성장 곡선은 한 개 이상이 작성될 수 있음.

○ **고장 모드**(Failure Mode): 관측된 고장이나 잠재적 고장을 초래하는 원
인 또는 '고장 메커니즘.' '고장 모드'로 인한 '고장률'은 설계나 운영,
유지보수, 제조 공정에서의 '고장 메커니즘 완화' 같은 '개선 조치(수정)'
를 통해 낮출 수 있음. (필자) '메커니즘(Mechanism)'은 "'원인'부터 증
상이 확인되는 '고장' 사이에서 일어나는 과정(Process)"임.

○ **구성**(Configuration): 시스템(예: 하드웨어, 소프트웨어, 교육 절차, 유지보
수 절차) 설계에서 일어나는 변경 모두를 새로운 '구성'이라고 함. 즉 하
나의 중대한 설계 변경뿐 아니라, 아주 작더라도 이전과 다른 분명한 고
장률 변화를 일으키면 변경된 설계는 새로운 '구성'으로 불림. 연속된
'시험 국면'들에서 아이템 '구성'이 바뀌지 않으면 해당 '시험 국면'들을
묶어 분석할 수 있음. 또, 하나의 '시험 국면' 안에서 설계 변경으로 '구
성'을 바꿔 신뢰도를 크게 높일 수 있음. 아이템의 '구성' 결정은 공학적
인 판단에 기초하여 내려질 수 있음. (필자) 'System'은 "하드웨어, 소프
트웨어, 교육 절차, 유지보수 절차"의 통칭이나 「MIL-STD-721C」에서
'아이템(Item)'을 "임의 제품을 나타내는 일반적인 용어. '임의 제품'에는
시스템, 재료, 부품, 하위 조립품, 완제품, 액세서리 등을 포함한다."라고
정의함. 이에 본문에서의 시험 대상은 모두 '하드웨어'이므로 「BTS 시리

즈_신뢰성 분석 편」과의 일관성 유지를 위해 '시스템(System)'을 모두 '아이템(Item)'으로 통일해서 기술함.

○ **성장 잠재력**(GP, Growth Potential): 약자인 'GP'로 씀. 모든 'B-모드'가 드러난 상태에서, 미리 정한 '고장 모드'별 '수정 효과 계수(FEF)'만큼 '수정'이 완료된 때의 이론적 신뢰도 상한값. 측도는 '성장 잠재 MTBF(Growth Potential MTBF)'라 하고 'm_{GP}'로 표기함.

○ **수리**(Repair): 고장 난 부품을 재가공하거나 최초의 것과 같은 것으로 교체하여 아이템의 주어진 기능을 완수할 수 있도록 복원하는 것.

○ **수정**(Fix): 제품의 설계, 운영 및 유지보수 절차 또는 제조 공정을 변경하여 신뢰도를 높이는 개선 조치. 설계 변경으로 부품을 교체하거나 제거하는 것은 최초의 것과 다른 부품이므로 '수정'에 해당함. [문헌-① (p.15)] '수정'은 아이템의 고장률을 줄이지만, '수리'는 아이템의 고장률에 변화를 주지 않음. '신뢰도 성장시험' 중 '수정'을 이행하는 시점에 따라 성장 패턴이 영향받음. (필자) 영어 의미상 'Fix'는 "전체에 초점을 둘 때", 'Repair'는 "부품이나 부속이 고장 났을 때"에 쓰임. '수정'은 필자가 정한 번역임.

○ **시험 국면**(Test Phase): [문헌-①(p.12)] '신뢰도 성장시험'이 실제로 수행되는 구간. (필자) 신뢰도 성장 전체 시험 기간을 몇 개의 구간으로 나눴을 때 그들 중 하나. 이 구간에서 아이템의 신뢰도 성장(변화)이 일어남. '국면'은 국어사전에 "일의 상황이 다른 상태로 바뀜"이며, 따라서 일반 표현인 '단계'가 아닌 '국면'으로 번역함. 정리하면 '시험 국면'은 중요한 목적으로 구분해 놓은 '시험 기간의 한 구간'임.

○ **신뢰도**(Reliability): '운용 형태 종합/임무 개요(OMS/MP)'에 명시된 조건에서 특정 기간에 임의 아이템이 의도된 기능을 수행할 확률.

○ **신뢰도 성장**(Reliability Growth): 아이템의 설계, 운영, 유지보수 절차나

제조 공정의 '개선 조치' 결과로 임의 기간에 걸쳐 신뢰도(주로 'MTBF') 에 나타나는 긍정적인 변화. (필자) '재작업(Rework)', '수리(Repair)', '일 시적 수정(Fixes)'으로는 신뢰도가 성장하지 않음.

○ **신뢰도 성장분석**(RGA, Reliability Growth Analysis): [문헌-⑤(p.1)] 시간 이 지나면서 변화하는 아이템의 '신뢰도 성장' 관련 측도(Metric)를 정량 화하고 평가하는 활동.

○ **신뢰도 성장 관리**(Reliability Growth Management): [문헌-⑤(p.2)] 신뢰 도 목표를 달성하기 위해 시간과 자원을 기반으로 '신뢰도 성장 프로세 스'를 계획하고 관리하는 활동.

○ **신뢰도 성장 예상**(Reliability Growth Projection): 개발 과제에서 향후 기 대할 수 있는 신뢰도에 대한 평가. '신뢰도 성장률'은 다음에 의해 결정 됨 - (1) 새로운 '고장 모드'가 발견되는 진행률(On-going Rate), (2) '개 선 조치'의 효과성과 적시성, (3) '개선 조치'의 대상이 되는 '고장 모드' 들의 선정.

○ **실증(또는 성취) MTBF**(Demonstrated MTBF): [문헌-①(p.23)][문헌-②(p.28)] '현재/순간/성취(Achieved) MTBF'로도 불림. 현재 시험 중인 아이템의 '구성' 이므로 '예정된 구성'이나 '이전 구성'은 해당하지 않음. '실증 MTBF'는 현 '시험 국면(또는 다수의 국면)'까지 수집한 데이터로 얻은 누적 성장 추세이 므로 '개선 조치'했던 전체 효과를 확인할 수 있음(그림 "현재"의 MTBF). 참고로 '외삽 MTBF(Extrapolated Reliability)'는 '현재' 시점에서 시험 조건과 기술적 노력이 그대로일 때 곡선의 연장으로 얻게 되는 추정 'MTBF'이며, 사용 빈도는 낮음.

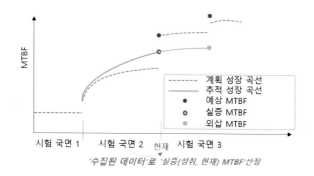

'수집된 데이터'로 '실증(성취, 현재) MTBF'산정

○ **아이템 사용 연한**(System Age): [문헌-주석 5(p.5)][7] 최초 작동 시점을 '0 시'로 두고 기록한 '총 가동 시간(Total Running Hours).' 'POH(Power-on Hours)', 'Operating Hours', 'Uptime'으로도 불림. '고장 간 시간(Times between Failures)' 또는 같은 의미인 '도착 간 시간(Inter-arrival Times)'은 '아이템 사용 연한'과 다름.

○ **예상 MTBF**(Projected MTBF): [문헌-①(p.24)][문헌-②(p.29)] (용어 '실 증 MTBF' 그림 참조) '시험 국면' 종료 시점에 '지연 수정' 실행 후 얻 는 '순간 MTBF.' 또는 다음 '시험 국면'이 시작하게 될 MTBF 추정치. 현재까지의 성과와, '지연 수정'을 통해 얻은 미래 특성에 대한 기술적 평가에 기반함. 항상 '실증(또는 성취) MTBF'와 함께 얻음. 신뢰도 성 장이 난관에 봉착했을 때 대안 탐색용으로 특히 유용함.

○ **이상 성장 곡선**(Idealized Growth Curve): 이론에 기반한 성장 곡선. 여 러 '시험 국면'들에서 기대되는 신뢰도 성장 패턴을 부드럽게 연결한 곡 선. (필자) 이 곡선을 바탕으로 '계획 성장 곡선'이 작성됨.

○ **지연 수정**(Delayed Fixes): '시험 국면' 안에서 수행되는 '개선 조치'와 달

---

7) David Trindada, Analysis of Field Data for Repairable Systems, 7x24 Exchange 2006 Fall Conference, Scottsdale, Arizona, 2006.

리 '시험 국면'이 끝나는 시점에 수행되는 '개선 조치.' 통상 'MTBF'의 '도약'이 관찰됨. (필자) '지연 수정'은 필자가 정한 번역임.

○ **추적 성장 곡선**(Reliability Growth Tracking Curve): [문헌-①(p.23)] 시험 데이터에 기반하며 현재 'MTBF'를 가장 잘 설명하도록 부드럽게 연결한 곡선(the Best Fits). 특정 '시험 국면'에서 '개선 조치'로 '도약'이 생기면 곡선 적합이 잘 되지 않으므로 하나의 '시험 국면' 안에서만 곡선을 만듦('시험 국면' 간 데이터가 잘 부합할 경우는 예외). 용어 '실증(또는 성취) MTBF' 그림 참조.

○ **포아송 과정**(Poisson Process): (필자) 구간 $[0, t]$에서 '사건(고장) 수, n'을 나타내는 '확률 과정(Stochastic Process).' 요약하면, 1) '확률 과정'은 '정상성(Stationary)'과 '독립성(Independent)'이 특징임. '정상성'은 고장이 구간 $[0, 100$시간$]$에서 '평균 2회' 발생하는 '포아송 분포'를 따르면 같은 구간 폭인 $[500, 600$시간$]$에서도 같은 분포를 따름을, '독립성'은 겹침이 없는 시간 구간들에서의 '고장'은 서로 독립적 발생임을 의미함. 즉, '포아송 과정'은 '정상성'과 '독립성'을 만족함. 2) '$t = 0$'에서의 '고장 수'는 '0회'임. 3) '고장 수'는 '모수, λt'인 '포아송 분포'를 따름. 즉, '$P[X(t) = n] = (\lambda t)^n e^{-\lambda t}/n!,\ n = 0, 1, 2\dots$.'

○ **A-모드**(A-Mode): '개선 조치'가 취해지지 않는 '고장 모드.' (필자) 이미 상용화된 기성품 또는 구형 아이템들은 대책이 마련돼 있거나 비용·효과를 고려해 '개선 조치'를 전략적으로 수행하지 않을 수 있음.

○ **B-모드**(B-Mode): '개선 조치'가 취해지는 '고장 모드.' 시험 중 'B-모드'에 대한 '개선 조치'가 양산품에 반영되지 않을 수 있음. 이 같은 '개선 조치'를 '임시적, 단기적 또는 비전술적 수정(Fixes)'이라고 함. 시험 기간의 '수정'을 통해 신뢰도는 높아지지만, 양산품까지 이어질지 알기 위해 수정들은 반드시 그리고 최종적으로 검증돼야 함('장기적 또는 전술

적 수정'). [문헌-⑤(pp.107~108)] 'B-모드'는 다시 'BC-모드'와 'BD-모드'로 구분하는데 각 모드별 '관리 전략'은 다음과 같음.

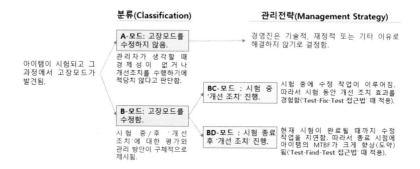

○ **HPP**(Homogeneous Poisson Process): '동질적 포아송 과정'이며, '사건(고장) 수'는 시간 't'에 대해 일정(비례)함. 즉, $E[N(t)] = \lambda t$.

○ **NHPP**(Non-Homogeneous Poisson Process): '비동질적 포아송 과정'이며, 시간 't'에 대해 '사건(고장) 수'는 가변적임. 즉, $E[N(t)] = \lambda t^\beta$.

○ **OMS/MP**(Operational Mode Summary/Mission Profile): '운용 형태 종합/임무 개요(OMS/MP).' 무기 체계의 전시·평시 운용 형태를 종합적으로 정리한 자료. 통상 특정 운용 형태별 횟수·총 시간·총 가동 시간(운용 시간, 경계 시간, 대기 시간)·총 불가동 시간(예: 총 정비 시간, 총 행정 및 군수 지연 시간) 등이 포함됨. (필자) '국방과학기술 용어사전' 정의로 대체함. 기업의 경우, 제품에 대한 <u>고객의 '사용 환경', '사용 시간' 등 시험 때 설정할 조건들</u>과 유사함.

이하는 [문헌-③(pp.6~7)]인 「MIL-HDBK-781A」에 포함된 용어들이다.

○ **고장 강도 함수**(Failure Intensity Function, $\mu(t)$): '$N(t)$ 기댓값'의 단위 시간당 변화. 다음과 같이 계산함(E는 '기댓값'을 나타냄).

$$\mu(t) = \frac{dE[N(t)]}{dt}, \ HPP, \ NHPP의 \ 'E[N(t)]'를 미분해 얻어짐.$$

○ **개선 조치**(Corrective Action): 고장 원인이 밝혀졌을 때 고장 재발 방지와 경감을 위해 수행하는 활동. '수리'는 현장의 운영 절차와 매뉴얼에 따라 이행돼야 함. '고장 분석'과 적절한 '개선 조치'는 문서로 남겨야 하며 '개선 조치'의 효과성이 입증돼야 함. (필자) "시정 조치"가 일반적이나 기업 실무에서 익숙한 용어인 "개선 조치"로 번역함.

○ **누적 고장률**(Observed Cumulative Failure Rate, $F_c(t)$): 't' 시점에서 '아이템의 누적 고장 수[$N(t)$]'을 't'로 나눈 값.

○ **다중 고장**(Multiple Failures): 독립적으로 동시에 발생한 두 개 이상의 고장들. 문제 해결 기간에 두 개 이상의 아이템들에서 고장이 발견되고 그들 간 상호 관련성이 없으면 '다중 고장' 발생으로 간주함.

○ **주 고장**(Primary Failure): 시험 중인 장비에서 독립적으로 생겨난 오작동.

○ **MTBF**(Mean Time Between Failure): 가용성/준비성과 관련된 '아이템 신뢰도'의 기본 측도. '아이템 총 작동 시간÷총 사건(고장) 수.'

2.2. '신뢰도 성장시험'용 아이템(제품)의 분류

'신뢰도 성장시험'용 아이템은 "무엇이다"라고 한마디로 규정하기 어렵다. 기업마다 제품이 다양하기 때문이다. 그러나 「MIL-HDBK-781A」의 분류를 참고하면 설사 군수 물품이나 중장비가 아니더라도 자사의 시험 아이템(제품)을 가늠하는 데 어느 정도 도움이 된다. 참고로 「MIL-HDBK-781A」는 '신뢰도 성장시험'뿐 아니라 그를 포함한 여러 신뢰성 시험의 계획과 방법을 기술한 미국 국방성 표준이다. '신뢰도 성장시험'용 아이템은 적용 분야나 사용처에 따라 표와 같이 여섯 유형으로 구분하고 있다[문헌-③(p.1)].

[표 Ⅰ-1] '신뢰도 성장시험'용 아이템의 분류(「MIL-HDBK-781A」, p.1)

구분	분류	세분류
분류 1	고정식 지상 장비	-
분류 2	이동식 지상 장비	A. 바퀴 달린 차량 B. 궤도 차량 C. 대피용 구조물 D. 휴대 용품
분류 3	선상 장비	A. 해군 수상함 B. 해군 잠수함 C. 해양 선박 D. 수중 차량
분류 4	제트기용 장비	A. 고정 날개 항공기 B. 단거리 수직 이착륙기
분류 5	터보 프로펠러(엔진 장착) 항공기와 헬리콥터 장비	A. 터보 프로펠러 B. 헬리콥터
분류 6	미사일과 조립식 외부 저장고	A. 공중 발사 미사일 B. 조립식 외부 저장고 C. 지상 발사 미사일

방산 업체 소속이면 그대로 참고하겠지만 설사 전자나 기계 등 여타 부문에 속해 있더라도 [표 Ⅰ-1]의 분류는 그대로 유효하다. 예로써 '스마트폰'이면 "분류 2: D. 휴대 용품" 식이다. 또 표로부터 중요한 세 개의 정보를 얻을 수 있다. **첫째**, 군수 장비들이 '신뢰도 성장시험'을 통해 개발됐으니 우리 아이템도 같은 절차를 따를 수 있다는 것이고, **둘째**는 1977년 유사 기술이 적용된 보이저 1, 2호처럼 아직도 큰 고장 없이 우주 공간을 횡단하며 자료

를 보내는 고신뢰도 제품을 만들 수 있을 거란 기대감이다. 물론 너무 고장 없는 제품도 바람직하진 않다. 기술 속도가 빨라지면 고신뢰도보다 고성능 제품의 수요가 더 생겨나기 때문이다. 표에서 얻을 정보 **셋째**는 검증된 신뢰도 성장기술로 **고객이 원하는 수준의 신뢰도를 연구원 스스로가 조정·제어할 수 있다**는 점이다. 미래 품질을 바로 지금 시점에 관리할 수 있음은 연구자로선 상당한 매력이 아닐 수 없다.

군수 장비인 [표 Ⅰ-1]의 분류 외에도 '신뢰도 성장시험' 대상이 됐던 일반 제품의 분류 목록도 있다. 여기에는 안테나, 컴퓨터, 디스플레이, 통신 시스템, 마이크로웨이브 등이 포함된다. 관심 있는 독자는 인터넷 검색을 통해 해당 문헌을 참고하기 바란다.8)

2.3. '신뢰도 성장시험'이 수행되는 '개발 단계(Stages)'

기업에서의 아이템개발 프로세스는 몇 개의 단계로 나뉘고, 단계별로 목표를 할당하는 게 일반적이다. 단계별 명칭이나 목표 설정 방법은 기업이나 아이템에 따라 다르지만 통상 다음 절차를 따른다[문헌-①(p.12)].

a) 과제 제안(Proposal): 고객 만족을 위해 필요한 요구 사항들은 무엇이고, 어떻게 달성해야 하며 예상 비용은 얼마인지를 결정한다.

b) 개념(Conceptual): 초기 시험용 프로토타입은 원리 증명이 주목적이므로 목표 아이템과 공통점이 거의 없을 수 있다. (필자) '시험용 프로토타입'은 제품으로서의 가능성을 타진하는 용도이므로 완성도가 높을 필요는

---

8) RADC-TR-84-20, In-House Report: Reliability Growth Testing Effectiveness (JAN-1984) [AD-A141232], p.62.

없다. 기업 개발 단계 중 '개념 설계 단계'에 해당한다.

c) 검증(Validation): 아이템의 성능과 신뢰도 목표를 달성하기 위해 프로토타입을 만들어 시험한다.

d) 기술 및 생산 개발(EMD, Engineering and Manufacturing Development): 아이템을 양산품처럼 제작해서 최종 설계의 세부 사항이나 생산 절차 중 문제가 드러나지 않는지를 시험한다.

기업의 개발 프로세스는 '설계 → 프로토타입 제작 → 평가 → 양산'의 표현이 더 익숙하다. 군수 장비 경우 국방부가 설계 업무나 제작 공정을 직접 보유하기보다 협력 업체와 계약으로 일이 추진되므로 절차에 차이가 있을 수 있다. 그러나 굳이 'MIL-HDBK'의 내용을 옮긴 것은 특정 기업의 절차로 전체를 일반화하기보다 '신뢰도 성장시험'에 꼭 필요한 단계가 핸드북에 강조돼 있기 때문이다. 예를 들어 아이템개발 각 단계 중 '신뢰도 성장'은 **검증 단계**와 **EMD 단계**에서 이루어진다. 따라서 독자는 본인 연구 프로세스의 어느 단계에서 '신뢰도 성장'이 쓰이는지 적절하게 비교하기 바란다.

[그림 Ⅰ-4]는 개발 단계와 '신뢰도 성장시험'과의 관계를 보여준다. '가치 사슬'의 끝인 '고객 사용' 영역까지 확장하였다.9) 그림에서 '신뢰도'는 개발 단계 동안 점점 증가하다 'EMD 단계' 끝(t_2)에서 '최종(목표) MTBF'에 이른다. '양산 단계'에서는 아이템 설계에 '수정'이 가해지지 않으므로 달성한 'MTBF' 수준을 그대로 유지한다. '고객 사용' 환경에서는 마모, 열화 등의 영향으로 '최종(목표) MTBF'는 점차 감소한다. '양산' 직후와 '고객 사용 영역' 진입 직전의 경계선을 기준으로 분석 영역을 '신뢰도 성장분석'과 '재발분석(복구 가능 아이템 분석)'으로 구분하기도 한다.

---

9) [그림 출처] https://www.weibull.com/hotwire/issue106/hottopics106.htm. 편집함.

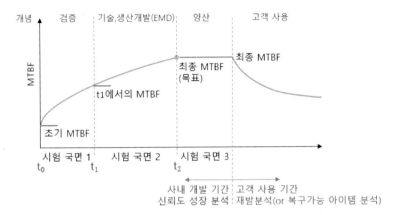

[그림 Ⅰ-4] '개발 단계(Stage)'와 '신뢰도 성장'과의 관계

　이어지는 다음 장에서는 '신뢰도 성장분석'의 전반적인 개요를 설명할 것이다. 각 분석 주제로 넘어가기 전 전체를 아우르는 내용이므로 정독할 것을 권장한다.

3. 신뢰도 성장 관리

　　　　　　　「Ⅰ절의 2.1. 용어 정의」에서 '신뢰도 성장 관리(Reliability Growth Management)'는 "신뢰도 목표를 달성하기 위해 시간과 자원을 기반으로 '신뢰도 성장 프로세스'를 계획하고 관리하는 활동"으로 정의한 바 있다. 본 장에서는 아이템의 신뢰도를 성장시키는 데 필요한 '모형의 선정법'이나 '시험의 기본 과정' 및 '주요한 분석과 해석 과정'을 설명할 것이다. 그러나 자세한 설명은 이후 장으로 넘기고 대체로 기본 개념을 정립하는 데 목적을 둘 것이다.

3.1. 기본 통계 모형의 선정법

　'신뢰도 성장분석'에서 사용하는 모형들은 이미 [그림 Ⅰ-3]의 "신뢰도 성장분석 모형들의 모음"에 자세히 열거해 놓은 바 있다. 또 그들 중 어느 모형을 선택할지는 다소 번거롭긴 하나 'MIL-HDBK'에 자세히 소개돼 있다. 또는 분류와 명칭을 통해서도 쉽게 짐작할 수 있는데, 예를 들어 '고장 시간(t)'처럼 '연속 자료'이면서 '신뢰도 성장추적'의 상황이면 'RGTMC(Reliability Growth Tracking Model-Continuous)'가 선택되는 식이다. 그러나 그 전에 수집한 '고장 시간' 데이터가 '추세'가 있는지, 또는 "독립적이며 동일 분포를 따르는지 (i.i.d.)"의 확인이 필요하다. 상황에 따라 [그림 Ⅰ-3]의 모형들 사용에 제약이 생기거나 최악(?)의 경우 맞는 모형을 찾아 헤매는 사태가 발생할 수도 있다. 따라서 완전하진 않지만, 모형을 찾아가는 기본 흐름도를 통해 수집한 데이터의 상태를 파악하는 작업이 선행돼야 한다. [그림 Ⅰ-5]가 그 예이다.[10]

---

10) Air Force Wright Aeronautical LAB. 1980, AFWAL -TR - 80　- Z063, Reliability Advancement

[그림 Ⅰ-5] '신뢰도 성장 모형' 선정을 위한 기본 흐름도

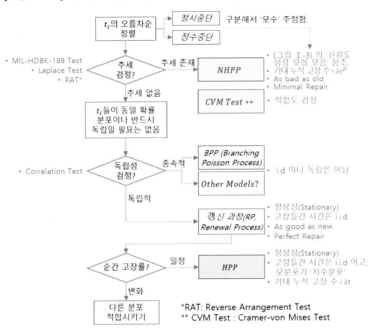

[그림 Ⅰ-5]의 첫 "t_i의 오름차순 정렬"은 데이터의 수집과 관련한다. '신뢰도 성장시험'을 '정해진 시간'에 끝낸 후 얻은 데이터이면 '정시 중단시험', '정해진 고장 수'에 끝내고 얻은 데이터이면 '정수 중단시험'이며, 이들은 모형을 선정한 후 이어지는 '모수 추정' 때 계산 식이 다르다. 수집한 데이터는 시간순으로 정렬한 뒤 이후 절차에 들어간다. 참고로 '정시 중단'은 "Type Ⅰ Censoring, Time Truncation 또는 Time Terminated"로, '정수 중단'은 "Type Ⅱ Censoring, Failure Truncation 또는 Failure Terminated"로도 불린다.

"추세 검정?"은 중요한 단계인데 '신뢰도 성장시험'의 주류 모형인 '비동질적

for Electronic Engine Controllers. Volume I: Final Report, p.253을 편집함.

포아송 과정(NHPP, Non-homogeneous Poisson Process)'인지를 파악한다. 시간이 지날수록 '고장에서 다음 고장까지의 시간(MTBF)'이 점점 짧아지거나 (고장이 자주 생김), 길어지는지(고장이 잘 안 남)인 '추세(Trend)'를 검정한다. 검정 방법에는 'MIL-HDBK-189 Test', 'Laplace Test', 'RAT(Reverse Arrangement Test)'가 있다. 본문에는 첫 번째 검정법이 포함돼 있다. 시험을 통해 드러난 문제를 개선한다면 '고장 간 시간'이 점점 길어지는 특성을 보일 것이나, 만일 시간에 따라 '고장 수'가 일정하면 '동질적 포아송 과정(HPP, Homogeneous Poisson Process)'을 선택한다.

" CVM Test ** "는 [그림 Ⅰ-3]의 "신뢰도 성장분석 모형들의 모음" 중 "AMSAA-Crow 모형"이 수집한 데이터를 잘 설명하는지를 검정한다. 'Cramer-von Mises Test'의 약자이며, 수집한 데이터가 어느 이론 분포에 잘 들어맞는지 알아보는 '적합도 검정(Goodness-of-fit Test)'의 한 부류이다. 이 역시 본문에서 소개할 것이다.

" 독립성 검정? "은 수집한 '고장 시간'들이 앞뒤 간의 관련성이 있는지('자기 상관'이라고 함)를 검정한다. 아이템의 고장 발생을 미리 정해 놓을 순 없다. 즉 무작위로 발생하는 것을 기본 전제로 하는데 이것을 '독립적(Independent)'이라고 한다. '추세'도 없고 '독립적'이면 'i.i.d.'이고 여기에는 '갱신 과정(Renewal Process)'과 '동질적 포아송 과정(HPP, Homogeneous Poisson Process)'이 있다.

'HPP', 'NHPP', 'RP', 'BPP' 들은 모두 시간에 따라 '고장 수'가 어떻게 변화하는지를 설명하며 이들과 관련된 '순간 고장률 함수(또는 고장 강도 함수)'를 통해 시험 중인 아이템의 'MTBF'를 얻는다. '고장 강도 함수'가 곧 모형이며 여기에는 'RGTMC(or AMSAA Crow(NHPP) 모형, or Duane 모형)', 'Crow Extended 모형(ACPM+CERPM)'이 있다. 'RGTMC'는 고장이 발생했을 때 시험 중인 모든 아이템에 '수정'을 동시에 적용한다고 가정(통상적인 '신뢰도 성장분석')할 때 사용된다. 모든 아이템에 대한 '수정'이 완료되면 시험을 재개하므로 데이터 시트에 입력돼 있는 '고장 시간' 행 하나하나는 서로 다른 '구성'을 갖게 된다. 반면에 '고장 모드'를 구분하고 각 '고장 모드'에 맞는 '수정 전략'을 따로 가져가면(신뢰도 예상분석) 'Crow Extended 모형'을 활용한다. 이때 고장의 원인인 '고장 모드(예: A=시험 중 수정 없음, BC=수정됨, BD=지연 수정)'를 식별하고 분류하며, 특히 'BD-모드'에 대해서는 '수정 효과 계수(FEF)'를 지정한다. 'Crow Extended 모형'을 선택하면 데이터 시트에 '고장 모드'와 '고장 모드 분류' 열이 포함될 수 있다. 용어들에 혼란이 있더라도 이후 차근차근 설명해 나갈 예정이니 일단 넘어가 주길 바란다.

'MTBF'는 아이템의 구성에 대한 '현재 수준(실증 MTBF)', 그리고 시험 때 드러난 고장들을 제거하거나 완화했을 때의 '개선 수준(예상 MTBF)' 등이 있으며 목표달성 여부나 진척도 관리를 위해 중요한 지표로 사용된다. 따라서 'MTBF'는 '시간의 함수'로써 의미가 있으며 연속적인 시간의 흐름과 함께 표현하면 '신뢰도 성장 곡선(Reliability Growth Curve)'이 된다. 결국 '곡선' 마련을 위해서는 'MTBF vs. Time'의 수학적, 또는 통계적 모형의 도입이 불가피하다. '신뢰도 성장 모형(Reliability Growth Model)'이 필요한 이유가 바로 여기에 있다.

3.2. '신뢰도 성장시험' 방법과 산출 지표

'신뢰도 성장시험'에 대해서는 「MIL-STD-785B」의 "Task Section 300"에 포함돼 있다.[11] 두 쪽도 안 되는 적은 분량이라 충분치는 않으나 표준이자 기본 지침이므로 시험 담당자라면 한 번쯤 정독할 것을 권장한다. 참고로

---

11) http://everyspec.com/MIL-STD/MIL-STD-0700 0799/MIL-STD-785B_23780/

「MIL-STD-785B」는 신뢰성 시험을 크게 "설계와 평가(Design and Evaluation)", "시험 모니터링과 관리(Program Surveillance and Control)", 그리고 "개발 및 양산 시험(Development and Production Testing)"으로 나눈다. 먼저 "설계와 평가"는 'Task 101~Task 105'에서 시험 운영을 어떻게 할 것인지를 다루고, 다음 "시험 모니터링과 관리"는 'Task 201~Task 209'에서 '모형화'나 '예측' 그리고 '분석법'들을 다룬다. 끝으로 "개발 및 양산 시험"은 'Task 301~Task 304'가 있으며, 아이템의 신뢰도를 확인하는 시험 활동이 포함돼 있는데 이들 중 '신뢰도 성장시험'은 'Task 302: RDGT, Reliability Development/Growth Test Program'에 기술돼 있다. 특징적인 내용만 옮기면 다음과 같다.

"1) 'RDGT'는 설계 문제나 결점을 드러낼 목적으로 장비에 대해 '실제', '시뮬레이션' 또는 '가속화된 환경'에서 수행된다. 여기엔 '계획', '예비 평가', '시험-분석-수정 절차'의 활동이 있으며 '개선 조치'와 그 조치의 '효과 검증'을 통해 '신뢰도가 성장'한다. 아이템의 '신뢰도 성장'은 시험 활동과는 무관하고 오로지 '개선 조치'에 의해서만 가능하다.

2) '시험 국면'마다 중간 진척도를 점검하기 위해 '신뢰도 성장 예측값'을 얻고 미리 정한 목푯값 및 한곗값과 비교한다. 각 '시험 국면'에서 발견한 문제와 결점은 재발하지 않도록 '수정'돼야 하므로 그에 필요한 시간 블록과 자원을 미리 계획한다.

3) 신뢰도 성장을 예측할 때 '명확한 성장(the Apparent Growth)'과 '단계적 기능 성장(the Step-function Growth)'이 있다. 전자는 '취약한 부품', '작업성 부족에 따른 결점'들을 선별함으로써 이뤄지고, 후자는 '설계 수정'으로 이루어진다. 프로토타입의 신뢰도 성장이 양산 제품까지 이어지려면 모든 개별 부품을 대상으로 반복해서 얻는 '명확한 성장'보다 아이템을 구성하는 각 부품의 '단계적 기능 성장'이 종합돼야 가능하다. 따라서 'RDGT' 계획 수립 시 '명확한 성장'을 실현하게 할 '시험 국면 기간'의 설정, 그리고 그 직후에 '단계적 기능 성장'을 실현하게 할 '개선 조치 기간'이 반드시 포함돼야 한다. 만일 두 개 이상의 아이템을 시험 중이라면 '시험 기간'과 '수정 기간'을 분리해서 하나를 '수정'하는 동안 다른 하나는 시험 상태를 유지한다.

4) ‘RDGT’에는 작동 효능을 떨어트리는 고장, 그리고 유지보수비용 및 물류비용을 높이는 고장들을 ‘수정’하게 돼 있다. 이에 ‘수정’은 두 개 유형인 ‘임무 치명도’와 ‘비용 치명도’로 나뉘고 이들을 기준으로 ‘수정’할 고장들의 우선순위를 결정한다.

5) ‘RDGT’를 지연 없이 순조롭게 진행하려면 적합한 절차가 필요하다. 여기엔 ① 시험 중인 아이템의 결점을 제거하고 이어지는 시험 기간을 줄이기 위한 ‘ESS(Environmental Stress Screening)’의 수행, ② 「MIL-STD-810」에 기술된 ‘환경시험’의 수행, ③ 복합 스트레스 인가나 수명연구, ‘Test-Analyze-and-Fix’의 적용이 있다. 참고로 ‘RDGT’는 아이템의 생산 주체가 고장을 드러낼 목적으로, ‘RQT(Reliability Qualification Test)’는 아이템을 납품받는 주체가 요구 조건을 만족하는지 볼 목적으로 수행한다.”

아이템의 효과적인 ‘고장률 감소(즉, 신뢰도 성장)’를 위해 시험 절차가 필요하며 일반적으로 ‘시험 → 개선 → 시험의 반복’으로 운영된다. 즉 설계한 아이템의 결점을 하나씩 찾아 ‘개선 조치’해 나가는 프로세스다. 이 과정을 간단한 루프와 모형으로 나타내면 [그림 Ⅰ-6]과 같다[문헌-①(p.8, p.10)].

[그림 Ⅰ-6] ‘신뢰도 성장 피드백 모형’과 ‘신뢰도 성장 관리 모형’

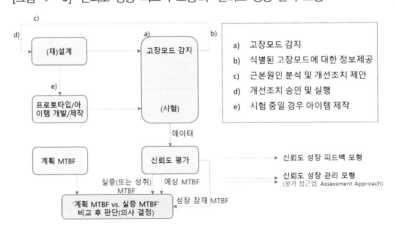

'**신뢰도 성장 피드백 모형**(Reliability Growth Feedback Model)'은 [그림 Ⅰ-6]에서 상단 '점선 화살표'가 포함된 영역으로 신뢰도를 높이기 위한 기본 프로세스다. 즉, "a) '고장 모드'를 감지하고 → b) 그 정보를 제공하며 → c) 근본 원인분석과 그에 따른 '개선 조치'를 제안한 후 → d) '개선 조치'를 승인받아 이행한다('재설계' 포함). → e) 다음 '시험 국면'을 시작하거나 검증이 필요한 경우 아이템을 재제작한다. → a)로 돌아가 반복한다."이다.

시험 진행 중 '고장 모드'가 발견되면 관리 전략상 그를 내버려 두거나(A-모드), 또는 처리하는(B-모드) 두 개의 상태에 놓인다. 'A-모드'는 '개선 조치'가 불필요한 '고장 모드'로서 기성품이나 구형 아이템처럼 재설계 필요성이 없는 경우이고, 반면 'B-모드'는 '개선 조치', 즉 재설계가 이루어지는 '고장 모드'다. '고장률'이 감소하면 아이템의 '신뢰도(MTBF)'는 당연히 성장한다. 예를 들어 'A-모드'는 '개선 조치'가 없으므로 '고장률'에 변화가 없지만 'B-모드'는 그 반대의 경험을 한다. 그러나 'B-모드'라 해도 '고장 모드'로 인한 '고장률'을 완전히 없애는 일은 현실적으로 흔치 않다. 이 때문에 '개선 조치' 후 '고장률'이 감소했는지 확인할 수 있는 측도가 필요한데 이를 나타내는 양이 '수정 효과 계수(FEF, Fix Effectiveness Factor)'이다. 'FEF'는 기술 분야나 제품에 따라 다르다. 만일 'FEF=0.7'이면 '최초 고장 모드'의 '고장률'은 '0.3(or $1-FEF$)'이 잔류한다. 일반적인 범위는 '0.55~0.85'이다.

아이템의 신뢰도(MTBF)가 성장하는 속도는 '고장 모드'의 발견과 '고장 분석', 아이템 제작 및 재시험과 검증이 얼마나 빨리 이행되는지에 달려 있다. 좀 더 엄밀히 말하면 '신뢰도 성장'은 다음 항목들에 직접적인 영향을 받는다 [문헌-①(p.9)].

1) 시험을 통해 '고장 모드'를 얼마나 빨리 발견해 내는가?
2) 원인분석과 '개선 조치'를 얼마나 빨리 수행하는가?

a. 근본 원인분석에 드는 시간

　　b. '개선 조치'를 검토하고 승인하는 데 드는 시간

　　c. 승인된 '개선 조치'를 물리적으로 이행하는 데 드는 시간

3) '개선 조치'로 '최초의 고장률'이 처리된 비율은 얼마인가?

4) '고장 모드'의 고장률이 '수정'으로 줄어드는 비율은 얼마인가(FEF)?

　'신뢰도 성장 관리 모형(Reliability Growth Management Model)'은 [그림 Ⅰ-6] 에서 '점선 화살표'와 '실선 화살표' 모두를 합친 프로세스이다. 만일 시험 기간 중 별도의 '개선 조치'가 없으면 시험을 거쳐 나온 '데이터'로부터 <u>실증(또는 성취) MTBF</u>를 얻어 현재 '아이템 구성(Configuration)'이 갖고 있을 고유 MTBF 를 추정한다. 이 값을 시험 초기에 설정한 '계획 MTBF'와 비교함으로써 추가 활동이나 자원의 재할당 같은 관리에 이용한다. 또 '<u>예상 MTBF</u>'도 함께 얻어 '수정'을 통해 MTBF가 '도약(Jump)'하는 정도를 예측한다. '도약'을 통해 아이템 의 신뢰도가 비로소 성장하는데, 역시 계획 대비 달성 여부를 판단해서 운영에 활용한다. [그림 Ⅰ-6]을 보면 '<u>성장 잠재 MTBF</u>'도 있다. 이 지표는 아이템의 '현 구성' 상태에서 최대로 올릴 수 있는 'MTBF'로서 '목표 MTBF'보다 낮으면 문제로 인식할 수 있다. 매 '시험 국면'마다 얻어지는 이들 지표 산출물들은 계 속되는 시험 운영 관리에 이용한다.

　관리에는 '평가 접근법(Assessment Approach)'과 '모니터링 접근법(Monitoring Approach)'이 있으며 소개된 [그림 Ⅰ-6]과 다음 [그림 Ⅰ-7]의 사례는 실무에 서 자주 접하는 '**평가 접근법**'에 해당한다[문헌-①(p.11)].

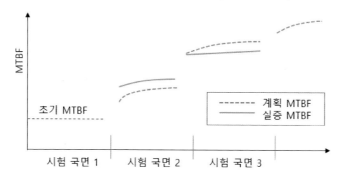

[그림 Ⅰ-7] '신뢰도 성장 관리 모형' 중 '평가 접근법' 예

[그림 Ⅰ-7]의 '시험 국면 1'은 '초기 MTBF(Initial MTBF)'를 나타낸다. 이 지표는 앞서 「MIL-STD-785B」의 'RDGT' 때 설명했던 기본 신뢰성 시험인 'ESS'나 '환경시험'을 거친 직후 프로토타입의 'MTBF'이다. 만일 '목표 MTBF'가 있고 '초기 MTBF'가 그 값보다 낮으면 '신뢰도 성장시험'이 필요하다. 일단 'RDGT'와 같은 시험이 진행되면 고장을 유발하는 '고장 모드'가 드러나고 그들 중 'B-모드'의 '개선 조치'를 통해 신뢰도는 성장한다. 시험이 계획대로 잘 운영된다면 궁극적으로 '성장 잠재 MTBF'에 이를 수 있다. [그림 Ⅰ-7]의 '시험 국면 2'를 보면 시험에서 얻은 데이터로 계산한 현재의 '실증 MTBF (추정값)'가 '계획 MTBF(목푯값)'를 상회한다. 그러나 '시험 국면 3'은 '실증 MTBF'가 '계획 MTBF'에 미치지 못하므로 새로운 전략 마련이 시급할 수 있다. 만일 그대로 두면 이후 '시험 국면' 수준으로 '도약'하기 위해 더 많은 변화를 추구해야 한다. 정리하면 '시험이 진행될수록 효과적인 고장률 저하 (즉, MTBF 향상)'를 실현하고 목표달성에 대한 부담을 줄이기 위해 [그림 Ⅰ-6]의 '평가 접근법' 같은 관리 프로세스에 관심을 가져야 한다.

　　'시험 국면(Test Phase)'은 전체 성장시험 기간을 몇 개 구간으로 나누었을 때의 한 구간이다([그림 Ⅰ-7] 참조). 개발 아이템을 두고 처음 '신뢰도 성장 시험'을 시작한 즉시 '목표 신뢰도'에 도달할 순 없다. 시험 과정에서 여러 '고장 모드'가 발견되고 또 각각에 걸맞은 '개선 조치'가 반복돼야 한다. '고장 모드'의 성향이 모두 다르므로 각기 다른 관점에서 그들을 정의하고 개선하려 면 시간을 구간으로 나눠놓고 각 구간에 맞는 분석과 해석 및 개선의 질을 높이는 활동이 훨씬 유리하다.

　　'신뢰도 성장시험' 중 아이템의 신뢰도가 높아져야 하며, 이것을 실현하는 활동이 **개선 조치**(Corrective Action)'이다. '개선 조치'를 위해 별도의 기간이 필요한데 이를 **'개선 조치 기간**(CAP, Corrective Action Periods)'이라고 한다. 이때 '안전(Safety)'과 관련되거나 잘 알려졌으면서 경감도 쉬운 '고장 모드'는 '시험 국면' 안에서 바로 조치함으로써 신뢰도 성장을 꾀할 수 있다. 그러나 대부분의 '신뢰도 성장'은 '시험 국면'이 끝난 직후 이어지는 'CAP'에서 관찰 된다. 왜냐하면, 여러 '고장 모드'들은 '수명시험 중'보다 'CAP'에서 이루어지 는 별도의 성능시험을 통해 드러나기 때문이다. 'CAP'가 존재해야 '시험 국 면'들 사이에서 'MTBF'가 높아지고, 시험과 'CAP'에서의 활동이 반복될수록 시험 초기 때 설정한 목표달성에 다가선다.

　　'신뢰도 성장계획'은 개발 목적에 맞게 '시험 국면'별로 'MTBF'의 기대치를 정하게 돼 있다. 예를 들어, 'MTBF'를 일정하게 유지할지 또는 성장시킬지, 아니면 '시험 국면' 종료 시점에 '계획 MTBF(목푯값)'에 도달시킬지 등이다. 또 '개선 조치'를 바로 수행하지 않고 지연시킬 것인지, '시험 국면' 안에서 처리할지도 결정이 필요하다. 일반적으로 '고장 모드'가 식별됐을 때 '개선 조 치'와 관련해서 실천할 수 있는 활동은 다음 세 가지이다[문헌-①(p.13)].

○ '시험 국면' 동안 '개선 조치'를 이행하는 경우.

○ '시험 국면' 직후에 '개선 조치'를 이행하는 경우(일부는 '국면' 내).

○ '시험 국면' 동안 어떤 '개선 조치'도 이행하지 않는 경우.

[그림 Ⅰ-8]은 '개선 조치'를 어느 구간에서 수행하는지에 따라 'MTBF'가
어떻게 달라지는지를 나타낸 패턴 예이다.

[그림 Ⅰ-8] '시험 국면'과 '개선 조치 기간(CAP)'의 관계

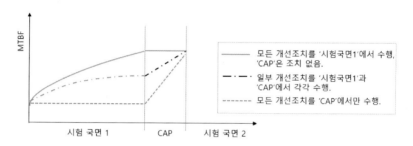

[그림 Ⅰ-8]의 '시험 국면 1'에 세 개의 선이 그어져 있다. '실선'은 "시험
국면 안에서 모든 '개선 조치'를 이행했을 때"이며, 따라서 직후의 '개선 조치
기간(CAP)'에는 'MTBF'의 변화가 없다. 이미 '계획 신뢰도(목푯값)'에 도달했
기 때문이다. 반면에 중간의 '일 점 쇄선'은 '시험 국면' 안에서 일부의 개선
이 이뤄지고 나머지는 'CAP'에서 수행되는 경우이며, 'CAP'에서의 직선 기울
기가 급한 것으로 보아 '시험 국면' 안에서보다 개선 폭이 더 크다는 것을 알
수 있다. 끝으로 '점선'은 '시험 국면' 안에서 '개선 조치'가 전혀 없는 대신
'CAP'에서 전체의 개선이 이뤄진 예이다. 목표까지 한 번에 도달해야 하므로
기울기가 상대적으로 급한 양상을 보인다.

[그림 Ⅰ-8]에서 또 하나 고려할 사안이 있다. '실선' 경우 시험 중에 '고

장 모드'가 발견되면 '개선 조치'하므로 새롭게 드러난 '고장 모드'의 식별이 분명하다. 그러나 '개선 조치'를 뒤로 미루면 '고장 모드' 간 상호작용으로 특성 파악이 어려워질 수 있다. 또 효과 측면에서도 자잘한 '고장 모드'를 '시험 국면' 이후로 미룸으로써 개선에 따른 부담이 생길 수 있다. 따라서 '시험 국면 1' 이후 시작되는 'CAP' 경우 지연시킨 조치(주로 'B −모드')들을 충분히 검토하고 처리할 수 있도록 계획 단계부터 기간 결정에 신중해야 한다.

3.4. '신뢰도 성장시험'의 패턴과 해석

기업에서 문제 해결을 위해 활용하는 접근법에 '방법론(Methodology)'이 있다. '방법론'은 "문서화가 가능하고, 내용을 따라갈 수 있도록 안내하는 '로드맵'이 있으며, '로드맵'별 해야 할 활동을 자세히 기술함으로써 교육생들이 동일 수준의 성과를 재현해 내게 돕는 접근법"이다. 잘 알려진 '6시그마 방법론'이나 'TQC 방법론' 등 기업에서 추진하고 있는 다양한 혁신 프로그램들이 그 예이다. '신뢰도 성장' 역시 계획부터 시험 실행 및 평가, 관리까지 하나의 체계로 이루어져 있고 '로드맵'도 제공되므로 '방법론' 반열(?)에 올려놓아도 손색이 없다. 이어서 소개할 내용은 '로드맵(Roadmap)'들이며 「MIL-HDBK-189C」에서는 'Program', '(Management) Strategy', 또는 'Approach'를 '로드맵' 뒤에 붙여 호칭한다. 예로써 'Test-Fix-Test Approach' 식이다. 본문에서는 하나의 '방법론'임을 고려해 '접근법'을 붙여 'Test-Fix-Test 접근법' 등으로 통일할 것이다. '방법론'을 붙이고 싶지만 이미 불리는 호칭들이 있으므로 '방법론'에 가장 근사한 'Approach(접근법)'를 선택하였다. 이 외에 핸드북에 "TAFT(Test-Analyze-Fix-Test) Program"이 있는데 바로 소개할 'Test-Fix-Test 접근법'과 유사하므로 본문에 싣지 않았다([문헌-①(p.70)] 참고). 다음 내용은 [문헌-①(pp.15~17)]에 포함돼 있다.

3.4.1. Test-Fix-Test 접근법

이 접근법은 시험 중 고장이 발생하면 '개선 조치(Fix)'가 끝날 때까지 시험을 중단하는 것이 원칙이다. 시험이 재개되면 아이템은 이전보다 신뢰도가 증가한다. 즉 '성장'하는 것인데 구체적으론 'MTBF'가 늘어난 것이다. '시험 국면' 중 '개선 조치'가 이루어지므로 '고장 모드' 측면에선 'BC-모드'가 관계한다. 분석에 쓰이는 모형은 주로 'RGTMC'인데, 이 모형은 '시험 국면' 안에서 이루어지는 '개선 조치'의 해석에 유용하다. [그림 Ⅰ-9]는 이 접근법을 나타내는 개요도이다.

[그림 Ⅰ-9] 'Test-Fix-Test 접근법' 기본 패턴

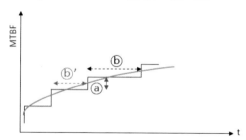

[그림 Ⅰ-9]와 같이 이 접근법은 '시험 국면' 중 '개선 조치'가 이루어지므로 일련의 작고 증가하는 계단형 패턴들로 묘사할 수 있다. 계단형 성장에 부드럽게 근사시킨 곡선도 관찰된다. 계단의 '수직 패턴'은 발생한 고장을 '수정(Fixes)'해서 '신뢰도(MTBF)'가 높아진 상태를 나타낸다. 또 '수평 패턴'은 '시험 중' 상태이며 '수정'이 계속 이루어지므로 큰 이변이 없는 한 다음 고장까지의 소요시간은 그 이전보다 길어진다(그림에서 수평선이 점차 길어짐).

'Test-Fix-Test 접근법'은 대부분 실용적이지 못한데 고장 나면 손쉬운 '수리

(Repair)'의 빈도가 높고 '신뢰도 성장'에 직접적 영향을 미치는 '수정(Fix)'은 주로 나중에 이뤄지기 때문이다(일반적으로 '수리'는 신뢰도를 성장시키지 않음). 그러나 '시험 국면' 안에서 즉시는 아니더라도, 시험 동안 가능한 한 빨리 '수정'을 반영하면 'MTBF'는 여전히 계단형으로 증가하고, 그에 근사시킨 곡선도 예상 패턴을 따른다. 단 [그림 Ⅰ-9]의 'ⓐ'처럼 '계단의 높이'나 '곡선의 높이' 모두 상승량은 같으나 '수평선 길이'는 'ⓑ>ⓑ''으로 곡선이 계단과 비교해 낮은 상승률을 보인다. 'Test-Fix-Test 접근법'을 따르면 다음과 같은 명백한 특징과 통계적 이점이 생긴다.[12]

○ 곡선([그림 Ⅰ-9]) 내 한 점은 '평균 MTBF'가 아닌 '순간 MTBF' 값이다. '순간 MTBF'는 그 이전에 수행된 모든 '수정'이 적용돼 나타난 결과로 가정한다(즉 FEF=1.0). 이것은 '개선 조치'를 통해 각 고장의 '근본 원인'들이 제거됐고 잔류한 '고장 모드'의 고장률이 더는 존재하지 않는다는 의미다. 이 때문에 시험 초기 때 아이템의 '구성'이 갖던 '평균 MTBF'보다 '순간 MTBF'가 항상 더 높다. 이것은 초기 '구성'은 '개선 조치' 이전이므로 여러 '잠재적 고장 모드'가 포함되지만 '순간 MTBF'는 그들이 제거된 이후이기 때문이다.

○ 'MTBF' 참값에 대한 '신뢰 한계(Confidence Limits)'를 얻을 수 있다.

○ '계획 성장 곡선'은 기술적 판단과 시험 데이터를 이용한 이론값과의 조합을 통해 얻어지나 'Test-Fix-Test 접근법'에서의 '추적 성장 곡선'은 전적으로 데이터에만 근거해서 추정된다.

○ '개선 조치(설계 변경 등)'로 나타난 효과는 '예상 MTBF'로 평가된다.

---

12) David Nicholls, Paul Lein, Tom McGibbon, "Achieving System Reliability Growth Through Robust Design and Test", RIAC, p.178.

'개선 조치'의 효과는 '수정'이 반영된 이후 시험을 계속함으로써 확인될 수 있다. 참고로 'Test-Fix-Test 접근법'은 '신뢰도 성장추적 모형'에 적합한 방법으로 알려져 있다[문헌-①(p.76)].

3.4.2. Test-Find-Test 접근법

'Test-Fix-Test 접근법'은 시험 중 '개선 조치'에 필요한 부품을 제때 조달받지 못할 수 있고 시간도 충분치 않다는 게 일반적이다. 반면에 'Test-Find-Test 접근법'은 **고장 모드'를 찾기 위해 아이템을 시험**하며 모든 '수정'을 '시험 중'이 아닌 '시험 국면'의 '종료 시점(그러나 다음 '시험 국면'의 전)에 실시한다. '시험 국면 종료' 이후 일정 시간에 걸쳐 아이템에 많은 '수정'들이 가해지면 급격한 신뢰도 '도약(Jump)'이 관찰된다. 이때 아이템에 가해진 '수정'들을 **지연 수정(Delayed Fixes)**'이라고 한다. [그림 Ⅰ-10]을 보자.

[그림 Ⅰ-10] 'Test-Find-Test 접근법'에서의 패턴

하나의 '시험 국면' 안에서는 '수정'이 없으므로 신뢰도는 일정하게 유지되고 종료 시점(과 다음 '시험 국면' 사이)에서 이루어진 다수의 '수정'들로 '신

뢰도 도약'이 관찰된다. '[문헌-주석 12(p.109)]'에 따르면 만일 '신뢰도 도약'
이 제대로 관찰되지 않는 경우를 다음 세 가지로 요약하고 있다.

○ '신뢰도 도약'이 예상에 미치지 못한 경우
a) '고장 모드'가 완전히 제거되지 않았음(완전히 제거될 경우 '$FEF = 1.0$'이
   지만 부분적으로 경감됐다면 '$FEF < 1.0$'임).
b) 의도하지 않은 상황이지만 '수정'이 오히려 새로운 '고장 모드'를 만들어
   냄. 이 경우 새로 형성된 '고장 모드'의 고장률은 원래의 것보다 낮음.
c) '수정' 대상과 무관한 '구성'을 설계 변경함. 이로 인해 기존 '고장 모드'
   의 고장률보다 낮은 새로운 '고장 모드'가 형성됨.
d) 상기 가능한 유형들의 조합이 발생함.

○ 수정 전후 사이에서 '신뢰도 도약'이 없는 경우
a) '고장 모드'의 '근본 원인'을 제거하지 못하고 증상을 없애는 수준에서
   마무리됨($FEF = 0.0$).
b) 의도하지 않은 상황이지만 '수정'이 새로운 '고장 모드'를 만들어냄. 이
   경우 새로운 '고장 모드'의 고장률이 기존 것과 정확히 일치함.
c) '수정' 대상과 무관한 '구성'을 설계 변경함. 이로 인해 기존 '고장 모드'
   의 고장률과 정확히 일치하는 새로운 '고장 모드'가 형성됨.
d) 상기 가능한 유형들의 조합이 발생함.

○ '신뢰도 도약'이 예상을 밑도는 경우
a) '고장 모드'에 대한 '수정'이 오히려 기존의 신뢰도를 더 악화시킴($FEF < 0.0$).
b) 의도하지 않은 상황이지만 '수정'이 오히려 새로운 '고장 모드'를 만들어
   냄. 이 경우 새로운 '고장 모드'의 고장률이 기존 것을 능가함.

c) '수정' 대상과 무관한 '구성'을 설계 변경함. 이로 인해 기존 '고장 모드' 의 고장률을 능가하는 새로운 '고장 모드'가 형성됨.

d) 상기 가능한 유형들의 조합이 발생함.

참고로 'Test-Find-Test 접근법'은 주로 'BD-모드'가 관련되며 모형은 'ACPM(AMSAA Crow Projection Model)'이 활용된다[문헌-①(p.102)]. 이후에 설명이 있을 것이다.

3.4.3. Test-Fix-Test with Delayed Fixes 접근법

개발에서 일반적으로 사용되는 시험은 **이전 두 가지 유형을 '조합'한 접근 법**이다. 이와 유사한 로드맵에 'Test-Fix-Find-Test 접근법'이 있는데 바로 설 명하려는 접근법이 이를 포함한다. "두 유형의 조합"이 뜻하는 것은 '시험 중' 에 몇몇 '수정'들이 적용되고(Test-Fix-Test), 남은 일부 '수정'들은 해당 '시험 국면'이 끝날 때까지 미뤄진다(with Delayed Fixes). [그림 Ⅰ-11]은 '조합' 수 행에 관한 'Test-Fix-Test with Delayed Fixes 접근법'의 결과 패턴이다. [그림 Ⅰ-10]의 'Test-Find-Test 접근법'과 비교해 보기 바란다.

[그림 Ⅰ-11] 'Test-Fix-Test with Delayed Fixes 접근법'의 패턴

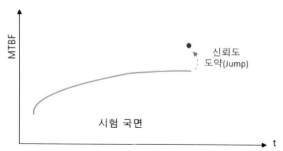

[그림 Ⅰ-11]을 보면 한 '시험 국면' 안에서 수차례 이루어진 '수정'을 통해 완만한 'MTBF 향상'이, 그리고 종료 시점과 다음 '시험 국면' 사이에서 이루 어진 '지연 수정(Delayed Fixes)'을 통해 'MTBF 도약(Jump)'이 관찰된다. 참고 로 이 접근법의 해석에 쓰이는 모형은 'CERPM(Crow Extended Reliability Projection Model)'이다[문헌-①(p.101)].

3.4.4. '시험 로드맵'과 '신뢰도 성장'의 경우의 수

목표 신뢰도를 달성하기 위해 시험은 몇 개의 '시험 국면'으로 구성된다 (「1.1. 용어 정의」 중 '시험 국면' 참조). 각 '시험 국면'별로 앞서 설명한 'Test-Fix-Test', 'Test-Find-Test', 'Test-Fix-Test with Delayed Fixes' 중 하나 의 접근법(로드맵)을 적용한다. 이해를 돕기 위해 개발 단계 중 '검증 단계' 와 'EMD 단계'에서 신뢰도 시험이 수행되고, 또 각 단계에 최소 '시험 국 면(Test Phase)'이 하나씩 있다고 가정하자. 그러면 본 예의 경우 개발 시험 동안 오직 '시험 국면=2개'만을 포함한다. 이때 '접근법(로드맵)=3개'이므로 신뢰도를 성장시킬 경우의 수는 '총 9개(=3^2)'이다([표 Ⅰ-2] 참조). 예는 한 개의 개발 단계에 한 개의 '시험 국면'만을 포함했지만, 실제는 여러 '시험 국면'들이 포함될 수 있어 경우의 수는 급격히 증가한다.

[표 Ⅰ-2] 두 개의 개발 단계와 각 한 개의 '시험 국면'이 존재할 때 가능한 성장 패턴

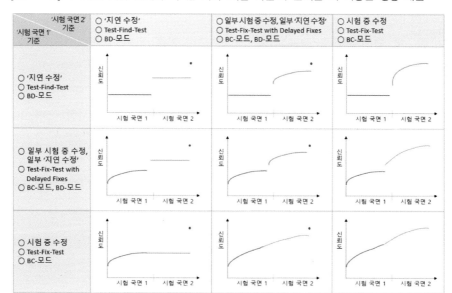

[표 Ⅰ-2]를 보자. **첫 행**의 세 개 그래프에서 '시험 국면 1'만 보자. 세 개 모두 '지연 수정(Delayed Fixes)'이므로 '시험 국면 중'에는 '수정'이 없다. 따라서 'MTBF'는 일정하게 유지되고 종료 시점 직후의 '개선 조치'로 '도약'이 형성된다. '지연 수정'의 경우 'Test-Find-Test 접근법'이 쓰이고, '고장 모드'의 분류 중 'BD-모드'가 해당한다. **둘째 행**의 '시험 국면 1' 경우, '시험 국면 중'에 일부 '수정'들이 반영됐고('곡선'이 관찰됨), 또 '지연 수정'도 포함돼 있다('종료' 때 '도약'이 관찰됨). 이 경우는 'Test-Fix-Test with Delayed Fixes 접근법'이, '고장 모드'의 분류 중 'BC-모드'와 'BD-모드'가 해당한다. 끝으로 **셋째 행**의 '시험 국면 1' 경우, '지연 수정' 없이 모두 '시험 국면 중'에 '수정'들이 이루어졌다('곡선'만 관찰됨). 이것은 'Test-Fix-Test 접근법'을, '고장 모드'의

분류 중 'BC-모드'가 해당한다. '도약'이 없으므로 '시험 국면 2'의 '시작점'과 바로 연결된다.

반면, **첫 열**의 세 개 그래프 중 '시험 국면 2'를 보자. 모두가 '지연 수정'임을 알 수 있다(종료 때 '도약'이 관찰됨). **둘째 열**의 '시험 국면 2' 경우, '시험 국면 중' 수차례의 '수정'들이 반영됐고('곡선'이 관찰됨) 또 '지연된 수정'이 일부 포함돼 있다(종료 때 '도약'이 관찰됨). **셋째 열**의 '시험 국면 2'는, '지연 수정' 없이 모두 '시험 국면 중'에 '수정'들이 반영됐다('곡선'만 관찰됨). '1행 1열'과 '3행 3열'의 성장시험 패턴은 극단적인 예이다.

만일 '시험 국면'이 3개로 늘어나면 가능한 신뢰도 성장 패턴은 '총 27개 ($=3^3$)'로 불어난다. 진행할 시험에 대해서는 그들 중 하나를 선택하는 문제가 되므로 계획 수립 때 표 예를 잘 활용하면 큰 도움이 된다.

3.5. '신뢰도 성장분석'에 쓰이는 데이터 유형

'아이템'은 「2.1. 용어 정의」에서 '시스템'뿐 아니라 '하위 시스템'부터 '부품'에 이르는 통칭으로 정의한 바 있다. 출처에 따라서는 전체를 '시스템', 하위 개체들을 '유닛(Unit)'으로 구분하기도 한다. 특별한 언급이 없는 한 본문에서는 시험 대상을 '아이템'으로 기술한다. 이때 본문의 주제인 '신뢰도 성장시험'은 '시험 → 고장 → 수정 → 시험'을 반복하므로 대상이 되는 최소 단위는 '아이템 한 개'이다. 이 경우 수집되는 데이터는 고장 나는 시점들을 모으게 되므로 '고장까지의 시간(Time-to-Failure)', 줄여서 **고장 시간**들을 손에 쥐게 되며, 데이터 테이블의 한 개 열에 입력한다.

또 '고장 시간'은 여럿의 시간 구간에서 수집되는데 이들을 '시험 국면(Test Phase)'이라고 한 바 있다. '시험 국면'은 실제 시험에서 대부분 여럿이다. 예를 들어 '초기(Initial)/변경(Revised)/최종(Final)'과 같이 시험 구분을 '시험 국면'으로 지정하거나, 'DT/OT(Development Testing/Operational Testing)', 'FOE(the Follow-on Evaluation)', 'IPT(the Initial Production Test)' 등의 개발 단계를 '시험 국면'으로 지정할 수 있다. 엑셀 시트 기준으로 '시험 국면'의 구분 역시 주요 데이터이며 한 개 열에 입력된다. '시험 국면' 열 외에 '고장 모드'를 분류한 'A-모드, BC-모드, BD-모드'의 입력 열이나, 같은 시점에 '고장 난 수'를 입력하는 열도 추가할 수 있다. 따라서 '신뢰도 성장분석'을 위한 기본 데이터 테이블 양식은 [표 Ⅰ-3]으로 정의할 수 있고 상황에 따라 필요한 열을 가감해서 활용한다.

[표 Ⅰ-3] '신뢰도 성장시험'을 위한 데이터 테이블 기본 구조 예

No.	고장 시간	고장 수	'고장 모드' 분류	시험 국면
1	8	1	A	PH1
2	26	2	BD	PH1
3	58	1	BD	PH1
4	107	3	BC	PH2
...	...	...	...	...

'신뢰도 성장시험'은 이 기본 '데이터 테이블 구조'를 필두로 시험 환경에 따라 다양한 '데이터 유형'이 파생되는데 그들에 따라 분석법이나 모형들의 적용에 차이가 생긴다. 따라서 [표 Ⅰ-3]을 기본 구조로 해서 어떤 유형들이 존재하는지 미리 알아보자[문헌-⑤(pp.8~22)].

3.5.1. 고장 시간 데이터(Failure Time Data)

'고장 시간'을 '데이터 유형' 중 하나로 구분하면 끝에 '데이터'를 붙여 '고

장 시간 데이터(Failure Times Data)'로 쓴다. 즉 '신뢰도 성장분석'에서 해석에 가장 기본이 되는 데이터는 **"하나의 아이템으로부터 시험과 수정을 반복하며 얻은 '고장 시간'들이며 유형으로 구분하면 '고장 시간 데이터'이다."**로 정의할 수 있다. '고장 시간 데이터'의 테이블 구조 예는 [표 Ⅰ-4]와 같다.

[표 Ⅰ-4] '고장 시간 데이터' 유형의 테이블 구조 예

No.	누적 고장 시간	No.	고장 간 시간	비고(영문 표현)
1	8	1	8	○ 누적 고장 시간
2	26	2	18	- Cumulative Time
3	58	3	32	○ 고장 간 시간
4	107	4	49	- Inter-arrival Time
...	...	...	...	- Times between Repairs
				- System Times between Sequential Failures

[표 Ⅰ-4]에서 보듯 '고장 시간 데이터' 유형은 상황에 따라 '누적 고장 시간'을 입력하거나 '고장 간 시간'을 입력한다. 분석 상황에 따라 [표 Ⅰ-3]에서 언급한 '고장 모드 분류' 열이나 '고장 수' 열이 추가될 수 있다.

3.5.2. 다중 아이템 데이터-작동 시간이 알려짐

'다중 아이템(Multiple Systems)'은 다수의 아이템이 시험 되는 상황이며, 임의 시점에 그들 중 하나 이상이 고장 날 때의 데이터 처리법과 입력 방법을 다룬다. 이때 "작동 시간이 알려짐(Known Operating Times)"의 의미는 다중 아이템 모두가 언제 시험을 시작하고 어느 시점에 이르고 있으며, 또 언제 시험이 종료됐는지 모두 기록돼 있는 상태를 말한다. 다음의 특징이 있다.

1) 모든 아이템의 최초 작동 시각이 다를 수 있으므로 한 아이템이 '고장 난 시각'에 다른 아이템의 '작동 시간'을 기록한다. 즉 하나의 아이템이 고장 난 시점에 다른 모든 아이템의 "작동 시간이 알려진다."이다.

2) 시험 중인 다수의 아이템 속에서 어느 하나가 고장 나면 '개선 조치'를 한 뒤 '설계 변경' 사항을 다른 모든 시험 아이템들에 똑같이 반영한다.

3) 모든 시험 아이템들에 대한 '개선 조치'가 완료되면 시험을 재개한다.

4) 데이터 입력은 '누적 시간', 또는 '고장 간 시간'이 있으며 분석 상황(통계 소프트웨어 등)에 맞게 선택한다.

'누적 시간'으로 나타낸 데이터 테이블 구조는 [표 Ⅰ-5]와 같다.

[표 Ⅰ-5] '다중 아이템-작동 시간이 알려짐' 유형의 테이블 구조 예

아이템 1	아이템 2	비고
10*	26	○ '★'는 해당 아이템의 고장 난 시간
58*	38	○ 첫째 행 해석: '아이템 1'이 '10시간 시점'에
77	46*	고장 났을 때 '아이템 2'는 '26시간 동안' 작
122*	89	동하고 있음.
...	...	

[표 Ⅰ-5]에서 ' 아이템 1 ' 열의 숫자 중 '*'가 붙은 시간은 '고장 시간'을 나타내고 그 외에는 모두 '작동 시간'을 나타낸다. 예를 들어 첫째 행에서 '아이템 1'의 첫 고장 시간이 '10시간 시점'이었는데, 이때 '아이템 2'를 보면 고장 없이 '26시간 작동'하고 있음을 알 수 있다. '아이템 2'의 '*'에 대해서도 같은 해석이 가능하다. 분석할 때는 행의 값들끼리 합한 '누적 시험 시간'을 이용한다. 전처리 과정과 자세한 분석은 '[표 Ⅲ-11]'을 참고하고 별도의 설명은 생략한다.

3.5.3. 다중 아이템 데이터-동시에 작동함

이전의 "작동 시간이 알려짐" 경우처럼 여러 아이템이 함께 시험 되는 상황은 같으나 '고장 난 시점'을 제각각 기록한 구조다. 영어로는 'Concurrent Operating Times'라고 한다. 특징을 열거하면 다음과 같다.

1) 아이템별 시험 '시작 시간', '고장 시간', 시험 '종료 시간'이 기록된다. 즉 아이템이 고장 났을 때만 정확한 '고장 시간'을 기록한다.
2) 아이템들의 시험 '시작 시간'을 대부분 '0'으로 설정하고 모두 동시에 시험하므로 작동 시간은 균일하게 누적돼 간다.
3) 시험 시작은 물론 시험 내내 모든 아이템의 '구성'은 같다. 즉 고장 난 아이템을 수정하면 다른 아이템들도 같은 구성으로 수정해 간다.

'동시에 작동함' 유형의 데이터 테이블 구조는 [표 Ⅰ-6]과 같다.

[표 Ⅰ-6] '다중 아이템-동시에 작동함' 유형의 테이블 구조 예

아이템 1	아이템 2	아이템 3	비고
0	0	0	○ 시험 시작은 모두 '0시간.'
130	190	56	○ '130', '190', '56' 들은 모두 아이템의 고장
278	312	102	시간.
…	…	…	○ 맨 끝 열의 값들은 시험 '종료 시간.'
1000	800	1200	

[표 Ⅰ-6]에서 '아이템 1' 열의 첫 숫자, '0'은 시험 '시작 시간'을, 이후 숫자들은 모두 '고장 시간'을 나타낸다. 또 맨 끝 행의 숫자인 '1000'은 시험 '종료 시간'이다. 다른 아이템도 상황은 같다. [표 Ⅰ-6]의 데이터로 신뢰도 성장

을 분석할 때는 'ESS(Equivalent Single System)', 즉 '등가 단일 시스템'이란 하나의 열로 통합해서 진행한다. 자세한 과정은 '[표 Ⅲ-15]'를 참고하고 별도의 설명은 생략한다.

3.5.4. 다중 아이템 데이터-날짜가 포함됨

'다중 아이템 데이터-동시에 작동함' 유형과 비슷하나 시험 '시작 시점'과 '종료 시점' 그리고 '고장 난 시점'을 '고장 시간'이 아닌 '날짜'로 기록한다. 요지는 한 아이템이 '고장 난 시점'에 다른 아이템들의 '동작 시간'을 알아내는 것이 핵심이다. 이것을 '날짜' 간 차이로 환산해야 하는데 아이템별로 '시작 시간'이 같은지 여부, 그리고 시작할 때 '구성'이 같은지 여부에 따라 환산 과정이 달라진다. 통계 소프트웨어를 사용하더라도 정작 환산 과정을 알지 못하면 잘못된 결과로 이어질 수 있다. [그림 Ⅰ-12]를 보자.

[그림 Ⅰ-12] '다중 아이템 데이터-날짜가 포함됨' 유형 개요도

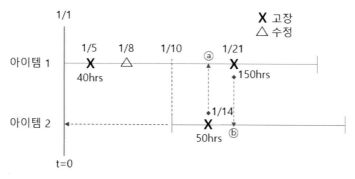

[그림 Ⅰ-12]에서 '아이템 1'은 '1월 1일'에 시험을 시작했고, '아이템 2'는

'1월 10일'에 시작했다. 이때 '1월 10일'에서 시작한 '아이템 2'의 '구성'이 '아이템 1'의 어느 시점과 같은지에 따라 '동작 시간'의 환산이 달라진다. 왜냐하면 '아이템 1'은 '시작 시점'인 '1월 1일' 때의 '구성'이 있고, '1월 8일'에 한 번 '수정'이 됐으므로 시작 때와는 달라진 상태다. 우선 '아이템 2'의 '구성'이 '아이템 1'의 '1월 1일' 때 '구성'과 같으면 '아이템 2'의 '시작 시점'을 '1월 1일'로 당길 수 있다. 이 상황은 '시작 시점'이 같으므로 [표 Ⅰ-6]인 '다중 아이템 데이터-동시에 작동함' 유형과 정확히 일치한다. 그러나 '1월 10일'에서 '아이템 2'의 '구성'이 이미 달라진 '아이템 1'의 '구성'과 같으면 환산 절차가 중요해진다. 설명이 쉽도록 둘의 상황을 'ESS(등가 단일 시스템)'로 [표 Ⅰ-7] 과 같이 전환하였다.

[표 Ⅰ-7] '다중 아이템-날짜 지정' 유형의 'ESS(등가 단일 시스템)' 전환 예

아이템 1		아이템 2		ESS	
누적 고장 시간	날짜	누적 고장 시간	날짜	'1/1'과 구성 일치	'1/10'과 구성 일치
0	1/1	–		0	0
40	1/5	–		40+40=80	40
수정	1/8	–	–	–	–
		0	1/10	–	–
ⓐ	–	50	1/14	50+50=100	=ⓐ+50
150	1/21	ⓑ	–	150+150=300	=150+ⓑ

[표 Ⅰ-7]에서 ''1/1'과 구성 일치' 열은 '아이템 2'의 '구성'이 '1월 1일'의 '아이템 1'과 같을 때의 'ESS'이다. 이 경우 각 아이템의 '고장 시간'을 '아이템 수만큼 더한다. 예를 들어 '1월 5일'에 '아이템 1'이 고장 났으므로 '아이템 2'도 같은 시점에 고장 났다고(또는 그 시점까지 동작했다고) 보고 '$ESS_{1/5} = 40_{아이템1} + 40_{아이템2} = 80$' 이 입력된다. '아이템 2'의 '1월 14일'과 '아이템 1'의 '1월 21일'도 같은 방식

으로 계산된다. 그러나 '1/10'과 구성 일치' 열은 '1월 10일'에 '아이템 2'가 이미 한 번 '수정'된 '아이템 1'의 '구성'과 같을 때의 'ESS'이다. 예를 들어 '아이템 1'이 처음 고장 난 '1월 5일' 경우 '아이템 2'는 '구성'이 다르므로(또는 시작도 하지 않았으므로) '아이템 1'의 '고장 시간'인 '40'만 반영한다. 그러나 '아이템 2'가 첫 고장 난 '1월 14일'에는 같은 '구성'의 '아이템 1'이 '1월 10일'부터 'ⓐ 시점'까지 누적됐으므로 이 시점을 찾아 두 값을 더해(즉, ⓐ+50) 'ESS'를 얻는다. '아이템 1'의 '150시간 시점'의 고장도 같은 방식으로 계산한다. 'ⓐ'는 '선형 보간법(linear interpolation)'으로 얻는데 계산 예는 [표 Ⅲ-22]를 참고하기 바란다.

3.5.5. 그룹 데이터(Grouped Data)

'그룹 데이터'는 또 다른 표현인 '구간 데이터(Interval Data)'로 부를 때 구조의 연상이 쉽지만, 사용 빈도가 높은 호칭을 선택하였다. 영어로 'Grouped Failure Times'로도 쓰인다. 신뢰도 시험을 수행했지만 정확한 '고장 시간'은 모르고 대신 관측한 '시간 구간'과 '고장 수'가 알려진 경우다. 시험 대상이 한 개 아이템이면 '특정 시간 사이'의 '고장 수'를 기록하고, 시험 대상이 여러 아이템이면 미리 시간 간격을 정한 뒤 모니터링을 지속하며 해당 시간 간격 시점에서 발생한 '고장 수'를 기록한다. 다음의 기본 원칙을 참고해서 수집한다.

1) 시간 구간의 폭이 모두 같을 필요는 없다.
2) 시험 중 고장에 대해 '수정'을 하게 되면 '구성'이 바뀐다. 이때 특정 구간에 포함된 '고장 수'의 해당 아이템들은 모두 같은 '구성'이어야 한다.

[표 Ⅰ-8]은 '그룹 데이터'의 테이블 구조 예이다. 표의 왼쪽 예는 '구간 폭'이 일정하지 않은 경우, 가운데 예는 일정한 경우, 세 번째 예는 가운데 예를 일정한 '시간 구간(시작~끝)'으로 나타낸 것이다. 분석할 때는 구조가 한눈에 들어오는 세 번째를 가장 선호하는 편이다.

[표 Ⅰ-8] 그룹 데이터(또는 '구간 데이터') 유형의 테이블 구조 예

구간 끝 시간	고장 수	구간 끝 시간	고장 수	시작 시간	끝 시간	고장 수
39	5	50	5	0	50	5
126	12	100	12	50	100	12
290	4	150	4	100	150	4
400	7	200	7	150	200	7
...	...	...	...	...	...	...

[표 Ⅰ-8]의 세 번째 예에서 첫 구간의 '고장 수=5'는 다섯 아이템 모두 같은 '구성'이어야 하며 다른 구간도 마찬가지이다. '그룹 데이터'는 이후 소개될 '플릿 데이터(Fleet Data)'를 구성할 때 다시 한번 언급될 것이다.

3.5.6. 필드 아이템 데이터-복구 가능

'필드 아이템 데이터'는 두 개의 아이템 유형에서 유래하는데 하나는 '복구 가능 아이템(Repairable Systems)'이고 다른 하나는 '플릿 아이템(Fleet Systems)'이다.[13] '필드 아이템(Fielded Systems)'은 고객 사용 환경에서 작동하는 아이템으로 그로부터 얻어지는 데이터는 사내 연구개발 단계에서 시험을 통해 수집

---

13) '플릿 아이템'이란 용어는 잘 쓰지 않으나 '복구 가능 아이템(Repairable Systems)'과 맞추기 위해 '아이템'을 붙였다. '플릿 데이터(Fleet Data)', '플릿 데이터 분석(Fleet Data Analysis)'의 쓰임이 많다.

되는 '고장 데이터'와는 큰 차이가 있다. 첫째는 사내의 경우 시험 환경이 어느 정도 제어되는 반면 고객 사용 환경은 그렇지 못하다는 점, 둘째는 고장 데이터의 직접적 수집보다는 보증 이력을 통해 유추해야 할 사항이 많다는 점이다. 따라서 분석 모형이나 해석 과정에 약간의 차이가 있다. '복구 가능 아이템 데이터(Repairable Systems Data)'를 이용한 분석을 '복구 가능 아이템 분석(Repairable Systems Analysis)'이라고 한다. 기본적인 데이터 테이블 구조는 '다중 아이템 데이터-동시에 작동함'과 같으며 [표 Ⅰ-9]의 형식을 띤다.

[표 Ⅰ-9] '필드 아이템 데이터-복구 가능' 유형의 테이블 구조 예

아이템 ID	구분	누적 고장 시간	'고장 모드' 분류	비고
아이템 1	시작	0	-	○ 시험 중 수정이 이루어지는 'BC-모드'는 고객 사용 환경에선 가능하지 않으므로 제외. ○ 'A-모드'나 'BD-모드'는 각각이 또 여러 유형으로 존재하므로 분류 시 입력은 'A1, A2, A3…', 'BD1, BD2, BD3…' 등으로 기록됨.
아이템 1	-	35	BD1	
…	-	…	…	
아이템 1	종료	1300	-	
아이템 2	시작	0	-	
아이템 2	-	78	A1	
…	-	…	…	
아이템 2	종료	820	-	
아이템 3	시작	0	-	
…	-	…	…	

[표 Ⅰ-9]의 '아이템 ID' 열 경우, 고객 사용 환경에서 보증 활동을 통해 수집된 고장 수리 아이템이 여럿 있을 것이고(아이템 1, …, 아이템 n), 또 개개 아이템도 여러 회 수리 이력이 있음을 반영한 것이다(같은 아이템이 반복됨). '누적 고장 시간' 열은 '시작 시간=0', 즉 출하 후 고객에 인도한 시간 등을, '종료 시간'은 최종 관찰한 시점 등을 기록한다. 분석 목적은 고객 사용 환경에 속한 아이템이므로 '신뢰도 성장'이 아닌 '아이템의 신뢰도 추정'이나 주어진 시간 때에서의 '기대 고장 수' 또는 '신뢰도 추정' 등이 해당한다. 주로 사용

되는 모형엔 'Power Law 모형', 'Crow Extended 모형(또는 Operational Testing 모형)'이 있다. 후자는 다시 'ACPM(AMSAA Crow Projection Model)'과 CERPM(Crow Extended Reliability Projection Model)이 있다.

3.5.7. 필드 아이템 데이터-플릿(Fleet)

데이터 입력은 '필드 아이템 데이터-복구 가능'과 비슷하나 '플릿 데이터'는 바로 분석하지 않고 데이터를 '누적 시간선(Cumulative Time Line)'이라고 하는 시간 축 선상에 재배치한 뒤 '그룹 데이터'로 전환해 분석한다. 즉 전처리를 하는 방법에 차이가 있다. '누적 시간선(Cumulative Time Line)'은 마치 배가 무리를 지은 형태를 보인다.

'수집 데이터 → 누적 시간선 → 그룹 데이터'의 과정을 거치는 이유는 수집한 데이터는 주로 'A-모드'와 'B-모드'가 포함돼 있는데 이들을 분석하기 위한 모형이 'Crow Extended 모형(ACPM+CERPM의 통칭)'이다. 이때 수집한 데이터로 모형의 '모수'를 추정하면 '$\beta=1$'이 되지 않아 'Crow Extended 모형'을 사용할 수 없다. 기본 가정이 '$\beta=1$'이어야 하는데, 고객 사용 환경에서의 '고장 강도'는 마모 등의 이유로 일정하지 않고 시간에 따라 증가하기 때문이다. '플릿 데이터'는 무리의 형태로 전환하므로 '임의성(Randomness)'이 가능해짐에 따라 모형을 적용할 수 있다. [그림 I-13]의 개요도는 '원 데이터'로부터 최종의 '그룹 데이터'를 얻는 과정을 보여준다.

[그림 Ⅰ-13] '필드 아이템 데이터-플릿' 유형 개요도

[수집한 고장 시간 데이터]

아이템 ID	고장 시간	종료 시간
1	3, 7	10
2	4, 9, 13	15

[누적 시간선]

누적 고장 시간	3	7	14	19	23	25
고장	1	1	1	1	1	0

[그룹 데이터]

시작	종료	고장 수
0	5	1
5	10	1
10	15	1
15	20	1
20	25	1

[그림 Ⅰ-13]은 전환 과정에 별도의 설명이 필요하나 자세한 내용은 [표 Ⅳ-15] 또는 「2.6.6. Case Study 22: 플릿 데이터 분석-1」을 참고하고 관련 설명은 생략한다. 모형은 'RGTMC(또는 AMSAA Crow(NHPP) 모형)'나 'Crow Extended 모형'이 쓰인다.

신뢰도 성장계획
(Reliability Growth Planning)

본 장에서는 '신뢰도 성장시험'을 진행하기에 앞서 계획을 수립하는 방법과 과정을 학습한다. '신뢰도 성장계획'은 단순히 인적, 물적 준비 활동이기보다 달성할 'MTBF'를 통계적, 기술적 판단하에 수리적 'MTBF 추이'로 미리 마련하는 활동이다. 이를 '계획 성장 곡선'이라고 하며 시험 중 평가를 통해 최종 '목표 MTBF'를 달성할 수 있는지 중간 점검하는 용도로 활용한다.

I. 신뢰도 성장계획 모형

'계획'은 말 그대로 '계획'이다. 따라서 과제 수행 초반에 수행된다. '신뢰도 성장계획(Reliability Growth Planning)'은 개발 과제의 각 '시험 국면'에서 원하는 수준의 신뢰도를 얻었는지 확인을 위해, 또는 다음 '시험 국면'의 신뢰도를 얼마만큼 높여야 할지를 가늠하기 위해, 또는 각 '시험 국면'에서 신뢰도 확보 시 '신뢰도 성장 곡선'의 패턴이 어떻게 구성돼야 하는지를 미리 알아볼 목적으로 수행된다. '아만보'라는 축약어로 인터넷에 떠도는 용어가 있다. 한자어로 "지즉위진간(知則爲眞看)", 즉 **"아는 만큼 보인다.**"이다. 계획 없이 추진하는 일은 왜 하는지에 대한 기본적인 질문부터 허둥대기 일쑤다. 철저히 준비하고 시험에 들어가는 지혜가 필요하다. 계획에 포함될 목표 설정, 자원 할당, 일정 수립, 분석방법 결정, 개선 조치계획 등등은 기업별 연구상황을 고려해 결정할 사안들로 본문에서의 설명은 생략하고, 계획의 핵심인 '신뢰도 성장 곡선'의 작성과 활용에 집중할 것이다.

개발 아이템이 있다고 가정하자. 전체면 '시스템', 전체 중 일부면 '하위 시스템'이다. 자동차는 '시스템', 그의 일부인 '엔진부'는 '하위 시스템'이다. 군수 장비의 하나인 '대륙간 탄도미사일'은 자체가 '시스템'이다. 어떤 상태이든 이들 중 하나를 처음 개발하려면 아무리 완벽함을 도모한다 해도 미래 품질을 확고하게 담보하기란 쉽지 않다. 따라서 시간적 여유가 있고 문제를 솎아 보완해나갈 의향이 있다면 계획을 세워 하나씩 실천해 나가는 일은 당연지사다.

'신뢰도 성장계획'과 관련해 반드시 짚고 넘어갈 사항이 있다. '신뢰도 성장계획'은 본게임에 들어가기 전 수행하는 사전 활동이다. 따라서 과거의 제대로 된 시험 경험과 자료에 근거할수록 신뢰도는 높아진다. 신뢰성 분야의 해석으로 바꾸면 **'신뢰도 성장계획'에 사용한 과거의 시험 정보가 OMS/MP**

(「1-1. 용어 정의」 참조. '고객의 실제 사용 조건')**를 반영하고 있어야 한다**는
것이다. '고객의 실제 사용 조건'을 개발 시험 환경에서 재현시킬 수 있다면,
이때 얻은 성장시험 데이터로 '실증 MTBF'를 통계적으로 추정할 수 있다.
정도 높은 수준의 성장시험 데이터를 확보하면 할수록 후속의 '신뢰도 실증
시험'을 하지 않아도 되거나 보완하는 정도로 마무리할 수도 있다.

1.1. '신뢰도 성장계획'의 이론적 배경

아이템의 신뢰도를 계획에 맞춰 성장시키기 위해 미리 작성할 곡선이 두
개 있다. 하나는 '**이상 성장 곡선**(Idealized Growth Curve)'이고 다른 하나는
'이상 성장 곡선'을 바탕으로 한 **계획 성장 곡선**(Planned Growth Curve)'이
다. 이들은 저절로 만들어지기보다 수학적 모형이 필요한데, [그림 Ⅰ-3]의
"신뢰도 성장분석 모형(Model)들의 모음" 중 '신뢰도 성장**계획** 모형'만 따로
떼어 [그림 Ⅱ-1]에 다시 옮겨 놓았다[문헌-①(p.26)].

[그림 Ⅱ-1] '신뢰도 성장계획'을 위한 모형(Model)들의 모음

Reliability Growth Planning
신뢰도 성장 계획
→ a) AMSAA Crow Planning Model
→ b) System Level Planning Model (SPLAN)
→ c) Subsystem Level Planning Model (SSPLAN)
→ d) Planning Model Based on Projection Methodology(PM2)-Continuous
→ e) Planning Model Based on Projection Methodology(PM2)-Discrete
→ f) Threshold Model

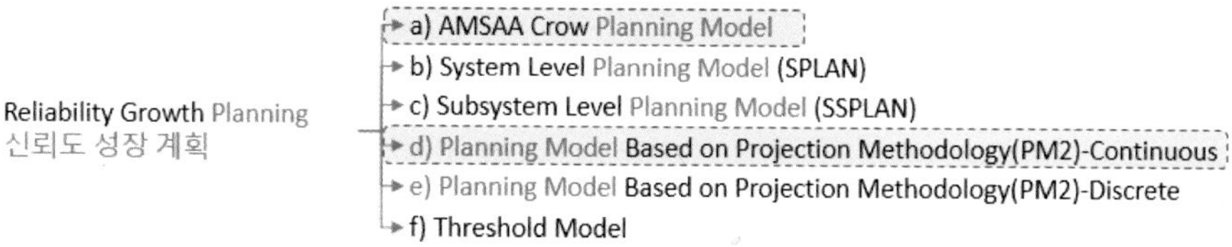

아이템에 대한 '신뢰도 성장계획' 수립 시 [그림 Ⅱ-1]의 모형 중 상황에
맞는 하나를 선택해서 진행한다. '모형'을 활용하려면 시험 시작 단계부터 최
종 단계에 이르기까지 아이템의 신뢰도를 높여 가기 위해 목푯값이나 시험

기간 등 정해져야 할 항목들이 많은데, 가장 보편적인 접근이 기존 유사 아이템의 신뢰도 정보를 활용하는 것이다. 그러나 대다수가 계획 수립 단계에서 활용할 정보가 없는 경우가 많으며 이때 적용할 수 있는 것이 바로 '학습 곡선(Learning Curve)'이다. '학습 곡선'은 헤르만 에빙하우스(Hermann Ebbinghaus)가 1885년 교육 심리학 분야에 처음 적용했던 개념으로, 용어 '학습 곡선'은 1903년부터 사용되기 시작하였다. "경험이 쌓일수록(x-축) 학습 효과(y-축)가 증대되는 관찰적 상황을 묘사한 곡선"인데, 두 축의 관계를 나타내는 패턴에 따라 'S-Curve(또는 Sigmoid Function)'형, '지수 성장(Exponential Growth)'형, '지수 상승 또는 하강(Exponential Rise or Fall to a Limit)'형, 'Power Law'형이 있다. 특히 'Power Law'형 패턴은 'x, y값' 각각에 로그를 취하면 '직선'이 되는 속성이 있다.[14]

'신뢰도 성장' 상황을 '학습 곡선'에 빗대 보자. 개발 초기 때는 제품이 불안정하므로 개선할수록(시간·노력이 많이 투입될수록) 신뢰도(성과)도 크게 높아지지만, 한계가 있으므로 어느 시점에 이르면 성장률이 점점 떨어져 일정한 신뢰도에 수렴한다. 바로 '학습 곡선'의 개념과 일치한다. '신뢰도 성장'에서 'x-축'은 **누적 시험 시간**(또는 기간), 'y-축'은 **누적 고장률(또는 누적 MTBF)**'인데, 이때 **두 축의 각각에 '로그'를 취해 '직선 관계'가 형성되면** 'Duane 모형(Duane Model)'이라고 한다.[15] 보통 'Log-Log 척도 용지'에 '누적 고장률(또는 누적 MTBF)' 대 '누적 시험 시간'을 타점하면 '선형(Linear) 관계'를 얻는데 Duane이 처음 발견해서 붙여진 이름이다. 'Duane 모형(또는 가정)'은 '시험 국면(Test Phase)' 안에서 시험 수행을 'Test-Fix-Test', 'Test-Find-Test' 등의 방법으로 전개할 때, '시험 국면'별로 의미 있는 '신뢰도 성장계획'의 수

---

14) 위키피디아 영문판 참고.

15) '두에인 가정(Duane Postulate)'이 적합한 표현이다. '두에인 방법(Duane Method)', 두에인 성장 모형(Duane Growth Model)'으로도 불린다.

립과 신뢰도 성장 해석에 이용된다.

[그림 Ⅱ-1]에서 강조한 **모형 'a)'는 바로 'Duane 모형'을 기반해서 전개**되며 다음 소단원에서 자세히 설명할 것이다. 또 좀 어렵지만, 'a)', 'b)' 및 'c)'는 'Power Law Approach'를, 'd)'와 'e)'는 'AMPM(AMSAA Maturity Projection Model) Approach'를 사용한다. '임계치 모형(Threshold Model)'인 'f)'는 성장 모형은 아니고 '계획 성장 곡선'을 따르는지 결정할 목적으로 중간 목표 개발을 위해 쓰이는 방법론이다. 참고로 두 개의 '접근법(Approach)'을 요약하면 다음과 같다.

○ **Power Law Approach**: '발견된 고장의 기대 수'와 '시험 시간' 사이의 누적 관계를 가정해서 사용.
○ **AMPM Approach**: '발견된 B-모드의 기대 수'와 '시험 시간' 사이의 누적 관계를 가정해서 사용. 이 접근법은 '기대되는 아이템 고장 강도'와 '누적 시험 시간' 사이의 신뢰도 성장 관계를 해석함.

여러 용어와 내용이 어렵지만, 다음 단원부터 하나씩 해소해 나갈 것이다. 이어지는 본문에서 'Duane 모형'을 학습하고, 그다음 '이상 성장 곡선' 작성을 위해 사용 빈도가 높고 다른 모형으로 학습 범위를 넓혀 가기에 근간이 되는 'a) AMSAA Crow Planning Model'과, 복잡도가 좀 더 높은 'd) Planning Model based on Projection Methodology(PM2)-Continuous'에 대해 자세히 알아볼 것이다[문헌-②(p.33)].

아마 처음 입문하는 독자들에겐 앞서 언급한 용어나 내용이 좀 어수선하게 느껴졌을 수 있다. 데이터 예를 통해 직접 확인해 보자[문헌-⑤(p.31)].

[표 Ⅱ-1] 한 아이템의 '신뢰도 성장시험' 데이터 예

고장 데이터 (hrs)			누적 고장 수 $[N(t_i)]$
시험 국면 (Phase, i)	누적 시험 시간 (t_i) ('국면' 끝 시간 값)	고장 수 (n_i)	$[= n_i + N(t_{i-1})]$
1	200	2	2
2	400	1	3
3	600	1	4
4	3,000	7	11

[표 Ⅱ-1]을 보자. '0~200시간'이 '시험 국면 1'이고 이 기간에 '고장 수 (n_i)=2회'이다. '200~400시간'은 '시험 국면 2'이고 '1회'의 고장이 났다. 나머지도 형식은 같다. 이때 '누적 고장 수$[N(t_i)]$'는 각 '시험 국면'의 '고장 수'를 누적해서 얻는다. 또 시험 진행 상황을 인식하는 것이 중요한데 '신뢰도 성장시험'이므로 아이템의 신뢰도가 점점 높아진다면 '개선 조치 기간(CAP, Corrective Action Period)'이 필요할 수 있다. '시험 국면 3'의 예를 들면 '400~600시간' 사이에서 고장이 관찰됐을 것이고 이때 '개선 조치'의 수행 없이 지연시키다 '시험 국면'이 끝나는 '600시간' 시점부터 '개선 조치'가 수행된다('지연 수정' 및 'Test-Find-Test 접근법'). 상황을 도시하면 [그림 Ⅱ-2]와 같다.

[그림 Ⅱ-2] '[표 Ⅱ-1]'의 시험 상황 개요도

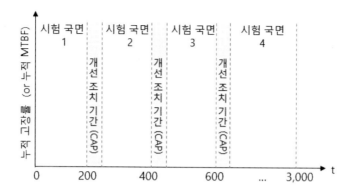

[그림 Ⅱ-2]에서 '개선 조치 기간(CAP)'은 아이템 입장에선 '시험 기간'이
아니다. 예를 들어 '시험 국면 2'의 시작은 '시험 국면 1'의 종료인 '200시간'
과 맞닿아 연결된다. 즉 '시험 국면 2'의 '시험 기간'은 앞서 언급한 '200∼
400시간'이다. Duane은 GE(General Electric)社가 개발한 여러 아이템의 데이
터를 분석하여 개발 중에 신뢰도가 체계적으로 향상되었는지 확인하였는데,
당시 분석을 통해 '누적 고장률'과 '누적 시험 시간'을 'Log-Log 척도 용지'에
타점하면 '직선'이 된다는 것을 알게 되었다.16) [표 Ⅱ-1]을 이용해 이를 확인
한 것이 [그림 Ⅱ-3]이다.

16) Ouane, J. T. 1964, Learning Curve Approach to Reliability Monitoring. IEEE Transactions on
    Aerospace. 2: 563-566.

[그림 Ⅱ-3] '누적 고장률[$F_c(t_i)$]'과 '누적 시험 시간(t_i)'의 관계

시험 국면 (i)	누적 시험 시간(t) ['국면(Phase)' 끝 시간]	고장 수 (nᵢ)	누적 고장 수 [N(t)]	누적 고장률[F(t)] [N(t)/t]
1	200	2	2	0.0100
2	400	1	3	0.0075
3	600	1	4	0.0067
4	3,000	7	11	0.0037

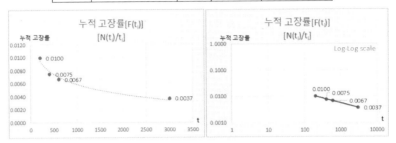

[그림 Ⅱ-3]은 '누적 고장률[$F_c(t_i) = N(t_i)/t_i$]'과 '누적 시험 시간(t_i)'을 나타낸 그래프로 왼쪽은 표의 값 그대로를, 오른쪽은 'x-축, y-축' 모두 '로그 눈금'으로 변환한 결과다(엑셀에서 축 눈금을 두 번 클릭한 뒤 '축 옵션'의 '로그 눈금 간격'을 선택). 오른쪽 그래프로부터 **Duane의 주장대로 확연한 직선 관계가 성립**함을 알 수 있다. 실무에서는 '신뢰도'를 높이기 위해 '개선 조치'가 수행되므로 '누적 고장률(왼쪽)'은 시간에 따라 완만하게 떨어지는 '학습 곡선'이 관찰되며, 'Log-Log 척도'의 경우(오른쪽) '음의 기울기'로 나타난다. 모두 상식선에서 예측되는 상황과 일치한다.

아이템의 신뢰도 성장은 '고장률'보다 'MTBF(Mean Time between Failures)'로 평가한다. 따라서 [그림 Ⅱ-3]을 '누적 MTBF[$M_c(t_i)$]'로 바꿔보자. 'MTBF'는 "아이템의 고장 간 평균 시간"이므로 '누적 고장률[$F_c(t_i)$]'의 역수인 '$t_i/N(t_i)$'을 통해 간단히 얻을 수 있다. [그림 Ⅱ-4]는 '누적 MTBF[$M_c(t_i)$]'의 계산 결과 및 '누적 시험 시간(t_i)'과의 그래프이다.

[그림 Ⅱ-4] '누적 MTBF[$M_c(t_i)$]'와 '누적 시험 시간(t_i)'의 관계

시험국면 (i)	누적 시험 시간(t$_i$) ['국면(Phase)' 끝 시간]	고장 수 (n$_i$)	누적 고장 수 [N(t$_i$)]	누적 고장률[F(t$_i$)] [N(t$_i$)/t$_i$]	누적 MTBF[M$_c$(t$_i$)] [t$_i$/N(t$_i$)]
1	200	2	2	0.0100	100.0
2	400	1	3	0.0075	133.3
3	600	1	4	0.0067	150.0
4	3,000	7	11	0.0037	272.7

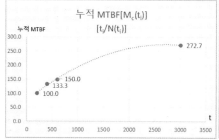 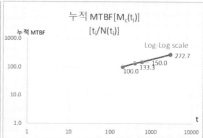

[그림 Ⅱ-4]를 보면 [그림 Ⅱ-3]의 반대 패턴을 보이는데 '누적 고장률 [$N(t_i)/t_i$]'의 역수[$t_i/N(t_i)$]로 얻어졌기 때문이다. '신뢰도 성장'에서 시간이 지날수록 아이템은 개선되므로 '고장 간 평균 시간'은 자연히 늘어난다(오른쪽의 '양의 기울기'). 역시 상식선에서 예상되는 결과이다. '신뢰도 성장'에서의 해석은 '신뢰도' 지표인 'MTBF'를 주로 사용하므로 [그림 Ⅱ-4]가 여러 문헌에서 자주 보이는 이유이다.

이왕 여기까지 온 바에야 [표 Ⅱ-1]의 '고장 데이터'를 이용해 학습 내용을 하나 더 추가해 보자. 바로 '시험 국면'별 '평균 고장률($\bar{r}_i$)'과 '평균 MTBF ($\overline{m_i}$)'이다(밑 첨자 'i'는 'i^{th} 시험 국면'임). 계산은 (식 Ⅱ-1), 결과 그래프는 [그림 Ⅱ-5]이다.

각 '시험 국면(i)'에 대해,   (식 Ⅱ-1)

○ 평균 고장률$(\overline{r}_i) = \dfrac{N_i - N_{i-1}}{t_i - t_{i-1}}$,   ○ 평균 $MTBF(\overline{m}_i) = \dfrac{1}{\overline{r}_i}$

[그림 Ⅱ-5] '평균 고장률$(\overline{r}_i)$'과 '평균 MTBF$(\overline{m}_i)$'

시험 국면 (i)	누적 시험 시간(t_i) ['국면(Phase)' 끝 시간]	고장 수 (ni)	누적 고장 수 [N(t_i)]	평균 고장률 ($\overline{r}_i$) {[N(t_i)-N(t_{i-1})]/(t_i-t_{i-1})}	평균 MTBF($\overline{m}_i$) (1/$\overline{r}_i$)
1	200	2	2	0.010	100.0
2	400	1	3	0.005	200.0
3	600	1	4	0.005	200.0
4	3,000	7	11	0.0029	342.86

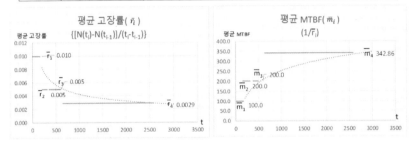

[그림 Ⅱ-5]의 왼쪽은 '평균 고장률$(\overline{r}_i)$'이다. 작은 수평선은 각 '시험 국면' 내에서 '고장률'이 일정하다는 뜻이다. 예를 들어 '시험 국면 1'은 '0시간'부터 시험이 시작돼 '200시간'에서 종료되었고, 시험 기간 중 확인된 '고장 모드'에 대해 '설계 변경(또는 수정)'이 '200시간 이후'부터 시작된다(지연 수정). 따라서 '개선 조치'가 수행되지 않는 '시험 국면 안'에서의 '고장률(또는 MTBF)'은 일정하게 유지된다(물론 개선이 이루어지는 'Test-Fix-Test 접근법' 경우 곡선으로 관찰될 것이다). '개선 조치'로 신뢰도가 성장한 아이템은 다시 '시험 국면 2'의 '200시간'부터 시작되고, 이때 개선으로 인해 '평균 고장률'은 '뚝 떨어짐'으로 관찰된다(오른쪽 MTBF 그래프는 역수이므로 반대로 튀어 오름).

여기서 매우 중요하게 학습할 핵심이 등장한다. 바로 지금까지의 '시험 국면'별 '이산 자료'의 평가는 [그림 Ⅱ-5]에 추가한 '곡선'에서 보듯 '연속 자료'로 해석(예측)할 수 있다는 점이다. 정리하면 "**[그림 Ⅱ-5]의 곡선을 설명하는 함수를 찾으면 각 '시험 국면'의 '평균 고장률(또는 평균 MTBF)'의 예측이 가능하다.**"이다. '함수(Function)'를 갖는다는 것은 '시험 국면'별 해석이 아닌 그들을 아우르는 통합적 해석으로 전환되는 것이고 여러 수학적 처리를 통해 예측과 시험 관리가 가능하다는 장점이 생긴다. '함수'는 [그림 Ⅱ-3]과 [그림 Ⅱ-4]에서 설명한 '누적 고장률(또는 누적 MTBF)'과 '누적 시험 시간' 간의 'Log-Log 척도'가 '선형 관계'라는, 즉 'Duane 모형(또는 가정)'을 이용해 유도된다. 이어지는 단원에서 자세히 알아보자.

1.3. 'Duane 모형'의 수학적 해석(=AMSAA Crow 모형)

앞으로 자주 마주치게 될 명칭인 'AMSAA Crow 모형'을 먼저 언급해야 'Duane 모형' 설명이 훨씬 수월할 것 같다. 'AMSAA'는 미국 국방성의 '육군 물자체계 분석국(the Army Material Systems Analysis Activity)'으로 모형을 처음 적용했던 곳의 명칭이고, 'Crow'는 모형을 개발한 사람이다. 그런데 이 'AMSAA Crow 모형'은 그래프 해석을 기반으로 한 'Duane 모형'을 통계적 해석 영역으로 확장한 것에 지나지 않는다. 따라서 만일 ① '누적 고장률'과 '누적 시험 시간'의 '로그' 관계가 '선형'이고, ② 한 '시험 국면' 안에서 'MTBF'가 일정한 '상수' 조건을 만족한다면, 'Duane 모형'으로 '신뢰도 성장계획', 특히 '이상 성장 곡선'을 작성할 수 있다. "한 '시험 국면' 안에서 'MTBF'가 일정하다는 의미는 성장이 없다는 것"이다. 이것은 한 '시험 국면'이 끝나는 시점에 '개선 조치'가 이뤄져 '시험 국면' 동안에는 개선을 통한 'MTBF' 향상이 없게 되고 따라서 'MTBF'는 일정하게 유지된다는 뜻이다. 'AMSAA Crow 모형'17)의 수학적 원리와 유도는 「Ⅲ. 신뢰도 성장추적분석」에서 자세히 다룰 것이다. 또 유도 과정 중 앞서 '①과 ② 조건'일 때 'AMSAA Crow 모형'이 어떻게 'Duane 모형'과 같아지는지도 상세하게 설명할 것이다.

[그림 Ⅱ-1]의 'AMSAA Crow Planning 모형'은 단지 'AMSAA Crow 모형'을 '계획(Planning)' 활동에 응용했기 때문에 붙여진 명칭임을 쉽게 알 수 있다. 'AMSAA Crow 모형'은 이후 학습하기로 하고 이제부터 **'AMSAA Crow 모형'을 '①과 ② 조건' 아래에서 'Duane 모형'으로 전환해 '이상 성장 곡선'을 작성**해보자. 핵심은 수학적 모형, 즉 함수를 찾는 것이며 시작은 다음과 같다 [문헌-②(pp.33~48, p.115)].

> [누적 고장률, $F_c(t_i)$]　　　　　　　　　　　　　　　　　(식 Ⅱ-2)
> i번째 '시험 국면 종료 시점'을 $'t_i'$라 할 때,
> 시간 $'t_i'$까지의 아이템 '누적 고장 수'를 $'N(t_i)'$라 하자.
> 이때, 누적 고장률, $F_c(t_i) = N(t_i)/t_i$.
> 참고로, 누적 $MTBF$, $M_c(t_i) = t_i/N(t_i)$.

'Duane 모형'에 따르면 '$F_c(t_i)$'에 '로그'를 취하면 '직선'이 된다고 했으므로 (식 Ⅱ-2)는 (식 Ⅱ-3)의 관계 식으로도 표현될 수 있다.

> [누적 고장률, $F_c(t_i)$의 다른 표현]　　　　　　　　　　　(식 Ⅱ-3)
> $\ln F_c(t_i) = \beta - \alpha \cdot \ln t_i$ 로 놓을 때,
> $\left(\begin{array}{l} \text{단 } 'r_I' \text{를 '첫 시험 국면'에서의 '초기 평균고장률'로 놓으면} \\ \therefore \ r_I = N(t_1)/t_1, \quad \ln r_I = \beta - \alpha \cdot \ln t_1 \\ \therefore \ \beta = \ln r_I + \alpha \cdot \ln t_1 = \ln r_I + \ln t_1^{\alpha} \end{array} \right)$

---

17) 'Crow-AMSAA 모형'으로도 불린다. 본문은 'MIL-HDBK' 용어를 따르고 있다.

양변에 $'e'$ 를 취해 정리하면

$$F_c(t_i) = e^{\beta} \cdot e^{\ln t_i^{-\alpha}} = e^{\ln r_I + \ln t_1^{\alpha}} \cdot t_i^{-\alpha} = r_I \cdot t_1^{\alpha} \cdot t_i^{-\alpha}$$

$$= \frac{N(t_1)}{t_1} \cdot t_1^{\alpha} \cdot t_i^{-\alpha} = \frac{N(t_1)}{t_1} \cdot \left(\frac{t_i}{t_1}\right)^{-\alpha} ----\text{ⓐ}$$

[누적 $MTBF$, $M_c(t_i)$] : $F_c(t_i)$ 의 역수

$$M_c(t_i) = 1/F_c(t_i) = \frac{t_1}{N(t_1)} \cdot \left(\frac{t_i}{t_1}\right)^{\alpha}$$

(식 Ⅱ-3, ⓐ)에 (식 Ⅱ-2)를 대입하면 't_i 까지의 아이템 누적 고장 수'인 '$N(t_i)$'을 얻는다.

[t_i 까지의 아이템 '누적 고장 수(or 기대 고장 수)', $N(t_i)$]　　　　(식 Ⅱ-4)

$$F_c(t_i) = \frac{N(t_1)}{t_1} \cdot \left(\frac{t_i}{t_1}\right)^{-\alpha} = N(t_i)/t_i \quad \text{이므로,}$$

$$\therefore N(t_i) = \frac{N(t_1)}{t_1} \cdot \left(\frac{t_i}{t_1}\right)^{-\alpha} \cdot t_i = \frac{N(t_1)}{t_1} \cdot \left(\frac{t_i}{t_1}\right)^{-\alpha} \cdot \left(\frac{t_i}{t_1}\right) t_1$$

$$= \frac{N(t_1)}{t_1} t_1 \cdot \left(\frac{t_i}{t_1}\right)^{1-\alpha} \overset{\text{or}}{\Longleftrightarrow} r_I t_1 \cdot \left(\frac{t_i}{t_1}\right)^{1-\alpha} --\text{ⓑ}$$

'i^{th} 시험 국면'의 '평균 고장률($\bar{r}_i$)'은 어떻게 구할까? '$\bar{r}_i$'을 얻게 되면 (식 Ⅱ-1)과 같이 'i^{th} 시험 국면'의 '평균 MTBF($\bar{m}_i$)'는 '$\bar{r}_i$'의 역수로 얻을 수 있다('단위 고장당 시간'이므로). (식 Ⅱ-1)을 다시 옮기면 (식 Ⅱ-5)와 같다. '$\bar{r}_i$'에 포함된 '$N(t_i)$'가 '(식 Ⅱ-4)--ⓑ'임을 상기하자.

$['i^{th}$ 시험 국면'에서의'평균 고장률'] (식 Ⅱ-5)

$$\bar{r}_i = \frac{N(t_i) - N(t_{i-1})}{t_i - t_{i-1}} \quad , \quad 단, N(t_i)는 [(식 Ⅱ-4) -- ⓑ)]$$

$['i^{th}$ 시험 국면'에서의'평균 $MTBF$']

$$\bar{m}_i = 1/\bar{r}_i = \frac{t_i - t_{i-1}}{N(t_i) - N(t_{i-1})}$$

이제 좀 더 들어가 보자. 만일 '[(식 Ⅱ-4)--ⓑ]'의 '시간당 변화율'을 계산하면 무엇이 될까? 두에인(Duane)은 이 값을 '현재 고장률'이라고 했다. 미분이므로 통상 '순간 고장률(Instantaneous Failure Rate)'에 해당한다. 결과는 (식 Ⅱ-6)과 같다('미분'은 '연속 자료'이므로 첨자 'i'는 빠짐).

[현재 고장률 or 순간 고장률] (식 Ⅱ-6)

$$r_{ins}(t) = \frac{d}{dt} N(t) = \frac{d}{dt} \left[r_I t_1 \cdot \left(\frac{t}{t_1} \right)^{1-\alpha} \right]$$

$$= r_I t_1 (1-\alpha) \cdot \left(\frac{t}{t_1} \right)^{-\alpha} \cdot \frac{1}{t_1}$$

$$= r_I (1-\alpha) \cdot \left(\frac{t}{t_1} \right)^{-\alpha}$$

(식 Ⅱ-6)의 곡선 '$r_{ins}(t)$'의 이해가 필요하다. 설명을 위해 [그림 Ⅱ-5]의 '평균 고장률($\bar{r}_i$)'을 다시 옮겨와 보자.

[그림 Ⅱ-6] '평균 고장률($\bar{r}_i$)'과 '순간 고장률[$r_{ins}(t)$] 곡선'의 비교

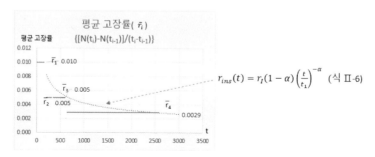

$$r_{ins}(t) = r_I(1-\alpha)\left(\frac{t}{t_1}\right)^{-\alpha} \quad (\text{식 Ⅱ-6})$$

    [그림 Ⅱ-6]에서 **수평선인 '평균 고장률($\bar{r}_i$)' 아래의 '넓이'는 '순간 고장률 곡선'인 '$r_{ins}(t)$' 아래의 '넓이'와 같다고 알려져 있다**[문헌-②(p.37)].[18] 따라서 **임의 '시험 국면'에서의 '평균 고장률($\bar{r}_i$)'은 '$r_{ins}(t)$'로 결정**할 수 있다. 즉 연속 함수로 추정할 수 있다는 의미다. 이처럼 연속 함수를 이용하면 '예측'이 가능하므로 '신뢰도 성장시험'을 미리 계획하는 데 이용할 수 있다.

    다시 (식 Ⅱ-6)을 뒤집으면 '단위 고장당 시간 변화량'이 되는데 흔히 얘기하는 '현재 MTBF(Mean Time between Failures) 곡선' 또는 '순간 MTBF 곡선'을 얻는다. (식 Ⅱ-7)과 같다.

$$
\begin{aligned}
&[\text{현재}\,MTBF\ or\ \text{순간}\,MTBF] \qquad\qquad\qquad (\text{식 Ⅱ-7})\\
&m_{ins}(t) = 1/r_{ins}(t)\\
&\qquad = (1/r_I)(1-\alpha)^{-1}\left(\frac{t}{t_1}\right)^{\alpha}\\
&\qquad = m_I(1-\alpha)^{-1}\left(\frac{t}{t_1}\right)^{\alpha},\\
&where \quad 'm_I\text{'는'}1^{st}\text{시험 국면'의'초기평균}MTBF'
\end{aligned}
$$

---

18) 보통은 '$r_{ins}(t)$' 곡선이 '평균 고장률' 각 수평선을 양분하고 지나가나 '$\bar{r}_2$'와 '$\bar{r}_3$'가 값이 같은 이유 등으로 좀 빗겨져 관찰된다.

(식 Ⅱ-7)은 '누적 고장률, $F_c(t)$'와 '누적 시험 시간, t'의 로그값이 '선형' 관계일 때 '시험 국면'에서의 'MTBF' 및 '이상 성장 곡선'의 구성과 해석에 이용된다. 곡선 '$m_{ins}(t)$'을 좀 더 이해하기 위해 [그림 Ⅱ-5]의 'i^{th} 시험 국면'의 '평균 MTBF[$\overline{m}_i$]'에 (식 Ⅱ-7)을 추가한 결과가 [그림 Ⅱ-7]이다.

[그림 Ⅱ-7] '평균 MTBF($\overline{m}_i$)' vs. '순간 MTBF[$m_{ins}(t)$] 곡선'의 비교

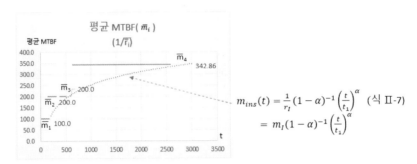

$$m_{ins}(t) = \frac{1}{r_I}(1-\alpha)^{-1}\left(\frac{t}{t_1}\right)^{\alpha} \quad \text{(식 Ⅱ-7)}$$
$$= m_I(1-\alpha)^{-1}\left(\frac{t}{t_1}\right)^{\alpha}$$

[그림 Ⅱ-7]에서 보듯, 실제에서 '평균 MTBF($\overline{m}_i$)'는 '수평선'을 이루며 불연속적인 '도약'의 패턴으로 성장하므로 연속 함수인 '$m_{ins}(t)$'을 이용해 '곡선'으로 해석하는 것은 무리 있어 보인다. 이것은 각 '시험 국면' 끝에서 '개선 조치'가 이뤄지므로 '평균 MTBF'는 '도약'하나, '시험 국면' 중간에서는 '수정'이 없어 '곡선'이 아닌 '일정한 값'을 유지하기 때문이다('Test-Fix-Test 접근법'은 다를 수 있음). **'곡선'으로 추정할 시 'MTBF 값'을 수용할 수 있는지는 성장시험 상황이나 기술적 판단**에 따를 수 있다.

그림에서 곡선[$m_{ins}(t)$]을 아래로 연장하면 '시험 시간=0'에서 '평균 MTBF=0'의 값을 제공하나, 현실에서는 '0'이 나올 수 없다. 그 이유는 시험 시작 시 아이템의 'MTBF'가 계획에 따라 '첫 시험 국면'의 '초기 평균 MTBF'인 '$m_I = 1/r_I$'

로써 지정되기 때문이다. 따라서 [그림 Ⅱ-7]에서 '첫 번째 시험 국면'의 곡선 부분은 제외돼야 한다. 즉 [그림 Ⅱ-8]과 같다.

[그림 Ⅱ-8] '이상 성장 곡선(Idealized Growth Curve)' 작성 예

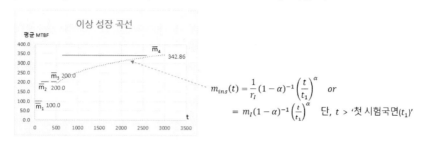

[그림 Ⅱ-8]은 완성된 '이상 성장 곡선'의 한 예이다. [그림 Ⅱ-7]과의 차이점은 '첫 시험 국면'과 '두 번째 시험 국면' 사이가 단절돼 있다. '첫 시험 국면'은 '초기 평균 MTBF(Initial Average MTBF)'가 미리 지정되므로 굳이 함수를 통해 계산할 필요가 없다. 앞서 설명한 대로 곡선이 연장돼 '0시간'에서 'MTBF'가 '0'이 되는 것 또한 '초기 평균 MTBF'가 존재하는 상황에선 현실성이 떨어진다. 정리하면 '$t \le t_1$ 영역'에 속한 '첫 시험 국면'의 '초기 평균 MTBF'는 'm_I or $1/r_I$'로써 미리 지정되고, '$t > t_1$ 영역'은 (식 Ⅱ-7)의 '$m_{ins}(t)$'을 적용한다. 따라서 곡선을 이용해 얻게 되는 'MTBF'는 '두 번째 시험 국면' 값부터 의미가 있다. 수리적 표현에 어려움을 느낀 독자라면 이어지는 본문의 사례 소개를 복습의 기회로 삼기 바란다.

2. 신뢰도 성장 곡선의 작성

            '목표 MTBF'를 달성하기 위해 '신뢰도 성장시험'을 진행하기 전 중간 어느 시점에 얼마의 'MTBF'를 달성할지 이정표가 필요하다. 경험적 또는 기술적 관점에서 의견을 통해 마련할 수 있으나 그런 정보나 의견들을 모아 이론적 모형으로 표현하면 매우 도움이 된다. 시험 진행 중 '모형'과 '실제'에 틈이 생기면 모형 속 '모수(Parameter)'를 조정함으로써 실제에 근접하도록 조정할 수 있다. 즉 정량적으로 관리할 수 있는 기술력과 역량이 축적된다. 시행착오를 줄이기 위해 두 개의 단계를 거쳐 계획 곡선을 마련하는데 첫 활동은 수학적 모형을 이용해 '이상 성장 곡선(Idealized Growth Curve)'을 작성하고, 그를 바탕으로 현실에 맞춘 '계획 성장 곡선(Planned Growth Curve)'을 마련한다. 이 '계획 성장 곡선'을 이용해 실제 '신뢰도 성장시험'을 진행한다. 먼저 '이상 성장 곡선'의 학습을 위해 [그림 Ⅱ-1]을 [그림 Ⅱ-9]에 다시 옮겨 놓았다. 강조한 'a)' 및 'd)' 모형이 본문에서 설명된다. 다른 모형들은 본문 내용을 통해 연계 학습이 가능하므로 별도의 설명은 생략한다.

[그림 Ⅱ-9] '신뢰도 성장계획'을 위한 모형(Model)들의 모음

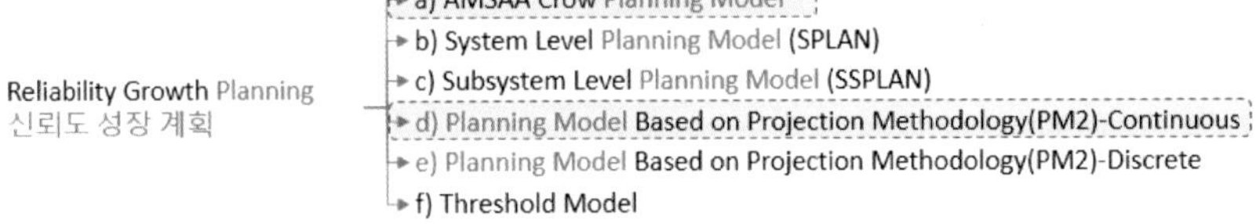

Reliability Growth Planning
신뢰도 성장 계획

- a) AMSAA Crow Planning Model
- b) System Level Planning Model (SPLAN)
- c) Subsystem Level Planning Model (SSPLAN)
- d) Planning Model Based on Projection Methodology(PM2)-Continuous
- e) Planning Model Based on Projection Methodology(PM2)-Discrete
- f) Threshold Model

2.1. '이상 성장 곡선(Idealized Growth Curve)'의 작성

아이템을 개발할 때 초기에는 'MTBF'가 빠르게 증가하다 개발 종료 시점에 다가갈수록 그 증가율이 눈에 띄게 감소한다. 한 공예가가 찰흙으로 얼굴을 빚는 영상을 본 적이 있다. 처음 외형을 가꿀 때는 흙을 덕지덕지 붙여대기만 해도 두상이 드러난다. 시간이 흘러 입과 코, 눈 주변 주름, 가느다란 콧수염 주변을 마무리할 땐 조심스럽고 완성하는 데 더디기만 하다. 믿음직한(신뢰도 높은) 결과물을 만들어 가는 일반적인 양상이다. 이 같은 상황을 그래프로 묘사하면 'x-축'을 '시간'으로, 'y-축'을 '신뢰도(정확히는 'MTBF)'로 놓을 때 처음엔 경사가 급하다가 일정 시점에 이르면 완만해진다. 아이템개발에서 이 같은 양상을 '이상 성장(Idealized Growth)'이라 하고, 곡선으로 표현한 것을 '이상 성장 곡선(Idealized Growth Curve)'이라고 한다. '이상 성장 곡선'은 개발 초기 때 꼭 필요하지만 그렇다고 정확할 필요는 없다. 개발 종료 시점까지 고객이 요구한 'MTBF'를 맞추기 위해 일을 어떻게 꾸려 나갈지 미리 공유하는 데 있기 때문이다. **'이상 (신뢰도) 성장 곡선'은 'Duane (성장) 모형'으로 구성**하며, 시험이 진행될수록 '성장률'이 감소하는 특징이 있다. [그림 Ⅱ-9]의 'a)'에는 "AMSAA Crow Planning Model"로 쓰여 있지만, 그의 바탕이 되는 'AMSAA Crow 모형'은 'Duane 모형'과 수학적 형태에 차이가 없음을 「1.3. 'Duane 모형'의 수학적 해석(=AMSAA Crow 모형)」 단원에서 설명한 바 있다.

아이템개발 동안 수행되는 시험은 통상 몇 개의 '시험 국면(Test Phase)'으로 나뉜다. 용어 '국면(Phase)'은 흔히 '단계(=Stage)'로도 번역해 사용된다. 그러나 '단계'는 '개발 단계'처럼 쓰임도 많아 'Phase'를 같은 '단계'로 쓸 때 혼선이 예상된다. 국어사전 정의에 따르면 "일의 상황이 다른 상태로 바뀜"이며, 따라서 아이템의 'MTBF'가 개발 과정에서 '개선 조치'로 향상되는 모습을 잘 묘사하려면 낯설지만 'Phase'의 번역으로 '국면'이 적절하다. 아이템 입장에서 신뢰도 향상은 상태가 새롭게 바뀌는 '국면 전환'이기 때문이다. 정리하면 **하나의 '시험 국면'은 중요한 목적으로 구분해 놓은 하나의 '시간 구간'**을 나타낸다.

전체 개발 기간을 앞서 설명한 몇 개의 '시험 국면'들로 나누고 각 '시험 국면' 안 또는 각 '시험 국면' 종료 시점에 신뢰도 성장을 위한 '수정'이나 시험이 진행된다. 이때 시험 중 고장 난 아이템을 대상으로 '수정(Fix)', 즉 '설계 변경(Design Change)'이 이루어지고 이 과정을 거쳐 '신뢰도 성장'의 '국면 전환'이 일어난다. 그러나 개발 초기 때는 아직 시험 데이터가 확보되기 이전이므로 합리적 처리 과정을 거쳐 '시험 국면'별로 신뢰도 값을 제시한 뒤, 이들을 한 개 곡선으로 부드럽게 연결하면 전체 신뢰도 패턴이 완성된다. 아이템의 신뢰도 성장을 보여주는 이 같은 패턴이 앞서 언급한 이상적인 신뢰도 성장 곡선, 곧 '이상 성장 곡선'이다.

'이상 성장 곡선'은 '성장률'에 따라 전체 개발에 투입할 노력 정도를 정량적으로 미리 파악하게 도와주고, 이어지는 소단원에서 설명할 **'신뢰도 성장계획'을 수립하는 데 매우 중요한 역할**을 한다. 이제부터 '이상 성장 곡선'을 어떻게 작성하는지에 대해 알아보자.

2.1.1. AMSAA Crow Planning Model

'MIL-HDBK'를 제외한 문헌 대부분에서는 'Crow-AMSAA 모형'으로 쓴다. 본문은 'MIL-HDBK'에 사용된 '모형명'과 '용어'를 그대로 옮기되 부득이 변경이 필요하면 참고할 수 있게 기록으로 남길 것이다. 'AMSAA Crow 모형'을 '계획 성장 곡선'에 직용한 것이 'AMSAA Crow **Planning** Model'이다. [그림

Ⅱ-10]은 '이상 성장 곡선'을 구성하는 방법에 대한 개요도이다[문헌-①(p.21)].

[그림 Ⅱ-10] '이상 성장 곡선'을 구성하는 방법 개요도

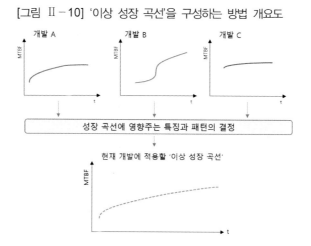

[그림 Ⅱ-10]의 상단은 알려진 이전 개발 과제의 '성장 곡선'이고 이들로부터 얻은 경험과 지식을 바탕으로 현재 개발 아이템에 맞는 '이상 성장 곡선'의 특성과 패턴을 결정한다. 이때 (식 Ⅱ-7) 또는 [그림 Ⅱ-8]의 '$m_{ins}(t)$'식을 이용한다. 작성 과정을 4단계로 구분하였다[문헌-④(9-2~9-4)].

1단계: '이상 성장 곡선' 함수 및 관련 모수(or 매개변수)를 정한다. '현재(또는 순간) MTBF'를 얻기 위해 (식 Ⅱ-7) 또는 [그림 Ⅱ-8]에 포함된 '$m_{ins}(t)$' 식을 (식 Ⅱ-8)에 다시 정리하였다.

$$m_{ins}(t) = \begin{cases} m_I, & 0 < t \le t_1 \text{ 인 구간} \\ m_I(1-\alpha)^{-1}(t/t_1)^{\alpha}, & t > t_1 \quad\quad \text{ 인 구간} \end{cases} \quad\quad (\text{식 } \text{Ⅱ-8})$$

[모수(or 매개변수)]
t_1 = 첫 시험 국면 기간
m_I = '첫 시험 국면 기간(t_1)'에서의 '초기 평균 $MTBF$'
α = '성장률.' 미리 정해 주거나 '기울기'로 얻음.

  첫 시험 국면 기간(t_1)'과 그곳에서의 '**초기 평균 MTBF**(m_I)'를 정확하게 얻는 방법은 없다. 과제 리더와 팀원을 주축으로 주변 자원과 정보를 최대로 활용한다. 예를 들어 최근 수행된 유사 시험으로부터 't_1'과 'm_I' 정보를 얻을 수 있다. 아예 없으면 유사 아이템에 익숙한 담당자들의 경험이나 문헌들을 이용한다([그림 Ⅱ-10] 참조). 시험 전 상황은 '성장률'에 악영향을 주는 중대 설계 결점의 발견이나 결점의 수정 활동이 아직 이뤄지기 전이다. 따라서 시험 시작 전에 결정되는 '모수(또는 매개변수)'인 'm_I'는 불명확할 수밖에 없다. 하지만 가능한 현실적인 추정값이 제시돼야 한다. 추정으로 끝나는 게 아니라 그를 바탕으로 '신뢰도 성장' 활동을 통해 '목표 MTBF'를 달성해 나가야 하기 때문이다.

  2단계: '**성장률**(α)'을 정한다. (식 Ⅱ-8)에 포함된 '모수(또는 매개변수)'이며, 세 가지 방법으로 얻을 수 있다. ① 하나는 과거 데이터가 있을 때 '누적 고장률(또는 누적 MTBF) vs. 누적 시험 시간' 그래프의 직선 관계로부터 대략적인 '기울기'를 얻는 방법이다. 얻는 과정은 [그림 Ⅲ-4]와 (식 Ⅲ-6)을 참고하기 바란다. ② 두 번째는 (식 Ⅱ-9)를 이용하는 방법이다. 몇 가지 '매개변수'가 알려져 있을 때 유용하다. ③ 세 번째는 여러 기관에서 과거 경험치를 기록해 놓은 문헌을 이용하는 방법이다. [표 Ⅱ-2]에 그동안 많이 알려진 세 개의 출처를 옮겨 놓았다. 시험 중인 아이템과 유사한 'α'를 찾아 적용한다.

  두 번째 방법의 경우 '매개변수'인 'T, t_1, m_I, m_F'가 미리 정해져 있다면 (식 Ⅱ-9)를 이용해 근사적으로 'α'를 얻는다.

$$\alpha = \ln(t_1/T) - 1 + \left\{ (\ln(T/t_1)+1)^2 + 2\ln(m_F/m_I) \right\}^{1/2} \qquad \text{(식 II-9)}$$

단, $\alpha \le 0.4$에 적용됨. $\therefore$ (식 $II-8$) 이용 시 엑셀의 '해 찾기' 활용

일반적으로 '$\alpha = 0.4$ 이하'일 때 좋은 근사를 보인다. '0.3'보다 큰 '성장률' 을 요구하는 과제는 다소 회의적이며, '0.4'보다 크면 현실성이 떨어지는 것으로 알려져 있다. 그러나 다양한 경험치를 기술적 판단하에 적용할 수 있다.

앞서 설명했던 '성장률(α)'을 결정하는 세 번째 방법에 대해, 시험 초기 때는 'α'가 정해져야 '이상 성장 곡선'의 작성이 가능한데 구할 수 없으면 [표 II-2]와 같이 여러 문헌에서 제공되는 값을 참고할 수 있다[각 출처는 표 안에 기술해 놓음]. 두에인(Duane)은 그가 보유한 데이터베이스 내 중앙값인 '0.5' 가 보편적으로 적용될 수 있다고 주장했으나 여러 연구 과제가 수행된 지금 하나의 값만 사용하는 것은 현실적이지 않음이 밝혀졌다. 사실 표에 제시된 값들은 주로 군사 장비와 관련돼 있어 상업용 제품에 딱 맞는 정보로는 부족하다. 다만 유사한 아이템 또는 작동 방식이 비슷하다면 활용할 가치는 충분히 있다. 현 상황이 첫 신뢰도 성장시험이면 일단 제공된 값을 사용하고 자사 제품의 데이터가 쌓이면 그때 조금씩 보완해 나가는 방법을 권장한다.

[표 II-2] '성장률[누적 고장률(MTBF) vs. 누적 시험 시간]'인 'α'의 추정치

	[문헌-①(p.32)]/[주석 8)의 p.80]/[문헌-⑤(p.30)]	
아이템	성장률(α):평균/중앙값	성장률(α):범위
일회성(미사일)	0.046/0.47	0.27~0.64
시간, 거리로 결정되는 구성	0.34/0.32	0.23~0.53

아이템	성장률(α)	아이템	성장률(α)
게틀링형 AA 기관총	0.40	공중 레이더	0.48
수력-기계 장치	0.49	디지털 컴퓨터	0.48
펄스 송신기, 레이더	0.35	제트 엔진	0.35
모뎀(디지털 통신, 터미널)	0.29	고출력 장비(전력 공급,	0.30

		마이크로파 전류)	
항공 발전기	0.39	위성 통신 터미널	0.34
아날로그 수신기	0.49	연속파 송신기	0.35
아이템	성장률(α)	아이템	성장률(α)
컴퓨터 시스템 – 일반/메인 프레임 컴퓨터	0.24/0.50	항공우주 전자 제품 – 관련 고장만	0.65
컴퓨터 시스템 – 고장들이 발견하기 쉽고, 제거됨.	0.26	항공우주 전자 제품 – 모든 오동작	0.57
컴퓨터 시스템 – 고장 원인이 모두 알려져 있으며 제거됨.	0.36	에프터버닝 터보 제트/ 모던 드라이 터보 제트	0.35/0.48
항공기 발전기	0.38	로켓 엔진	0.46
공격 레이더	0.60	복합 수력-기계시스템	0.60

(식 Ⅱ-9)에서 '**최종 MTBF(m_F)**'는 '총 시험 기간'을 'T'라 할 때 'T' 이후의 아이템 수명을 결정짓는 측도이며 고객의 기대 수명이다. 따라서 운송, 사용 환경(군사 장비의 경우 전장) 등 광범위한 상황을 고려해서 결정한다. 미리 정할 수도 있고 'α'가 있다면 (식 Ⅱ-8)을 통해 (식 Ⅱ-10)으로 얻는다.

$$m_F = m_I (1-\alpha)^{-1}(T/t_1)^\alpha \qquad (\text{식 } Ⅱ\text{-10})$$

끝으로 '**총 시험 기간**'인 'T'는 과제 리더와 팀원, 계약 이해당사자들의 참여와 비용, 시험에 쓰일 프로토타입 수, 가용한 기간들을 고려해서 결정한다. (식 Ⅱ-10)에서 다른 값들을 알면 계산으로도 얻을 수 있다.

3단계: (식 Ⅱ-8)을 이용해 좌표점 '$(x, y) = (시간, MTBF)$'를 얻는다. '첫 시험 국면 기간(t_1)'부터 '총 시험 기간(T)' 사이의 좌표점들을 구한다. 부드러운 곡선을 위해 최소 네 개 타점 이상을 얻는다([그림 Ⅱ-8] 참조).

4단계: 좌표점들을 이용해 '이상 성장 곡선'을 그린다. [그림 Ⅱ-11]에서 (식 Ⅱ-8)이 긋는 부드러운 상승 곡선을 볼 수 있다.

[그림 Ⅱ-11] '이상 성장 곡선'의 작성 예

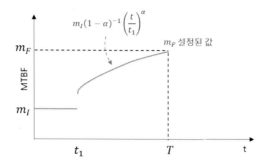

'첫 시험 국면 기간(t_1)'에서 '초기 평균 MTBF(m_I)'는 일정하고, 그 이후부터 시험과 '개선 조치'를 반복하며 'MTBF'가 성장한다. '총 시험 기간(T)' 때 고객 요구인 '최종 MTBF(m_F)'를 얻으며 전체 곡선은 (식 Ⅱ-8)이 통제한다.

[Case Study 1] – '이상 성장 곡선' 작성하기

(상황) 새로운 헬리콥터 시스템이 제안되었다. 'MTBMF(Mean Time between Mission Failure)'는 '50시간'이어야 한다. 과거 경험에 따르면 '첫 시험 국면'에서 'MTBMF'는 '20시간'으로 예상된다. '첫 시험 국면 기간(t_1)'이 '100시간, 200시간, 300시간'일 때 본 과제의 '이상 성장 곡선'을 완성하시오. '총 시험 기간(T)=1,000시간'이다[문헌-④(9-9~9-12)].

(풀이) 앞서 설명한 4단계 순서에 따라 '이상 성장 곡선'을 완성한다.

[표 Ⅱ-3] '이상 성장 곡선'의 작성

첫 '시험 국면 기간(t_1)'	100시간		200시간		300시간	
[1단계] 매개변수 설정	총 시험 기간$(T) = 1,000hrs$ 첫 '시험 국면 기간'에서의 '초기 평균 $MTBMF(m_I)$' $= 20hrs$ 최종 '시험 국면' 직후의 '최종 $MTBMF(m_F)$' $= 50hrs$					
[2단계] α 구하기 (식 Ⅱ-9)	$\ln(100/1000) - 1 +$ $\left\{ \dfrac{(\ln(1000/100)+1)^2 +}{2\ln(50/20)} \right\}^{1/2}$ $\cong 0.267$		$\ln(200/1000) - 1 +$ $\left\{ \dfrac{(\ln(1000/200)+1)^2 +}{2\ln(50/20)} \right\}^{1/2}$ $\cong 0.330$		$\ln(300/1000) - 1 +$ $\left\{ \dfrac{(\ln(1000/300)+1)^2 +}{2\ln(50/20)} \right\}^{1/2}$ $\cong 0.383$	
[3단계] 좌표점 결정 (식 Ⅱ-8)	예) 아래 '노란 셀' 예 : $m_{ins}(100) = 20 \times (1-0.267)^{-1} \times (100/100)^{0.267} \cong 27.3$					
	t	$m_{ins}(t)$	t	$m_{ins}(t)$	t	$m_{ins}(t)$
	≤ 100	20	≤ 200	20	≤ 300	20
	100	27.3	200	29.9	300	32.4
	300	36.6	400	37.5	500	39.4
	500	41.9	600	42.9	700	44.8
	700	45.9	800	47.2	900	49.4
	900	49.1	1000	50.8	1000	51.4
	1000	50.5				
[4단계] '이상 성장 곡선'의 작성	첫 시험국면 기간=100hrs		첫 시험국면 기간=200hrs		첫 시험국면 기간=300hrs	

[표 Ⅱ-3]의 '[4단계]'에서 'm_I'을 달성하기 어려울 정도로 't_1'이 짧아도 안되고, 또 너무 길면(세 번째 열의 '$\alpha = 0.383$' 경우) 두 번째 '시험 국면'에서 높은 'MTBMF'를 달성하기 위해 많은 부담이 따를 수 있다. 그 이유는 한정된 '총 시험 기간(T)' 안에 고객 요구인 '최종 $MTBMF(m_F)$'를 달성해야 하므로 중간 어느 기간이 길어지면 전체 일정에 영향을 주기 때문이다.

[표 Ⅱ-3]과 같이 매번 엑셀로 작성하는 일은 바쁜 연구 활동에 매우 번거롭다. 계산과 그래프 작성을 손쉽게 돕는 'JUMP'의 'Add-ins(추가 기능)'를 활

용해 보자. 'www.JUMP.com'에 접속해 'Community Home'에서 "Reliability Growth Planning"으로 검색하면 첫 번째 목록에 「MIL-HDBK-189C」의 방식을 적용한 'Add-ins'가 나온다. 이것을 설치하면 'JUMP' 메뉴의 'Add-ins(N)'에 기능이 포함된다. 'JUMP' 사용자가 아니면 엑셀로 직접 작성도 가능한데 정확히 같은 '신뢰도 성장계획'은 아니지만, 구글에서 "Reliability Growth Plot using MS Excel Guidebook"의 'pdf'를 참조할 수 있다. 자동 작성 프로그램이 아니라 엑셀을 이용하는 방법만 알려준다는 점 알아두기 바란다.

'JUMP'의 'Add-ins'는 앞서 [표 Ⅱ-3]의 '4단계' 절차 중 '1단계'와 '2단계'에서 얻었던 '모수(또는 매개변수)'들을 자동 계산해 준다. 또 계산이 끝나는 즉시 '4단계'의 그래프를 바로 출력도 해주므로 편리하다. 먼저 'JUMP'의 메뉴에서 「Add-ins(N) > Reliability Growth Planning > AMSAA Crow」로 들어가면 [그림 Ⅱ-12]가 나온다. 주어진 공란에 값들을 입력하면 되는데 이해를 돕기 위해 [표 Ⅱ-3]에서 얻었던 '$t_1 = 200$시간'의 작성을 예로 들었다.

[그림 Ⅱ-12] 'JUMP'의 'Add-ins(추가 기능)'을 이용한 '이상 성장 곡선' 작성 예

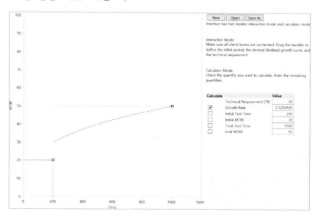

[그림 Ⅱ-12]에서 '성장률(Growth Rate)' 계산을 위해 "Growth Rate"를 '√' 한다(즉, 구하려는 값에 '√' 함). 이어서 나머지 값들은 [표 Ⅱ-3]의 '200시간' 열에 포함된 '매개변수'들을 입력한다. 결과로 '$\alpha = 0.3250585$'와 그래프가 출력 되었다. '성장률(α)'은 [표 Ⅱ-3]의 '0.33'에 근사하고 그래프도 바로 출력돼 편리하다['JUMP'는 (식 Ⅱ-8)을 적용함. 같은 식으로 직접 계산하려면 엑셀 의 '해 찾기' 기능 활용]. 관심 있는 독자는 이후 이어질 'Case Study'의 '매개 변수' 계산과 그래프 작성에 활용해 보기 바란다.

[Case Study 2] – '이상 성장 곡선' 작성하기

(**상황**) '10,000시간' 시험에서 '초기 평균 MTBF'가 '45시간'으로 추정되며, '최종 MTBF'는 '110시간'이어야 한다. '첫 시험 국면 기간'은 '1,000시간', '지 연 수정'을 처음 도입했으며, '첫 시험 국면'에서의 계획된 '초기 평균 MTBF' 는 '50시간'이다. '이상 성장 곡선'을 기획하시오[문헌-②(pp.43~45)].

(**풀이**) 앞서 설명한 '4단계' 순서에 따라 '이상 성장 곡선'을 완성한다.

[표 Ⅱ-4] '이상 성장 곡선'의 작성

[1단계] 매개변수 설정	총 시험 기간(T) $= 10,000 hrs$ 첫 시험 국면 기간(t_1) $= 1,000 hrs$ 첫 시험 국면 기간에서의 '초기 평균 $MTBF(m_I)$' $= 50 hrs$ 최종 시험 국면 직후의 '최종 $MTBF(m_F)$' $= 110 hrs$					
[2단계] α 구하기 (식 Ⅱ-9)	$\ln(1000/10000) - 1 + \left\{ (\ln(10000/1000)+1)^2 + 2\ln(110/50) \right\}^{1/2} \cong 0.231$					
[3단계] '이상 성장 곡선'의 좌표점 결정 (식 Ⅱ-8)	$m_{ins}(t) = \begin{cases} 50, & 0 < t \le 1,000 \\ 50 \times (1-0.231)^{-1} \times (t/1,000)^{0.231}, & t > 1,000 \end{cases}$					
	t	$\le 1,000$	1,000	2,500	5,000	7,000	10,000
	$m_{ins}(t)$	50.0	64.94	80.17	94.02	101.59	110.28

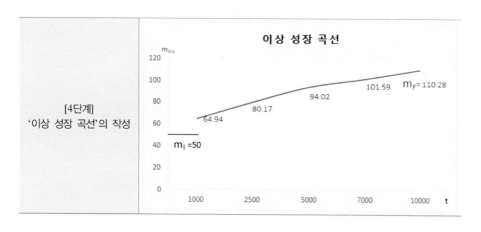

| [4단계]
'이상 성장 곡선'의 작성 | 이상 성장 곡선 |

[Case Study 3] - '시험 국면'별 '평균 MTBF' 정하기

(상황) [Case Study 2]와 동일. 단, '신뢰도 성장계획' 수립을 위해 'i^{th}-시험 국면'의 '평균 MTBF($\overline{m}_i$)'를 정하시오[문헌-②(pp.45~46)].

(풀이) [표 Ⅱ-4]의 'i^{th}시험 국면'의 '평균 MTBF($\overline{m}_i$)' 계산, 그래프 작성.

[표 Ⅱ-5] 'i^{th} 시험국면'의 '평균 MTBF($\overline{m}_i$)' 구하기 및 그래프 작성

계산 과정 (식 Ⅱ-4) (식 Ⅱ-5) (식 Ⅱ-7)	1) '$N(t_i) = \dfrac{N(t_1)}{t_1} t_1 \cdot \left(\dfrac{t_i}{t_1}\right)^{1-\alpha} \;\overset{or}{\rightleftharpoons}\; r_I t_1 \cdot \left(\dfrac{t_i}{t_1}\right)^{1-\alpha}$'을 이용한다. 2) '$\overline{m}_i = (t_i - t_{i-1}) / [N(t_i) - N(t_{i-1})]$'을 구한다. 3) 단, '1)' 계산 중 '$r_I = 1/m_I$'을 이용한다.
'$N(t_i)$' 구하기 (식 Ⅱ-4) '$\overline{m}_i$' 구하기 (식 Ⅱ-5)	첫 '시험 국면' 포함 총 5개 국면을 가정할 때 '$N(t_i)$' 일반식은, $N(t_i) = r_I t_1 \cdot \left(\dfrac{t_i}{t_1}\right)^{1-\alpha} = \dfrac{1}{m_I} t_1 \cdot \left(\dfrac{t_i}{t_1}\right)^{1-\alpha} = \dfrac{1}{50} \cdot 1000 \cdot \left(\dfrac{t_i}{1000}\right)^{0.77}$ t_2 계산 예) $\dfrac{1}{50} \cdot 1000 \cdot \left(\dfrac{2500}{1000}\right)^{0.77} - \dfrac{1}{50} \cdot 1000 \cdot \left(\dfrac{1000}{1000}\right)^{0.77} \cong 20.5$

국면(i)	$t_1 = 1000$	$t_2 = 2500$	$t_3 = 5000$	$t_4 = 7000$	$t_5 = 10000$
① $(t_i - t_{i-1})$	1000	1500	2500	2000	3000
② $N(t_i) - N(t_{i-1})$	20.0	20.5	28.6	20.4	28.3
$\overline{m}_i$ = ①÷②	50.0	73.2	87.4	98.0	106.0

'시험 국면'별
평균 MTBF($\overline{m}_i$)

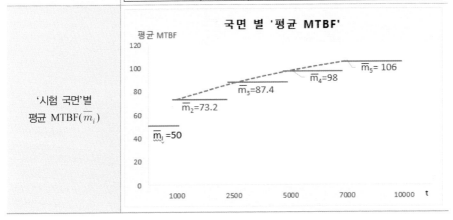

[Case Study 4] – '총 시험 기간(T)' 정하기

(상황) '첫 시험 국면'의 '시험 기간(t_1)'은 '700시간'이고 '초기 평균 MTBF (m_I)'는 '1시간'으로 추정된다. '성장률(α)'이 '0.4'일 때 '최종 MTBF(m_F)=3시간에 이르기 위한 '총 시험 기간(T)'을 정하시오[문헌-②(p.48)].

(풀이) (식 Ⅱ-10)의 '$m_F = m_I (1-\alpha)^{-1} (T/t_1)^{\alpha}$'을 이용해 계산한다.

(식 Ⅱ-10)에 'ln'을 취한 뒤 'T'에 대해 풀면 (식 Ⅱ-11)과 같다.

$$\ln (m_F) = \ln (m_I) - \ln (1-\alpha) + (\alpha \ln T - \alpha \ln t_1) \qquad \text{(식 II-11)}$$

⇒ 정리한 후 ′T′에 대해 풀면,

$$T = e^{\ln t_1 + \frac{1}{\alpha}\left[\ln\left(\frac{m_F}{m_I}\right) + \ln(1-\alpha)\right]}$$

$$= e^{\ln 700 + \frac{1}{0.4}\left[\ln\left(\frac{3}{1}\right) + \ln(1-0.4)\right]}$$

$\cong 3,043$시간 ∴ 약 3,000시간의 ′총 시험 기간′이 필요하다.

2.1.2. Planning Model based on Projection Methodology(PM2)-Continuous

줄여서 'PM2-Continuous'로 쓴다. 앞서 소개한 'AMSAA Crow Planning 모형'은 '개선 조치'가 중요함에도 정작, 그 기간은 고려하지 않고 있다. 반면, 'PM2-Continuous'는 ① **'개발 시험 일정'과 '개선 조치 전략'을 함께 포함하는 아이템 대상의 '계획 성장 곡선'을 제시**한다. 작성한 '계획 성장 곡선'은 ② 'MTBF 추정치'를 비교할 **기준선 역할**을 하며 ③ 그 **산출물을 이용해 자원의 재할당 같은 시험 운영 전략을 마련**할 수 있다. 모형의 특징들을 열거하면 다음과 같다[문헌-①(pp.54~56)].

매개변수(Parameter)

'PM2-Continuous'가 어렵게 느껴지는 이유에 설정해야 할 매개변수가 많은 것도 한몫한다. 다음과 같다.

1) (식 II-8)에서 보듯 'AMSAA Crow Planning 모형'은 함수 속에 '성장률'인 '모수, α'를 포함하나 'PM2-Continuous'는 '성장률' 대신 시험을 운영하는 데 직접 영향을 미치는 다수의 매개변수를 활용함(이하 참조).

2) 초기 MTBF(Initial System MTBF), m_I. '신뢰도 성장시험'을 시작할 때 필요한 최초 MTBF. 과거 자료나 기술적 판단으로 정해질 수 있음. 예를 들어 한 문헌[19]에 따르면 'm_I/m_G'가 제시돼 있으며 이때 'm_G'는 고객 요구 사항을 통해 대부분 알려져 있으므로 'm_I'을 구할 수 있음.

매개변수	내용	평균/중앙값	범위
m_I/m_G	MTBF의 초기 대비 성숙도 비율 (Initial to Mature Ratio)	0.30/0.27	0.15~0.47
m_I 설정 예	$m_I/m_G = 0.30$이고 $m_G = 200$시간일 때, $m_I = 0.3 \times 200 = 60$시간		

3) 관리 전략(Management Strategy), MS. '개선 조치'를 통해 처리할 수 있는 아이템의 '초기 고장 강도(또는 고장률)의 비율.' '$MS = 0.95$'는 '아이템 고장 강도'의 95%가 '수정(Fixes)'으로 제거된다는 것임. '$m_{GP} \geq 0.9$'를 위해서는 '$MS = 0.95$'가 일반적이며, '0.96'이 넘어가면 비합리적으로 알려져 있음. 프로토타입은 0.95를 초과할 수 있음. 관계식은 (식 Ⅱ-14) 참조.

4) 평균 FEF(Average FEF), $\bar{d}$. 'FEF(Fix Effectiveness Factor)'는 '수정'이 평균적으로 얼마나 효과적일지를 결정하는 계수임. 예를 들어 '$\bar{d} = 0.7$'은 임의 '고장 모드'에 대해 '고장 강도'의 70%가 '수정'을 통해 제거된 것으로 가정한다는 의미임. 일반적으로 '0.7~0.8' 값이 적용됨. 다음은 '주) 19'에서 제시한 값임.

매개변수	내용	평균/중앙값	범위
$\bar{d}$	수정 효과 계수 (FEF, Effectiveness Factor)	0.70/0.71	0.55~0.85

---

19) Ellner, P. M. and Trapnell, B. 1990, "AMSAA reliability growth data study." APG: AMSAA Interim Note IN-R-184.

5) 성장 잠재 MTBF(Growth Potential MTBF), m_{GP}. 모든 'B-모드'를 찾아 '개선 조치'함으로써 달성되는 '아이템 MTBF'의 이론적 상한. 이 비율은 '신뢰도 성장계획'의 타당성과 효과를 평가하는 척도로 쓰임. 경험상 잘 관리되는 조건은 '$m_G / m_{GP} = 0.6 \sim 0.8$'임. 일반적으로 '0.6 미만'의 비율은 '아이템 MTBF'를 적절하게 증가시키지 못하므로 권장되지 않고, '0.8을 초과'하는 비율은 '아이템 MTBF'를 성장 잠재력에 매우 가깝게 증가시켜야 하므로 종종 과도한 양의 시험이 필요해 역시 권장되지 않음. 최대의 MTBF에 도달하는 조건은 수학적으로 무한한 시간 동안 '개선 조치'를 수행해서 '고장 강도'를 최소화했을 때이므로 다음과 같음 ('$\mu(t)$'는 '아이템 고장 강도').

$$m_{GP} = \lim_{t \to \infty} \{1/\mu(t)\}^{-1} = m_I / (1 - \bar{d} \times MS) \qquad (식 \ \mathrm{II}\text{-}12)$$

6) 평균 지연 시간(Average Lag Time). '개선 조치'에 들어가기 전 기간, 즉 사전준비에 드는 소요시간.

7) 총 시험 기간(Total Test Times), T.

8) 목표 MTBF, m_G. '신뢰도 성장시험(DT, Development Test)'을 통해 달성하려는 아이템의 최종 목푯값.

9) 요구 MTBF(Requirement MTBF), m_R. 'DT' 이후인 'IOT&E(Initial Operational Test & Evaluation)' 동안 입증해야 할 고객의 '요구 MTBF.' 일반적으로 '목표 MTBF, m_G'보다 값이 작음. 'IOT&E'는 검증을 위한 실제 작동 평가시험임.

10) 이 외에 'CAP(Corrective Action Period)의 수와 위치', '월 시험 시간'의 설정이 필요함.

가정(Assumption)

1) 첫 'B-모드' 발생 시간: 'BD-모드'의 경우 '신뢰도 성장시험' 중 'BD1, BD2, …, BDn'과 같이 여러 유형이 드러날 수 있으며, 이때 하나의 'BD-모드(예, BD1)'가 여럿 발생할 수 있음. '모수 추정' 등 분석을 수행할 때 바로 이 '첫 BD-모드 발생 시간'을 사용하게 됨. 가정은 '첫 BD-모드 발생 시간'이 '평균 고장률, r_i'을 모수로 하는 '지수 분포'를 따른다는 것임.

2) 각 '고장 모드'는 독립적으로 발생하고, 아이템 고장의 원인으로 작용.

3) '개선 조치'를 통해 새로운 '고장 모드'가 생성되지 않음.

제한 사항(Limitations)

1) '신뢰도 성장계획'을 위해 수행된 시험에는 'OMS/MP'를 반영해야 함. 'OMS(Operation Mode Summary)'는 군수 장비의 운용 임무 수행을 위해 필요한 조정 방법을 요약한 문서이고, 'MP(Mission Profile)'는 임무 수행 시작부터 완료까지 시간 간격으로 임무를 쪼개 구분해 놓은 문서임. 군사 용어이므로 기업에서는 목표 설정 때 활용하는 자료나, 시험 설정과 관계된 매개변수들을 연상하면 됨('OMS/MP'는 「Ⅰ절의 2.1. 용어 정의」참조).

2) '아이템당 월 시험 시간'을 계획된 '총 시험 기간(T)'에 맞춰 현실성 있게 설정해야 함.

3) 계획된 '시험 일정'에는 '개선 조치 기간(CAP)'이 포함돼 있어야 함.

유용한 점(Benefits)

1) 계획된 '시험 일정'과 'CAP'를 변경할 시 그 영향을 알 수 있음.

2) 'AMSAA Crow Planning 모형'과 비교할 때 '첫 시험 국면 기간'에 상대적으로 덜 민감함.

3) '시험 국면'별로 서로 다른 '평균 지연 시간'을 사용할 수 있음.

4) 추적이 가능한 '목표 MTBF'를 제시할 수 있음.

5) '개선 조치'의 시행을 제한적으로 적용할 수 있음.

6) 전체 시험 관리에 영향력이 큰 매개변수를 계획 때 정할 수 있음.

'고장 강도 함수'와 'MTBF'

'이상 성장 곡선'을 작성하기 위해서는 수학적 모형이 필요하다. 신뢰도 성장을 저해하는 요소는 '고장 강도'의 크기에 의해 결정되고, '고장 강도의 역수'를 취하면 'MTBF'를 알 수 있다. 따라서 현 상황에 맞는 '고장 강도 함수'가 알려져야 한다. 만일 '시험 시간 t'까지 드러난 모든 'B-모드'에 대해 지정된 '평균 FEF, $\bar{d}$'만큼 '개선 조치'가 이루어진다면 '시험 시간 $t \in [0,\,T]$'인 상황에서 기대되는 '아이템 고장 강도, $\mu(t)$'는 (식 II-13)과 같다.

$$[\text{아이템 고장 강도}] \qquad\qquad\qquad\qquad (\text{식 II-13})$$
$$\mu(t) = r_A + (1-\bar{d})\{r_B - \mu_d(t)\} + \mu_d(t),\ \text{또는}$$
$$\qquad = r_A + (1-\bar{d})r_B + \bar{d}\,\mu_d(t)$$

$$[\text{아이템 } MTBF]$$
$$m(t) = \{\mu(t)\}^{-1} \ \text{---(식 } II-16)\text{의 상세식 표현 참조.}$$

(식 II-13)에 포함된 각 항은 제각각의 계산 식을 이용해 얻을 수 있다. 계산 식과 내용에 대해 알아보자.

① 항 r_A와 r_B: 'A-모드 고장률'과 'B-모드 고장률'을 나타내며, 아이템의 '초기 고장 강도 함수'에 개별 항으로 들어간다. 시험 대상인 아이템은 자체에 '고장 모드(A 또는 B)'가 내재돼 있으며 시험 중 고장을 일으키는 원인으로

작용한다. '고장'은 '고장 강도'의 세기에 따라 그 빈도가 결정되므로 (식 Ⅱ-13)에 이들이 포함되는 이유이다. 초기 아이템은 'r_A와 r_B' 모두를 보유하므로 '초기 고장률, r_I'는 '$r_I = 1/m_I = r_A + r_B$'의 관계가 있다. 'r_A와 r_B'는 '관리 전략, MS' 및 '초기 MTBF, m_I'와 (식 Ⅱ-14)의 관계에 있다.

[r_A, r_B의 재표현] (식 Ⅱ-14)

$$\begin{cases} r_A = (1 - MS)r_I = (1 - MS) \times \dfrac{1}{m_I} \\[2mm] r_B = MS \times r_I = MS \times \dfrac{1}{m_I} \qquad \text{두 식을 '} MS \text{'로 풀어내면,} \end{cases}$$

$$\Rightarrow MS = \frac{r_B}{r_A + r_B}, \ \text{또는} \ \frac{n_B}{n_A + n_B} \ (T까지\ 모든\ 수정이\ 지연될\ 경우).$$

② 항 $\mu_d(t)$: '복잡도 높은 시스템(Complex Systems)'에 대해 '시간 t'에서 '관측되지 않은 B-모드로 인한 기대 고장 강도', 또는 '**드러나지 않은** B-모드에 기인한 **잠재** 고장 강도'이다. 드러난 '고장 모드'는 '수정'을 통해 처리되지만 "드러나지 않았다."라고 해서 영향이 없는 게 아니라 잠재적 악영향을 품고 있으므로 고려해 줘야 한다. (식 Ⅱ-15)는 기본 식이다.

$$\mu_d(t) = \frac{r_B}{1 + \beta t}, \ '\beta' 는 '척도 모수(Scale\ Parameter)' \qquad (식 Ⅱ-15)$$

$\because\ '\beta' 는 감마분포의 '척도 모수'와 같음. 두번째는 (식 II-12)를 적용.$

$$\beta = \left(\frac{1}{T}\right)\left\{ \frac{1 - m_I/m_G}{MS \cdot \bar{d} - (1 - m_I/m_G)} \right\}, \text{or} \ \left(\frac{1}{T}\right)\left(\frac{m_G/m_I - 1}{1 - m_G/m_{GP}} \right)$$

(식 Ⅱ-13)의 '아이템 MTBF'에 (식 Ⅱ-15)의 '$\mu_d(t)$'을 대입하면 문헌에서 자주 접하는 식을 얻는다. 즉 (식 Ⅱ-16)은 "시험 기간 [0, t] 동안 드러난 모

든 'B-모드'를 '개선 조치'했을 때 기대되는 '아이템 MTBF'"이다.

$$['PM2-Continuous'\text{에서의}'\text{아이템}\ MTBF'] \qquad (\text{식 } \text{II-16})$$

$$m(t) = \{\mu(t)\}^{-1}$$

$$= \begin{cases} \dfrac{1}{r_A + (1-\bar{d}) \times \left(r_B - \dfrac{r_B}{1+\beta t}\right) + \dfrac{r_B}{1+\beta t}} & ,t \leq T \\[4ex] \dfrac{1-d_f}{r_A + (1-\bar{d}) \times \left(r_B - \dfrac{r_B}{1+\beta t}\right) + \dfrac{r_B}{1+\beta t}} & ,t > T \end{cases}$$

$$where,\ d_f = Degradation\ Factor$$

(식 II-16)에 포함된 'd_f'는 '열화 계수(Degradation Factor)'라고 한다. '0 ~ T'까지 수행하는 시험을 '개발 시험(DT, Development Test)'이라고 했고 이후 시험을 'IOT&E(Initial Operational Test & Evaluation)'라고 했다. 여기서 'IOT&E'는 고객 사용 환경에서 아이템의 적합성을 평가하기 위해 작동 상태로 시연하는 시험이다. 이때 'DT → IOT&E'로 전환 시 종종 'MTBF'의 현저한 감소(열화)가 발생하는데 이것은 작동 환경에서만 발현되는 '고장 모드'의 영향일 수 있다. 따라서 'DT → IOT&E'로 전환 때 'MTBF 감소량'을 정해 줘야 하는데 일반적으로 '10%'를 설정하며 (식 II-16)의 'd_f'에 해당한다.

'IOT&E'는 미국 주요 'DoD 개발 시스템에 대한 공공법(Public Law)'에 의무적으로 수행하도록 규정하고 있다. 시연 시험에서 확인할 사항은 'T'에서 얻은 고객의 '요구 MTBF(m_R)'를 보증할 수 있는지 실증하는 것으로 이때 기준은 '신뢰 수준=80%'에서 '구간 추정'을 통해 결정한다.

[Case Study 5] – 'PM2-Continuous'로 '이상 성장 곡선'을 작성하시오.
(상황) 한 아이템이 매달 정해진 마일 수만큼 작동할 수 있도록 하는 시험

일정이 수립되었다. 하나의 '시험 국면'에 소요되는 달력 시간은 '시험 기간+ 개선 준비 기간 4개월+CAP'로 구성된다. 'CAP'는 그래프에 사각형으로 표시한다(밑변은 실제 소요된 '달력 시간'임). 시험 기간에는 '개선 조치'가 없으므로 'MTBF'는 '수평선'으로 표시되며 고장을 일괄적으로 '수정'하는 'CAP' 이후에는 MTBF의 '도약(Jump)'이 관찰된다. 이후 새로운 '시험 국면'이 이어지며 '시험 시간'은 이전 '시험 국면'의 '종료 시간' 시점부터 누적한다(즉 '개선 준비 기간 4개월'과 'CAP'는 '시험 시간'에 포함되지 않음). '도약' 이후의 높아진 MTBF는 (식 Ⅱ-16)의 '아이템 MTBF' 함수로 나타낸다. 이와 같은 '시험 국면'이 반복되며 '초기 MTBF(m_I)'는 최종 '목표 MTBF(m_G)'까지 성장한다. 정리된 '매개변수'는 [표 Ⅱ-6]과 같다. '이상 성장 곡선'을 작성하시오.

[표 Ⅱ-6] 'PM2-Continuous'의 '이상 성장 곡선' 작성을 위한 '매개변수'와 '모수'

매개변수	MTBF	매개변수	값
초기 MTBF, m_I	25시간/고장	관리 전략, MS	0.95
요구 MTBF, m_R	65시간/고장	평균 FEF, $\bar{d}$	0.8
목표 MTBF, m_G	90시간/고장	총 시험 기간, T	24,000시간
모수		열화 계수, d_f	0.1
A-모드 고장률, r_A	(식 Ⅱ-14), $r_A = (1-MS)/m_I = (1-0.95)/25 = 0.002$		
B-모드 고장률, r_B	(식 Ⅱ-14), $r_B = MS/m_I = 0.95/25 = 0.038$		
척도 모수, β	(식 Ⅱ-15), $$\beta = \left(\frac{1}{T}\right)\left\{\frac{1-m_I/m_G}{MS \cdot \bar{d} - (1-m_I/m_G)}\right\} = \frac{1}{24000}\left\{\frac{1-25/90}{0.95 \times 0.8 - (1-25/90)}\right\}$$ $= 0.000797$		

(풀이) '이상 성장 곡선'을 작성하기 위해 [표 Ⅱ-6]을 (식 Ⅱ-16)에 대입하면 'PM2-Continuous 이상 성장 곡선'을 작성할 수 있다.

[그림 Ⅱ-13] 주어진 '상황'에 대한 'PM2-Continuous'의 '이상 성장 곡선' 작성

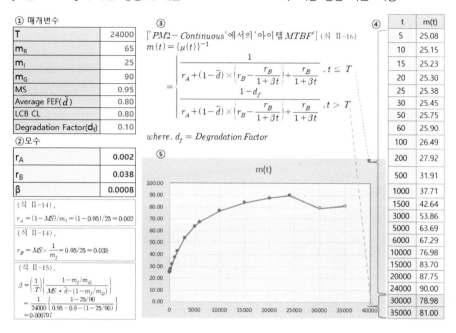

① 매개변수

T	24000
m_R	65
m_I	25
m_G	90
MS	0.95
Average FEF($\bar{d}$)	0.80
LCB CL	0.80
Degradation Factor(d_f)	0.10

② 모수

r_A	0.002
r_B	0.038
β	0.0008

(식 Ⅱ-14),
$r_A = (1-MS)/m_I = (1-0.95)/25 = 0.002$

(식 Ⅱ-14),
$r_B = MS \times \dfrac{1}{m_I} = 0.95/25 = 0.038$

(식 Ⅱ-15),
$\beta = \left(\dfrac{1}{T}\right) \left\{ \dfrac{1-m_I/m_G}{MS \cdot \bar{d} - (1-m_I/m_G)} \right\}$
$= \dfrac{1}{24000} \left\{ \dfrac{1-25/90}{0.95 \times 0.8 - (1-25/90)} \right\}$
$= 0.000797$

③ ['PM2 – Continuous'에서의 '아이템 MTBF'] (식 Ⅱ-16)

$m(t) = \{\mu(t)\}^{-1}$

$= \begin{cases} \dfrac{1}{r_A + (1-\bar{d}) \times \left(r_B - \dfrac{r_B}{1+\beta t} \right) + \dfrac{r_B}{1+\beta t}} & , t \le T \\[4mm] \dfrac{1-d_f}{r_A + (1-\bar{d}) \times \left(r_B - \dfrac{r_B}{1+\beta t} \right) + \dfrac{r_B}{1+\beta t}} & , t > T \end{cases}$

$where, \ d_f = Degradation \ Factor$

⑤ m(t)

④

t	m(t)
5	25.08
10	25.15
15	25.23
20	25.30
25	25.38
30	25.45
50	25.75
60	25.90
100	26.49
200	27.92
500	31.91
1000	37.71
1500	42.64
3000	53.86
5000	63.69
6000	67.29
10000	76.98
15000	83.70
20000	87.75
24000	90.00
30000	78.98
35000	81.00

[그림 Ⅱ-13]은 계산 과정 전체를 한 화면에 모은 것이다. 복잡하지만 '원 번호 ①~⑤'를 순서대로 참고하기 바란다. 우선 '①과 ②'의 '매개변수'와 '모 수'는 같은 영어 단어 'Parameter'지만 편의상 '매개변수'는 지정해 준 값들을, '모수'는 '매개변수'를 이용해 얻은 값들로 정의하였다. 참고가 쉽도록 본문에 기술한 'r_A, r_B, β'의 계산 과정도 포함하였다. '①과 ②'가 마무리되면 이들을 이용해 '③'의 $m(t)$ 함수를 계산한다. 그 결과가 '④'이다. '아이템 MTBF'의 '누적 시험 시간'에 따른 추이, 즉 '이상 성장 곡선'을 작성해야 하므로 '$t=0$' 부터 '$T=24,000$'에 해당하는 '개발 시험(DT) 기간', 'T' 이후의 'IOT&E 기 간'으로 나눠 '$m(t)$'을 얻는다. 계산 값들을 이용해 '⑤ 이상 성장 곡선'을 최

Ⅱ. 신뢰도 성장계획 (Reliability Growth Planning) 109

종적으로 얻는다. 곡선의 끝 두 점(연두색)은 시험 중 발견되지 않았던 '고장 모드'가 동작의 새로운 환경에서 악영향을 준다는 가정하에 '열화 계수, $d_f = 0.1(10\%)$'을 반영한 결과이며, 'MTBF의 감소'로 이어졌음을 알 수 있다.

사실 복잡한 이 과정은 [그림 Ⅱ-12]에서 먼저 선보인 통계 소프트웨어, 'JUMP'의 'Add-ins 기능'을 이용하면 손쉽게 작성할 수 있다. 「Add-ins(N) > Reliability Growth Planning > PM2-Continuous」로 들어가 관련 '매개변수'를 입력한 결과가 [그림 Ⅱ-14]이다.

[그림 Ⅱ-14] JUMP의 'Add-ins(추가 기능)'을 이용한 'PM2-C'의 '이상 성장 곡선' 작성 예

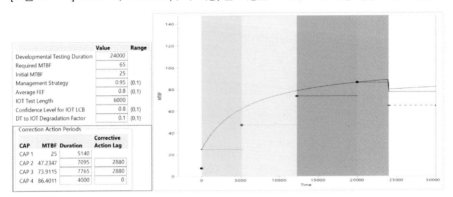

[그림 Ⅱ-14]의 '매개변수'들은 [그림 Ⅱ-13]의 '① 매개변수' 값들과 일치한다. '이상 성장 곡선'의 네 개 색들은 각각이 '시험 기간+평균 지연 시간+CAP'를 나타내며 네 개의 시험 영역을 시각적으로 구분한다. 각 타점부터 시작하는 '수평선'은 '개선 조치'가 완료되기까지는 '수정'이 없으므로 'MTBF'가 일정하지만, 다음 시험 구간으로 이어질 때는 완료된 '수정 효과'로 'MTBF 도약'이 관찰된다. 참고로 왼쪽 아래 빨간 사각형으로 강조한 영역은 [그림 Ⅱ-21]의 '계획 성장 곡선'에서 다시 언급할 것이다.

산출물과 그들의 활용

'PM2-Continuous'를 적용할 때 세 개의 추가적인 산출물, 정확히는 세 개의 '계산 식'을 추가로 얻는데 여기엔 '신규 B-모드 기대 발생률(Expected Rate of Occurrence of New B-modes)', 'B-모드 기대 수(Expected Number of B-modes)', '초기 B-모드 고장 강도의 기대 표면화율(Fraction Surfaced of the Expected Initial B-mode Failure Intensity)'이 있다. 이들을 얻는 방법과 활용에 대해 알아보자.

먼저 '신규 B-모드 기대 발생률'은 이미 (식 II-15)에서 언급했던 '$\mu_d(t) = r_B/(1+\beta t)$'와 식이 같다. 즉 '시험 시간 t'가 '$t \in [0, T]$'인 상태에서, '$\mu_d(t)$'는 시험 중에 드러나지 않아 알진 못하지만 존재하리라 예상되는 '잠재적 고장 모드(Latent Failure Modes)'를 대변한다. 이 양이 (식 II-15)의 '고장 강도' 식에 포함되면 "드러나지 않았지만, 그러나 언제든 고장을 발생시킬 수 있는 **고장 강도**"의 의미가 된다. 또 이 양을 다른 관점에서 "특정 시점에 **새로운 B-모드**가 발생할 것으로 기대되는 백분율"로 재해석할 수 있다. "잠재적 고장 강도"란 곧 "새롭게 드러날 고장률"의 의미와 일맥상통하기 때문이다. 이에 시험 기간을 통틀어 '**위험 척도**(a Measure of Programmatic Risk)'로 사용된다. 예를 들어, 목표달성을 위해 역량을 집중하는 연구원들은 '$\mu_d(t) \to 0$'이 되기를 원할 것이다. 이 조건은 아이템 내 매우 큰 지배력을 갖는 'B-모드'가 시험 중 대부분 드러났음을 의미한다. 반대로, '$\mu_d(t) \to 人$'일수록 현 아이템 설계에 내재한 '보이지 않는 B-모드'를 새로 관찰할 가능성은 더 커진다. 곧 '위험'을 알리는 척도 역할을 하는 것이다. 따라서 '$\mu_d(t)$'을 효과적으로 관리하고 최소화할 적정 목표를 설정하는 것이 중요하다. 한 발 더 나아가 이 양을 설계적으로 줄이려는 노력도 필요할 수 있다. 이때 '신규 B-모드 기대 발생률'을 [그림 II-14]의 '시험 시간'과 "같은 영역"에서 추이를 관찰해 보는 일은 매우 중요하다. 시간대별 추이를 알면 계획과 실천에 효과적일 수 있기 때문이다. 그 결과가 [그림 Ⅱ-15]이다.

[그림 Ⅱ-15] 'PM2-C'의 '신규 B-모드 기대 발생률' 작성 예

① **모수**

	모수	
r_A	0.0020	
r_B	0.0380	
β	0.0008	

② $\mu_d(t) = \dfrac{r_B}{1+\beta t}$, '$\beta$'는 '척도모수(Scale Parameter)'　　　　(식 Ⅱ-15)

∵ 'β'는 감마분포의 '척도모수'로 다음으로 얻어짐.

$$\beta = \left(\frac{1}{T}\right)\left\{\frac{1 - m_I/m_G}{MS \cdot \bar{d} - (1 - m_I/m_G)}\right\}$$

③

t	신규 B-Mode 기대 발생률	t	신규 B-Mode 기대 발생률
5	0.0378	1000	0.0212
10	0.0377	1500	0.0173
15	0.0376	3000	0.0112
20	0.0374	5000	0.0076
25	0.0373	6000	0.0066
30	0.0371	10000	0.0042
50	0.0365	15000	0.0029
60	0.0363	20000	0.0022
100	0.0352	24000	0.0019
200	0.0328	30000	0.0015
500	0.0272	35000	0.0013

④

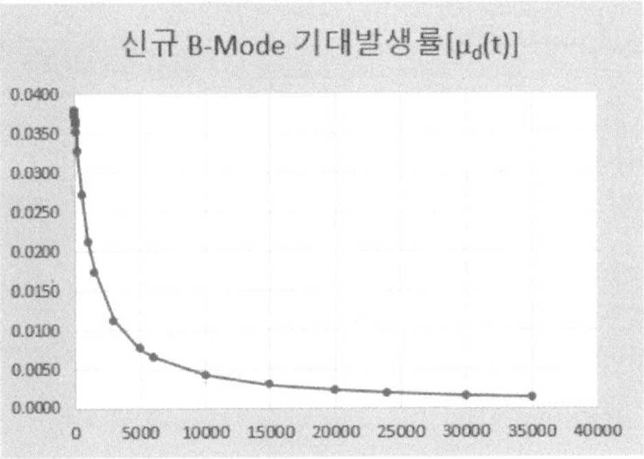

　[그림 Ⅱ-15]의 '①~④'를 순서대로 따라가며 학습하기 바란다. '신규 B-모드 기대 발생률'을 줄이려면 (식 Ⅱ-15)에 따라 '$\mu_d(t)$'을 구성하는 'r_B'와 'β'의 변화가 핵심이다. 개발 프로젝트별로 고려해 볼 수 있다.

　두 번째 산출물은 '<u>B-모드 기대 수</u>'이다. 어느 시점에 'B-모드'가 얼마나 나올 것인지를 예상한다. 'B-모드'는 고장을 유발하는 '고장 모드'이자 '개선 조치'의 주요 대상이다. 만일 많은 'B-모드 수'가 예상되면 그에 맞춰 비용이나 자원, 인력을 재분배할 수 있으므로 시험의 **'운영 척도'**로써 의미가 있다. 재설계 횟수를 결정하는 지표가 되기 때문이다. 관계 식은 (식 Ⅱ-17)과 같다.

$$n_{\mathrm{Exp},B}(t) = \frac{r_B}{\beta} \times \ln(1 + \beta t) \qquad (\text{식 } \mathrm{II}\text{-}17)$$

(식 Ⅱ-17)로 [그림 Ⅱ-14]의 '시험 시간'과 "같은 영역"에서 'B-모드 기대 수' 추이를 관찰하면 [그림 Ⅱ-16]과 같다.

[그림 Ⅱ-16] 'PM2-C'의 'B-모드 기대 수' 작성 예

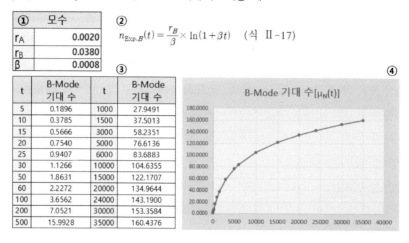

[그림 Ⅱ-16]을 통해 시간에 따라 'B-모드 수'가 증가하다 점점 수렴하는 패턴을 보인다. 산출 식의 구조상 시간이 지날수록 그 크기는 증가할 수밖에 없다. 절대적이기보다 문제 해결을 위한 설계 변경의 시점이 어디인지 전략적으로 활용하는 방안을 고민하기 바란다.

끝으로 '초기 B-모드 고장 강도의 기대 표면화율'이다. 직역해서 표현이 어눌하다. 복잡한 아이템에 대해 '$t \in [0, T]$'인 경우, 't'까지 '초기 B-모드 고장 강도(고장률)의 제거된 분율'을 나타낸다. 관계 식은 (식 Ⅱ-18)과 같다.

$$\theta(t) = \frac{\beta t}{1 + \beta t} \qquad \text{(식 II-18)}$$

'개선 조치'의 실행 시기 또는 '개선 조치'의 효과가 어느 정도인지에 관계없이 시험 운영자는 많아 봐야 아이템의 '초기 B-모드 고장 강도'의 '$\theta(t)$ 비율'만큼만 제거할 수 있다는 점에 주목한다(성장시험 중 't'까지 드러난 'B-모드'만 다루는 경우). 예를 들어 현재 아이템에 '20개의 B-모드'가 있다고 가정하자. 이때의 문제는 '20개의 B-모드'가 '초기 B-모드 고장 강도'의 '9%'인지 또는 '90%'에 해당하는지이다. 이 비율 '$\theta(t)$'가 작은 값이면 아직 충분한 'B-모드'가 표면화되지 않았다는 것이고 따라서 'B-모드'를 추가로 찾아 효과적으로 '수정'하기 위해 더 많은 시험이 필요하다는 것을 의미한다. 반대로, '$\theta(t)$'가 큰 값이면 추가적인 개발 노력은 경제적이지 않을 수 있다(즉, 이득 대비 비용효과가 적을 수 있음). 그러므로 이 지표는 시험 운영자가 '개선 조치' 노력을 통해 '초기 B-모드 고장 강도' 중 제거할 수 있는 비율을 정량화하므로 **'아이템 성숙도(Item Maturity)'**를 측정하는 척도로 활용한다. (식 II-18)로 [그림 II-14]의 '시험 시간'과 "같은 영역"에서 '초기 B-모드 고장 강도의 기대 표면화율' 추이를 관찰하면 [그림 II-17]과 같다.

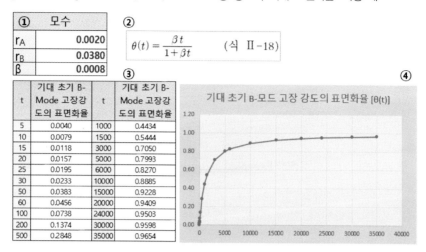

①	모수
r_A	0.0020
r_B	0.0380
β	0.0008

② $$\theta(t) = \frac{\beta t}{1 + \beta t} \qquad (식 \ Ⅱ-18)$$

③

t	기대 초기 B-Mode 고장강도의 표면화율	t	기대 초기 B-Mode 고장강도의 표면화율
5	0.0040	1000	0.4434
10	0.0079	1500	0.5444
15	0.0118	3000	0.7050
20	0.0157	5000	0.7993
25	0.0195	6000	0.8270
30	0.0233	10000	0.8885
50	0.0383	15000	0.9228
60	0.0456	20000	0.9409
100	0.0738	24000	0.9503
200	0.1374	30000	0.9598
500	0.2848	35000	0.9654

④

계획 관련 '매개변수'의 평가에 유용한 지표들

만일 '초기 MTBF(m_I)'에서 '목표 MTBF(m_G)'로 성장하는 시험에서 'T'가 비현실적으로 작게 설정되면, (식 Ⅱ-15)로부터 'β 값'은 지나치게 커지고 이것은 (식 Ⅱ-18)의 '$\theta(t)$'을 급격한 비율로 '1'까지 증가시킬 것이다(첫 번째 척도). 예를 들어 큰 'β'에 대해 초기 시간 구간인 '$[0, t_0]$'에서 '$\theta(t_0) = 0.8$'이 될 수 있다. 그러나 과거 경험으로부터 '초기 B-모드 고장 강도'의 '80%'에 해당하는 'B-모드 수'를 짧은 시간 구간 내에 드러나게 하기는 매우 어렵다. 이처럼 'B-모드 기대 수'를 '$\theta(t_0)$와 함께 고려할 때 '$n_{Exp.B}$'는 'T 값'의 선택에 따라 변동한다. 다른 모든 계획 관련 매개변수들이 고정된 상태에서 'T' 값이 작을수록 'β'는 더 커지고, '$n_{Exp.B}$'는 작아진다. 'T'가 줄어드는 어느 시점에서 목표 '$\theta(t_0) = 0.8$'을 달성하기 위해 예상되는 'B-모드 수'는 과거 경험상 비현실적으로 작아져야 한다. 'β 값'과 이에 상응하는 '$\theta(t)$' 함수가 비현실적으로 커지는 현상은 (식 Ⅱ-12) 중 'β의 두 번째 식'으로부터 'm_G'가 'm_{GP}'에서 차지하는 비중을 크게 높여도 발생할 수 있다.

계획 관련 '매개변수'들이 'β'에 대해 적절한 값인지 아닌지를 판단할 유용한 두 번째 척도로서 <u>B-모드의 평균 고장률</u>'이 있다. 초기 시험 기간 '$[0, t_0]$'에 걸쳐 드러날 것으로 예상되는 'B-모드'들이 그 대상이다. 얻는 식은 '$\{r_B - \mu_d(t_0)\}/n_{\mathrm{Exp}.B}$'이며, 전적으로 '$t_0$'와 '$\beta$'에 의해 결정된다.

계획 관련 '매개변수'들의 적합성을 판단할 세 번째 유용한 척도로 <u>서로 다른 B-모드의 기대 수(the Expected Number of Unique B-modes)</u>'가 있다. 이들은 초기 시험 기간 '$[0, t_0]$' 동안 드러난다고 가정한다. 유사한 개발 과제에 대한 이전 경험이나 현재 개발 과제의 데이터를 벤치마크로 이용할 수 있는 것으로 알려져 있다.

2.2. '계획 성장 곡선(Planned Growth Curve)'의 작성

개발 초기에는 시험 수행 이전이므로 의미 있는 데이터가 없을 때이다. 이런 상황에서 신뢰도를 어떤 패턴으로 높여 나갈지 정해 놓은 산출물을 '계획 성장(Planned Growth)'이라 하고, 시각적으로 표현한 그래프를 '계획 성장 곡선(Planned Growth Curve)'이라고 한다.

'계획 성장 곡선'은 생산자가 '목표 MTBF(Final MTBF)'를 달성하기 위해 '시험 국면(Test Phase)'별로 계획을 세우는 데 이용되며, 미리 작성한 '이상 성장 곡선'에 기반을 둔다. 아이템개발 과제에서 성장 곡선이 필요한 시점은 프로토타입이나 시제품을 이용하는 '검증(또는 평가) 단계'이며 시험 데이터를 얻어 중간 목표 달성 여부를 확인한다. 개발 초기 때는 비교적 'MTBF' 달성이 쉽지만, 뒤로 갈수록 'MTBF' 성장의 압박은 증대된다. 이때 '신뢰도 성장 곡선'이 미리 준비돼 있으면 개발 동안 훌륭한 이정표 역할을 한다. 선택이 아닌 필수라는 점을 인식하자.

'계획 성장 곡선'이 아이템개발 초기부터 필요한 이유는 첫째, 검증(또는 평가) 단계에서 달성해야 할 목표를 이해관계자와 공유할 수 있고, 둘째, 개발 중인 아이템의 'MTBF'를 '계획 성장 곡선'과 비교 평가함으로써 추가 활동을 기획할 수 있다. 참고로 신뢰도 성장을 계획할 때 곡선을 만드는 데 쓰인 타점들 간격이 너무 벌어져선 안 된다. 큰 간격은 결국 개발 과정에서 비현실적인 신뢰도 도약이 필요하단 뜻인데, 기술의 혁신이 뒤따르지 않는 한 연구개발 환경의 제약이나 한계로 짧은 기간 내 큰 'MTBF' 향상을 기대하긴 어렵기 때문이다.

'계획 성장 곡선'의 변화, 즉 아이템의 성장 패턴은 '설계 수정'과 같은 '개선 조치'를 통해 결정된다. 성장 곡선이 여러 개 '시험 국면'으로 나뉜 상태에서, 각 '시험 국면 내' 개선 조치가 있게 되면 성장 곡선은 부드럽게 증가하는 패턴이, 만일 각 '시험 국면 종료 시점'에 개선 조치가 있게 되면 '종료 시점'과 '다음 시험 국면의 시작 시점' 사이에서 '신뢰도 도약'의 패턴이 관찰된다. [그림 Ⅱ-18]은 각 '시험 국면 내'와, 각 '시험 국면 종료 시점'에서 '개선 조치'를 통해 나타난 'MTBF'의 변화를 보여준다[문헌-④(9-5)].

[그림 Ⅱ-18] '개선 조치'에 따른 '시험 국면'별 MTBF 변화

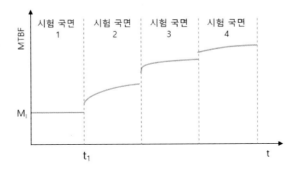

    [그림 Ⅱ-18]의 '시험 국면'들 안을 보면 'MTBF'가 완만하게 증가한다. 이 것은 '시험 국면' 안에서의 '개선 조치' 영향 때문이다. 또 각 '시험 국면' 끝 에서의 '도약'은 종료 시점에서의 '개선 조치' 영향 때문이다. 아이템의 완성 도가 전체적으로 높아질수록 성장률 패턴은 점차 감소하는 경향을 보인다. [그림 Ⅱ-18]을 좀 더 자세히 살펴보자. '시험 국면 1~3'의 각 종료 시점에 '지연 수정(Delayed Fixes)'의 결과로 'MTBF 도약'이 관찰된다('지연 수정'은 [그림 Ⅰ-10] 참조). '시험 국면 2' 전체와 '시험 국면 3' 초반에 조금 급한 증 가를 통해 '수정(개선 조치)'들이 있었음을 알 수 있다. '시험 국면 4'의 전체 에 걸친 성장률 증가로부터 다수의 '수정'들이 있었음을 알 수 있으며, 그 증 가율이 매우 완만하다는 점, 그리고 이후 더는 '시험 국면' 패턴이 없다는 점 을 통해 목표인 '최종 MTBF(m_F)'에 이르렀음도 쉽게 짐작할 수 있다. 참고 로 만일 '시험 국면 4'의 종료 시점에 신뢰도가 크게 '도약'하는 패턴이 있다 면 그를 검증할 만한 충분한 시간적 여유가 없으므로 운영상 바람직하지 않 다. 이후 별도의 개발 시간이 주어져 있지 않다면 말이다.

    설명한 바와 같이 '계획 성장 곡선'은 [그림 Ⅱ-19]와 같이 '시험 국면(Test Phase)'별로 마련돼야 한다[문헌-①(p.21)].

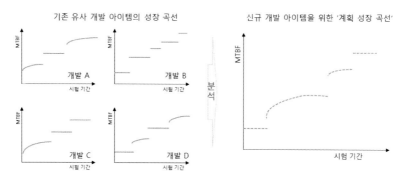

[그림 Ⅱ-19] 기존의 유사 성장 곡선을 이용한 '계획 성장 곡선' 작성 예

　　[그림 Ⅱ-19]의 왼쪽은 이전에 수행했던 유사 과제의 '신뢰도 성장 곡선'
이며 이들을 분석해 새롭게 추진되는 개발 과제의 성장 곡선을 오른쪽 그래
프처럼 마련한다. 물론 충분한 자료가 없다면 벤치마킹이나 문헌, 기술자료들
을 활용할 수 있다.

　　'이상 성장 곡선'이 준비돼 있으면 그를 바탕으로 '계획 성장 곡선'을 작성
할 수 있다. 즉 [그림 Ⅱ-20]의 예처럼 '이상 성장 곡선'이 '계획 성장 곡선'
의 기반 역할을 한다. 그에 반해 '계획 성장 곡선'상의 실선에 포함된 모든
값은 개발을 진행하면서 실질적으로 달성할 'MTBF'가 되어야 한다. 이해를
돕기 위해 시험 중 수집된 데이터로 얻어지는 '추적 성장 곡선'도 가정해서
추가하였다[문헌-④(9-6)].

[그림 Ⅱ-20] '이상 성장 곡선'을 이용한 '계획 성장 곡선' 작성 예

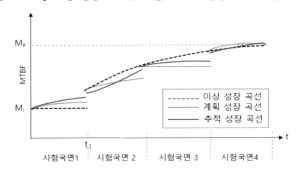

[그림 Ⅱ-20]을 보면 '이상 성장 곡선'을 참고하되 '계획 성장 곡선'은 약간 다른 경로를 따른다. 현실성을 고려한 전략적 설정이며 결국 목표인 '최종 MTBF(m_F)'는 일치해야 한다는 점에 주목하자. '추적 성장 곡선'은 시험 중 수집된 데이터로 계산한 결과 곡선이다. 원만한 시험이라면 최소한 '계획 성장 곡선'과 비교해 같거나 높은 수준을 유지해야 한다.

[Case Study 6] - '계획 성장 곡선'을 작성하시오.

(상황) 새로운 헬리콥터 시스템이 제안되었다. 'MTBMF(Mean Time between Mission Failure)'는 '50시간'이어야 한다. 과거 경험에 따르면 '첫 시험 국면 기간'에서 'MTBMF'는 '20시간'으로 예상된다. 네 개 '시험 국면(Test Phase)'이 계획되었으며 제조사는 최종 '시험 국면'을 제외한 모든 '시험 국면'에서 'TAFT(Test-Analyze-Fix-Test)'를 적용할 예정이다. 최종 '시험 국면'을 제외한 각 '시험 국면'의 종료 시점 때 '지연 수정'이 예정돼 있다. '총 시험 기간(T)=2,000시간'이고 네 개 '시험 국면들 기간이 모두 같다고 할 때 '이상 성장 곡선'을 기반으로 한 '계획 성장 곡선'을 작성하시오[문헌-④(9-9~9-13)].

(풀이) [Case Study 1] 때의 '4단계'를 따라 완성한다.

[1단계] 매개변수 설정	총 시험 기간(T) = 2,000hrs 첫 시험 국면 기간(t_1) = 500hrs ('시험 국면' 기간이 모두 같음) 첫 시험 국면 기간에서의 '초기 평균 $MTBMF(m_I)$' = 20hrs 최종 시험 국면 직후의 '최종 $MTBMF(m_F)$' = 50hrs				
[2단계] α 구하기, (식 Ⅱ-9)	$\ln(500/2000) - 1 + \{(\ln(2000/500) + 1)^2 + 2\ln(50/20)\}^{1/2} \cong 0.357$				
[3단계] '이상 성장 곡선'의 좌표점 결정. (식 Ⅱ-8)	계산예) $m_{ins}(1000) = 20 \times (1 - 0.357)^{-1} \times (1000/500)^{0.357} \cong 39.8$				
	t	<500	500	1,000	1,500	2,000
	$m_{ins}(t)$	20.0	31.1	39.8	46.0	51.0
[4단계] '이상 성장 곡선'과 '계획 성장 곡선'					

[표 Ⅱ-7]은 수학 함수로 얻은 '이상 성장 곡선'을 기반으로 현실성 있는 '계획 성장 곡선'을 작성한 모습이다. '계획 성장 곡선'의 경우 '이상 성장 곡선'을 넘어선 부분도 있고 그에 미치지 못한 영역도 관찰된다. 실제 존재할 수 있는 상황이다. 다만 '시험 국면 2'와 '시험 국면 3'에서의 '계획 성장 곡선'이 아래쪽으로 많이 처져 보인다. 이 같은 상황은 종료 시점인 2,000시간에 다가갈수록 '도약'에 대한 부담이 커지거나, '도약'시켰을 때의 추가 검증 필요성 등 개선에 불확실성이 존재할 수 있어 우려가 제기될 수 있다.

[**Case Study 7**] – 'PM2-Continuous'로 '계획 성장 곡선' 작성하기

(**상황**) [Case Study 5]의 '상황'과 동일.

(**풀이**) [그림 Ⅱ-13]과 [그림 Ⅱ-14]는 말 그대로 이론 식을 토대로 만들어진 '이상 성장 곡선'이다. 이론적으로 길을 닦아 놓고 그 위에 현실을 덧씌우면 일의 효율이 극적으로 높아진다. 이 후속 작업이 '계획 성장 곡선'이다. 결과 그래프는 [그림 Ⅱ-21]이다[문헌-①(p.60)].

[그림 Ⅱ-21] 'PM2-C'의 '계획 성장 곡선' 작성 예

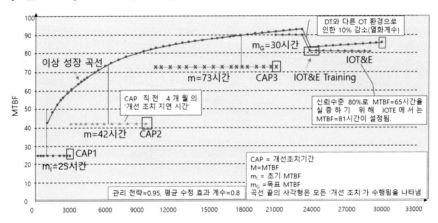

[그림 Ⅱ-21]의 '계획 성장 곡선'을 정리하면 다음과 같다.

○ [그림 Ⅱ-21]은 복잡한 아이템에 대해 'A-모드'와 'B-모드'를 염두에 두고 작성된 '신뢰도 성장계획 곡선'의 상세도이다. 'IOT&E' 동안 아이템을 실증할 '요구 MTBF(m_R)=65시간'이다. 'IOT&E'는 아이템이 사용에 적합한지를 작동시켜 실증하는 시험이다. 본 예 경우 아이템의 보증 기준은 '신뢰 수준=80%'에서 'm_R=65시간'인지를 실증하는 것이다.

○ '모수(매개변수 포함)'들이 결정되면 '기대 고장 강도 함수[$\mu(t)$]'을 이용해서 '이상 성장 곡선'을 생성한다(그림에서 '곡선').

○ 시험 일정에 '개선 조치' 실행을 위한 시간 블록을 표시한다(CAP1~3).

○ '고장 모드'로 인한 고장을 미리 정해 놓은 'CAP'에서 처리하기 위해 '지연 시간'을 설정한다. 그림 경우 'CAP' 시작 전 4개월을 설정하였으나 각 '시험 국면'별 서로 다른 '달력 시간'으로 '지연 시간'을 적용할 수 있다.

○ 'MTBF'는 최초 시험 시작과 'CAP1'이 끝나는 시점, 그리고 'CAP1'의 끝과 그다음 CAP의 끝 사이 등에서 일정한 값(수평선)으로 나타낸다. 시험 중에는 '개선 조치'가 수행되지 않기 때문이다.

○ 이때, 각 'CAP'의 종료 시점에 'MTBF의 도약'이 관찰된다. '도약'은 'MTBF'가 성장한 것으로 '$m(t) = \{\mu(t)\}^{-1}$'을 통해 예측한다. 여기서 't_i'는 'CAP'가 시작되기 4개월 전 '달력 시간'을 누적한 시간이다.

○ 이와 같은 방식으로 '표적 MTBF(Target MTBF, 중간 목표)'가 연속된 계단을 형성하면서 '초기 MTBF'에서 '목표 MTBF'로 성장해 간다.

○ [그림 Ⅱ-22]는 [그림 Ⅱ-14]에 포함된 통계 소프트웨어 'JUMP'의 출력 표로서 당시 설명을 이 시점까지 미룬 바 있다. '계획 성장 곡선'에 포함될 정보들이기 때문이다. [그림 Ⅱ-21]에서 해당 위치를 찾아 비교하면 쉽게 이해될 것이다.

Correction Action Periods			
CAP	**MTBF**	**Duration**	**Corrective Action Lag**
CAP 1	25	5140	
CAP 2	47.2347	7095	2880
CAP 3	73.9115	7765	2880
CAP 4	86.4011	4000	0

'신뢰도 성장계획' 수립과 관련해 [그림 Ⅱ-9]에 나열한 여러 모형 중 지금 까지 'AMSAA Crow Planning Model'과 'PM2-Continuous' 두 개만 본문에 실었다. 나머지들은 학습 내용을 바탕으로 응용 측면에서 확장하는 개념이니 더 깊이 있는 학습을 원하거나 업무와 관련해 해당 모형을 사용할 독자의 경 우 [문헌-①]을 참고하기 바란다. 기억을 되살리기 위해 [그림 Ⅱ-9]의 '신뢰도 성장계획 모형'들을 [그림 Ⅱ-23]에 다시 옮겨 놓았다.

[그림 Ⅱ-23] '신뢰도 성장계획'을 위한 모형(Model)들의 모음

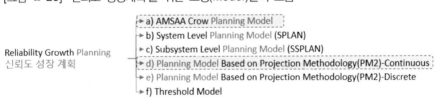

124　Be the Solver [문제 회피] 신뢰도 성장분석(RGA)

3. 신뢰도 성장계획의 실사례

학습한 내용을 확실하게 이해하기 위해 두 개의 사례를 소개한다. 하나는 '화재 진화 시스템'이고 다른 하나는 복잡도 높은 체계(System)인 '탱크'이다. '방위 산업'에서는 군수 장비 시스템을 '체계'라고 부른다. 만일 유사 규모나 '구성'을 갖춘 아이템을 개발 중이면 본 사례를 참고하기 바란다[문헌-②(pp.50~63)].

3.1. 신뢰도 성장계획 – '화재 진화 시스템' 사례

(**상황**) '화재 진화 시스템' 담당 연구원은 개발 초기 단계에서 아이템의 성능을 높이고 개발을 촉진하기 위해 '계획 성장 곡선'을 작성하려고 한다. 구체적 목적은 세 가지인데 첫째, 성장 곡선의 '시험 국면' 일정을 수립하고, 둘째, 경쟁사로부터 입수한 '계획 성장 곡선'과 비교하기 위함이며, 셋째, 개발 시험 동안 실증된 신뢰도를 추적할 때 기준으로 삼고자 한다.

(**주어진 조건**) 아이템의 '임무 신뢰도' 성능 요구 사항은 '개발 시험/운용 시험(DT/OT) 단계의 MTBF=80시간', '후속 평가(FOE) 단계의 MTBF=110시간', '첫 양산 시험(IPT) 단계의 MTBF=140시간'이다.[20] 이 같은 'MTBF' 요건은 '시험 국면'별로 아이템 '구성'이 유지된 상태에서 입증되어야 한다. 각 '시험 국면'은 '1,100시간' 동안으로 같게 계획되었다. 연구원은 '시험 국면'에서 시험을 수행하고 발견된 '고장 모드'에 대한 설계 수정을 이행한다. 생산

---

20) (DT/OT): Development Testing/Operational Testing, (FOE): the Follow-on Evaluation, (IPT): the Initial Production Test.

첫해 말까지 '최종 MTBF=150시간'이 돼야 한다. 이것은 생산 초기 단계까지 '신뢰도 성장'을 계속할 수 있게 계획한 것인데, 그 이유는 양산 제품상태에서의 일부 '고장 모드'는 개발 시험의 납기 제한으로 놓쳤던 문제가 드러난 것일 수 있고, 또 '고장 모드' 발견 시점부터 수정 활동까지는 최소 '약 10개월'로 양산 초기 시점과 겹쳐질 수 있기 때문이다. 개발 과제 전체에 두 가지 제약이 있는데, 하나는 시험에 쓰일 '화재 진화 시스템 수(즉, 표본 크기)'이고, 또 하나는 '총 시험 기간(T)'이었다. 이들을 고려할 때 '시험 국면'에 필요한 시간과 자체 시험 모두를 합쳐 '총 14,000시간 이하'가 돼야만 했다.

(**결정할 사안**) '계획 성장 곡선' 작성을 위해 전체 시험에 필요한 '매개변수'를 결정해야 한다. 첫 결정 항목은 '최종 MTBF=150시간'을 달성하는 데 필요한 '총 시험 기간(T)'과 세 개의 '시험 국면'인 'DT/OT, FOE, IPT'의 '시험 기간'이다. 이들을 결정하기 위한 주요 도구가 바로 '이상 성장 곡선'이다.

(**'이상 성장 곡선'의 구성**) 초기 개발 시험 결과, 첫 '1,700시간' 동안 '약 34개'의 고장이 발생할 것으로 예측되었다. 이 초기 시험 중 '고장 모드'를 찾고 평가한 뒤 수정할 수 있는 시간이 충분치 않아, 이 기간의 'MTBF'는 '1,700/34=50시간'으로 일정하게 유지될 것으로 예측되었다. 또 '$m_F = 150$시간' 이 최종 달성되어야 하며, '$T = 14,000$시간 이하'가 돼야 한다. 따라서 최대 '14,000 시험 시간'에 대한 '이상 성장 곡선'이 주 관심사이다. 주어진 상황에서 (식 II-9)를 이용해 '성장률(α)'을 얻으면 (식 II-19)와 같다.

[성장률 'α']   (식 II-19)
$$\alpha = \ln(1,700/14,000) - 1 + \left\{(\ln(14,000/1,700)+1)^2 + 2\ln(150/50)\right\}^{1/2}$$
$$\cong 0.34$$
$$\therefore \text{매개변수}: T = 14,000hrs, \ t_1 = 1,700hrs, \ m_I = 50.0hrs, \ m_F = 150hrs$$

'$\alpha - 0.34$'는 다소 높은 편이지만, '고장 모드'의 분석과 수정에 중점을 둬야 하는 비교적 공격적인 개발 과제 상황에 적합하다. 만일 '$T = 14,000$시간 미만'인 경우, '$\alpha = 0.34$'보다 커지게 돼 훨씬 동적인 신뢰도 성장시험이 필요하다. 이 같은 단축 시험은 요구 신뢰도를 달성하지 못할 위험이 커지기 때문에, '화재 진화 시스템'의 연구원들은 위험관리 차원에서 '$T = 14,000$시간'을 최종적으로 결정했다. 본 개발 시험의 '이상 성장 곡선'은 [표 Ⅱ-8]과 같다.

[표 Ⅱ-8] '화재 진화 시스템'의 '이상 성장 곡선' 작성 예

[1단계] 매개변수 설정	총 시험 기간(T) $= 14,000 hrs$ 첫 시험 국면 기간(t_1) $= 1,700 hrs$ 첫 시험 국면 기간에서의 '초기 평균 $MTBF(m_I)$' $= 50 hrs$ 최종 시험 국면 직후의 '최종 $MTBF(m_F)$' $= 150 hrs$					
[2단계] α 구하기, (식 Ⅱ-9)	$\alpha = \ln(1,700/14,000) - 1 + \{(\ln(14,000/1,700)+1)^2 + 2\ln(150/50)\}^{1/2}$ $\cong 0.34$					
[3단계] '이상 성장 곡선'의 좌표점 결정 (식 Ⅱ-8)	계산예) $m_{ins}(4000) = 50 \times (1-0.34)^{-1} \times (4000/1700)^{0.34} \cong 101.34$					
	t	<1,700	1,700	4,000	8,000	12,000	14,000
	$m_{ins}(t)$	50.0	75.76	101.34	128.27	147.23	155.15
[4단계] '이상 성장 곡선'의 작성						

('**계획 성장 곡선'의 구성**) '이상 성장 곡선'이 완성되면 이어서 '계획 성장 곡선' 개발에 이용한다. 'MTBF' 목표가 달성되도록 합리적 판단하에 '총 시

험 기간'을 세 개의 '시험 국면'으로 나눴다. 주어진 시험 기간에 평균 신뢰도를 입증할 제일 나은 방법은 '이상 성장 곡선'에 포함된 정보를 활용하는 것이다. 우선 'DT/OT 단계'에서의 애초 요구 사항이 'MTBF=80시간'임을 참작할 때, [표 Ⅱ-8]의 그래프 또는 (식 Ⅱ-20)으로부터 곡선은 '2,100시간'에서 'MTBF=81시간'에 도달한다. 'MTBF=80시간'인데 '81시간'에서 '2,100시간'을 얻은 이유는 변동성을 고려한 조처다. 딱 '80'에 맞췄다가 시험 시간 부족으로 미달하는 사태를 미리 방지할 수 있다. 따라서 '누적 시험 시간'인 '2,100시간'에서 'DT/OT 단계'를 시작하는 것으로 설정하였다(즉, 요구 사항이 '80시간'이지만 위험을 줄이기 위해 '1 초과'하는 '81시간'으로 산정함).

['DT/OT 단계'의 시작 시점 결정]   (식 Ⅱ-20)

(식 Ⅱ-8)로부터
$$81 = 50 \times (1 - 0.34)^{-1} \times (t_{DT/OT}/1,700)^{0.34}$$

$$\therefore t_{DT/OT} = 1,700 \times \{(81/50) \times (1 - 0.34)\}^{1/0.34} \cong 2,069.7\text{시간}$$

$$\therefore t_{DT/OT} = 2,100\text{시간 으로 설정함.}$$

같은 방식으로 'FOE 단계'는 애초 요구 사항이 'MTBF=110시간'이므로 '111시간'으로 시작하는 시점을 [표 Ⅱ-8]의 그래프 또는 (식 Ⅱ-21)로부터 구하면 약 '5,500시간'을 설정할 수 있다.

['*FOE* 단계'의 시작시점 결정] (식 Ⅱ-21)

(식 *Ⅱ-8*)로 부터
$$111 = 50 \times (1 - 0.34)^{-1} \times (t_{FOE}/1,700)^{0.34}$$

$$\therefore t_{FOE} = 1,700 \times \{(111/50) \times (1 - 0.34)\}^{1/0.34} \cong 5,228.6\text{시간}$$

$$\therefore t_{FOE} = 5,500\text{시간 으로 설정함.}$$

'IPT 단계' 시작 역시 같은 방식으로 설정해서 계획에 반영할 수 있다. (식 Ⅱ-22)는 'IPT 단계'의 시작 시점 결정을 위한 계산 예이다('IPT 단계'의 MTBF 요구 사항은 '140시간'이었음).

['*IPT* 단계'의 시작시점 결정] (식 Ⅱ-22)

(식 *Ⅱ-8*)로 부터
$$141 = 50 \times (1 - 0.34)^{-1} \times (t_{IPT}/1,700)^{0.34}$$

$$\therefore t_{IPT} = 1,700 \times \{(141/50) \times (1 - 0.34)\}^{1/0.34} \cong 10,567.2\text{시간}$$

$$\therefore t_{IPT} = 11,000\text{시간 으로 설정함.}$$

'(주어진 조건)'에 명시한 바와 같이, **세 개 '시험 국면'은 앞서 계산된 '시작 시점'부터 각 '1,100시간' 동안 지속**하여야 하며, 각 '시험 국면' 안에서 시험 진행 중인 '화재 진화 시스템'은 그 '구성' 상태가 일정하게 유지돼야 한다. **"구성 상태가 일정함"이란 적어도 같은 '시험 국면' 안에서 아이템의 설계 변경이 없어야 '신뢰도'가 일정한 상태가 되며, 따라서 '계획 성장 곡선' 역시 해당 시험 기간에 일정한 MTBF를 유지할 수 있다**는 의미다.

각 '시험 국면' 후, '지연 수정' 사항들을 반영하면 'MTBF'가 급격히 높아질 것이다. 첫 '시험 국면'인 '1,700시간' 직후 새로운 프로토타입에 설계 수정을 반영하기 위해 시험을 중단해야 하며, 설계 수정 기간을 거치면 다음 '시험 국면' 시작 위치에 'MTBF 도약(Jump)'을 표시해야 한다. 공식적인 '시험 기간'을 벗어난 시험 시간([그림 Ⅱ-24]의 '12,100시간 이후')도 계획에 포함했는데, 이것은 '고장 모드' 경우 '최종 시험 국면'이 끝나도 '수정'이 계속 필요하고, 이에 'MTBF' 역시 계속 성장하기 때문이다. 최종 구성한 '계획 성장 곡선'은 [그림 Ⅱ-24]와 같다.

[그림 Ⅱ-24] '계획 성장 곡선'의 구성 결과

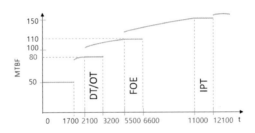

[그림 Ⅱ-24]의 '계획 성장 곡선'은 연구 담당자가 '화재 진화 시스템'에 필요한 '임무 신뢰도'를 달성하기 위해 어떻게 계획을 수립해야 할지 그 방법을 그래픽으로 보여준다. 곡선의 '첫 시험 국면'은 본격적으로 신뢰도가 성장하기 전 최초로 요구되는 '초기 평균 MTBF('50시간')'와, 그 값이 얼마간 지속해야 하는지(본 예 경우 '1,700시간')를 알려 준다. 나머지 패턴은 'MTBF'의 증가가 예상되는 패턴(각 '시험 국면'의 곡선들)과 일정하게 유지할 것으로 예상되는 패턴(DT/OT, FOE, IPT 영역에서의 수평선들)을 나타낸다. 시험이 중단되고 '지연 수정'들이 반영되는 시점에서, 이 곡선은 '지연 수정'에 의해 'MTBF'가 얼마나 성장할 것인지 그 예상치를 알려 준다.

(**상황**) 탱크의 '계획 성장 곡선'을 개발하기 위한 과정을 학습한다. 고려된 요소들은 현재의 정책과 지침, 이전 경험, 개발 수행 및 시험의 제약, Duane 모형, 실제 하드웨어의 '지연 수정' 적용 등이 있다. 과정 중 발생한 문제, 배운 교훈, 곡선의 사용법 등도 포함돼 있다.

(**시험의 제한**) '계획 성장 곡선'을 개발하는 동안 다음과 같은 몇 가지 제한 조건을 검토해야 했다.

    a. 전체 개발 일정,
    b. 임곗값 요구 사항,
    c. 총 개발비용,
    d. 시험 일정,
    e. '설계 변경(수정)'을 하드웨어에 도입하는 데 따른 지연,
    f. 기존의 다른 '탱크-차량' 하드웨어에 대한 경험,
    G. 미 육군 '물자개발 신속 대응사령부'의 정책[21]

(**초기 '계획 성장 곡선'**) 제일 먼저 고려해야 할 사안은 현재 시험을 위해 이전 시험 내용을 활용하는 것이었다. [그림 II-25]는 이전의 '실물 크기 기술 개발(FSED)'[22] 동안 수행되어야 하는 시험을 요약한 것이다. 시험은 정확히 다섯 개 '시험 국면'으로 나뉜다.

---

21) Materiel Development and Readiness Command(DARCOM).

22) Full Scale Engineering Development(FSED): 실물 크기의 프로토타입을 이용해 개발과 시험을 수행하는 단계.

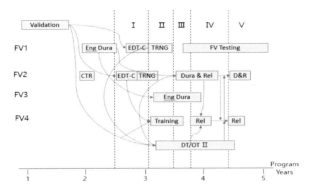

[그림 II-25] '시험 국면'별 실물 크기 대상의 시험 활동

[표 II-9]는 [그림 II-25]에 포함된 약어들의 전체 철자이다.

[표 II-9] '[그림 II-25]'의 용어들 약어 철자

약어	철자	약어	철자
FV	Facility Vehicle	CTR	Contractor
Eng Dura	Engine Durability	Dura&Rel	Durability&Reliability
EDT-C	Engineering Design Test-Contractor	D&R	Durability&Reliability
TRNG	Training	Rel	Reliability
DT/OT	Development Test/Operational Test		

이전의 시험은 '시험 국면'별로 이루어졌으며 각 '시험 국면' 시작 시 '고장 간 평균 마일(MMBF, Mean Miles between Failure)'로 신뢰도를 측정하였다. 시험 간 'MMBF'에 미치는 영향은 화살표로 표시돼 있으며 여기서 '영향'이란 각 '시험 국면'별로 다음의 세 가지를 고려한 것이었다.

(1) 하드웨어 수정의 지연(긴 지연은 'MMBF'의 도약도 커질 수 있음),

(2) 수정들의 영향을 즉시 측정할 수 없는 경우('MMBF' 파악의 난항),

(3) 이전의 신뢰도 성장 경험([표 II-10] 참조. 'MMBF' 추정에 활용).

[표 Ⅱ-10] '실증 신뢰도'의 도약 수준(첫 시험 → 두 번째 시험)

시스템	첫 시험에서 두 번째 시험으로의 도약 비율
GOER (수륙양용 트럭 등)	16% (950/820 MMBF)
Rise Engine (엔진)	17% (6 vs 7 Failures)
M274A5 (다용도 차량)	18% (580/490)
M561 (기동 트럭)	33% (160/120)
HET (중장비 수송 차량)	38% (1120/810)
M551 (탱크 모델 중 하나)	40% (700/500)
M60A1E3 (탱크 모델 중 하나) (Phase Ⅰ, Phase Ⅱ)	56% (140/90)

[표 Ⅱ-10]은 '탱크-차량'에 대한 과거 시험 경험이며, 한 '시험 국면'과 다음 '시험 국면' 사이의 '도약(Jump) 비율'을 나타낸다. 범위는 약 '16%'에서 '56%'까지이다. 나열된 아이템에는 엔진, 트럭, 트랙터-트레일러와 탱크가 포함돼 있다.

약 1만 마일의 '프로토타입 시험(EPT)'[23) 결과도 꼼꼼히 살펴보았다. 시험에서 드러난 문제는 다음의 네 가지 범주로 나뉜다.

(1) 문제가 제거됨(QC 또는 설계 문제로 인해 발생).

(2) 처리 자체를 못 함("격리된 경우").

(3) 간단 처리 또는 리드 타임이 짧은 재설계로 대응.

(4) 처리가 어렵거나 리드 타임이 길게 소요되는 재설계로 대응.

'범주 1'과 '범주 3'에 해당하는 문제는 '실물 크기 기술 개발(FSED)'의 초기 시험에 영향을 미치는 것으로 판단하였다. '프로토타입 시험(EPT)' 결과와 상기 개념들은 [그림 Ⅱ-26]에 나타낸 바와 같이 '과제 지원팀(PMO)'[24)이 '초기 계획 성장 곡선'을 개발하는 데 이용하였다.

---

23) (EPT): Experimental Prototype Test.

24) (PMO): Program Manager's Office.

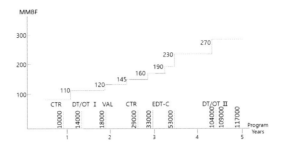

[그림 Ⅱ-26] 초기 '계획 성장 곡선'의 작성 예

시험 활동이 부족하거나 같은 하드웨어를 시험할 경우 성장을 기대하기 어려우므로 계획에도 반영할 수 없다. 다만 얻은 경험은 이어지는 '시험 국면'과 연계시켜 추후 'MMBF 도약'에 반영할 수 있다.

'이상 성장 곡선'을 'Log-Log 척도'로 확인하였다([그림 Ⅱ-27] 참조). 시작점과 끝점을 연결한 뒤, 각 '시험 국면'이 끝나는 시점에 계획했던 'MMBF'에 해당하는 값을 'x'로 표시하였다. 표시한 점들은 '적합 선'에 근접했는데, 이는 계획했던 '이상 성장 곡선'이 'Log-Log 학습 곡선' 패턴을 잘 따른다는 것을 나타낸다(Duane의 가정).

[그림 Ⅱ-27] 초기 '이상 성장 곡선'(Log-Log 척
도) 작성 예

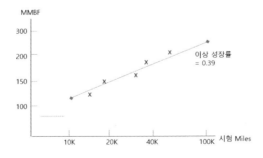

(**'계획 성장 곡선'의 수정**) '실물 크기 기술 개발(FSED)'의 첫 8개월 동안 같은 하드웨어를 사용할 예정이었기 때문에 고객은 이 기간에 뚜렷한 성장은 없을 것이라고 했다. 그러나 이 8개월의 기간이 끝나면 시험 차량은 몇 가지 설계 변경을 통해 개조될 것이다. 연구팀은 또 향후 계획을 위해 '개발 시험/운용 시험(DT/OT Ⅱ)' 중 1,500마일의 예정된 유지보수 기간을 차량 변경에 사용하기로 합의했다('DT/OT Ⅱ' 기간은 [그림 Ⅱ-25] 참조). 탱크 대부분은 'DT/OT Ⅱ' 동안 6,000마일을 완주하므로 실제 시험 중에 3번의 '도약'이 예상된다. 이어 '과제 지원팀(PMO)'은 엔진을 본격 생산하기 전에 높은 수준의 내구성을 확보할 수 있도록 계약 연장을 협상했다. 이러한 협상 결과로 전체 시험 일정에 약간의 변경이 가해졌다. 일정 변경은 [그림 Ⅱ-26]과 [그림 Ⅱ-28]을 비교해 보면 쉽게 알 수 있다.

[그림 Ⅱ-28] 수정된 '계획 성장 곡선'의 작성 예

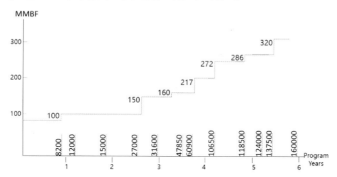

수정된 '계획 성장 곡선'은 '엔지니어링 개발 시험(EDT)'이 끝나기 전에 'DT/OT Ⅱ'의 파일럿 준비 기간이 시작됨에 따라 'EDT'와 'DT/OT Ⅱ의 시작' 사이에 약간의 수정을 가했다([그림 Ⅱ-28]의 '160'). 또 일정 지연과 같

은 내용을 설명하기 위해 본 곡선에는 'DT/OT Ⅱ' 중 예상했던 세 번 대신 두 번의 '도약'만 표시하였다([그림 Ⅱ- 28]의 '272', '286'). 'DT/OT Ⅱ' 이후, 신뢰도 재시험을 통해 'MMBF'의 또 다른 '도약'이 가능하다. 최종 '도약'은 'DT/OT Ⅲ' 동안 일어날 수 있게 계획되었다([그림 Ⅱ- 28]의 '320').

'이상 성장 곡선'에 쓰이는 '성장률'이 허용 가능한 수준인지 확인하기 위해 수정된 '계획 성장 곡선'을 'Log-Log 용지'에 나타내었다([그림 Ⅱ-29] 참조). 결정된 '성장률(기울기)'은 '0.42'로, 앞서 언급한 연구들을 볼 때 달성 가능한 것으로 판단하였다.

[그림 Ⅱ-29] 수정된 '이상 성장 곡선(Log-Log 척도)' 예

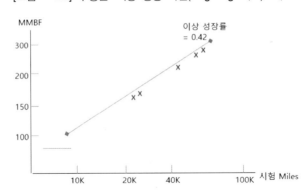

(**확인된 문제와 학습 교훈**) '신뢰도 성장 곡선'의 개발 과정에서 몇 가지 문제가 발견되었고, 미래에 도움이 될 교훈이 학습되었다.

○ 반복되는 활동 - 과정 전체에 걸쳐 반복되는 많은 활동(및 광범위한 협 상)이 있으며 각 단계의 결과와 신뢰도 성장에 미치는 영향들을 고려해 서 모든 변경사항을 준수해야 한다.

○ 과거의 경험 - 유사한 이전 개발 과제의 데이터와 현재 개발 중인 아이템에 대한 최근의 경험을 모두 고려해야 한다.

○ 예측의 활용 - 이전 엔지니어링 기술에 의존하는 경우 이를 성장 곡선에 반영해야 한다. 예를 들어 예측된 '양산품 MMBF의 10%' 식으로 임의 결정 값을 적용해서는 안 된다.

○ 상상력의 발휘 - 성장에 대한 접근은 신중해야 한다. 가능한 모든 것을 고려해야 하고, 어떤 하나의 아이디어에 크게 의존하는 것은 금물이다. 성장을 묘사하기 위해 새로운 기술이 필요할는지도 모른다.

○ 하나의 '계획 성장 곡선' 작성 - '과제 지원팀(PMO)'과 연구자가 같은 하드웨어를 개발하기 때문에 합의를 통해 하나의 계획 곡선만 존재하도록 해야 한다.

○ 현실성 - 하드웨어 도입, 계약상 제약, 계약자 이해, 이전 경험과 더불어 현실적인 영향도 심도 있게 고려한다.

○ 고객 요구의 평가 - 중요한 정보를 얻을 수 있다. 고객 요구를 평가할 때 성장 개념을 신중하게 고려한다. 반면, 해야 할 활동이 많으므로 평가에 필요한 시간을 충분히 확보하지 못하는 현실적인 한계도 있다.

(**'신뢰도 성장 곡선'의 사용과 영향**) 현재의 개발 아이템 경우, '신뢰도 성장 곡선'의 주된 용도는 연구원이 개발 목표를 완벽하게 달성하도록 보조하는데 있다. 연구원은 적절한 '신뢰도 성장률'을 달성할 수 있는 합리적인 방법을 개발한 것이며 이 접근이 유효하려면 다음을 만족해야 한다.

(1) 설계 원본 및 모든 설계 변경에 대한 제품보증(PA)관리자의 승인.

(2) 문제 보고 시스템의 일부로서 모든 시험 사고에 대한 고장 분석 및 조치에 대한 관리자의 승인.

(3) 모든 주요 하도급 계약의 신뢰성 프로그램 계획 요건의 만족.

'과제 지원팀(PMO)'은 요구 사항이 달성될 수 있음을 보여주기 위해 매번 중간 계획서를 제출받는 일이 매우 번거롭다고 판단했다. 이를 극복하는 방법으로 주기적인 검토를 시행해서 검증에 대한 수정이 만족스럽지 못하면 지급 예정인 비용을 줄이는 조처를 할 수 있게 하였다. 두 번째 방법은 생산 계약에 보상이 주어지도록 하는 것인데 실적에 따라 판단하도록 정하였다. 세 번째이자 가장 확실한 방법은 월별, 격월 간 회의, 검토 및 보고를 통한 것이다. 만약 계약자가 만족스러운 성과를 거두지 못하면, 이 사안은 계약자와 과제 지원팀의 최고 경영자 모두의 관심을 가장 확실하게 받을 수 있는 앞서 나열한 소통 창구를 이용한다.

신뢰도 성장추적분석
(Reliability Growth Tracking Analysis)

'신뢰도 성장계획'이 앞으로 전개될 'MTBF'의 추이를 미리 작성하는 활
동이면 '신뢰도 성장추적'은 그 경로를 잘 따라가는지 확인하는 활동이
다. 둘의 가장 큰 차이는 하나는 수학 모형을 통해 정해진 대로 작성
하지만, 후자는 실제 시험에서 얻은 데이터를 기반으로 값을 얻는다.
또 하나는 계획과의 차이를 확인함으로써 앞으로 전개될 활동을 바로잡
는 일 역시 중요 활동이 되겠다.

I. 신뢰도 성장추적분석 개요

"추적? 탐정물인가?" 일의 순서가 있으니 '신뢰도 성장추적(Reliability Growth Tracking)'은 일단 앞서 배운 '계획 성장 곡선'과 연장선상에서 고려돼야 한다.

'신뢰도 성장추적'은 그냥 '신뢰도 성장분석' 해도 될 것 같은데 '추적'이란 용어가 연상이 잘 안 되고 다소 낯설기까지 하다. '신뢰도 성장 시험(Testing)'은 한 개 '시험 국면'에서 다음 '시험 국면'으로 이어지며 이때 각 '시험 국면' 안에서의 시험 환경은 서로 다를 수 있다. 또 '시험 국면' 사이에서 실시되는 '지연 수정' 때문에 프로토타입 역시 설계적으로 큰 차이를 보일 수 있다. 이외에 '시험 국면'별로 신뢰도를 어떻게 성장시켜야 할지 운영 전략도 바뀔 수 있다. 이 때문에 '시험 국면'마다 '신뢰도 수준'이나 '성장률'에 미치는 영향을 파악하고 평가하는 일이 매우 중요하다. 따라서 주요 '시험 국면'마다 '신뢰도 성장'을 '추적'하고 '실증'하며 가까운 미래의 신뢰도를 '예상'하는 일은 반드시 이행돼야 한다.

최종 목표 신뢰도를 달성하기 위해 '시험 국면' 중간중간마다 현황을 "추적"해 가야 하는데 이때의 **신뢰도 성장을 추적하는 1차 목적은 각 '시험 국면'이 종료되는 시점에 '실증 MTBF(Demonstrated Reliability)'와 '예상 MTBF(Projected Reliability)' 를 얻는** 데 있다. 다음으로 요약된다([문헌-②(p.64)], [문헌-④(9-6)]).

○ 실제 성장이 일어났는지, 그리고 그 정도가 얼마인지를 확인함(패턴).
○ 현재 신뢰도(MTBF)가 얼마인지를 추정함(실증 MTBF).
○ 미래 특정 시점에서의 신뢰도(MTBF)를 예측함(예상 MTBF).

'MTBF'를 얻는 방법은 우선 ① 하나의 '시험 국면(Test Phase)'만을 대상으로 한다. → ② 그곳에서 누적해 얻은 데이터를 이용해 모형에 포함된 '모수(Parameter, 또는 매개변수)'를 추정한다. → ③ 선택한 '모형'과 추정된 '모수'를 이용해 '실증 MTBF'와 '예상 MTBF' 값을 얻는다. 이때 '실증 MTBF'는 아이템이 현재 가진 '구성'으로 얻을 수 있는 말 그대로 "타고난 신뢰도"를, '예상 MTBF'는 미래에 "기대되는 신뢰도"를 각각 나타낸다. '예상 MTBF'는 예측한다고 그냥 저절로 달성되는 것은 아니다. 해당 수준을 만들어내기 위해 시험을 지속하고, 그 과정에서 발견된 '고장 모드'와 기존에 알려진 '고장 모드'를 제거하기 위한 설계 변경, 즉 '개선 조치'가 뒤따라야 한다. 일반적으로 '신뢰도 성장추적 분석'은 핵심이 되는 '시험 국면'의 시험 종료 시점에 수행된다(지연 수정). [그림 Ⅰ-3]의 "신뢰도 성장분석 모형(Model)들의 모음" 중 '신뢰도 성장**추적** 모형'만 따로 떼어 [그림 Ⅲ-1]에 다시 옮겨 놓았다[문헌-①(pp.24~25)]. 강조된 영역은 본문에 소개할 모형들이며, 편의상 '신뢰도 성장 예상' 모형들은 제외하였다.

[그림 Ⅲ-1] '신뢰도 성장추적'을 위한 모형(Model)들의 모음

1.1. '실증 MTBF'와 '예상 MTBF'의 이해

'실증 MTBF(Demonstrated Reliability)'와 '예상 MTBF(Projected Reliability)'

의 개념이 '신뢰도 성장추적'에서 차지하는 비중이 매우 크므로 별도의 지면을 마련하였다[문헌-②(pp.64~66)].

　아이템개발 동안 수행되는 시험 중 '실증 MTBF'와 '예상 MTBF'는 있는 사실 그대로 평가되어야 한다. '**실증 MTBF**'는 시험 대상인 현 '아이템 구성(Configuration)'의 '신뢰도 추정치'이며, '시험 국면' 하나가 끝나는 시점에 얻어진다. 즉 실제 시험에 기반한 데이터로부터 분석을 통해 얻은 결괏값이다. 이와 달리 '**예상 MTBF**'는 미래의 특정 시점에서 기대되는 아이템의 신뢰도 값이다. 예상을 위해서는 꼭 시험에 기반한 데이터뿐 아니라 시험 후반부에 '수정(Fixes)'이 가해졌지만, 그 영향이 데이터에 충분히 반영되지 않은 정보, 또는 '시험 국면'들 사이에서 보류 중인 '수정' 사항과 같이 곧 제공될 '개선 조치'의 영향까지 고려해서 반영할 수 있다.

　'**실증 MTBF**' 값은 두 가지 방법으로 계산된다. 하나는 (1) 시험을 통한 '신뢰도 성장분석법'이고, 다른 하나는 (2) '공학적 분석(Engineering Analysis)법'이다. '<u>신뢰도 성장분석법</u>'은 시험 아이템의 신뢰도를 수학적으로 산정하기 때문에 선호되는 방법이다. 시험 중 도입한 개별적인 '수정' 사항이 아이템 신뢰도에 미치는 영향을 측정하므로 어느 '수정'이 얼마만큼의 신뢰도 향상에 이바지했는지를 명확하게 알 수 있다. 만일 시험 중 적용된 '수정'이 전혀 없다면 신뢰도 성장을 평가하는 절차가 필요치 않으며 이때의 '실증 MTBF' 값은 '총 시험 시간, 거리, 회전' 등을 발생한 '고장 수'로 단순히 나누어 결정한다.

　반면에 시험 데이터에 이상이 생겨 신뢰도 성장 절차(평가)를 따르지 못하게 되면 '실증 MTBF'의 결정에 '<u>공학적 분석법</u>'을 적용한다. '공학적 분석'은 주관적이기 때문에 '신뢰도 성장 절차'에 기반한 데이터 분석법보다 정확도가 떨어지는 단점이 있다. '공학적 분석법'은 '실증 MTBF' 값을 결정하기 위해 시험 중 도입한 '수정'의 효과를 기술적으로 판단한다. 예로써 시험 중 도입한 '수정'의 효과로 '고장 상태'가 바뀌었는지를 평가한다. '고장 상태'가 바뀌었는지를 평가하기 위해서는, 운용 환경에서 고장률이 감소하였고 그것이 새로운 '고장 모드'를 생성하지 않는다는 시험 데이터에 근거한 구체적 증거가 필요하다. 만일 명확한 증거가 있다면, 고장의 발생 상태가 바뀌었는지를 다음의 기준으로 최종 판단한다.

(a) 고장 분석의 적정성,
(b) '개선 조치'의 적절성,
(c) '개선 조치'의 시연(실증) 여부,
(d) '개선 조치'의 효과성 검증 및
(e) '개선 조치'의 향후 이행에 대한 검증

위의 사항이 충족된 경우, 즉 '고장 모드'가 부분적으로 또는 완전히 제거되었다는 구체적인 증거가 제시된 경우, 발생 가능한 고장의 상태는 바뀔 수 있으며 재산정된 고장률에 기초해서 '실증 MTBF' 값을 계산한다. 대부분은 '수정'이 있더라도 아이템에서 '고장 모드'를 완전히 제거하진 못한다. 특정 '고장 모드'의 발생률이 더 낮은 비율로 감소하더라도 그 '고장 모드'가 제거되지 않은 상태라면, '고장 모드'에 대한 고장률 추정치는 낮아진 값에 맞춰 조정하되, '0'이 되어서는 안 된다. '고장률 조정'은 시험(구성 요소, 하위 시스템 또는 시스템)에 의해 유효성이 확인된 '수정'을 통해서만 가능하다. 만일 '수정 효과'를 시험으로 검증할 수 없는 경우, '수정'이 신뢰도에 미치는 영향을 주관적으로 평가한 값은 '실증 MTBF'가 아닌 '예상 MTBF'에 반영한다.

'예상 MTBF' 값은 '신뢰도 성장 모형'을 '외삽(가까운 미래의 '시간' 값을 입력해서 신뢰도를 얻는 수학적 방법)'하거나 '수정'의 영향, 즉 '시험 국면'

후반부에 도입한 '수정' 사항, 또는 '시험 국면' 완료 후 도입한 '수정' 사항들의 영향을 평가하여 계산할 수 있다. '신뢰도 성장시험'의 접근법 중 하나인 'Test-Fix-Test 전략'의 노력 정도가 과거와 거의 같을 경우, '예상 MTBF' 값을 얻기 위한 성장 모형의 '외삽'은 의미가 있다. 그러나 이어질 '시험 국면'에 앞서 상당한 양의 '수정'이 이뤄지거나 '실증 MTBF' 추정치가 현재 중간 목푯값보다 너무 낮아 'Test-Fix-Test 전략'의 노력을 과하게 증가시켜야 한다면, '외삽'의 접근은 적절치 않다. 이 경우 '수정'의 효과가 'MTBF'에 어느 정도 영향을 미치는지를 분석해야 한다.

하나의 '시험 국면'이 끝난 후 측정된 '실증 MTBF' 값이 예정된 중간 목표에 미달한다면 현재의 시험 운영을 통해 과연 최종 '목표 MTBF'가 달성될 것인지 고민이 된다. 이때 '예상 MTBF'의 역할은 매우 중요해진다. 반대로 '실증 MTBF'가 시험 중 계획한 목표를 충족하더라도 현재 시험 운영을 통해 미래의 아이템 MTBF를 미리 확보한다는 측면에서 '예상 MTBF'는 여전히 유용하다.

'수정(Fixes)'이 'MTBF'에 미치는 영향을 판별하기 위해 세 가지 방법이 주로 사용된다. (1) 이전 '수정'이 아이템의 신뢰도에 미치는 영향을 '수정 효과 계수(Fix Effectiveness Factor)'로 나타내서 앞으로 이루어질 '수정'의 영향 평가 때 이용하거나, (2) 유사한 아이템(예: 다른 미사일, 추적 차량 등)에서 '수정 효과 계수'를 설정한 뒤 시험 중인 아이템에 계수를 적용할 수 있다. 또는 (3) '수정 효과 계수'를 가변(예: 25%, 50%, 75%)해서 '예상 MTBF'를 추정할 수 있다. 일단 적용되는 모든 '수정'이 같은 효율로 영향을 미치지 않는다는 점은 분명하다. 즉, 몇몇 '수정'을 통해 '고장 모드'가 완전히 또는 대부분 제거될 수도 있으나, 일부는 발생률만 줄일 수 있고, 또는 역으로 새로운 '고장 모드'를 형성시킬 수도 있다.

'신뢰도 성장분석'은 '복구 가능 아이템'을 대상으로 한다. "복구 가능"은 단순히 '수리(Repair)'라기보다 '설계 변경'을 전제로 한 '수정(Fixes)'의 의미를 담는다. 또 '수정'을 위해서는 '고장의 원인'인 '고장 모드'가 단 한 개만 존재하지 않으므로 긴 시간 지켜보며 어느 '고장 모드'가 드러날지 관찰도 필요하다. 따라서 다수의 '고장 시간' 데이터를 얻게 된다. 정확히는 '고장 간 시간(the Times between Failures or Inter-arrival)' 데이터이다.

현재 시험을 통해 얻은 '고장 간 시간'들이 '106, 26, 157, 20, 43, 55, 116, 21, 67, 49'라고 하자. 만일 데이터로부터 아이템의 '평균 수명'을 계산하려면 어떻게 해야 할까? 일반적인 접근은 '고장 시간'들을 가장 잘 설명할 '확률밀도함수'를 적합시켜 찾은 뒤 '모수'를 추정하고, 그에 맞는 '대푯값(평균/중앙값 등)'을 얻으면 목적을 달성한다. 그러나 이 같은 분석은 '신뢰도 성장분석' 입장에선 완전히 잘못된 과정과 결론에 도달한다. 왜냐하면, 분석 과정에서 놓친 게 하나 있다. 바로 '순서(Order)'다. [표 Ⅲ-1]은 수집한 '고장 간 시간' 데이터의 순서를 바꾸고 각각에 대해 평가한 예이다.[25]

[표 Ⅲ-1] '고장 간 시간'의 '순서'에 따른 패턴 비교

고장 간 시간	사건 그림	고장 간 시간 vs. 사용 연한(Age)	누적 수리 수 vs. 사용 연한(Age)	설명
106, 26, 157, 20, 43, 55, 116, 21, 67, 49				· '고장 간 시간'은 독립 & 같은 분포(i.i.d.) · 경향 없음 · 갱신 과정

---

25) David Trindade, Ph.D., "Analysis of Field Data for Repairable Systems", Sun Microsystems, Inc. on 06 March 2015.

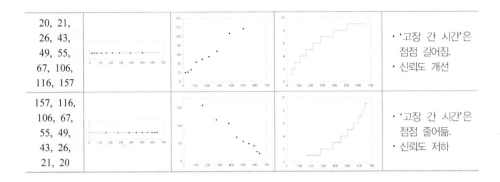

| 20, 21, 26, 43, 49, 55, 67, 106, 116, 157 | | | | · '고장 간 시간'은 점점 길어짐.
· 신뢰도 개선 |
| 157, 116, 106, 67, 55, 49, 43, 26, 21, 20 | | | | · '고장 간 시간'은 점점 줄어듦.
· 신뢰도 저하 |

　　[표 Ⅲ-1]의 세 데이터 모두 '사용 연한(Age)'은 '누적 고장 시간'이므로 '660시간'에서 끝난다. 단순히 'MTBF'를 계산하면 '고장 수'가 모두 '10건'이 므로 '$MTBF_{1행,2행,3행} = 660/10 = 66$시간/고장'으로 같다. 그러나 그 면면을 살펴 보면 큰 차이가 있다. 즉 '사건 그림' 열을 보면 첫 행은 무작위, 둘째 행은 뒤 로 갈수록 벌어지고, 셋째 행은 뒤로 갈수록 조밀해진다. 이것은 둘째 열 ($\frac{고장\ 간\ 시간\ vs.}{사용\ 연한(Age)}$)을 통해 확연히 드러난다. '2행 1열' 패턴처럼 뒤로 갈수록 벌어진 다는 것은 곧 '고장 간 시간'이 길어지는 것이므로 아이템 입장에선 신뢰도가 높아지는 '신뢰도 개선'에 해당한다. 또 이 경우 '고장 수'를 누적해서 그림을 작성하면 위로 볼록한 곡선(2행 3열)을 그리며 상승한다. '고장 간 시간'이 길 어지므로 수평선도 길어져 생기는 패턴이다. 셋째 행의 데이터는 그 반대의 양상을 보인다. 참고로 그래프의 'x-축'은 '사용 연한'이며 주어진 '고장 간 시간'을 순서대로 누적해서 얻는다. 첫 행 경우 '106, 132, 289, 309, 352, 407, 523, 544, 611, 660'이다.

　　가장 기본이 되는 패턴은 [표 Ⅲ-1]의 첫 행으로 '갱신 과정(Renewal Process)' 에 해당한다. '갱신 과정'에서 흔히 얘기하는 '고장 간 시간' 데이터가 'i.i.d.'라는 것은 "'고장 간 시간'들이 단일 모집단으로부터 표집된 관측값들"이란 뜻이다. 또 앞으로 본문에서 전개될 내용은 '복구 가능 아이템'에 대한 것이며 시험을 통해 고장 유발 원인을 제거해 나가는 접근이다. 따라서 아이템의 신뢰도가 점차 개선되는 패턴을 보여야 하므로 [표 Ⅲ-1] 중 '둘째 행'의 사례를 주로 다루게 된다. 이것은 앞으로 '복구 가능 아이템'의 데이터가 실제 상승하는 패턴인지(또는 개선되고 있는 건지) 검정이 필요함을 암시한다. [그림 Ⅰ-5]의 "'신뢰도 성장 모형' 선정을 위한 기본 흐름도"를 살펴보면 초기 흐름에 "$\langle$추세검정?$\rangle$"이 있는 이유이다. 정리하면 '신뢰도 성장시험'에서는 수집하는 "데이터의 순서가 매우 중요하다는 점" 반드시 기억해 두자.

1.3. '신뢰도 성장 모형'의 이론적 배경

'신뢰도 성장' 분야에서 '계획(Planning)'과 '추적(Tracking)' 모두 모형이 있으며 이들의 수학적, 통계학적 이론이 뒷받침돼야 이해가 가능하고 다양한 상황에 응용도 쉽다. '신뢰도 성장'을 학습할 때 그나마 눈에 들어오는 용어는 '와이블 분포(Weibull Distribution)' 정도다. 그 외에 자주 등장하는 'Duane 모형', 'Power Law 모형', 'Power Law Mean Value Function', 'Non-homogeneous Poisson Process(NHPP)', 그리고 'AMSAA'란 표현도 혼란스럽고 활용을 어렵게 만든다.

일반적으로 한 아이템의 수명을 평가할 때 분석과 해석에 꼭 필요한 '확률 밀도 함수(pdf, Probability Density Function)'를 찾아 적용한다. 이에 대해서는 「BTS(Be the Solver) 시리즈, 신뢰성 분석 편」에서 상세히 다룬 바 있다. 즉 하나의 '고장 모드'로 형성된 하나의 고장(수명) 해석에 맞는 방법들이다. 그러나 '신뢰도 성장'은 새로 설계한 아이템의 고장 양상이 다양하게 나올 수 있고, 또 이를 계속 '개선 조치'해 가며 신뢰도를 높여 가는 과정이 크게 다르다. 차량의 브레이크가 전체 시스템의 신뢰도를 결정지을 수 있지만 그를 교체한다고 해서 차량이 처음 구매한 상태로 돌아가는 것은 아니다. 고장부품 이외의 다른 아이템들은 여전히 '잠재적 고장 모드'를 지닌 채 존재하기 때문에 그들 중 일부가 전체 시스템의 신뢰도에 악영향을 계속 준다면 역시 '개선 조치'가 필요하다. 따라서 아이템(특히 시스템)의 신뢰도를 높이는 과정은 하나의 분포 함수로 해석하는 것이 상황에 맞지 않으므로 다른 방식의 해석적 접근이 요구된다. '신뢰도 성장분석'에 맞는 상황을 요약하면 다음과 같다.

○ 대상 제품: 신규 설계 제품으로 여러 잠재된 고장이 예상되며, 따라서 연이은 '개선 조치'가 필요한 좀 큰 규모의 복잡도 높은 아이템이어야 함 (Complex Repairable System). 예로써 차량, 냉장고, 통신 장비, 비행체, 프린터, 군용 장비 등이 해당함.

○ 해석 용어: 신뢰도를 높여 가는 과정이므로 '분포(Distribution)'가 아닌 '과정(Precess)'을 사용함. 예로 'Poisson Process' 등.

○ 해석 모형: 알려진 '확률 밀도 함수'가 아닌 별도의 모형이 요구됨. 예로 'AMSAA Reliability Growth Tracking Model-Continuous(RGTMC)' 등이 해당함.

자주 사용하는 용어와 모형들의 관계를 정리하면 [그림 Ⅲ-2]와 같다.

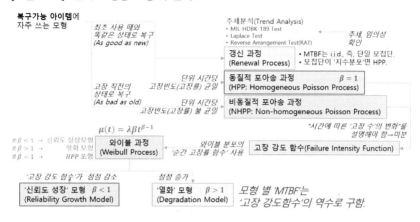

[그림 Ⅲ-2]가 복잡하고 어려워 보이긴 하나 앞으로 전개될 내용을 좀 더 쉽게 이해하기 위해 마련하였다. 이후 상세히 다뤄질 예정이므로 인내하고 정독해 주기 바란다. 우선 그림에서 아이템이 고장 났을 때의 원상복구는 "최초 사용 때와 똑같은 상태로 복구(As-good-as-new)"한 경우와 "고장 직전의 상태로 복구(As-bad-as-old)"하는 두 가지 갈래가 있다.[26] 전자인 **최초 사용 때와 똑같은 상태로 복구**하는 경우를 '갱신 과정(RP, Renewal Process)'이라고 한다. '갱신 과정'은 "포장 뜯기 전 상태"로 보면 될 것 같다. 따라서 수집된 '고장 간 시간'은 매번 "최초 작동 시점부터 고장 난 시점까지"의 반복으로 간주하며 '단일 모집단(Single Population)'으로부터 표집한 상황을 가정한다. 이때 실제 '고장 간 시간'은 무작위 발생이므로 '독립적(Independent)'이고 '같은 분포를 따르는(Identically Distributed)', 즉 'i.i.d.' 상태임을 알 수 있다. 쉬운 예로 차량(즉, 시스템)의 실내등을 생각해 보자. 실내등이 안 들어오면

---

26) 둘의 중간 수준으로 복구하는 예도 있으며 모형으로 'GRP(General Renewal Process)' 등이 쓰이나 본 문에는 포함하지 않음.

"어둠 속에서 시야를 확보해 준다."라는 기능을 상실한다. 고장 난 것이다. 전구가 나갈 때마다 교체하므로 하나의 과정(Process)을 이루며, 교체 후 차량(즉, 시스템)은 신품에 가까운 품질 상태로 복구된다(As-good-as-new). 전구가 고장 나는 시점은 무작위로 정해지며(Independent), 교체할 때 여러 전구를 사용하기보다 같은 조건에서 제조된 하나의 모집단으로부터 갖다 쓰므로 고장 간 시간의 분포는 같다(Identically Distributed). 전구 집단은 하나의 모집단이므로 그들을 대변할 하나의 상숫값인 '고장 간 평균 시간(MTBF)'이 존재하고 따라서 값들이 점점 증가하거나 감소하는 등의 '추세'가 존재할 수 없다(No Trend).

만일 '고장 간 시간'의 모집단이 '지수 분포'를 따르면 '갱신 과정(RP)'의 특별한 경우인 '동질적 포아송 과정(HPP)'이 된다. 'HPP'는 '시간당 고장 빈도(고장률)'가 일정하다. '포아송 분포'에 따라 '평균 고장률'이 상수인 'θ'이고, 't 시점'에서의 '기대 고장 수'는 '$\theta \times t$'이다.

고장 난 아이템이 **"고장 직전의 상태로 복구"**된 경우는 "포장을 뜯기 전 상태"와는 사뭇 다르다(As-bad-as-old). 왜냐하면 아이템(즉, 시스템) 내 고장을 유발한 부품 이외의 다른 정상 부품들도 일정 시간 동안 열화나 피로를 겪기 마련이고, 이 상태에서 아이템(즉, 시스템)의 기능만 정상으로 복구된 것이기 때문이다. 다시 말해 모든 부품이 최초의 상태가 아니다. 이 같은 상황은 '시간당 고장 빈도(고장률)가 일정하지 않은', 즉 '비동질적 포아송 과정(NHPP)'에 해당한다. 이때 'NHPP'에 대해 시간에 따라 고장률이 변화하는 함수가 필요한데 이것을 **'고장 강도 함수(Failure Intensity Function)'**라고 한다. 이 함수를 특별히 '와이블 분포'의 '순간 고장률 함수(또는 위험 함수)'를 이용해서 해석할 경우 **'와이블 과정'**이라고 한다(그림 속 수식 참조).

학습자에겐 이 부분이 혼란스러운데, 즉 '고장 강도 함수'와 '와이블 분포의 순간 고장률 함수'의 구조가 같기 때문이다. 어떻게 다를까? 아이템의 고장 시간을 분석할 때 '**최초 고장 시간**'만을 모아 놓은 데이터는 '**와이블 분포**'로 **해석**할 수 있음이 알려져 있다. 반면에 '**고장 강도 함수**'는 아이템을 수정해 **가듯 연속적으로 나타나는 고장 데이터의 해석**에 쓰인다. 이런 이유로 별개의 명칭인 '**Power Law 모형**'으로 불린다. [그림 Ⅲ-3]은 '고장 강도 함수(Power Law 모형)'의 모수 'β'에 따른 '강도(Intensity)'와 'MTBF(강도의 역수)' 추이를 비교한 것이다.

[그림 Ⅲ-3] 'β(0.5, 1.0, 1.5)'별 '강도'와 'MTBF'의 추이

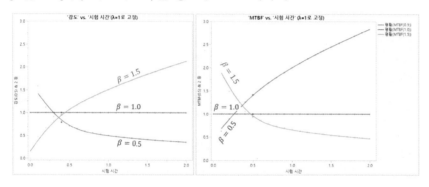

[그림 Ⅲ-3]에서 '고장 강도 함수(Power Law 모형)'의 '모수' 중 하나인 'β' 가 '$\beta < 1$'면 '순간 고장률'이 점점 감소한다는 의미고(즉, 'MTBF'는 점점 증가) 이때 '고장 강도 함수'는 '**신뢰도 성장 모형**(Reliability Growth Model)'으로 쓰인다. 반대로 '$\beta > 1$'면 '**열화 모형**(Degradation Model)'이 되고, '$\beta = 1$' 이면 '**HPP 모형**'이 된다. '$\beta = 1$'에서 '동질적 포아송 과정(HPP)'은 "단위 시간당 고장 수가 일정"한 경우이다. 이때 그의 역수인 "단위 고장당 시간"도 일정하며 '지수 분포'를 따르는 것으로 알려져 있다. [그림 Ⅲ-2]에서 이를 '갱신 과정'과 연계해 놓은 바 있다.

끝으로 [그림 Ⅲ-2]의 상단에 기술된 **추세 분석**(Trend Analysis)'은 'HPP'로 해석할 것인지 'NHPP'로 해석할 것인지를 판단하는 통계적 방법을 제공한다. 'NHPP' 경우 시간당 고장 빈도(고장률)가 다르므로 'MTBF'가 시간에 따라 점점 증가하거나 감소하는 '추세 있음'의 형태로 관찰된다. '추세 존재 여부'의 판단을 [그림 Ⅲ-2]와 연계해서 요약하면 [표 Ⅲ-2]와 같다.

[표 Ⅲ-2] '추세 분석(Trend Analysis)'의 요약

구분	추세	확인 사항	모형
'누적 고장률(또는 누적 MTBF)' vs. '누적 시험 시간' 그래프	있음(Trend) (성장/열화)	단위 시간당 고장 빈도가 다름.	NHPP 모형
			Non-stationary 모형
	없음(No Trend) (성장 없음)	not i.i.d.	데이터 세분화 등
		i.i.d.	'갱신 과정'이며 '고장 간 시간'이 '지수 분포'면 'HPP 모형', 지수가 아니면 '비모수 모형.'
		'i.d.' but not 'i.'	관련 모형
'추세 분석' 검정 방법	MIL-HDBK-189 Test		(가설) H_0: HPP($\beta = 1$). H_A: NHPP($\beta \neq 1$).
	Laplace(or Centroid) Test		(가설) H_0: HPP(No Trend). H_A: NHPP.
	Reverse Arrangement Test (RAT)		(가설) H_0: 추세 없음(No Trend) H_A: 추세 있음(Trend)

[표 Ⅲ-2]에서 '추세 있음(Trend) → Not i.i.d. → NHPP 모형'이지만 '추세 없음(No Trend)' 경우는 'Not i.i.d.', 'i.d.', 'i.d. but not i.'로 구분된다. 본문에서 다루어질 내용은 주황색으로 강조한 영역인 'NHPP 모형'과 '추세 검정 방법'의 'MIL-HDBK-189 Test'이다. 이후부터 소주제로 나누어 자세히 소개할 것이다.

[그림 Ⅲ-2]에서처럼 **모형을 결정해서 분석한다는 것**은 결국 "**현 고장 난 시점 이후 다음 고장까지의 평균 시간(MTBF)이 얼마인지를 정량적으로 얻어내는 일**"이다. 이어지는 소주제부터 모형별로 이후 고장까지의 평균 시간(MTBF)을 정하는 수학적 표현들에 대해 자세히 알아보자[문헌-②(pp.113~114)].

‘포아송 과정’에 대한 학습을 통해 ‘신뢰도 성장 모형’의 기본 지식을 습득
할 수 있다. 한마디로 **‘시험 중인 아이템의 고장 수’를 계산하는 방법**을 제공
한다. 여기엔 여러 낯선 용어가 등장하는데 ‘동질적(Homogeneous)’이나 ‘비동질
적(Non-homogeneous)’이 그것이다. 잘 알려진 ‘포아송 분포(Poisson Distribution)’
는 프랑스의 수학자 포아송(Simeon Denis Poisson: 1781~1840)의 이름을 딴 분
포로 1837년 그의 저서 『민사 사건과 형사 사건 재판에서의 확률에 관한 연구
및 일반적인 확률 계산 법칙에 대한 서문』에서 최초로 사용되었다. 임의 ‘단
위 시간’ 또는 ‘단위 공간’에서 ‘특정 사건이 우발적으로 발생할 건수’가 기존
의 정보로부터 ‘θ개’로 알려져 있을 때, 그런 환경에서 ‘x’개가 일어날 확률은
다음과 같다.

$$f(x) = \frac{\theta^x e^{-\theta}}{x!}, \quad x = 0, 1, 2, 3....$$ (식 Ⅲ-1)

$'\theta'$는 ‘단위시간(or 길이, 넓이, 체적 등)’ 당 사건의 ‘평균 발생 건수’를,
$'x'$는 그런 환경 속에서 계산하고자 하는 ‘발생 건수’를,
$'f(x)'$는 ‘x개’가 발생할 ‘확률’을 각각 지칭.

[활용 *tip* 예 : 단위 시간당 ‘θ개’ 고장이 발생하는 환경에서
이 아이템의 고장이 ‘x개’ 나올 확률 $f(x)$는?]

(식 Ⅲ-1)의 “단위 시간당 우발적 사건”은 “단위 시간당 (아이템의) 우발적
고장”과 정확히 연결된다. 바로 ‘포아송 분포’가 도입된 이유이다. 포아송 분
포의 특징은 다음과 같다(위키백과).

○ 어떤 단위 구간(예, 1일)은 이를 더 짧은 단위 구간(예: 1시간)으로 나눌

수 있고 이러한 더 짧은 단위 구간 중에 어느 사건이 발생할 확률은 전체 척도 중에서 항상 일정해야 한다.
○ 두 개 이상의 사건이 동시에 발생할 확률은 '0'에 가깝다.
○ 임의 단위 구간에서의 사건 발생은 다른 단위 구간에서의 사건 발생과 무관하다(즉, 독립적이다).
○ 특정 구간에서의 사건 발생확률은 그 구간의 크기에 비례한다.
○ 포아송 분포 확률 변수의 '기댓값'과 '분산'은 모두 'θ'이다.

활용 예로써 "시간당 평균 0.3건이 발생하는 고장"의 아이템에 대해 "시간당 2건이 발생할 확률"을 구하면 (식 Ⅲ-2)와 같다.

$$f(x=2) = \frac{0.3^2 e^{-0.3}}{2!} \qquad \text{(식 Ⅲ-2)}$$
$$= \frac{0.09 \times 0.74082}{1 \times 2} \cong 0.033 \,(약\,3.3\%)$$

이 아이템에 대해 '시간당 두 개 나오는 고장'은 '매우 희박한 사건'임을 알 수 있다. 추가로 '누적 확률'도 가능하다. 예를 들어 (식 Ⅲ-2)에서 "시간당 2개 이하가 나올 확률"을 구하는 문제면 '0이 나올 확률', '1이 나올 확률', '2가 나올 확률'을 모두 더해서 얻는다. (식 Ⅲ-3)과 같다.

$$f(x \leq 2) = \frac{0.3^0 e^{-0.3}}{0!} + \frac{0.3^1 e^{-0.3}}{1!} + \frac{0.3^2 e^{-0.3}}{2!} \qquad \text{(식 Ⅲ-3)}$$
$$= e^{-0.3} + (0.3 \times e^{-0.3}) + \frac{0.09 \times 0.74082}{1 \times 2}$$
$$\cong 0.9964 \,(약\,99.64\%)$$

"시간당 2개 이하의 고장은 거의 발생하는 사건"임을 알 수 있다. '신뢰도 성장시험' 경우 "t시간 동안 고장이 몇 회 발생[즉, $N(t)$]하는가?"가 관심사이며 1회 고장이 아닌 "우연히 일어나는(Stochastic) 계속된(Process) 고장의 평가"가 필요하므로 '포아송 **과정**'에 해당한다. 이때 '단위 시간당 고장 개수가 일정'한 경우를 '동질적(Homogeneous)'을 붙여 **HPP(Homogeneous Poisson Process)**로 쓴다. 'HPP'의 성립 조건'은 다음과 같다.

1) '$t = 0$'에서 고장 개수는 '0'이다. 즉 '$N(0) = 0$.'
2) '$t \geq 0$'에서 발생한 '고장 개수, $N(t)$'의 증분은 독립이다.
3) 임의 시간 구간 '$t_2 - t_1$'에서 발생한 고장 개수는 '평균 $\theta \times (t_2 - t_1)$'인 '포아송 분포'를 따른다. 즉, '$E\{N(t_2 - t_1)\} = \theta \times (t_2 - t_1)$'이므로 (식 Ⅲ-1)에 의해 (식 Ⅲ-4)로 정리된다.

$$t_2 > t_1 \geq 0, \ n \geq 0 \text{ 에 대해,} \qquad\qquad \text{(식 Ⅲ-4)}$$
$$P\{N(t_2) - N(t_1) = n\} = \frac{\{\theta(t_2 - t_1)\}^n \cdot e^{-\theta(t_2 - t_1)}}{n!}$$

복잡해 보이지만 (식 Ⅲ-1)과 대응시키면 '단위 시간당 평균 건수'인 'θ'만 '$\theta(t_2 - t_1)$'으로 대체됐다. 일반적으로 'θ'는 "'전체 소요시간' 대비 그 안에서 발생한 고장 수 전체의 비율"로 얻어지기 때문에 (식 Ⅲ-4)의 '$\theta \times (t_2 - t_1)$'는 '시간당 평균 고장(발생)률'이다.

참고로 '포아송 분포'의 특징 중 하나가 '고장과 고장 사이의 시간'들을 모두 모으면 '지수 분포'를 따른다는 것이다. 즉 '발생한 고장 수'는 '포아송 분포'로, '고장 사이의 시간들'은 '지수 분포'로 설명된다. 둘의 관계에 대한 간단한 예로 만일 단위 시간당 고장 발생 수가 늘어나면(즉 'θ'의 증가) 고장 간의 시간은 짧아지고 그 반대의 설명도 가능한데, 이를 설명하는 것이 '지수 분포'의 '평균($1/\theta$)'이다. 두 분포가 모수 'θ'로 연결돼 있음을 알 수 있다. 'θ'에 대한 생각을 조금 확장하면 '포아송 분포'에서의 'θ'는 '고장률'에, 그의 역수인 '지수 분포'에서의 '$1/\theta$'은 'MTBF'에 대응한다.

만일 'HPP'의 '조건 3)'에서 임의 시간 간격의 '고장 수가 일정하지 않고 불규칙하게 변한다면 어떻게 될까? 실제 임의 시간 간격에서의 고장 발생은 일정하지 않음을 잘 알고 있다. 고장은 예고가 없으므로 "아이템의 고장은 나고 싶을 때 난다. 그러나 그 빈도는 증가하거나 감소할 수 있다."라는 표현이 적절하다. 따라서 시간당 일정치 않은 '비동질적' 고장률도 중요한데 이를 **NHPP**(Non-homogeneous Poisson Process)'라고 한다. 이때 구간별 고장 발생의 '강도(Intensity)'가 서로 다른 상황임을 나타내는 함수가 필요하며 이를 **고장 강도 함수**(Failure Intensity Function)'라고 한 바 있다. 'NHPP의 성립 조건'은 다음과 같다.

1)과, 2)는 HPP와 동일.

3)임의 시간 구간 '$t_2 - t_1$'에서 발생한 고장 개수는 '평균 $\int_{t_1}^{t_2} \theta(t)dt$'인 '포아송 분포'를 따른다. 즉, '$E\{N(t_2 - t_1)\} = \int_{t_1}^{t_2} \theta(t)dt$'이다.

$$t_2 > t_1 \geq 0, \ n \geq 0 \ \text{에 대해}, \qquad\qquad \text{(식 III-5)}$$

$$P\{N(t_2) - N(t_1) = n\} = \frac{\left\{\int_{t_1}^{t_2} \theta(t)dt\right\}^n \cdot e^{-\int_{t_1}^{t_2} \theta(t)dt}}{n!}$$

(식 III-5)가 복잡해 보이면 (식 III-1)의 'θ'와 비교하기 바란다. 풀어 쓰면 "단위 시간당 평균 '$\int_{t_1}^{t_2} \theta(t)dt$ 개'가 고장 나는 환경에서, 임의 시간 '$t_1 \leq t \leq t_2$'

동안 'n개'가 고장 날 확률"을 구한다. '단위 시간' 동안 '$\int_{t_1}^{t_2}\theta(t)dt$ 개'가 발생하므로 '$t_1 \leq t \leq t_2$'에서의 발생 건수는 '적분'이 필요하다.

1962년, J. T. Duane은 GE사에서 개발한 다양한 아이템의 고장 데이터를 분석한 논문을 발표했다.[27] 그 결과에 따르면, '누적 시험 시간'과 '누적 고장률(또는 누적 $MTBF$)'은 '$Log - Log$ 용지'에서 '직선'을 따른다는 것이다. 이에 대해서는 [그림 Ⅱ-3]과 [그림 Ⅱ-4], 그리고 (식 Ⅱ-2)~(식 Ⅱ-7)에서 '신뢰도 성장계획'을 위한 모형 유도 목적으로 상세히 설명한 바 있다. '신뢰도 성장 추적 분석'을 위해서는 제일 먼저 '모수(Parameter)'의 추정이 필요하다. 이를 위해 '신뢰도 성장계획' 때 사용했던 데이터인 [표 Ⅱ-1]을 다시 이용할 것이다. 관련 식은 중복되므로 유도를 생략하고 기억을 되살리는 차원에서 주요 결과 식만 옮기면 [표 Ⅲ-3]과 같다.

[표 Ⅲ-3] 데이터 '[표 Ⅱ-1]'과 이를 이용해 유도했던 관계 식 요약

시험 국면 (Phase, i)	고장 데이터 (hrs)		누적 고장 수 [$N(t_i)$] $[n_i + N(t_{i-1})]$
	누적 시험 시간 (t_i) ('국면' 끝 시간 값)	고장 수 (n_i)	
1	200	2	2
2	400	1	3
3	600	1	4

---

27) Duane, J. T., "Learning Curve Approach to Reliability Monitoring" IEEE Transactions on Aerospace, Vol. 2, pp.563~566, 1964.

| 4 | 3,000 | 7 | 11 |

항목	관계식	출처	비고
누적 MTBF $[M_c(t_i)]$	$t_i/N(t_i)$, or $[t_1/N(t_1)](t_i/t_1)^\alpha$, or βt^α	(식 Ⅱ-2) (식 Ⅱ-3) -	'시간 t_i'까지 누적 고장 수 '$N(t_i)$.' if $\ln[F_c(t_i)] = -\alpha \ln t_i + \beta$. if $\ln[M_c(t)] = \alpha \ln t + \ln \beta$.
기대 (누적) 고장 수 $[N(t_i)]$	$r_I t_1 \cdot (t_i/t_1)^{1-\alpha}$, or $(1/\beta)\,t^{1-\alpha}$ (Power Law)	(식 Ⅱ-4) -	if $\ln[F_c(t_i)] = -\alpha \ln t_i + \beta$. if $\ln[M_c(t)] = \alpha \ln t + \ln \beta$.
순간 MTBF $[m_{ins}(t)]$	$m_I(1-\alpha)^{-1}(t/t_1)^\alpha$, or $(1-\alpha)^{-1} \cdot \beta t^\alpha$	(식 Ⅱ-7)	if $\ln[F_c(t_i)] = -\alpha \ln t_i + \beta$. if $\ln[M_c(t)] = \alpha \ln t + \ln \beta$.

[표 Ⅲ-3]에서 빨간색 수식들은 기존의 '누적 고장률 vs. 누적 시험 시간'에서 '누적 고장률' 대신 '누적 MTBF'로 대체한 결과이다. 참고로 둘은 '역수' 관계이다. 다만 '개선 조치'가 있으면 '누적 고장률$[F_c(t_i)]$'은 낮아지므로 기울기인 'α→음수'이나 '누적 MTBF$[M_c(t_i)]$'로 바꾸면 값은 시간에 따라 증가하므로 'α→양수'가 된다. 또 하나 차이점은 'y-절편(β)'이다. '누적 고장률' 경우 'β'를 썼지만 '누적 MTBF'는 '$\ln\beta$'이다. 어차피 '상수'이므로 해석의 편리성을 고려해 정했을 뿐이다. 예를 들어 [표 Ⅲ-3]의 '기대 (누적) 고장 수$[N(t_i)]$'의 경우, '$r_I t_1 \cdot (t_i/t_1)^{1-\alpha}$'에서 상수 부분인 '$r_I t_1 \cdot (1/t_1)^{1-\alpha} = 1/\beta$'로 대체하면 그 바로 아래 '$(1/\beta)\,t^{1-\alpha}$'가 된다. 나머지 빨간색 식들도 같은 방식으로 얻을 수 있다. 이후 과정은 모두 'MTBF'와 관련된 식을 이용할 것이다.

우선 '모수' 추정을 위해 [표 Ⅲ-3]의 데이터로 '누적 MTBF vs. 누적 시험 시간' 그래프를 작성한다. 이를 위해 [그림 Ⅱ-4]를 다시 옮겨 놓았다.

[그림 Ⅲ-4] '누적 MTBF[$M_c(t_i)$]'와 '누적 시험 시간(t_i)'의 타점

국면 (i)	누적 시험 시간(t_i) ['국면(Phase)' 끝 시간]	고장 수 (n_i)	누적 고장 수 [$N(t_i)$]	누적 고장률[$F_c(t_i)$] [$N(t_i)/t_i$]	누적 MTBF[$M_c(t)$] [$t_i/N(t_i)$]
1	200	2	2	0.0100	100.0
2	400	1	3	0.0075	133.3
3	600	1	4	0.0067	150.0
4	3,000	7	11	0.0037	272.7

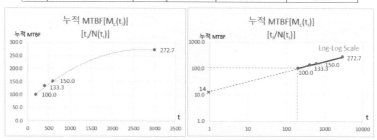

[그림 Ⅲ-4]가 이전의 [그림 Ⅱ-4]와 다른 점은 오른쪽 그래프인 'Log-Log 척도'의 직선을 연장해서 'y-축'과의 교점을 추가한 점이다. 눈대중(?)으로 '약 14'를 표기해 놓았다.

['그래프'에서 모수 추정하기]

구하고자 하는 '모수'는 '$α$'와 '$β$'이다. 특히 '$α$'는 '직선의 기울기'이고 'MTBF' 관점에서 '양의 기울기'는 '성장률(향상률, 개선율)'에 해당한다. '$β$'는 'y-축'과의 교점, 즉 'y-절편'을 통해서 쉽게 얻을 수 있다.

'모수 $α$(기울기)'의 추정

직선의 두 점 좌표가 알려지면 '기울기'를 구할 수 있다. [그림 Ⅲ-4]의 표시처럼 격자와 일치하는 좌표점을 찾는다. 두 점은 각각 '(1, 14)'와 '(200, 100)'이므로 '기울기(성장률)'는 (식 Ⅲ-6)으로 얻는다.

$$\alpha = \frac{\ln(100) - \ln(14)}{\ln(200) - \ln(1)} = \frac{1.966}{5.298} \cong 0.371 \qquad (식 \ \text{III-6})$$

만일 직선을 연장해서 격자 선과 정확히 일치하는 점이 있다면 (식 III-6)과 같은 방식으로 'α'를 하나 더 얻어 그들의 '평균'을 이용한다.

'모수 $\beta(y$-절편)'의 추정

그래프의 절편값을 이용하면 쉽게 얻을 수 있다. 또는 (식 III-6)의 'α'를 이용하면 [표 III-3]의 '누적 MTBF'를 이용해서도 가능하다. 둘을 요약하면 (식 III-7)과 같다.

[그래프] : $\beta = 14$, 또는 아래 식에 의해,   (식 III-7)
[표 $III-13$] : $M_c(t) = \beta t^\alpha$, ('연속자료'이므로 첨자 'i'는 제외함)
            $M_c(t = 200) = 100 = \beta \times 200^{0.371}$. $\therefore \beta \cong 14.0$

(식 III-6)과 (식 III-7)의 '모수'들을 이용하면 '누적 MTBF의 성장 곡선 방정식'과 '순간 MTBF의 성장 곡선 방정식'을 얻을 수 있다. [표 III-3]의 '관계식'을 이용하면 [그림 III-4]에 주어진 시험 데이터에 대한 두 개의 방정식을 다음과 같이 정리할 수 있다.

$$[누적 MTBF] : M_c(t) = 14 \times t^{0.371} \qquad (식 \ \text{III-8})$$
$$[순간 MTBF] : m_{ins}(t) = \frac{1}{1 - 0.371} M_c(t), \quad or$$
$$\cong 1.59 \times 14 \times t^{0.371}$$
$$\cong 22.26 \times t^{0.371}$$

['최소 제곱법'으로 '모수' 추정하기]

'최소 제곱법(Method of Least Squares)'은 수학적으로 '모수'들을 추정하는 방법이다. 유도 과정은 '부록-A'를 참고하고 본문은 '최소 제곱법' 공식으로 '모수'들을 추정한 뒤 앞서 '그래프 방법'에서의 값들과 비교할 것이다. 공식은 (식 Ⅲ-9)와 같다.

$$[기울기] \quad \alpha = \frac{n\sum_{i=1}^{n}x_i y_i - \left(\sum_{i=1}^{n}x_i\right)\left(\sum_{i=1}^{n}y_i\right)}{n\sum_{i=1}^{n}x_i^2 - \left(\sum_{i=1}^{n}x_i\right)^2} \quad (식 \ Ⅲ-9)$$

$$[절편] \quad \ln \beta = \frac{\sum_{i=1}^{n}y_i - \alpha\sum_{i=1}^{n}x_i}{n}$$

(식 Ⅲ-9)는 실제 데이터 'x'와 'y'가 선형성을 보일 때 적용할 수 있는 식이다. 그런데 [그림 Ⅲ-4]의 오른쪽 그래프 경우 타점들은 그대로 두고 '$x-축$'과 '$y-축$'만 '로그 척도'로 바꾼 것이므로 (식 Ⅲ-9)를 적용하려면 [그림 Ⅲ-4]의 표 안에 있는 '누적 시험 시간'과 '누적 MTBF'에 '로그'를 취해야 한다. 변경한 데이터는 [표 Ⅲ-4]와 같다(맨 끝 두 개 열).

[표 Ⅲ-4] '[표 Ⅱ-1]'의 데이터에 'ln'을 적용한 결과(맨 끝 두 개 열)

시험 국면 (Phase, i)	고장 데이터 (hrs)		고장 수 $[n_i]$	누적 고장률 $[F_c(t_i)]$	누적 MTBF $[M_c(t_i)]$	$\ln t_i$	$\ln M_c(t_i)$
	누적 시험 시간 (t_i) ('국면' 끝 시간 값)						
1	200		2	0.0100	100.0	5.30	4.61
2	400		1	0.0075	133.3	5.99	4.89
3	600		1	0.0067	150.0	6.40	5.01

| 4 | 3,000 | 7 | 0.0037 | 272.7 | 8.01 | 5.61 |

[참고] 엑셀 결과를 반올림함. 따라서 현재 풋값 그대로 이용하면 약간 차이가 남.

'$\ln t_i$'와 '$\ln M_c(t_i)$'는 선형 관계에 있으므로 '기울기'와 '절편'은 (식 Ⅲ-10)과 같다.

$$[기울기]\ \ \alpha = \frac{4(5.30*4.61+5.99*4.89+6.40*5.01+8.01*5.61)-}{(5.30+5.99+6.40+8.01)(4.61+4.89+5.01+5.61)} \atop 4(5.30^2+5.99^2+6.40^2+8.01^2)-(5.30+5.99+6.40+8.01)^2} \quad (식\ Ⅲ\text{-}10)$$
$$\cong 0.367$$

$$[절편]\ \ \ln\beta = \frac{(4.61+4.89+5.01+5.61)-0.367*(5.30+5.99+6.40+8.01)}{4}$$
$$\cong 2.672$$
$$\therefore \beta = e^{2.672} \cong 14.47$$

(식 Ⅲ-10)과 (식 Ⅲ-6) 및 (식 Ⅲ-7)을 비교하면 서로 근사한다. 현업에서의 분석 때는 간단히 얻을 수 있는 '최소 제곱법'을 선호한다.

[Case Study 8] – 'Duane 모형'으로 '순간 MTBF'와 '순간 고장률' 구하기
(상황) 세 개 아이템을 총 1,000시간까지 동시에 시험하였으며 고장 시 아이템 모두 적절한 '개선 조치(설계 수정)'가 이루어졌다. '누적 시험 시간'과 '누적 고장 수'가 [표 Ⅲ-5]와 같을 때 1,000시간에서의 '순간 MTBF'와 '순간 고장률'을 구하시오[문헌-③(pp.21~22)].

[표 Ⅲ-5] 세 개 아이템의 신뢰도 성장시험 데이터

고장 데이터 (hrs)		누적 고장률 $F_c(t_i) = \dfrac{N(t_i)}{t_i}$	누적 MTBF $M_c(t_i) = \dfrac{1}{F_c(t_i)}$	$\ln t_i$	$\ln M_c(t_i)$
누적 시험 시간 (t_i)	누적 고장 수 $[N(t_i)]$				
100	3	0.030	33.33	4.61	3.51
200	6	0.030	33.33	5.30	3.51

500	13	0.026	38.46	6.21	3.65
800	18	0.023	44.44	6.68	3.79
1000	22	0.022	45.46	6.91	3.82

[참고] 엑셀 결과를 반올림함. 따라서 현재 풋값 그대로 이용하면 약간 차이가 남.

(**풀이**) '**순간 MTBF**(Instantaneous MTBF)'는 '**현재 MTBF**(Current MTBF)', '**실증 MTBF**(Demonstrated MTBF)', 또는 '**성취 MTBF**(Achieved MTBF)' 등으로도 불린다. 일반적으로 쓰는 용어는 '실증 MTBF'다. 통계 소프트웨어인 'JUMP'는 '성취 MTBF'를 사용한다. '순간 MTBF'는 말 그대로 시간 't'가 정해지면 그 순간의 'MTBF' 값이다. '순간 MTBF'가 주어지면 그 값의 역수를 취해 '순간 고장률'을 얻을 수 있다. 먼저 '모수'를 추정한다. '최소 제곱법'을 이용해 보자.

$$[\text{기울기}] \ \alpha = \cfrac{\begin{array}{l}5(4.61*3.51+5.30*3.51+6.21*3.65+6.68*3.79+ \\ 6.91*3.82)-(4.61+5.30+6.21+6.68+6.91)* \\ (3.51+3.51+3.65+3.79+3.82)\end{array}}{\begin{array}{l}5(4.61^2+5.30^2+6.21^2+6.68^2+6.91^2)- \\ (4.61+5.30+6.21+6.68+6.91)^2\end{array}} \quad (\text{식 } \text{III-11})$$

$$\cong 0.147.$$

$$[\text{절편}] \ \ln\beta = \cfrac{\begin{array}{l}(3.51+3.51+3.65+3.79+3.82)- \\ 0.147*(4.61+5.30+6.21+6.68+6.91)\end{array}}{5}$$

$$\cong 2.782. \qquad \therefore \beta = e^{2.782} \cong 16.155$$

따라서 [표 III-3]의 '순간 MTBF$[m_{ins}(t)]$' 공식에 (식 III-11)을 대입하면 '1,000시간'에서의 정답을 얻는다.

$$[\text{순간}\, MTBF] : m_{ins}(1,000) = \frac{1}{1-\alpha}\beta t^{\alpha} \qquad\qquad (\text{식}\ \ \text{III-12})$$

$$\cong \frac{1}{1-0.147}\times 16.155 \times 1000^{0.147} \cong 52.21\,\text{시간/고장}$$

$$[\text{순간 고장률}] : r_{ins}(1,000) = \frac{1}{m_{ins}} \cong \frac{1}{52.21\text{시간}} \cong 0.0192\,\text{고장/시간}$$

계산에 'R'과 'JUMP'를 이용해 보자. 'R'은 '회귀 분석'으로 '모수'들만, 'JUMP'로는 '순간 MTBF'까지 나오므로 결과를 (식 III-12)와 비교해 보자. [그림 III-5]는 'R'을 통해 얻은 '성장률(α 또는 기울기)'과 'y-절편'이다.

[그림 III-5] '성장률(α)'과 '절편' 구하기: 'R Code'와 결과

```
1  x_lnt <- c(4.61, 5.30, 6.21, 6.68, 6.91)
2  y_lnmc <- c(3.51, 3.51, 3.65, 3.79, 3.82)
3  reg <- lm(formula = y_lnmc ~ x_lnt)
4  summary(reg)

Call:
lm(formula = y_lnmc ~ x_lnt)

Residuals:
        1        2        3        4        5
 0.04784 -0.05257 -0.04500  0.02660  0.02313

Coefficients:
              Estimate Std. Error t value Pr(>|t|)
(Intercept)   2.79130     0.16352  17.070 0.000438 ***
x_lnt         0.14552     0.02723   5.344 0.012815 *
```

'y-절편=2.79130' 경우 '자연 지수(e)'를 취해 (식 III-11)과 비교하기 바란다 ($\beta = e^{2.79130} \cong 16.302$). [그림 III-6]은 'JUMP'의 입력과 그 결과이다.

[그림 Ⅲ-6] '성장률(α)'과 'y-절편' 구하기: 'JUMP 입력'과 결과

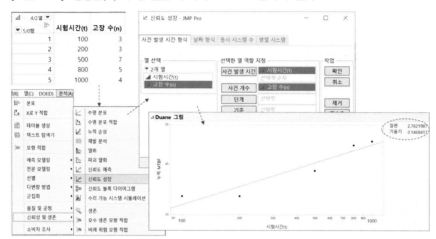

[표 Ⅲ-5]의 '고장 데이터'는 '누적 고장 수'로 입력돼 있으나 [그림 Ⅲ-6]의 '데이터 테이블'에는 '누적 고장 수[$N(t_i)$]' 대신 '고장 수(n_i)'가 들어간다. 통계 소프트웨어는 편집 안 된 '원 데이터'를 입력해야 다른 값들이 산출되도록 프로그램화되어 있기 때문이다. [그림 Ⅲ-6]의 'Duane 그림'을 보면 [그림 Ⅲ-5]의 'R'과 같은 결과를 얻었다. (식 Ⅲ-11)과도 비교해 보기 바란다.

1.3.3. RGTMC[또는 AMSAA Crow(NHPP) 모형]

불리는 명칭이 너무 다양해서 전개에 혼선이 예상되지만 강조한 대로 'MIL-HDBK' 표준에 따를 것이다. 따라서 "[그림 Ⅲ-1] 신뢰도 성장추적'을 위한 모형(Model)들의 모음"의 표현대로 'RGTMC(AMSAA Reliability Growth Tracking Model-Continuous)'를 사용할 것이다. 그러나 일반 문헌 대부분은

'Crow-AMSAA Model'의 표현이 대세다. 'AMSAA Crow 모형'을 '계획(Planning)'에 적용하면 "AMSAA Crow Planning 모형"이 되었듯 '추적(Tracking)'에 적용한 것이 'AMSAA RGTMC'이다. 명칭은 'MIL-HDBK'의 표현을 따르고 있으므로 이 후부터는 약자인 'RGTMC'를 계속 사용할 것이다.

잘 알려져 있다시피 한 현상을 이해하기 위해서는 그를 설명할 '모형(Model)'이 필요하고, '모형'이 확보되면 그 속에 포함된 '모수(매개변수, Parameter)'를 시험 중 축적된 데이터로부터 추정한다. 이 '모형'과 '모수 추정치'를 이용하여 현재 또는 예상된 'MTBF' 값을 결정할 수 있다. 확보한 데이터로 'MTBF'를 얻으면 현 아이템 '구성'에서의 '실증 MTBF(Demonstrated Reliability)'를 구할 수 있다. 이에 반해 '예상 MTBF(Projected Reliability)'는 향후 예상되는 아이템의 'MTBF'이다. 즉 개발 아이템의 특정 미래 시점에서의 'MTBF'이며, 이 값은 현재까지 달성한 성과와 미래 아이템 특성에 대한 기술적 평가에 기초해서 결정된다. 이어질 설명은 가장 많이 쓰는 모형이라 내용별로 관련 정보를 좀 더 상세히 다룰 것이다[문헌-①(pp.75~83)].

[탄생 배경과 용도]

Larry H. Crow 박사는 그래프를 이용해서 해석하는 'Duane 모형'이 '와이블 과정(Weibull Process)'을 이용해 확률적으로 표현될 수 있으며, '신뢰도 성장'에 적용할 수 있음을 알게 되었다.[28] 이처럼 'Duane 모형'을 통계적으로 확장한 모형을 'RGTMC', 일반 문헌에는 'AMSAA Crow(NHPP) 모형'이라고 한다. 출처에 따라서는 'AMSAA RGTMC'나 'Power Law Non-homogenous Poisson Process'의 표현도 쓰인다. 'AMSAA'는 미국의 '육군 물자체계 분석국(Army Material Systems Analysis Activity)'에서 처음 개발·적용되었기 때문에 붙여진

---

28) Crow, L. H., "Reliability Analysis for Complex, Repairable Systems in Reliability and Biometry", SIAM, ed. by Proschan and R. J. Serfling, Philadelphia, Pennsylvania, pp.379~410, 1974.

이름이다. 'RGTMC' 용도는 ① 일반적으로 '연속 자료'이면서 '시스템'인 경우, 또는 ② 고신뢰도가 필요하고 시험 횟수가 많은 1회 발사체 분석에 잘 응용된다. 분석에 필요한 데이터 유형은 ① '고장 시간'이 모두 알려진 경우와, ② '고장 시간'이 구간(Grouped Data)으로 얻어진 경우이다.

[시험 전략]

현업에서 일반적으로 사용되는 추적 모형에는 [그림 Ⅲ-1]로부터 다음의 것들이 있다.

a) AMSAA Reliability Growth Tracking Model - Continuous(RGTMC).
b) Estimation Procedures for the Option for Grouped Data.
c) AMSAA Reliability Growth Tracking Model - Discrete(RGTMD).
d) Subsystem Level Tracking Model(SSTRACK).

'a)'는 앞서 설명대로 'AMSAA Crow(NHPP) 모형'의 응용이고 'b)'는 '그룹 데이터'에 해당하며 둘 다 본문에 포함돼 있다. 일반적으로 '신뢰도 추적' 시험에 쓰이는 접근법에 'Test-Fix-Test', 'Test-Find-Test', 'Test-Fix-Test with Delayed Fixes(or Test-Fix-Find-Test)'의 3가지 시험 전략이 있다. 'Test-Fix-Test 접근법'은 시험 중에 '고장 모드'가 드러나고 '개선 조치'까지 이루어진다. 또 'Test-Find-Test 접근법'은 시험 중에 '고장 모드'가 드러나지만, 모든 '개선 조치'는 지연돼서 시험 완료 후에 이행된다. 'Test-Fix-Test with Delayed Fixes 접근법'은 앞의 두 개를 조합한 것이다. 설명 중인 **'RGTMC(a)'는 'Test-Fix-Test 접근법'에 적합**하다.

[가정 사항]

a) '시험 기간'은 연속이고,

b) 한 개 '시험 국면' 안에서의 고장들은 'NHPP with Power Law Mean Value Function'에 따라 발생한다[즉, 발생하는 '고장 수'가 '시험 국면'별로 차이가 남. (식 Ⅲ-16) 참조].

[제한 사항]

'RGTMC'와 관련된 제한 사항은 다음과 같다.

a) '개선 조치' 이행의 결과로 'MTBF'가 크게 상승할 경우, '모형'은 변화가 큰 시험 데이터에 적합(Fitted) 되지 않을 수 있다.

b) 시험이 'OMS/MP(즉, 사용 환경에 맞춘 시험)'를 적절히 반영하지 못하면 '모형'이 부정확해질 수 있다.

c) 예정에 없던 '수정'이 가해질수록, '성장률'과 아이템의 'MTBF'는 '수정' 정도에 따라 과장되거나 부풀려질 수 있다.

d) 'Test-Fix-Test 접근법'이므로 '지연 수정'은 고려되지 않는다.

[이점]

'RGTMC'를 사용할 때 이점은 다음과 같다.

a) '모형'으로 '실증 MTBF'와 '계획 MTBF'를 측정·비교할 수 있다.

b) '모형'을 통해 'MTBF'와 '성장률'에 대한 통계적 '점 추정치' 및 '신뢰구간'을 알 수 있다.

c) '모형'에 대한 통계적 '적합도(Goodness-of-Fit)' 평가가 가능하다.

[활용 목적]

'Duane 모형'에서 설명했던 '신뢰도 성장시험'은 여러 '시험 국면'으로 나눠 진행했었다. 마찬가지로 'RGTMC' 역시 **전체가 아닌 개별 '시험 국면' 안에서의 신뢰도 추적에 적합**하도록 개발되었다. 각 '시험 국면' 안에서 수행되는 '신뢰도 성장분석'은 다음을 얻기 위한 활동이다.

○ 현 시험 아이템 '구성'의 MTBF(Reliability of the Configuration)
○ '시험 국면' 마지막 시점에서 시험 중인 아이템의 '실증 MTBF'
○ 시험 기간이 다음 '시험 국면'으로 연장될 때의 '예상 MTBF'
○ 성장률(Growth Rate)
○ 신뢰구간(Confidence Intervals)
○ 적합도 검정(Goodness-of-fit Tests)

[아이템의 '고장'과 '모형'의 관계][29)]

기본적인 전체 개요는 [그림 III-2]를 참고하기 바란다. 수리가 가능한 아이템 경우 고장이 발생하면 수리하고 또 발생하면 다시 수리하는 이산적 사건들의 연속이다. 이것을 'Stochastic Point Process'라고 한다. 언제 일어날지 모르므로 '확률적(Stochastic)'이며, 특정 시점(Point)에서 고장과 수리가 반복되는 일련의 '과정(Process)'을 따른다.[30)] 이때 "사건이 확률적(또는 무작위적)이면서 발생률이 일정한 상황"을 'HPP(Homogeneous Poisson Process)'라고 한 바 있다. 번역하면 '동질적 포아송 과정'이다. 발생률이 일정한, 즉 단위 시간 동안 '평균 고장 수'가 늘 일정한 상황을 '포아송 분포'가 잘 묘사하기 때문에 붙여진 이름이다. 'HPP'의 필수 요건은 "임의 기간에서 발생한 사건들의 비율은 이전 기간들에서의 사건들과 무관하게 일정하다(이 같은 독립성을 'i.i.d.

---

29) 'https://www.weibull.com/hotwire/issue131/relbasics131.htm'의 내용을 번역해 편집함.
30) 'Point Process'에는 NHPP, Power Law Process, Renewal Process 등의 모형이 있음.

Random Variable'이라고 함)"이다.31) 이 때문에 **'고장 간 시간'도 '지수 분포의 평균(1/θ)'인 일정한 값으로 설명된다.**

반면 한 아이템의 전체 수명주기에서 '일정한 고장률'을 계속 유지하는 것은 현실성이 떨어진다. 즉 단위 시간당 분포하는 이산적 사건들 수는 고정적이지 않고 특정 시점에서 관측 데이터의 그때그때 경향성에 따라 증가하거나 감소할 수 있다. 이 같은 상황을 'NHPP(Non-homogeneous Poisson Process)'라고 한 바 있다. 바로 '비동질적 포아송 과정'이다. **'NHPP'는 한 개 아이템에서 고장을 수리하면 그 결과가 다음 고장에 영향을 미쳐 고장 발생 간 서로 독립적이지 않은 특징**이 있다. 또 임의 구간에서의 고장 빈도도 달라질 수 있으므로 고장 간 시간이 일정한 '지수 분포 평균(1/θ)'으로 설명하기 어렵다.

우리 주변에서 마주치는 제품 대부분은 많은 구성품으로 이루어져 있다. 이때 제품을 구성하는 핵심 부품 중 하나가 고장 나면 제품 자체의 기능이 마비되며 원상복구를 위해 부품을 수리한다. 그러나 수리한 부품을 제외한 다른 구성품들은 제각각의 '사용 연한'을 갖고 있으므로 하나의 부품을 수리한 것만으로 제품은 최초의 새것 상태로 돌아가지 않는다. 고장 난 부품을 수리했다는 의미는 제품을 정상 작동시키는 역할을 한 것이며 고장 나기 바로 직전의 상태로 되돌려 놓은 것에 지나지 않는다. 즉 신뢰도 관점에서 전체 시스템은 **고장 나기 직전과 거의 같은 상태이지 더 나아진 것은 없다. 이 같은 수리를 '최소 수리(Minimal Repair)'라고 한다.** 예를 들어, 고장 난 압축기를 교체한 냉장고(시스템)는 신품이 되지 않으며 압축기의 교체, 즉 '최소 수리'를 통해 고장 나기 직전으로 복구가 된 것뿐이다. 결국, '고장 모드' 한 개로 고장을 주로 해석했던 '분포 이론'은 복잡한 아이템에서 계속 발생하는 여러 고장을 해석할

---

31) "Independent and Identically Distributed"의 약자.

땐 적절치 않다. 또 복잡도가 높은 제품에서의 '고장 간 시간' 간격도 각기 다른 분포를 따르기도 한다. 이들 **복잡도가 높은 복구 가능한 아이템에서의 일련의 고장은 'NHPP'를 따르는** 것으로 알려져 있다. 설명했던 '복구 가능 아이템(Repairable Systems)'의 특징을 요약하면 다음과 같다.[32]

1) 고장은 시간에 따라 연속적으로 발생한다.
2) '고장 간 시간'은 'i.i.d.'가 아니다(즉 '갱신 과정'처럼 단일 분포로부터 얻어진 관측치가 아니다).
3) 'MTBF'의 성장, 열화, 유지 중 한 형태가 될 수 있다.
4) 고장의 발생 순서가 중요하다. 수리가 불필요한 단품의 경우는 고장 데이터 순서를 뒤섞어도 분석 결과에 영향을 미치지 않는다.

['추세(Trend)'의 통계적 검정]

앞서 언급한 프로세스가 'HPP'인지 'NHPP'인지를 결정하는 방법은 주어진 고장 데이터에 'HPP(i.i.d. 상황) 여부'를 묻는 '추세 분석(Trend Analysis)'을 해봐야 한다([표 Ⅲ-2] 참조). 일반적으로 '복구 가능 아이템'은 'NHPP'로 가정하고 그에 맞는 모형을 적용한다. 그러나 '고장 간 시간' 데이터의 속성을 분석 전 확인하는 일은 의미 있는 활동이며 보고서에도 포함하는 것이 바람직하다. 연구원이면 본인의 활동을 꼼꼼히 점검하는 일이 무엇보다 중요하다. 그래야 문제가 지적됐을 때 추적이 가능하고 조치도 빠르다. '추세 분석'에 쓰이는 대표적인 검정법에 'MIL-HDBK-189 Test(1981)', 'Laplace Test(또는 Centroid Test)', 'Reverse Arrangement Test(RAT)'가 있다. 본문에 소개할 검정법은 'MIL-STD'의 것으로 '검정 통계량'은 '카이제곱(χ^2)'이다. 'RAT'는 유

---

32) David C. Trindade, "Confirming Trends in Repairable System Reliability", AMD, Inc.

용하고 적용도 쉬우므로 관심 있는 독자는 '(주) 32' 문헌을 참고하기 바란다. 'MIL-HDBK-189 Test'는 '정시 중단 시험(Time Truncated Test)'과 '정수 중단 시험(Failure Truncated Test)'으로 나뉜다. 각각은 (식 Ⅲ-13)과 같다[문헌-②(pp.68~69)].

['추세 분석($Trend\,Analysis$)'을 위한 통계량]   (식 Ⅲ-13)

○ 가설
　$H_0 : \beta = 1.$ 즉 고장은 HPP를 따른다 $\left[\begin{matrix} \text{or 고장강도 } \mu(t) = \lambda(\text{일정}). \\ \text{or 성장(이나 열화)없음.} \end{matrix}\right]$
　$H_0 : \beta \neq 1.$ 즉 고장은 $NHPP$를 따른다

○ 정시 중단 시험
　$\chi^2_{2N} = \dfrac{2N}{\hat{\beta}} \cdot where \ \hat{\beta} = \dfrac{N}{\displaystyle\sum_{i=1}^{N} \ln\left(\dfrac{T}{t_i}\right)} \begin{cases} \hat{\beta} = \text{모수 } \beta \text{의 추정값 (식 } III-17) \\ T = \text{총 시험기간} \end{cases}$

○ 정수 중단 시험
　$\chi^2_{2(N-1)} = \dfrac{2N}{\hat{\beta}} \cdot where \ \hat{\beta} = \dfrac{N}{\displaystyle\sum_{i=1}^{N-1} \ln\left(\dfrac{n}{t_i}\right)}, \begin{cases} N = \text{누적 고장 수} \\ n = \text{중단을 결정한 고장 수} \end{cases}$

(판단) 1) $\hat{\beta} < 1 \rightarrow$ 양의 성장, $\hat{\beta} = 1 \rightarrow$ 성장없음. $\hat{\beta} > 1 \rightarrow$ 음의 성장.
　　　2) 'χ^2_{DF}'을 통한 통계적 검정(활용 예는 [$Case\,Study\,9$]참조).

"'추세(Trend)'를 본다는 것"은 '$Log-Log$ 용지'에서 '누적 MTBF'와 '누적 시험 시간' 간 관계가 선형으로 증가하거나 감소하는지 또는 일정한지를 판단하는 것이다. 이 같은 '추세(Trend)'는 (식 Ⅲ-13)의 '성장 모수(Growth Parameter)' 통계량인 '$\beta(\hat{\beta}$는 추정값)'를 통해 파악되며, '카이제곱(χ^2_{DF})' 검정 통계량을 이용해 통계적으로 검정한다. 참고로 '$\hat{\beta}$'는 '최대 우도 추정법'으로 얻으며 (식 Ⅲ-17)과 '부록-B'의 '식(B-20)'을 참고하기 바란다.

판단은 '$\hat{\beta} < 1$'**면 '양의 성장**'이며, 이것은 '고장 간 시간(예로 [표 Ⅲ-5]에

서 '$t_i - t_{i-1}$')'이 점점 늘어나는 상황이다(즉, 다음 고장까지 점점 오래 걸림, 또는 개선되고 있음, 또는 '순간 고장률'의 감소). 반대로 '$\hat{\beta} > 1$'**면 '음의 성 장**'이며, 이것은 '고장 간 시간'이 점점 줄어드는 상황이다(즉 점점 빨리 고장 이 남, 또는 '순간 고장률'의 증가). '$\hat{\beta} = 1$'**면 '추세 없음(No Trend)' 또는 '성 장 없음(No Growth)'**'이며, '고장 간 시간'이 일정한 상황이다(즉, 계속해서 일 정 간격으로 고장이 남). 이 같은 상황을 "The process is stationary"라고 한 다. 시험에 필요한 '표본 크기'는 이론상 '정시 중단시험' 경우 '$n \geq 3$'이, '정 수 중단시험' 경우 '$n \geq 4$'로 알려져 있다.

[**Case Study 9**] - '고장 간 시간'에 대해 'HPP(i.i.d., 성장 없음)' 또는 'NHPP (양의 성장, 또는 음의 성장)' 여부를 판단하시오[문헌-②(p.68)].

(**상황**) 한 아이템의 고장 데이터가 [표 Ⅲ-6]과 같을 때 고장률이 증가 추 세를 보이는지 판단하시오[총 시험 기간(T)=3,000시간]. 시험 동안 '개선 조 치(설계 변경)'가 함께 추진되었다. 따라서 시간에 따라 고장률의 감소(또는 MTBF의 증가)가 발생했는지에 대한 통계적 검정에 해당한다.

[표 Ⅲ-6] 아이템의 고장 이력(누적 시간)

\multicolumn{8}{c}{누적 고장 시간(t_i)}							
2.4	118.6	365.9	664.0	852.9	1340.3	1971.5	2674.2
24.9	140.2	366.8	738.1	1116.3	1437.3	2303.4	2704.8
52.5	185.0	544.8	764.7	1161.1	1482.0	2429.7	2849.6
53.4	207.6	616.8	765.1	1257.1	1489.9	2457.4	2923.5
54.7	293.9	627.5	779.6	1276.3	1715.1	2535.2	-
57.2	322.3	646.8	799.9	1308.9	1828.9	2609.9	-

(**풀이**) (식 Ⅲ-13)의 '정시 중단시험'용 '검정 통계량'은 (식 Ⅲ-14)이다.

가설 $\begin{cases} H_0 : \beta = 1. \text{ 즉, 고장은 } HPP \text{를 따른다}(No\ Growth). \\ H_A : \beta \neq 1. \text{ 즉, 고장은 } NHPP \text{를 따른다}. \end{cases}$ (식 Ⅲ-14)

$$\chi_{92}^2 = \frac{2N}{\hat{\beta}} = \frac{2N}{\left[\dfrac{N}{\displaystyle\sum_{i=1}^{N}\left(\ln \dfrac{T}{t_i}\right)}\right]} = \frac{2N}{\left[\dfrac{N}{\displaystyle\sum_{i=1}^{N}\left(\ln T - \ln t_i\right)}\right]}$$

$$= \frac{2 \times 46}{46 / \left[46 \times \ln 3{,}000 - \left(\begin{array}{c}\ln 2.4 + \ln 24.9 + \cdots + \\ + \ln 2849.6 + \ln 2923.5\end{array}\right)\right]} = \frac{92}{0.6165} \cong 149.24$$

(식 Ⅲ-14)를 통해,

1) 통계량 '$\hat{\beta}$'로 판단: '$\hat{\beta}(\cong 0.6165) < 1$'이므로 신뢰도는 '양의 성장'이다. 즉 '고장 간 시간' 간격이 점점 늘어난다(또는 개선되고 있음, 또는 순간 고장률이 줄어듦). 그래프로 '추세' 확인을 위해 [표 Ⅲ-6]을 '500시간' 간격으로 나눈 뒤 (식 Ⅱ-5)를 이용해 '평균 고장률'과 그의 역수인 '평균 MTBF'를 얻는다. [그림 Ⅲ-7]에 정리된 표와 그래프 결과를 나타내었다.

[그림 Ⅲ-7] '양의 성장' 판단을 위한 과정('고장 시간 구간' vs. '평균 MTBF')

고장 시간 구간	고장 수	평균고장률	평균MTBF
0~500	14	0.028	35.71
500~1000	11	0.022	45.45
1000~1500	9	0.018	55.56
1500~2000	3	0.006	166.67
2000~2500	3	0.006	166.67
2500~3000	6	0.012	83.33

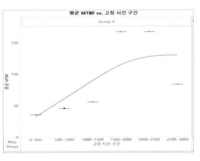

[원 데이터로부터 '구간'의 결정 방법]
표에서 '고장 시간 구간'열의 '수'와 '폭'은 추세 파악이 가능한 선에서 임의적으로 결정함.

[그림 Ⅲ-7]에서 '고장 시간 구간'의 '수'와 '폭'은 추세 파악이 가능한 선에서 임의로 결정한다. 오른쪽 그래프는 '고장 시간 구간(x)'과 '평균 MTBF(y)'

에 대해 'JUMP'의 그래프 기능을 이용하였다. 신뢰도 성장 추세가 확실하게 관찰된다. 다음은 수치로 알아보는 '통계적 검정'에 대해 알아보자.

2) **검정 통계량 'χ^2'으로 판단**: '카이제곱 분포'의 '모수'는 '자유도'이며, 본 검정의 '자유도'는 '$2N = 2 \times 46 = 92$'이다. '자유도=92'의 '카이제곱 분포'에 대해 '유의 수준=10%' 영역(왼쪽 5%, 오른쪽 5%)을 표시하면 [그림 Ⅲ-8]이다. 또 두 영역을 가르는 'χ^2_{92} 임곗값'인 '70.88'과 '115.4'도 나타내었다. 이 값들은 엑셀에서 '$= CHISQ.INV(0.05,92)$'와 '$= CHISQ.INV(0.95,92)$'로 알 수 있다. '카이제곱 분포'의 '자유도=92'는 거의 '정규분포'에 가깝다. 또 (식 Ⅲ-14)로부터 [표 Ⅲ-6]의 데이터에 대한 '검정 통계량'은 '$\chi^2_{92} \cong 149.24$'이며 이해를 돕기 위해 이 값을 그림에 함께 표시하였다(빨간 수직 점선).

[그림 Ⅲ-8] '추세' 판단을 위한 카이제곱 분포의 유의 영역

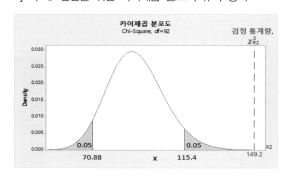

[그림 Ⅲ-8]에서 '$\chi^2_{92} \cong 149.24 > 115.4$'이므로 "'**유의 수준=10%**'에서 '**대립 가설**' **채택, 즉 고장은 'NHPP'를 따르며**, 앞서 '$\hat{\beta}(\cong 0.6165) < 1$'**이므로 신뢰도는** '**양의 성장**'**이다.**"로 결론짓는다. 정리하면 [표 Ⅲ-6]의 '고장 간 시간'들은 'HPP(i.i.d. 가정)'가 아니므로 신뢰도는 'NHPP'로 평가돼야 한다.

[모형의 유도]

'RGTMC'의 신뢰도 성장 패턴은 'Duane 모형'의 신뢰도 성장 패턴과 정확히 같다. 즉 '누적 고장률'과 '누적 시험 시간'은 '$Log-Log$ 용지'에서 선형 관계에 있다. 단 두 모형의 큰 차이는 'RGTMC'의 경우 통계에 기초한다는 점이다. 이를 통해 '모수'들에 대한 '점 추정'과 '구간 추정'이 가능하다. 'RGTMC'의 수학적 상세 유도와 특징은 '부록-B'에 소개하고 있다. 이하 본문 학습으로 들어가기 전에 '부록-B'를 반드시 먼저 정독하고 오기 바란다.

한 아이템이 사용되기 시작하면 그 시점의 사용 기간(아이템 사용 연한, Age)은 '0'이다. 만일 고장이 연속해서 발생하면 '과정(Process)'으로 이해돼야 하며 이때 '고장 강도 함수[$\mu(t)$]'가 필요하다. '고장 강도 함수(Failure Intensity Function)'의 '강도'는 '세기'를 뜻한다. 제품은 시간이 지날수록 고장 날 때 받는 영향력에 차이를 보인다. 즉 '강도'가 일정하면 '고장'도 일정 시간 간격마다 생겨날 것이나 실생활에선 이런 현상은 보기 드물다. 어느 시점에 '고장 강도'가 커지면 고장 발생 가능성도 그만큼 커진다.

시간 't'가 아이템의 '사용 연한'이고, '$\triangle t$'가 매우 작다고 가정하자. '아이템 사용 연한'이 't'인 아이템이 't'와 '$t+\triangle t$' 사이에서 고장 날 확률은 'NHPP 모형'하에서 '$\mu(t)\triangle t$'에 근사한다. 한 아이템에서 발생하는 첫 번째 고장의 해석에 '와이블 분포 확률 밀도 함수'가 쓰인다. 이때 '고장 강도 함수[$\mu(t)$]' 역시 첫 번째 고장을 해석하는 방법과 그 쓰임에 있어 기능적으로 차이가 없다. 이에 'RGTMC'는 '와이블 분포'의 '순간 고장률 함수(or 위험 함수)'에 근사한다고 가정한다. 아이템의 '고장 강도 함수'는 (식 Ⅲ-15)와 같으며 '순간 고장률'의 역수가 '순간 MTBF'이므로 묶어서 함께 나타내었다. 이때의 MTBF는 '**실증 MTBF(Demonstrated MTBF)**', 또는 '**성취 MTBF(Achieved MTBF)**'로도 불린다 [수학적 상세 유도는 '부록-B'의 식(B-3) 참조].

○ 고장 강도 함수('순간고장률' 계산에 활용)   (식 Ⅲ-15)
아이템의 시간 경과에 따라 발생하는 고장의 해석에 쓰임.
$\mu(t) = \lambda\beta t^{\beta-1}$ (단, $\lambda = 1/\alpha^{\beta}$)

○ 순간 $MTBF$ or 실증(성취, 현재) $MTBF$
$m_{ins}(t) = 1/(\lambda\beta t^{\beta-1})$

$where, \beta$: 형상모수($Shape\ Parameter$).
   λ : 척도모수($Scale\ Parameter$), or 크기모수($Size\ Parameter$).

이것을 '**Power Law 모형**'이라 하고 'NHPP'에 대해 폭넓게 사용한다.[33] (식 Ⅲ-15)에서 만일 '$\beta = 1$'이면 '상수'인 'λ'만 남게 되므로 'HPP'가 된다. 정리하면 '**와이블 분포**'는 아이템의 **첫 번째 고장을 해석**하고, '**Power Law 모형**'은 **연속된 고장을 해석**할 때 쓰인다. 참고로 특정 시간 't_o'에서의 '고장 강도'는 '$\mu(t_o) = \lambda\beta t_o^{\beta-1}$'이며, 만일 아이템에 개선이 가해지지 않으면 't_o' 이후 고장은 '순간 고장률'이 일정(상수)한 '$\mu(t_o) = \lambda\beta t_o^{\beta-1}$' 값으로 지속해서 발생한다. 이것은 '고장 간 시간'이 '지수 분포 확률밀도함수'를 따르는 것이며 따라서 '지수 분포'에서의 '평균'은 그의 역수인 '$1/(\lambda\beta t_o^{\beta-1})$'가 된다.

'고장 강도 함수$[\mu(t)]$'을 설명하는 'NHPP'에 대해, **시간 간격 '(t_{i-1}, t_i)' 동안의 '기대 고장 수'를 'Power Law Mean Value Function'**이라고 하며 (식 Ⅲ-16)으로 나타낸다[수학적 상세 유도는 '부록-B'의 식(B-5) 참조]. 이 함수의 시간 변화율('t'에 대한 미분)이 (식 Ⅲ-15)이다.

$$E[N(t_i - t_{i-1}) = n_i] = \lambda t_i^{\beta} - \lambda t_{i-1}^{\beta} \quad (식\ Ⅲ\text{-}16)$$

$$if\ (0, t],\ 간단히\ \ E[N(t)] = \lambda t^{\beta}.$$

---

33) '고장 강도(Failure Intensity)'가 (식 Ⅲ-15)로 표현될 경우 "Weibull Process(or NHPP with intensity $\mu(t) = \lambda\beta t^{\beta-1}$)"라고도 불린다. '와이블 프로세스'는 'Duane (신뢰도 성장) 가정'을 위한 '확률적 모형 (Stochastic Model)'으로 간주된다.

이때 수집된 데이터는 'RGTMC'의 분석에 적합한 구조를 갖는다. 참고로, 첫 번째 시간 구간과 겹침이 없는 임의 구간에서의 '고장 수'는 통계적으로 독립이다.

[모형의 '모수(Parameter)' 추정]

모수 'β와 λ'의 추정은 '최대 우도 추정(MLE, Maximum Likelihood Estimates)' 방법을 통해 이루어진다. 실제 아이템의 시험 중 고장 난 시간이 '$t_1, t_2, t_3, \cdots, t_n$' 이고 해당 '시험 국면'의 시험 중단 조건이 각각 '정시 중단(Time Truncated)'과 '정수 중단(Failure Truncated)'일 때 'β 와 λ'의 추정값 '$\hat{\beta}$와 $\hat{\lambda}$'는 (식 Ⅲ-17)로 얻는데[상세한 수학적 전개는 '부록-B'의 식(B-14)~식(B-20) 참조].

[정시 중단($Time\ Truncated$)]   [정수 중단($Failure\ Truncated$)]   (식 Ⅲ-17)

$$\bigcirc\ \hat{\beta} = \frac{n}{n \ln T - \sum_{i=1}^{n} \ln t_i} \qquad \bigcirc\ \hat{\beta} = \frac{n}{(n-1) \ln T_n - \sum_{i=1}^{n-1} \ln t_i}$$

$$\bigcirc\ \hat{\lambda} = \frac{n}{T^{\hat{\beta}}} \qquad\qquad\qquad \bigcirc\ \hat{\lambda} = \frac{n}{T_n^{\hat{\beta}}}$$

T : '시험국면'의 정시중단시간. T_n : '시험 국면'의 정수 중단 시간

만일 실제 고장 시간이 알려지지 않으면 컴퓨터 반복 알고리듬을 이용해 추정할 수 있다. 또 실제 고장 데이터를 확보했어도 추정량은 정확하지 않을 수 있으며, 이런 경우 전체 개발 기간에 걸쳐 고장 데이터를 확보하는 것이 중요하다.

[Case Study 10] – '모수' 추정을 통해 'MTBF'를 산정하시오.

(상황) 새로운 헬리콥터 시스템이 제안되었다. 네 개 '시험 국면'이 계획되었으며

'총 시험 기간(T)=2,000hrs'이고 네 개 '시험 국면' 각 기간은 '500hrs'로 모두 같다. '목표 MTBMF(Mean Time between Mission Failure)'는 50시간이다. 시험 전략은 '최종 시험 국면'을 제외한 나머지 '시험 국면'에서 'TAFT(Test-Analyze-Fix-Test)'로 진행된다. 연구원은 '최종 시험 국면'에서 '총 11개'의 고장 자료를 수집하였다[고장 자료(hrs): 12, 70, 105, 141, 172, 191, 245, 300, 340, 410, 490]. 이때 '최종 시험 국면' 종료 시점에서 시스템의 MTBMF를 계산하시오[문헌-④(9-14)].

  (풀이) (식 Ⅲ-17)을 사용한다. 즉 'β'의 'MLE 추정값'은 (식 Ⅲ-17)의 왼쪽 식을 이용해 (식 Ⅲ-18)과 같이 얻은 뒤 MTBMF 계산에 사용한다.

$$n_{최종시험국면} = 11개, \ T_{최종시험국면} = 500hrs인 \ 상황에서, \qquad\qquad (식 \ Ⅲ\text{-}18)$$

$$모수 \begin{cases} \hat{\beta} = 11/\{(11 \times \ln 500) - (\ln 12 + \ln 70 + ... + \ln 490)\} \cong 0.89 \\ \hat{\lambda} = 11/500^{0.89} \cong 0.044 \end{cases}$$

$$\therefore r_{ins}(500) = 0.044 \times 0.89 \times 500^{0.89-1} \cong 0.0198$$
$$\therefore MTBMF \ or \ m_{ins}(500) = 1/0.0198 \cong 50.6시간$$

  참고로, 만일 '최종 시험 국면'에서 신뢰도 성장이 없다면 'MTBMF'는 '최종 시험 국면 기간'인 '500hrs'를 '표본 크기=11'로 나눠 '45.4시간/고장'을 얻는다. 그러나 시험 중 '개선 조치'가 수반되면 '시험 국면 내'에서 'MTBMF'가 성장한다. 현재 MTBMF 추정량 '50.6시간'은 계산 결과이므로 실질적 평가를 통해 최종 확인돼야 한다. 이어서 같은 과정을 'R'과 'JUMP'로 계산해 보자. (식 Ⅲ-18)은 소수점 반올림 처리로 'R' 및 'JUMP'의 결과와 약간의 차이가 생긴다. [그림 Ⅲ-9]는 'R'의 계산 과정과 그 결과이다.

[그림 Ⅲ-9] '모수'와 'MTBMF'를 얻기 위한 'R 코드' 및 결과 예

```
1  dat <- c(12, 70, 105, 141, 172, 191, 245, 300, 340, 410, 490)
2  log.dat <- log(dat)
3  B.hat <- length(dat)/(length(dat)*log(500)-sum(log.dat))
4  L.hat <- length(dat)/500^B.hat
5  FailureRate <-L.hat*B.hat*500^(B.hat-1)
6  MTBMF <- 1/FailureRate
```

```
> B.hat
[1] 0.8885119
> L.hat
[1] 0.04398713
> FailureRate
[1] 0.01954726
> MTBMF
결과 → [1] 51.15806
```

'최대 우도 추정(MLE)'을 위해 'R'에서 제공하는 패키지가 있으나 (식 Ⅲ -17)과 같이 이미 자주 이용되는 간편한 추정 식이 있으므로 특별한 사유가 없는 한 [그림 Ⅲ-9]의 직접 계산을 활용할 것이다. [그림 Ⅲ-10]은 'JUMP'의 과정과 그 결과이다.

[그림 Ⅲ-10] '모수'와 'MTBMF'를 얻기 위한 JUMP의 '테이블 구조'와 입력/결과 예

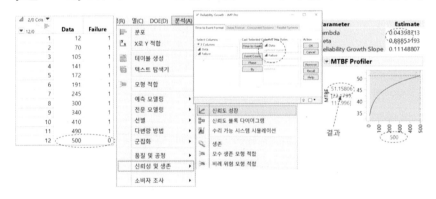

참고로 'JUMP'에서의 '테이블 구조'는 현재 '정시 중단(Time Terminated) =500hrs'이므로 맨 끝 행에 '500'을 입력하고 이 값이 '고장 시간'이 아니란 의미로 'Failure 열'에 '0'을 추가한다. 나머진 그림 순서와 '대화상자' 입력을 참고해서 진행한다. 맨 오른쪽 그림에 결과를 얻었고 [그림 Ⅲ-9]의 'R'과 같

180 Be the Solver [문제 회피] 신뢰도 성장분석(RGA)

은 'MTBMF=51.15806'을 확인할 수 있다. '신뢰 수준=95%'에서의 구간 추정인 '(22.1799, 117.996)'도 관찰된다. 의사 결정을 위해 구간 폭이 너무 넓은 경우 '설계 변경'을 통한 산포 축소나 '표본 크기' 증대 등의 기술적 고려가 필요할 수 있다. 'JUMP'는 값을 변경해 가며 'MTBMF'의 확인과 곡선 변화 상태를 동시에 관찰할 수 있어 분석과 해석에 편리하다.

2. 신뢰도 성장추적분석의 사례

개발 과정 중에 얻게 되는 신뢰도 성장 데이터는 시험 방법과 상황에 따라 몇 가지 구조로 나뉜다. 여러 출처를 통해 이미 알려진 데이터 구조를 학습하는 일은 단순히 분석방법을 파악하려는 목적도 있지만, 신뢰도 성장시험을 직접 수행할 때 다음과 같은 사유로 실질적인 도움을 준다.

1) 수행할 시험과 유사한 예제 상황을 통해 자료수집방법을 알 수 있다.
2) 데이터의 '열 이름'을 통해 시험에서 얻어야 할 주요 특성들을 파악할 수 있다.
3) 데이터의 행수를 통해 적정 '표본 크기'를 추정할 수 있다.
4) 풀이 과정을 미리 경험함으로써 시험에서 꼭 챙기거나 얻어야 할 매개변수(모수 값, 목푯값 등)들을 준비할 수 있다.

이후 본문은 신뢰도 성장분석법을 소개하면서 자연스럽게 데이터 구조 학습도 병행하도록 유도할 것이다. 따라서 독자는 예제를 학습하면서 데이터 구조에 관해서도 주의 깊게 관찰하기 바란다.

2.1. 단일 아이템의 '고장 시간'으로 이루어진 데이터

고장 시간만으로 이루어진 데이터는 이미 '[Case Study 9]'의 [표 Ⅲ-6]에 소개한 바 있다. 진행이 쉽도록 [표 Ⅲ-7]에 다시 옮겨 놓았다. 데이터값 하나는 '고장 난 시간'임과 동시에 '고장 수=1개'를 나타낸다.

[**Case Study 11**] - 'RGTMC'를 적용해서 물음에 답하시오.

(**상황**) '[Case Study 9]'의 상황과 같다. '총 시험 기간(T)=3,000시간'이고 시험 동안 '개선 조치(설계 변경)'가 함께 이루어졌다. 물음에 답하시오[문헌-②(pp.70~72)].

[표 Ⅲ-7] '단일 아이템'의 '누적 고장 시간' 데이터 예

누적 고장 시간(t_i)							
2.4	118.6	365.9	664.0	852.9	1,340.3	1,971.5	2,674.2
24.9	140.2	366.8	738.1	1,116.3	1,437.3	2,303.4	2,704.8
52.5	185.0	544.8	764.7	1,161.1	1,482.0	2,429.7	2,849.6
53.4	207.6	616.8	765.1	1,257.1	1,489.9	2,457.4	2,923.5
54.7	293.9	627.5	779.6	1,276.3	1,715.1	2,535.2	-
57.2	322.3	646.8	799.9	1,308.9	1,828.9	2,609.9	-

분석 1) 데이터가 'RGTMC'에 적합한지(Fitted) 판단하시오.

분석 2) '순간 고장률(r_{ins})' 또는 '고장 강도(Failure Intensity)'를 구하고, '평균 고장률($\bar{r}_i$)'과 함께 곡선으로 나타내시오. 또 '$t=3,000hrs$'일 때의 '$r_{ins}(3,000)$'을 추정하시오.

분석 3) '순간 MTBF(m_{ins})'를 구하고, '평균 MTBF($\overline{m}_i$)'와 함께 곡선으로 나타내시오. 또 '$t=3,000hrs$'일 때의 '$m_{ins}(3,000)$'을 추정하시오.

(**풀이**) **분석 1) 데이터가 'RGTMC'에 적합한지(Fitted) 판단하시오.** 참고로 "적합하다"의 의미는 제시된 시험 데이터를 타점 했을 때 'RGTMC', 즉 모형 곡선

이 그들 고장 데이터를 잘 따라가는지 판단하는 것이다. 더 쉽게는 데이터가 모형에 의해 잘 설명되는지를 묻는 것인데, 이를 '적합도 검정(Goodness-of-fit)'이라 하고 '부록-B'의 식(B-23)인 'CVM 검정'을 수행한다. 관련 내용은 '부록-B'를 참고하고 풀이 과정과 결과는 [표 Ⅲ-8]과 같다.

[표 Ⅲ-8] '분석 1)'의 풀이와 정답

모수 추정 (식 Ⅲ-17) 및 '부록-B'의 식(B-21), 표(B-1)	$n = 46, \ T = 3,000hrs$ 인 상황에서, ○ 모수 $\begin{cases} \hat{\beta} = 46/\{(46 \times \ln 3,000) - (\ln 2.4 + ... + \ln 2,923.5)\} \cong 0.6165 \\ \hat{\lambda} = 46/3,000^{0.6165} \cong 0.331 \end{cases}$ ○ $\bar{\beta} = \dfrac{46-1}{46} \times 0.6165 \cong 0.6031$ ('$\hat{\beta}$'의 '비편향 추정량') ○ 유의수준$(\alpha) = 0.1, n = 46$의 상황에서 임곗값 $\cong 0.1725$
'CVM 통계량' 산정 '부록-B'의 식(B-23)	○ 가설 $\begin{cases} H_0 : RGTMC\text{가 데이터를 잘 적합시킨다.} \\ H_A : H_0\text{가 아니다.} \end{cases}$ ○ $C_{46}^2 = \dfrac{1}{12 \times 46} + \left\{\left[\left(\dfrac{2.4}{3,000}\right)^{0.6031} - \dfrac{2 \times 1 - 1}{2 \times 46}\right]^2 + \cdots \right.$ $\left. + \left[\left(\dfrac{2,923.5}{3,000}\right)^{0.6031} - \dfrac{2 \times 46 - 1}{2 \times 46}\right]^2\right\}$ $\cong 0.0018 + 0.04108 \cong 0.043$
결론	$C_{46}^2(0.043) < \alpha_{0.10}(0.1725)$ 이므로 귀무가설을 기각하지 못함. 즉, 'RGTMC'가 데이터를 잘 적합시킨다(또는 잘 설명한다).

(풀이) 분석 2) '순간 고장률(r_{ins})'를 구하고, '평균 고장률$(\bar{r_i})$'과 함께 곡선으로 나타내시오. 또 '$t = 3,000hrs$'일 때의 '$r_{ins}(3,000)$'을 추정하시오. 풀이 과정과 결과는 [표 Ⅲ-9]와 같다. 참고로 앞서 본문에서 설명한 바와 같이 '순간 고장률'은 '고장 강도(Failure Intensity)'를 나타낸다.

평균 고장률 (식 Ⅱ-1, 식 Ⅱ-5) 순간 고장률 (식 Ⅲ-15)	○ 평균 고장률 : $\bar{r}_i = (N_i - N_{i-1})/(t_i - t_{i-1})$ ○ 순간 고장률[or 고장 강도, $\mu(t)$] : $r_{ins}(t) = \lambda\beta t^{\beta-1}$	

| 평균 고장률
[그림 Ⅲ-7] 참조.

순간 고장률
(식 Ⅲ-15) | [평균 고장률]
→그래프 빨간 수평선<table><tr><th>고장 시간 구간</th><th>고장 수</th><th>평균고장률</th></tr><tr><td>0~500</td><td>14</td><td>0.028</td></tr><tr><td>500~1000</td><td>11</td><td>0.022</td></tr><tr><td>1000~1500</td><td>9</td><td>0.018</td></tr><tr><td>1500~2000</td><td>3</td><td>0.006</td></tr><tr><td>2000~2500</td><td>3</td><td>0.006</td></tr><tr><td>2500~3000</td><td>6</td><td>0.012</td></tr></table> | [순간 고장률]: 모수는 [표 Ⅲ-8].
$r_{ins}(t) = 0.331 \times 0.6165 \times t^{0.6165-1}$
의 't'에 [표 Ⅲ-7]을 입력.
→ 그래프 파란 곡선.
[순간 고장률(t=3,000)]
$r_{ins}(3,000) = 0.331 \times 0.6165 \times 3,000^{0.6165-1}$
$\cong 0.00947$ |

'순간 고장률'과 '평균 고장률'의 비교 그래프	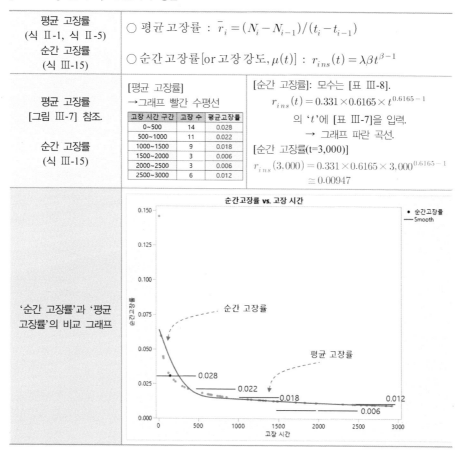

(풀이) 분석 3) '순간 MTBF(m_{ins})'를 구하고, '평균 MTBF'와 함께 곡선으로 나타내시오. 또 '$t = 3,000hrs$'일 때의 '$m_{ins}(3,000)$'을 추정하시오. 풀이 과정과 결과는 [표 Ⅲ-10]과 같다.

평균 MTBF (식 Ⅱ-1, 식 Ⅱ-5) 순간 MTBF (식 Ⅲ-15)	○ 평균 $MTBF$: $\overline{m}_i = 1/\overline{r}_i = (t_i - t_{i-1})/(N_i - N_{i-1})$ ○ 순간 $MTBF$: $m_{ins}(t) = 1/r_{ins(t)} = 1/(\lambda\beta t^{\beta-1})$

평균 MTBF
[그림 Ⅲ-7] 참조.

순간 MTBF
(식 Ⅲ-15)

[평균 MTBF]
→ 그래프 빨간 수평선

고장 시간 구간	고장 수	평균MTBF
0~500	14	35.71
500~1000	11	45.45
1000~1500	9	55.56
1500~2000	3	166.67
2000~2500	3	166.67
2500~3000	6	83.33

[순간 MTBF]: 모수는 [표 Ⅲ-8]
$$m_{ins}(t) = 1/(0.331 \times 0.6165 \times t^{0.6165-1})$$
의 't'에 [표 Ⅲ-7]을 입력.
→ 그래프 파란 곡선.
[순간 MTBF(t=3,000)]
$$m_{ins}(3.000) = 1/\left(0.331 \times 0.6165 \times 3.000^{0.6165-1}\right)$$
$$\cong 105.6124$$

'순간 MTBF'와 '평균 MTBF'의 비교 그래프

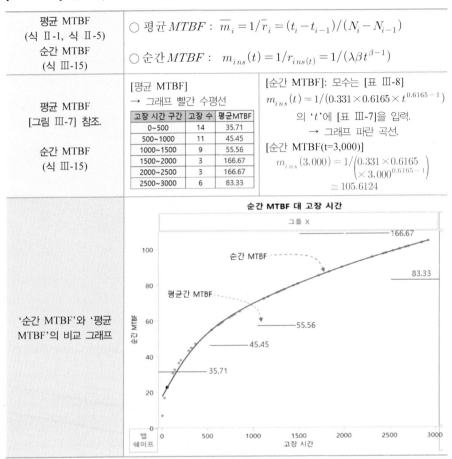

'R'로 재계산 - 지금까지의 계산 과정을 'R'로 계산해 보자. 'R' 경우 계산 과정을 모두 추적하며 코딩해야 하므로 불편하지만, 함수 구조와 원리를 이해하는 데 효과적이다. [그림 Ⅲ-11]은 'R 코드'와 그 결과이다.

```
 1   dat <- read.csv(file="C:/Users/sigma/OneDrive/바탕 화면/Crow-AMSAA-1(고장시간).csv",
 2                   header=T)
 3   data <- dat$FailureTime          # 데이터 포함된 열 지정
 4
 5   # 모수 추정
 6   log.data <- log(data)
 7   B.hat <- length(data)/(length(data)*log(3000)-sum(log.data))
 8   L.hat <- length(data)/3000^B.hat
 9
10   # CVM Test (CVM 적합도 검정)
11   n <- 46
12   T <- 3000
13   cum <- 0
14   stat <- 0
15   for (i in 1:length(data)) {
16       const <- 1/(12*n)                 # 상수항
17       stat <- ((data[i]/T)^(B.hat*(n-1)/n)-(2*i-1)/(2*n))^2
18       cum <- cum + stat                 # 누적값
19       i <- i + 1
20       C2 <- const + cum                 # 검정 통계량 C^2
21   }
22   print(C2)
23
24   # 순간 고장률/ 순간 MTBF : t=3,000
25   r.ins <- L.hat*B.hat*3000^(B.hat-1)
26   m.ins <- 1/r.ins
```

[결과]
```
> B.hat      (모수 β)
[1] 0.6164658
> L.hat      (모수 λ)
[1] 0.3305456
> C2         (검정 통계량 C²ₘ)
[1] 0.04288053
> r.ins      (순간 고장률)
[1] 0.009452476
> m.ins      (순간 MTBF)
[1] 105.7924
```

[그림 Ⅲ-11]의 '코드 1행'을 보면 'csv 파일'을 불러와 'dat'에 저장했는데 '모수 추정' 때 "length(dat)" 하면 '46'이 아닌 '1'로 인식한다. 따라서 '모수 추정'에 들어가기 전 'csv 파일' 속 데이터 열인 'FailureTime'을 지정해 'data'에 저장했다(코드 3행). 'CVM 적합도 검정'은 반복 계산이 있으므로 'for 문'을 이용해 간단히 코딩하였다(코드 11~22행). 결괏값을 [표 Ⅲ-8]~[표 Ⅲ-10]과 비교하기 바란다.

'JUMP'로 재계산 - 'JUMP'는 계산 과정이 빠르고 한 화면에 모두를 볼 수 있는 장점이 있어 편리하다. 특히 곡선('프로파일러' 기능)을 눈으로 보면서 값들을 얻을 수 있어 해석에 도움이 된다('JUMP' 메뉴: 「분석 > 신뢰성 및 생존 > 신뢰도 성장」).

[그림 Ⅲ-12] 'JUMP'의 테이블 '데이터 구조'와 '대화상자' 입력 예

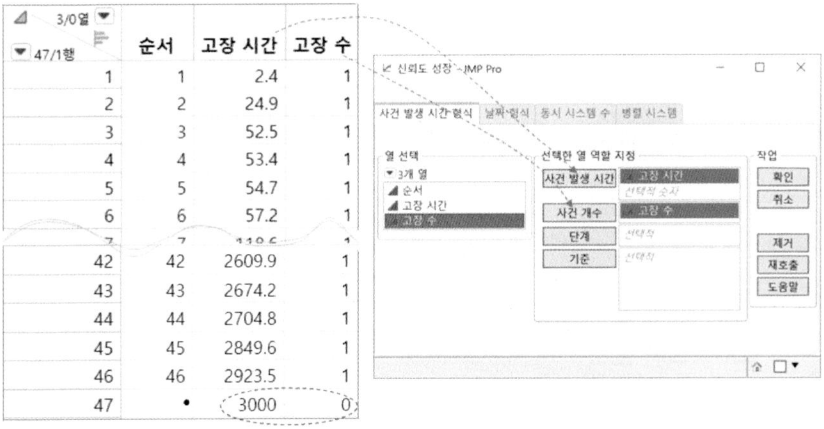

[그림 Ⅲ-12]의 '테이블 구조'는 테이블 맨 아래에 '시험 종료 시간'인 '3,000'을 포함하되 '고장'은 아니므로 '0'을 입력한다. 통계 패키지의 장점은 정례화된 분석 과정 그리고 빠른 결과를 제공한다는 점이다. 이에 집합 교육 때면 '엑셀'은 원리 이해용으로, '통계 소프트웨어'는 검증용으로 활용한다.

먼저 'JUMP'에서 제공되는 그래프부터 살펴보자. 제일 먼저 보이는 것이 '누적 사건 그림(Cumulative Events Plot)', 그리고 '고장 간의 평균 시간 그림(Mean MTBF Plot)'과 'Duane 그림(Duane Plot)'이 있으며 [그림 Ⅲ-13]과 같다.

[그림 Ⅲ-13] JUMP의 '누적 사건 그림', '고장 간의 평균 시간 그림', 'Duane 그림' 예

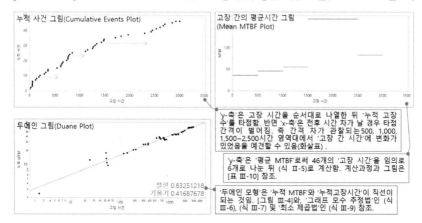

[그림 Ⅲ-13]은 'JUMP'에서 제공되는 기본 그림들로서 앞서 학습했던 내용을 정리하는 데 큰 도움이 된다. 그래프에 대한 해석은 이전 본문에서 다루었으므로 다시 설명하는 대신 그림 내 설명으로 대체하였다. 따라서 다음 주제로 넘어가기 전 그림 내 요약 및 함께 제시된 이전의 관련 식들과 비교하면서 정독해 주기 바란다.

'JUMP'에서 '신뢰도 성장 모형'을 'AMSAA Crow'로 '모형 적합'('JUMP' 결과 화면에서 「신뢰도 성장(빨간 역삼각형) > 모형 적합 > Crow-AMSAA」 선택)시키면 '(순간)MTBF 그림'과 모수들의 '추정값'을 추가로 얻는다. 연이어 'AMSAA Crow'의 옵션들을 지정('JUMP' 결과 화면에서 「Crow-AMSAA(빨간 역삼각형) 내 나열된 모든 옵션」 선택)하면 '강도 그림(순간 고장률 그림)', '누적 사건 그림', '프로파일러(Profilers)', '달성된 MTBF(또는 성취 MTBF, Archived MTBF)', '적합도(Goodness of Fit)'를 얻는다. 특히 '프로파일러'는 그래프의 시각화와 함께 여러 값을 추정할 수 있어서 해석에 매우 도움이 된다. 정리하면 [그림 Ⅲ-14]와 같다('JUMP'에 출력되는 순서대로 나열함).

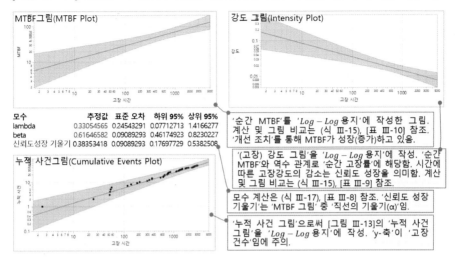

모수	추정값	표준 오차	하위 95%	상위 95%
lambda	0.33054565	0.24543291	0.07712713	1.4166277
beta	0.61646582	0.09089293	0.46174923	0.8230227
신뢰도성장 기울기	0.38353418	0.09089293	0.17697729	0.5382508

'순간 MTBF'를 'Log − Log 용지'에 작성한 그림. 계산 및 그림 비교는 (식 Ⅲ-15), [표 Ⅲ-10] 참조. '개선 조치'를 통해 MTBF가 성장(증가)하고 있음.

'(고장) 강도 그림'을 'Log − Log 용지'에 작성. '순간 MTBF'와 역수 관계로 '순간 고장률'에 해당함. 시간에 따른 고장강도의 감소는 신뢰도 성장을 의미함. 계산 및 그림 비교는 (식 Ⅲ-15), [표 Ⅲ-9] 참조.

모수 계산은 (식 Ⅲ-17), [표 Ⅲ-8] 참조. '신뢰도 성장 기울기'는 'MTBF 그림' 중 '직선의 기울기(α)'임.

'누적 사건 그림'으로써 [그림 Ⅲ-13]의 '누적 사건 그림'을 'Log − Log 용지'에 작성. 'y-축'이 '고장 건수'임에 주의.

[그림 Ⅲ-14]에 포함된 해석을 정독하며 기술된 관련 식 및 비교 그림들을 확인하기 바란다. 'Duane 모형'인 [그림 Ⅲ-13]과 'AMSAA Crow 모형(RGTMC도 같은 모형임)'에 적합시킨 [그림 Ⅲ-14]의 가장 큰 차이는 후자의 경우 통계적 해석이 가능하다는 점이며, 따라서 각 추정값의 '신뢰구간' 계산도 가능하다. '모수 추정값'에 포함된 '하위 95%' 및 '상위 95%'의 '신뢰구간'을 참고하기 바란다. 이어서 강력한 기능인 '프로파일러(Profilers)'를 살펴보자. 결과 그림을 [그림 Ⅲ-15]에 옮겨 놓았다.

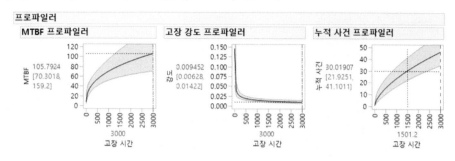

[그림 Ⅲ-15]의 각 그림은 '$Log-Log$ 용지'에 작성했던 [그림 Ⅲ-14]의 각 그림과 일-대-일 대응한다. '$t = 3,000hrs$'에서 '순간 고장률([표 Ⅲ-9] 참조)' 또는 '고장 강도'인 '0.009452'와, '순간 MTBF([표 Ⅲ-10] 참조)'인 '105.7954'를 간단한 입력으로 확인할 수 있다. **만일 더 이상의 '개선 조치'가 취해지지 않으면 현재의 MTBF가 계속 유지될 것이다.** [그림 Ⅲ-11]의 'R' 결과와도 비교해 보기 바란다. 끝으로 '실증(또는 성취) MTBF'와 'CVM 적합도 검정'에 대해 알아보자. [그림 Ⅲ-16]에 'JUMP' 결과를 옮겨 놓았다.

[그림 Ⅲ-16] 'JUMP'의 '실증(또는 성취) MTBF'와 'CVM 적합도 검정' 예

달성된 MTBF					적합도		
고장 시간	MTBF	Alpha	하위	상위	비편향 베타	Cramer von Mises	p 값
3000	105.7924	0.05	70.37506	166.7125	0.603064	0.042881	>= 0.25

'성취 MTBF(Achieved MTBF)'는 '실증 MTBF', '순간 MTBF' 또는 '현재 MTBF'로도 불린다. [그림 Ⅲ-16]으로부터 특정 시점에서 달성된 'MTBF'와 '신뢰구간'을 얻을 수 있다. '3000시간'에서 '실증(또는 성취) MTBF'는 '점 추

정'으로 '105.7924시간'임을, '구간 추정'으로 "진정한 MTBF 값이 70.37506부터 166.7125시간 사이에 존재한다고 95%(유의 수준=0.05) 확신한다."이다. 참고로 앞서 기술한 'JUMP'의 결과에서 [그림 Ⅲ-15]의 'MTBF 신뢰구간'과 [그림 Ⅲ-16]의 'MTBF 신뢰구간'이 서로 다르다. 이것은 '신뢰구간'을 얻는 방법이 두 개인데 전자는 일반적으로 쓰이는 'Fisher Matrix Bounds'를 적용하고, 후자인 '실증(또는 성취) MTBF(Achieved MTBF)'는 Dr. Larry Crow가 제시한 일명 'Crow Bounds'를 사용하기 때문이다. 둘의 계산 식은 두 개의 출처에서 쉽게 확인할 수 있다.[34] 특히 'Crow Bounds'는 '정시 중단시험'과 '정수 중단시험'별로 식이 다른데 'JUMP'의 경우 [그림 Ⅲ-12]의 '47행'처럼 "고장 수=0"을 입력하면 '정시 중단'으로, 입력이 없으면 '정수 중단'으로 자동 계산된다. '실증(또는 성취) MTBF'에서의 '정시 중단'은 '신뢰구간' 계산 시 '고장 수 및 고장 시간' 모두를 무작위로 고려하는 반면 '정수 중단'은 n개의 '고장 시간'이 무작위라는 사실을 고려한다. 일반적으로 '정수 중단'일 때의 '신뢰구간'이 더 정확한 것으로 알려져 있다.

끝으로 [그림 Ⅲ-16]의 오른쪽 'CVM 적합도 검정'은 "유의 수준 10%에서 p-값이 0.25 이상이므로 귀무가설을 기각하지 못함. 즉 'RGTMC(AMSAA Crow 모형과 같음)'가 데이터에 적절하게 적합한다."로 결론짓는다. 'Cramer von Mises 검정 통계량'의 계산 과정은 [표 Ⅲ-8], 그리고 관련 식 등은 '부록 -B'의 식(B-23)을 참고하기 바란다.

---

34) 1) http://reliawiki.org/index.php?title=Crow-AMSAA_Confidence_Bounds
   2) Larry H. Crow. (1977.6), "Confidence Interval Procedures for Reliability Growth Analysis", U.S. AMSAA Technical Report No.197.

'단일 아이템의 고장 데이터'는 말 그대로 한 개 아이템의 신뢰도 성장시험이며 '개선 조치'가 병행되는 환경에서 수집된다. 따라서 데이터는 엑셀 기준한 개 열로 형성된다. 반면, '다중 아이템'은 '구성'이 같은 여러 아이템을 동시에 신뢰도 성장시험에 투입하므로 분석을 위해 별도의 고려가 필요하다. 그러나 '단일 아이템' 고장 데이터와의 **공통점은 '다중 아이템 고장 데이터' 역시 '단일 아이템 고장 데이터' 형태로 전환**할 수 있다는 점이다(통계 소프트웨어는 자동 인식해서 계산해 줌). 결론적으로 분석 시점에서의 데이터 구조는 차이가 없다. '다중 아이템의 고장 데이터'는 세 개의 유형으로 나뉜다.

2.2.1. '고장 시간'과 '작동 시간' 모두 알려진 경우(Known Operating Times)

예로써 같은 '구성'으로 이루어진 두 개의 프로토타입에 대해 동시에 신뢰도 성장시험이 수행된다. 시험 때 '개선 조치(설계 변경)'가 병행되며, '프로토타입 #1'은 '132.4시간'까지, '프로토타입 #2'는 '167.6시간'까지 작동하고 시험을 중단한다. '누적 시험 시간'의 합이 '300시간'이 되도록 미리 계획한 것이다. [표 Ⅲ-11]은 수집된 데이터의 한 예이다[문헌-②(pp.130~136)].

No	Proty-#1	Proty-#2	고장 난 Proty	누적 시험 시간	No	Proty-#1	Proty-#2	고장 난 Proty	누적 시험 시간
1	2.6	0	Proty-#1	2.6	15	60.5	37.6	Proty-#2	98.1
2	16.5	0	Proty-#1	16.5	16	61.9	39.1	Proty-#1	101.0
3	16.5	0	Proty-#1	16.5	17	76.6	55.4	Proty-#1	132.0
4	17.0	0	Proty-#1	17.0	18	81.1	61.1	Proty-#2	142.2
5	20.5	0.9	Proty-#2	21.4	19	84.1	63.6	Proty-#1	147.7
6	25.3	3.8	Proty-#2	29.1	20	84.7	64.3	Proty-#1	149.0
7	28.7	4.6	Proty-#2	33.3	21	94.6	72.6	Proty-#1	167.2
8	41.8	14.7	Proty-#1	56.5	22	104.8	85.9	Proty-#2	190.7
9	45.5	17.6	Proty-#1	63.1	23	105.9	87.1	Proty-#2	193.0
10	48.6	22	Proty-#2	70.6	24	108.8	89.9	Proty-#1	198.7
11	49.6	23.4	Proty-#2	73.0	25	132.4	119.5	Proty-#1	251.9
12	51.4	26.3	Proty-#1	77.7	26	132.4	150.1	Proty-#2	282.5
13	58.2	35.7	Proty-#1	93.9	27	132.4	153.7	Proty-#2	286.1
14	59.0	36.5	Proty-#2	95.5	End	132.4	167.6	–	300.0

[표 Ⅲ-11]의 초기를 보면 '프로토타입 #1'이 '2.6, 16.5, 16.5, 17.0시간'에 고장이 났음에도 '프로토타입 #2'는 '0시간'이므로 아직 시험에 투입이 안 됐다. 꼭 동시에 시작할 필요는 없다는 뜻이다. '프로토타입 #2'가 '0.9시간'에 처음 고장 났을 때 '프로토타입 #1'은 '20.5시간' 작동 중이다. 이때 **한 프로토타입의 '고장 시간'과 다른 프로토타입의 '작동 시간'을 합쳐 '누적 시험 시간' 열에 기재**한다. '0.9시간'에 고장 난 '프로토타입 #2'는 '개선 조치'가 이루어지고 변경 내용 그대로를 '프로토타입 #1'에도 반영한다(프로토타입이 여럿이면 모두에 적용함). 모든 '개선 조치'가 완료되면 시험을 재개한다. 'No.=25'에서 '프로토타입 #2'가 '119.5시간'에 고장 나고 이때 '프로토타입 #1'은 '132.4시간 작동 중'이었다. 그 이후로 '프로토타입 #1'은 시험을 중단했고 '프

로토타입 #2'만 고장을 2회 더 경험한 뒤 두 '프로토타입'의 누적 시간 합이 '300'일 때 모든 시험이 종료되었다. 표의 맨 끝 열('누적 시험 시간')을 통해 두 프로토타입의 고장 및 작동 시간이 하나의 열로 통합되었으며 '단일 아이템의 고장시간 데이터'인 [표 Ⅲ-7]과 구조가 같아졌음을 알 수 있다. 즉 이후 분석은 '단일 아이템 고장 시간'과 계산 과정이 같다.

본 예에 대한 분석은 '그래프를 이용한 추정'과 '통계를 이용한 추정'으로 구분한다. 자세히 전개할 것이므로 앞서 배운 내용을 정리하고 복습하는 기회로 삼길 바란다.

그래프를 이용한 추정

[표 Ⅲ-11]의 '고장 데이터(정확히는 '누적 시험 시간' 열의 값들)'를 이용해 그래프(Plot)를 작성하면 시험 결과를 시각적으로 보여주는 데 효과적이다. 덧붙여 아이템의 신뢰도 성장을 함수로 묘사할 수 있으며 이를 위해 관련된 '모수' 값들을 얻을 수 있다. 요약하면 그래프로 해석할 수 있는 내용은 크게 두 가지다. 하나는 실제 성장이 존재하는지를 그래프로 검증하는 것이고, 다른 하나는 '고장 강도 함수(역수를 취하면 '순간 MTBF 함수'가 됨)'를 얻기 위해 정확하진 않더라도 함수에 포함된 두 개의 '모수'를 추정하는 것이다. 우선 [그림 Ⅲ-17]의 'JUMP'를 통해 [표 Ⅲ-11]의 분석법에 대해 간단히 알아보자.

[그림 Ⅲ-17] 데이터 '[표 Ⅲ-11]'의 'JUMP' 입력 '대화상자'

[표 Ⅲ-11]의 '누적 시험 시간' 열은 '다중 아이템 고장 데이터'를 '단일 아이템 고장 데이터' 구조로 전환한 결과다. 따라서 '누적 시험 시간' 열만을 사용할 경우 [그림 Ⅲ-17]의 'JUMP' '대화상자' 중 '사건 발생 시간 형식' 탭을 이용한다. 그러나 '다중 아이템' 데이터 그대로를 적용할 경우 'Proty-#1', 'Proty-#2', 그리고 '고장 난 Proty' 열을 입력하며, 이때는 '대화상자'의 '동시 시스템 수' 탭을 이용한다. 동시에 수행되는 시험이 'Concurrent Systems'이므로 '동시 시스템 수' 탭이 필요하다. 분석 과정과 결과인 [표 Ⅲ-12]의 첫 행은 '다중 아이템'에 대한 '테이블 구조'와 '대화상자' 탭 이용을 보여주고 있다. 먼저 익숙한 '누적 MTBF 그림'부터 알아보자.

(누적 MTBF 그림) [표 Ⅲ-12]의 중간 행인 '누적 MTBF 그림'은 'Duane 모형'에 따라 '누적 MTBF vs. 누적 시험 시간' 간 선형 관계가 있음을 보여준다(그림은 '누적 고장률' 대신 '누적 MTBF'를 적용하고 있음. 둘은 역수 관계이므로 기울기의 양/음 관계만 다름). '모수 추정'은 '그래프 방법'과 '최소 제곱법'이 있으며 전자는 그래프에서 간단히 얻을 수 있는 장점이 있으나[(식 Ⅲ-6),(식 Ⅲ-7) 참조] 대략적인 값인 데 반해, 후자는 수학적으로 정확한 값을 얻을 수 있어 선호된다[(식 Ⅲ-9),(식 Ⅲ-10) 참조]. 표 내 '누적 MTBF 그림'에 포함된 '기울기와 절편' 값들은 '최소 제곱법'의 결과이다. '양의 기울기

(약 0.249)'로부터 신뢰도가 성장하고 있음을 알 수 있다.

(**평균 MTBF 그림**) 신뢰도 성장의 대략적인 추이를 파악할 수 있다. 이를 위해 최소 세 개 이상의 '시간 구간'들을 겹치지 않게 나눈 뒤 각 구간 내 '고장 수'를 센다. 이어서 '고장 수÷시간 구간'을 통해 '평균 고장률'을 구하고 다시 그의 역수로 '평균 MTBF($y-$축 값)'을 얻는다([표 Ⅲ-12]의 셋째 행 내 표 참조). 이들을 셋째 행 그래프처럼 '$x-$축'을 따라 지정한 '고장 시간 구간' 영역별로 '수평선'을 긋는다.

만일 시험 중 '개선 조치'의 결과로 신뢰도가 성장했다면 본 과정을 통해 구간별 '평균 MTBF'의 '수평선'이 점차 증가하게 나타날 것이다. 작성과 관련된 자세한 정보는 앞서 [표 Ⅲ-9]와 [표 Ⅲ-10]을 복습하기 바란다. 쉽게 이해할 수 있도록 [표 Ⅲ-12]에 분석 과정과 내용을 요약해 놓았다.

[표 Ⅲ-12] '고장 시간과 작동 시간이 알려진 경우'의 '그래프를 이용한 추정' 예

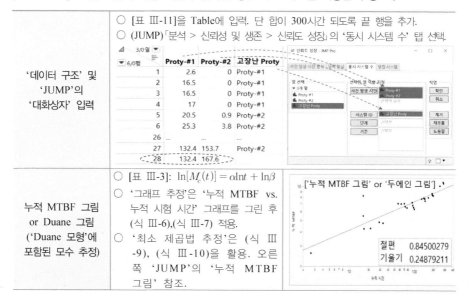

| 평균 MTBF 그림
(식 Ⅱ-1),(식 Ⅱ-5) | [평균 MTBF]
○ '시간 구간'을 50hrs로 임의설정
<table><tr><th>고장 시간 구간</th><th>고장 수</th><th>평균 고장률</th><th>평균 MTBF</th></tr><tr><td>0~50</td><td>7</td><td>0.14</td><td>7.14</td></tr><tr><td>50~100</td><td>8</td><td>0.16</td><td>6.25</td></tr><tr><td>100~150</td><td>5</td><td>0.10</td><td>10.00</td></tr><tr><td>150~200</td><td>4</td><td>0.08</td><td>12.50</td></tr><tr><td>200~250</td><td>0</td><td>0.00</td><td>-</td></tr><tr><td>250~300</td><td>3</td><td>0.06</td><td>16.67</td></tr></table> | ○ 신뢰도 성장 추세 관찰됨.
○ 'RGTMC의 적합.
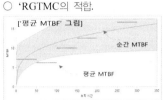 |

[표 Ⅲ-12]의 둘째 행에서 '최소 제곱법' 계산은 [그림 Ⅲ-5]의 'R 코드'를 참고하기 바란다. 셋째 행인 '평균 MTBF 그림'을 통해 시험 동안 '개선 조치'의 영향으로 'MTBF'가 점차 상승했음을 알 수 있다. 또 그림 내 '곡선'은 'RGTMC'를 적합시킨 것이며 '평균 MTBF'의 추이와 잘 일치하고 있어 'RGTMC'로 해석할 수 있음도 알 수 있다. 곡선 주변 '연두색 영역'은 'RGTMC'의 통계 해석 장점인 '신뢰구간'을 표시한 것이다. 이제 시험 목적인 '300시간'에서의 '실증(또는 성취/순간/현재) MTBF'를 얻기 위해 활용도 높은 'RGTMC'를 완성해 보자. 실체는 '고장 강도 함수'이므로 이해를 돕기 위해 (식 Ⅲ-15)를 다시 옮겨 놓았다.

○ 고장 강도 함수('순간고장률' 계산에 활용)   (식 Ⅲ-19)
아이템의 시간 경과에 따라 발생하는 고장의 해석에 쓰임.
$$\mu(t) = \lambda\beta t^{\beta-1} \quad (단, \lambda = 1/\alpha^\beta)$$

○ 순간 $MTBF$ or 실증(성취, 현재) $MTBF$
$$m_{ins}(t) = 1/(\lambda\beta t^{\beta-1})$$

$where, \beta$: 형상모수($Shape\ Parameter$).
       λ : 척도모수($Scale\ Parameter$), or 크기모수($Size\ Parameter$).

사실 (식 Ⅲ-19)의 '고장 강도 함수'에 포함된 '모수(Parameter)'들은 '최대 우도 추정'을 통해 얻는 게 일반적이다. 그런데 [표 Ⅲ-12]의 '누적 MTBF 그림' 내 '모수'들은 'Duane 모형'에 따라 '직선의 기울기(약 0.249)'와 '직선의 y 절편(약 0.845)'을 '최소 제곱법'으로 얻은 것들이다. 또 'Duane 모형'은 '직선의 방정식'으로부터, 'RGTMC'는 '와이블 분포 확률 밀도함수의 위험 함수'를 가정해서 각각 정립됨에 따라 외형은 달라 보인다. 그러나 기반인 '누적 고장률'과 '누적 시험 시간'의 선형 관계란 공통점 때문에 서로 호환돼야 한다. 현재는 'Duane 모형'으로 '기울기(성장률)'와 'y절편'이 얻어졌으므로 'RGTMC'인 '고장 강도 함수'에 적용하기 위해서는 두 모형 간 모수들이 어떤 관계에 있는지 알아야 한다. 이에 대해서는 '부록-B'의 식(B-10)이 필요하다. 부록의 식을 다시 옮겨 놓으면 (식 Ⅲ-20)과 같다.

$$[\,'Duane\,모형'과\,'RGTMC(AMSAA\,Crow\,모형\,)'의\,'모수'\,관계\,] \qquad (식\ Ⅲ\text{-}20)$$

$\bigcirc \ \alpha_{Duane} = 1 - \beta_{AMSAA}$

$\bigcirc \ \beta_{Duane} = \dfrac{1}{\lambda_{AMSAA}}$

이제 [표 Ⅲ-12]에서 얻은 '기울기와 절편'을 이용해 (식 Ⅲ-20)의 관계로부터 'RGTMC'의 '고장 강도 함수'를 완성할 수 있다. 본 설명은 늘 필요한 과정은 아니고 학습 목적인 점을 참고하기 바란다.

○ '$Duane$ 모형'의 '모수' ([표 $III-12$]의 '누적 $MTBF$ 그림'으로부터)   (식 III-21)
　　－기울기 $\alpha_{Duane} \cong 0.249$
　　－y절편　$\beta_{Duane} \cong e^{0.845} \cong 2.328$ [(식 $III-11$) 참조]

○ '$RGTMC$'의 '모수'로 전환 ['부록' 식($B-10$)으로 부터]
　　－$\lambda_{AMASS} = \dfrac{1}{\beta_{Duane}} = \dfrac{1}{2.328} \cong 0.429553$
　　－$\beta_{AMASS} = 1 - \alpha_{Duane} \cong 1 - 0.249 = 0.751$

$$\therefore \mu(t) = \lambda_{AMASS} \times \beta_{AMASS} \times t^{\beta_{AMSAA}-1} = 0.429553 \times 0.751 \times t^{0.751-1}$$
$$\cong 0.323 \times t^{-0.249}$$

다음 주제로 넘어가기에 앞서 [표 III-11]의 '고장 데이터'를 이용해 (식 III-21)
을 'R 코드'로 나타내면 [그림 III-18]과 같다. '$Duane$ 모형'의 '모수'를 이용해
'$RGTMC$'의 모수로 전환하는 과정이며, 두 모형은 통계적 처리 여부만 차이
날 뿐 공통 전제인 '$\ln$(누적 고장률 or 누적 $MTBF$)'과 '$\ln$(누적 시험 시간)' 간 '선
형 관계'가 있다는 사실에 기본 바탕을 둔다. 'R 코드'를 작성한 뒤 시행해 보
고 그 결과를 (식 III-21)과 비교해 보기 바란다.

[그림 $III-18$] 'Duane 모형' 모수를 이용한 'RGTMC'의 '모수' 추정 'R 코드'

```
1   ## 다중 시스템 [표 III-11] 데이터, [그림 III-18]
2   # '총 시험 기간'인 '300hrs'은 제외해야 함.
3   CumTime <- c(2.6, 16.5, 16.5, 17.0, 21.4, 29.1, 33.3, 56.5, 63.1,
4                70.6, 73.0, 77.7, 93.9, 95.5, 98.1, 101.0, 132.0, 142.2,
5                147.7, 149.0, 167.2, 190.7, 193.0, 198.7, 251.9, 282.5,
6                286.1) #고장시간
7   NumFail <- c(1, 1, 1, 1, 1, 1, 1, 1, 1, 1, 1, 1, 1, 1, 1, 1, 1, 1,
8                1, 1, 1, 1, 1, 1, 1, 1, 1)
9
10  ## 누적 고장수(Cumulative Failures)
11  CumFail <- cumsum(NumFail)
12  AddData <- data.frame(CumTime, NumFail, CumFail, MTBF=CumTime/CumFail)
13
14
15  ## '두에인 모형'에 적합(Fit 'Duane model' to Failure data)
16  FitDuane <- lm(log(MTBF) ~ log(CumTime), data=AddData)
17
18  # 'AMSAA Crow 모형' 모수 추정('두에인 모형' 모수
19  lambda <- as.numeric(1/exp(coef(FitDuane)[1]))
20  beta <- as.numeric(1-coef(FitDuane)[2])
```

Coefficients:
(Intercept)   log(CumTime)
0.8450   0.2488
> lambda
[1] 0.4295562
> beta
[1] 0.7512079

(식 Ⅲ-21)에 대해, 시험이 종료된 '300시간' 시점에 더 이상의 '개선 조치(설계 변경 등)'가 가해지지 않으면 예상되는 '실증(또는 성취/순간/현재) MTBF'를 얻을 수 있다. 계산 결과는 (식 Ⅲ-22)와 같다.

○ 고장 강도, $\mu(300) = 0.323 \times t^{-0.249} = 0.323 \times 300^{-0.249}$ (식 Ⅲ-22)
$$\cong 0.0781 \, \text{고장/시간}$$

○ 성취(또는 순간) $MTBF$, $m_{ins}(300) = 1/\mu(300) = 1/0.0781$
$$\cong 12.812 \, \text{시간/고장}$$

사실 (식 Ⅲ-22)는 앞서 언급한 "300시간 이후 더는 '개선 조치' 없음"의 상황이 유지되면, '구성'이 같은 아이템의 경우 '고장 간 평균 시간(MTBF)'이 '약 12.812시간'임을 알 수 있다.

통계를 이용한 추정

'RGTMC'가 'Duane 모형'의 그래프 추정법보다 눈에 띄는 장점은 통계적 추정이 가능하다는 점이다. NHPP(즉, 시간에 따라 고장률이 다른) 상황에서의 신뢰도 성장 모형화는 '실증(또는 성취) MTBF'의 실적 평가가 핵심이다. '개선 조치'를 통해 'MTBF'가 시간에 따라 점점 나아져야 하기 때문이다. 과정은 이렇다. 먼저 ① '고장 시간' 데이터가 필요하다. 데이터는 시점을 정해 종료되는 '정시 중단 시험(Time Truncated Testing)'이나 미리 정한 '고장 개수'에 이르면 종료되는 '정수 중단 시험(Failure Truncated Testing)'을 통해 수집된다. 이어 ② '모수(β, λ)'의 추정이 필요하며 주로 '최대 우도 추정(Maximum Likelihood Estimation)', 줄여서 'MLE'를 사용한다. 'MLE'를 통해 얻은 '모수' 값들을 '추정값(Estimate)'이라고 하며 쓰임 대상은 (식 Ⅲ-19)의 '고장 강도 함수'이다. 참고로 'MLE'를 이용한 '모수 추정'은 수학적 전개가 필요하며 이에 대해서는 '부록-B'의 식(B-14)∼(B-20)을 참고하기 바란다. 본문은 그 결과만을 사용하고 있다. ③ '고장 강도 함수'를 이용해 그의 역수를 구하면 잘 알려진 '실증(또는 성취/현재/순간) MTBF'가 된다. 만일 더 이상의 '개선 조치'가 가해지지 않으면 '실증 MTBF'는 현재 아이템의 신뢰도로 정착될 것이다. 이때 ④ '실증 MTBF'는 통계상 '점 추정(Point Estimation)'이며, 추가로 '구간 추정(Interval Estimation)'을 얻어 측정 때마다 '점 추정'이 흔들리는 '불확정성'을 고려한다. 다음 ⑤ 확보된 모형이 '원 데이터'를 적절하게 묘사하는지 확인하는 '적합도 검정(Goodness of Fit)'을 수행한다. 검정은 'Cramer-von Mises Test(줄여서 CVM 검정)'이다. 먼저 '모수'들의 '점 추정'과 '구간 추정'을 [표 Ⅲ-13]에 요약하였다.

[표 Ⅲ-13] '고장 시간과 작동 시간이 알려진 경우'의 '모수'와 'MTBF' 추정 예

'모수'의 추정 (식 Ⅲ-17)	$n = 27$개, $T = 300hrs$인 상황에서, $\hat{\beta} = 27 / \left\{ (27 \times \ln 300) - (\ln 2.6 + \ln 16.5 + \ldots + \ln 286.1) \right\}$ $\cong 0.71632$ $\hat{\lambda} = 27 / 300^{0.71632} \cong 0.4539$	['JUMP' 결과]
고장 강도 함수	$\therefore \mu(t) = 0.4539 \times 0.71632 \times t^{0.71632-1} = 0.325 \times t^{-0.284}$	
'실증 $MTBF$'의 '점 추정/구간 추정' [$T=300$에서의 '성취 $MTBF$']	$\therefore MTBF$ or $m_{ins}(300) = 1/\mu(300)$ $= 1/0.0645 \cong 15.511$시간 달성된 MTBF(신뢰 수준 = 0.9) 	누적 시간	MTBF	Alpha	하위	상위
---	---	---	---	---
300	15.51137	0.1	9.867506	26.08681		

시험이 종료된 '300시간' 이후로 아이템에 대한 더 이상의 '개선 조치(설계 변경 등)'가 없다면 [표 Ⅲ-13]처럼 '고장 강도 함수[$\mu(t)$]의 역수'로 '실증(또는 성취) MTBF'를 얻는다. 이를 수식으로 표현하면 (식 Ⅲ-23)과 같다.

○ 고장 강도 함수, $\mu(T) = \hat{\lambda}\hat{\beta}T^{\hat{\beta}-1} = \left(\dfrac{N}{T^{\hat{\beta}}}\right)\hat{\beta}\,T^{\hat{\beta}-1}$　　　　　(식 Ⅲ-23)

$\qquad\qquad\qquad\qquad = N\hat{\beta}\,T^{-1}T^{-\hat{\beta}}T^{\hat{\beta}}$

$\qquad\qquad\qquad\qquad = \hat{\beta}\left(\dfrac{N}{T}\right).\ where\ '\dfrac{N}{T}'는\ 'HPP'의\ '고장강도'\ 추정값.$

○ 실증(또는 성취/순간) $MTBF, m_{ins} = \left[\hat{\lambda}\hat{\beta}T^{\hat{\beta}-1}\right]^{-1},$ or $\left[\hat{\beta}(N/T)\right]^{-1}$

　신뢰도 개선 활동에 대한 별도의 계획이 추가되지 않는 한 현재의 'MTBF'는 향후 신뢰도 개선 활동의 수준을 가늠하는 기준 역할을 하게 된다. **예를 들어** '실증(또는 성취)$MTBF = \left[\hat{\beta}(N/T)\right]^{-1}$'에서 더 이상의 개선이 없으면 '성장률'과 관계된 '$\hat{\beta}$'는 고정되고, '단위 시간당 고장 수의 비율(N/T)'이 일정(HPP)한 상태에서 'T'가 늘어나면 그 시간에 비례해 '고장 수'를 예측할 수 있다.

　[표 Ⅲ-13]에서 '실증(또는 성취/현재/순간) MTBF'의 **'구간 추정'**은 '점 추정'과 함께 분석 결과를 해석할 때 매우 중요하나 혼잡을 피하고자 계산 식은 포함하지 않았다. 다만 직접 계산은 '분산'을 구해야 하는 등 노력과 비교해 학습 효과가 크지 않아 주어진 테이블을 이용한 편리한 계산법을 소개한다[문헌-①(p.82)]. 다만 이 방법은 '고장 수'를 '이산 확률 분포'로 해석하고 있어 '구간 폭(신뢰상한－신뢰하한)'이 미세하게 커지는 경향이 있다. 따라서 현업 경우 가능하면 통계 패키지의 사용을 권장한다. '구간 추정'을 위한 '신뢰구간'은 (식 Ⅲ-24)와 같다.

　　[양쪽 신뢰 구간]　　　　　　　　　　　　　　　　　　(식 Ⅲ-24)
　　$L_{N,\gamma}\widehat{m_{ins}}(T) \le m_{ins}(T) \le U_{N,\gamma}\widehat{m_{ins}}(T).$

　　[한쪽 신뢰 구간]
　　$L_{N,\gamma}\widehat{m_{ins}}(T) \le m_{ins}(T)$

　　$where,\ N$: 총 고장 수, γ : 신뢰수준($Confidence\ Level$).
　　　　'N'과 'γ'에 따른 '$L_{N,\gamma}$', '$U_{N,\gamma}$'는 '부록 C'의 표 참조.

(식 Ⅲ-24)를 이용해 '신뢰 수준=0.9(90%)'에서 '실증(또는 성취) MTBF의 신뢰구간'을 구하면 (식 Ⅲ-25)와 같다.

$N = 27, \gamma = 0.9$ 인 환경에서, $\qquad\qquad$ (식 Ⅲ-25)
$L_{27,0.9} \times 15.511 \leq MTBF(15.511) \leq U_{27,0.9} \times 15.511 .$

$'$부록$-C'$ 의 $'N=27', '\gamma = 0.9'$ 의 값을 읽으면,
$L_{27,0.9} = 0.636, \ U_{27,0.9} = 1.682$

$\therefore 0.636 \times 15.511 \leq MTBF(15.511) \leq 1.682 \times 15.511.$
$\therefore 9.87 \leq MTBF(15.511) \leq 26.09 \ \Rightarrow [표 \ III-13] 내 '실증 MTBF' 의$
$\qquad\qquad\qquad\qquad\qquad\qquad\qquad '신뢰 구간' 과 비교.$

'실증(또는 성취) MTBF'에 대한 '90% 신뢰 수준'에서의 '구간 추정'은 '9.87~26.09'로 "이 범위 안에 진정한 MTBF가 포함될 확률이 0.90"임을 나타낸다. 범위가 너무 넓으면 추정의 의미가 퇴색하므로 분산을 줄이는 등의 기술적 노력이 필요할 수 있다. [표 Ⅲ-13]의 'JUMP' 결과와 거의 일치함을 알 수 있다. 지금까지의 결과를 [그림 Ⅲ-19]에 모두 표현하였다.

[그림 Ⅲ-19] 분석 결과의 그래프 요약

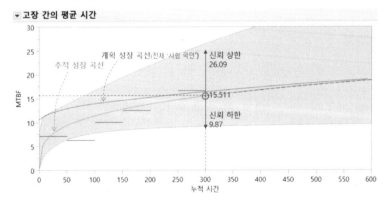

[그림 Ⅲ-19]에서 중간 5개의 수평선은 [표 Ⅲ-12]의 '평균 MTBF'를, '300시간'에서의 상하 화살표는 (식 Ⅲ-25)의 'MTBF 신뢰구간'을, 연두색 곡선은 [표 Ⅲ-13]의 '고장 강도 함수의 역수'인 '순간 MTBF 곡선'을 각각 나타낸다. 이해를 돕기 위해 분홍색의 '계획 성장 곡선'을 추가하였다. '300시간'에서 계획 값인 '최종 MTBF'에 근접하고 있으나 상황에 따른 현업의 불확실성 때문에 'MTBF'를 더 높여야 할 필요성도 있어 보인다.

끝으로 '통계를 이용한 추정'에 '추세 분석'과 'CVM 적합도 검정'이 있다. [표 Ⅲ-14]에 함께 정리해 놓았다.

[표 Ⅲ-14] '고장 시간과 작동 시간이 알려진 경우'의 '추세 분석'과 'CVM 적합도 검정' 예

추세 분석 (식 Ⅲ-13)과 [Case Study 9]	○ 가설 $\quad H_0 : \beta = 1.$ 즉 고장은 HPP를 따른다$[\text{or}\, \mu(t) = \lambda\,(일정)\, \text{or}\, 성장없음.]$. $\quad H_A : \beta \neq 1.$ 즉 고장은 $NHPP$를 따른다. ○ '$MIL-HDBK-189$' $Test$ $\chi^2_{2\times27} = \dfrac{2N}{\hat{\beta}} = 2N / \left[N / \sum\limits_{i=1}^{N} \ln(T/t_i) \right] = 2\times27 / \left\{ 27 / \left[\begin{array}{l}(\ln(300/2.6) + \\ \cdots + \ln(300/286.1))\end{array} \right] \right\}$ $\qquad = 54/0.7163 \cong 75.385$ ○ 결론 : '$\hat{\beta} = 0.7163 < 1$' 이므로 '양의 성장추세', 또 '$\chi^2_{54} \cong 75.385 > \phi^{-1}_{\chi^2_{54}}(0.95,54) \cong 72.15$'로 대립가설 채택. 즉 $NHPP$를 따름
CVM 적합도 검정 '부록-B'의 식(B-23) '임곗값'은 '부록-B'의 (표 B-1)	○ 가설 $\begin{cases} H_0 : RGTMC(AMSAA\ Crow\,모형)이 데이터를 잘 적합시킨다. \\ H_A : H_0 가 아니다. \end{cases}$ ○ $\overline{\beta} = \dfrac{27-1}{27} \times 0.7163 \cong 0.6898\,(\hat{\beta}의\ '비편향 추정량')$ ○ 검정 통계량 $C^2_{54} = \dfrac{1}{12\times27} + \left\{ \left[\left(\dfrac{2.6}{300}\right)^{0.6898} - \dfrac{2\times1-1}{2\times27} \right]^2 + \cdots \right.$ $\left. + \left[\left(\dfrac{286.1}{300}\right)^{0.6898} - \dfrac{2\times27-1}{2\times27} \right]^2 \right\}$ $\qquad \cong 0.003086 + 0.08804 \cong 0.0911$ ○ 결론 : $C^2_{54} \cong 0.0911 < \alpha_{0.05} \cong 0.218$ 이므로 귀무가설을 기각하지 못함. 즉, '$RGTMC(AMASS\ Crow\,모형)$'이 데이터를 잘 적합시킨다.

'CVM 적합도 검정'의 'R 코드'는 [그림 Ⅲ-11]과 같으므로 생략하고 'JUMP'의 결과만 [그림 Ⅲ-20]에 옮겨 놓았다. '검정 통계량($C_{54}^2) \cong 0.0911$'은 [표 Ⅲ-14]의 결과와 일치함을 알 수 있다. 결론은 표를 참고하기 바란다.

[그림 Ⅲ-20] 'JUMP'의 'CVM 적합도 검정' 예

적합도		
비편향 베타	Cramer von Mises p 값	
0.68979	0.091116	= 0.25

[그림 Ⅲ-20]의 '적합도 검정'에서 'p-값'으로 검정하면 "유의 수준 0.05에서 p-값이 0.25 이상이므로 귀무가설을 기각하지 못함. 즉 'RGTMC(AMSAA Crow 모형)'가 데이터를 잘 적합시킨다."이다. 만일 '신뢰도 성장 모형'이 '기각(즉, 'RGTMC'로 설명이 안 됨)'되는 경우, 데이터를 검사하여 적합성 결여의 원인을 밝혀낼 수 있다. **'기각'의 가능한 원인으로는 동시(같은 시험 시간)에 둘 이상의 고장이 발생했거나 '고장 강도 함수'의 불연속성 때문일 수 있다. 전자 경우의 해법은 데이터를 그룹화하는 것이다**(「2.3. 그룹(또는 구간) 데이터」 참조). 후자의 경우는 데이터에 대해 **'고장 강도 함수의 불연속성 처리'**가 요구된다 (「2.5. 불연속(기울기의 변화) 데이터」 참조).

2.2.2. 다중 아이템을 동시에 작동시키는 경우(Concurrent Operating Times)

'동시(Concurrent)'란 단어 속에 설명하려는 내용 모두가 함축돼 있다. '동시'가 되려면 대상이 여럿 돼야 하고, '동시'가 되려면 시작 시점이 같아야 한

다. 또 본 시험법에서 '동시'의 가장 큰 의미는 "한 아이템이 고장 나면 그 시점을 다른 아이템들도 함께 고장 난 시점으로 간주"한다는 점이다. 이것을 'Equivalent Single System(등가 단일 시스템, ESS로 불림)'이라고 한다. '등가(Equivalent)', 즉 한 개 아이템의 고장 난 시점을 다른 아이템들도 같은 고장 시점으로 간주하고 그들을 합산해 하나의 '누적 고장 시간'으로 통합(Single)하는 것이다. 여러 아이템의 '고장 시간'들이 동격(Equivalent)인 하나(Single)의 시스템(System), 즉 '한 개 열'로 전환한다는 의미다. 따라서 전환 이후의 분석은 [표 Ⅲ-7]의 '단일 아이템 고장 시간'과 똑같은 방식으로 전개된다. 고장 난 아이템은 '개선 조치'되며, 변경 내용은 다른 모든 아이템에도 똑같이 적용된다. 그러므로 시험 종료 때까지 모든 아이템의 '구성'도 같은 상태를 유지한다(이하 [문헌-⑤(pp.73~77)] 참고 및 편집).

'등가 단일 시스템'의 특징을 나열하면 세 가지다. ① 시작 시점의 시간이 '0'보다 큰 아이템은 '$t=0$'으로 재설정한다. 이것은 각 시험 시간에서 최초 시험 시간을 빼서 조정한다. '시작 시점의 시간'이 '0'보다 크면 그 이하의 시간대에서 어떤 사건이 발생했는지 알 수 없으며, 이것은 발생한 사건이 제대로 추적되고 기록되지 않았다는 의미이므로 분석 대상에서 제외한다. ② 한 개 아이템이 고장 나면 그 시간을 다른 아이템도 같게 설정해서 합산한다. ③ 아이템의 '시험 종료 시간'이 다른 경우, 먼저 시험이 종료된 아이템은 그 '종료 시간'을 '고장 시간'으로 반복 기술한다. 나열한 특징을 글로만 봐서는 이해하기 어려울 것이다. 적절한 통계 소프트웨어가 있다면 '원 데이터' 입력만으로 자동 처리되겠지만 원리를 학습하려면 수작업 과정이 큰 도움이 된다. 동시에 진행되는 다중 아이템의 데이터가 어떻게 하나로 통합되는지 간단한 데이터 예를 통해 알아보자. [표 Ⅲ-15]는 그 예이다.

[표 Ⅲ-15] '다중 아이템-동시 작동 시간'의 '등가 단일 시스템(ESS)' 산정

아이템 1	아이템 2		아이템 1	아이템 2	등가 단일 시스템(ESS)
10	26		**10**	10	20
			26	**26**	52
58	38		38	**38**	76
			46	**46**	92
77	46		**58**	58	116
			77	77	154
122	86		86	**86**	172
			122	100	222
149	-		**149**	100	249
종료 시간 160	100		160	100	260

[표 Ⅲ-15]의 '**아이템 1**'과 '**아이템 2**'에 포함된 값들은 신뢰도 성장시험 중 고장 났을 때의 '누적 시험 시간'이다. 분석을 위해서는 맨 끝의 '등가 단일 시스템' 열과 같이, 마치 하나의 아이템 고장 데이터처럼 통합해야 하는데 이때 '고장 시간'의 조정이 요구된다. 우선 표에서처럼 동시에 시험 중인 아이템들의 '고장 시간'을 모두 순서대로 나열한 뒤 고장 난 시간(굵은 파란색 숫자)을 중심으로 다른 아이템들의 시간을 같게 기재한다(예로써 '아이템 1'이 '10시간' 시점에 고장 났고 '아이템 2'는 이 시간대가 없으므로 같은 값인 '10시간'을 기재). 중요한 것은 '아이템 1'이 '122시간' 시점에 고장 났을 때 '아이템 2'는 이미 '100시간'으로 종료된 상태이므로 '122시간'이 아닌 '100시간'으로 기재한다. 아이템별로 새롭게 기재된 시간 값들을 합산하여 '**등가 단일 시스템(ESS)**' 열을 완성한다. 실제 데이터 예인 [표 Ⅲ-16]을 통해 분석과 해석을 수행해 보자[문헌-⑤(pp.73~77)].

Item#	종료	1	2	3	4	5	6	7	8	9	10	11	12	13	14	15	16	17	18	19	20	21	22	23
#1	504	21	29	43	43	43	66	115	159	199	202	222	248	248	255	286	286	304	320	348	364	404	410	429
#2	541	83	83	83	169	213	299	375	431															
#3	454	26	26	57	64	169	213	231	231	231	231	304	383											
#4	474	36	30	306	334	354	395	403	448	456	461													
#5	436	23	46	127	166	169	213	213	255	369	374	380	415											
#6	500	7	13	13	31	31	82	109	137	166	200	210	220	301	422	437	469	469						

[표 Ⅲ-16]의 '**종료**' 열은 각 아이템의 시험이 종료된 '누적 시간'이다. 모든 아이템은 '0시간'으로 맞춰져 동시에 시작된 상태(또는 그렇게 되도록 조정된 것)이고 ' 1 ' 열은 각 아이템이 첫 번째 고장 난 시간이다. '아이템 #1' 경우 '429시간'에 최종 고장이 관찰됐고 누적으로 '504시간' 때 시험이 종료됐다. [표 Ⅲ-11]의 데이터와 비교하면 당시는 '고장 시간'과 '작동 시간'이 혼재했었지만 [표 Ⅲ-16]은 모두 고장 난 시간만 포함돼 있다. [표 Ⅲ-7]의 '단일 아이템 고장 시간'과 같은 방법으로 분석하기 위해 '등가 단일 시스템(ESS)'으로 전환해야 한다. [표 Ⅲ-17]은 그 예이다.

[표 Ⅲ-17] 다중 아이템의 '동시 작동 시간' 데이터를 'ESS'로 전환한 예

No	아이템-#1	아이템-#2	아이템-#3	아이템-#4	아이템-#5	아이템-#6	ESS
1	7	7	7	7	7	**7**	42
2	13	13	13	13	13	**13**	78
3	13	13	13	13	13	**13**	78
4	**21**	21	21	21	21	21	126
5	23	23	23	23	**23**	23	138
…	…	…	…	…	…	…	…
81	469	469	454	469	436	**469**	2766
82	469	469	454	469	436	**469**	2766
종료	**504**	**541**	**454**	**474**	**436**	**500**	2909

[표 Ⅲ-17]에서 '아이템-#6'의 굵은 파란색 숫자 '7'은 [표 Ⅲ-16]의 '고장 난 시간'이고 나머지 아이템들 모두를 같은 시간 '7'로 설정했다. 이들의 합은 'ESS' 열에 기재돼 있고 동일 과정이 행별로 반복된다. 또 '아이템-#6'의 '81과 82행'은 '469시간'에 고장 난 반면 '아이템-#5'는 이미 그 이전인 '436시간'에 종료됐기 때문에, 종료 시점인 '436시간'이 반복적으로 기재돼 있다. 표의 맨 끝 열인 '등가 단일 시스템(ESS)' 값들을 이용하면 '단일 고장 시간 데이터'로 간주해 분석이 가능하다. 1) 3,000시간에서의 '실증(또는 성취) MTBF'를 구하고, 2) 만일 3,000시간까지 시험을 계속했을 때 예상되는 '추가 고장 수'를 예측해 보자. 우선 (식 Ⅲ-15)의 '실증(또는 성취) MTBF' 식과 'MLE'를 이용한 '모수 추정' 식인 (식 Ⅲ-17)을 이용하면 [표 Ⅲ-18]과 같다.

[표 Ⅲ-18] 다중 아이템의 '동시 시험 데이터'에 대한 '실증 MTBF' 산정 예

'실증 MTBF' 구하기 (식 Ⅲ-15) (식 Ⅲ-17) $\begin{bmatrix} T=3,000 \text{에서의} \\ \text{'실증(or 성취)} MTBF' \end{bmatrix}$	○ 실증(또는 성취/현재/순간) $MTBF$ (식 Ⅲ-15) $\qquad m_{ins}(t) = 1/(\lambda\beta t^{\beta-1})$ ○ '정시 중단 시험'의 '모수' 추정하기 (식 Ⅲ-17) $\hat{\beta} = \dfrac{n}{n \times \ln T - \sum_{i=1}^{n} \ln t_i} = \dfrac{82}{82 \times \ln 2,909 - \left(\begin{smallmatrix} \ln 42 + \ln 78 + \\ \dots + \ln 2,766 + \ln 2,766 \end{smallmatrix}\right)}$ $\qquad \cong 0.893875.$ $\hat{\lambda} = \dfrac{n}{T^{\hat{\beta}}} = \dfrac{82}{2,909^{0.893875}} = 0.065714.$ $\therefore m_{ins}(3,000) = 1/(0.065714 \times 0.893875 \times 3,000^{0.893875-1})$ $\qquad\qquad\qquad = 39.8174 \text{시간/고장}.$
'T=3,000' 시험 시 '추가 고장 수' 구하기 (식 Ⅲ-16)	if $(0,t]$, $E[N(t)] = \lambda t^{\beta}$. 따라서 '3,000시간'까지 시험 진행한다면, $\therefore E[N(3,000)] = 0.065714 \times 3,000^{0.893875}$ $\qquad\qquad\qquad \cong 84.2892 \text{회의 고장발생 예측됨}.$ $\therefore$ 현재 $N(2,909) = 82$회이므로, $84.2892 - 82 \cong 3$회의 추가고장 예측됨.

'모수 추정'에 대한 'R 코드'는 [그림 Ⅲ-11]을 참고하고, 'JUMP'에 대해서

만 입력 방법과 분석을 통해 [표 Ⅲ-18]을 검증해 보자.

[그림 Ⅲ-21] 'JUMP' 분석을 위한 '데이터 구조' 및 '대화상자' 입력 위치

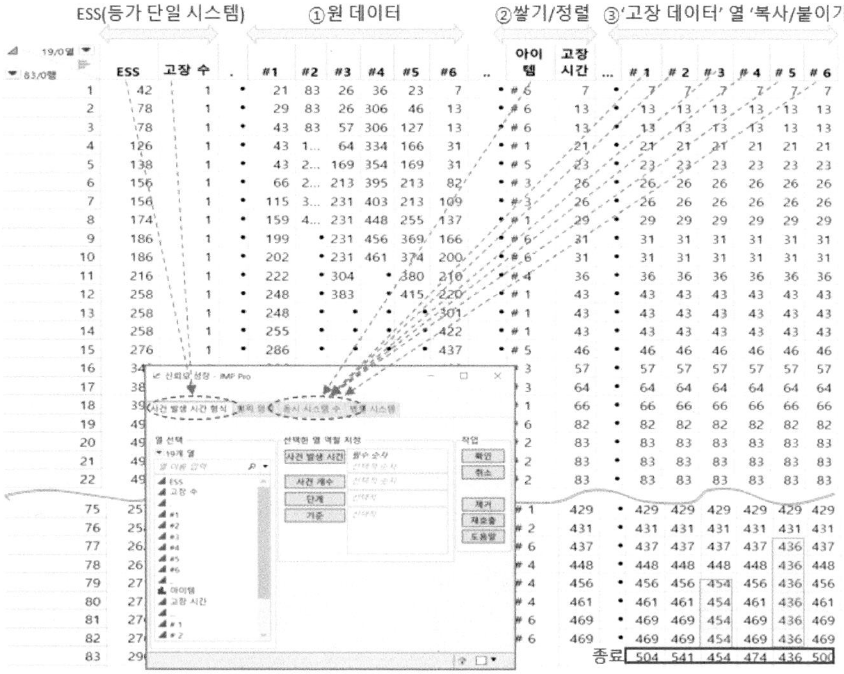

[그림 Ⅲ-21]은 [표 Ⅲ-16]의 '원 데이터'를 'JUMP'로 분석하기 위해 편집한 결과이다. 신뢰성 데이터들은 여러 구조가 존재해서 'R'이나 통계 소프트웨어를 사용할 경우 사전 학습이 안 되면 그에 맞도록 조정하는 일도 만만치 않다. [그림 Ⅲ-21]에서 첫째와 둘째 열인 'ESS' 및 '고장 수'는 '원 데이터'를 [표 Ⅲ-17]과 같이 통합한 것으로 '등가 단일 시스템'의 분석과 같다. 따라서 '대화상자'의 ' 사건 발생 시간 형식 ' 탭을 이용한다.

다음은 '대화상자'의 '동시시스템수' 탭을 이용하는 방법인데, 사실은 이 형식이 상황에 맞지만 약간의 편집이 요구된다. [그림 Ⅲ-21]의 "①원 데이터"는 [표 Ⅲ-16]의 '원 데이터' 그대로이다. 그러나 이대로는 '대화상자'에 입력할 수 없다. 이에 "②쌓기/정렬"처럼 'JUMP'의 「테이블(T)>쌓기」로 쌓은 뒤 「테이블(T)>정렬」로 '오름차순 정렬'한다. 다음 '고장 시간' 열을 복사해서 "③'고장 데이터' 열 '복사/붙이기'"와 같이 6개 열에 붙여 넣는다. 이때 주의할 점으로 맨 아래 행에 아이템별 '종료 시간'을 입력하고, '#3'과 '#5'처럼 먼저 종료된 아이템들에 대해 그의 '종료 시간'을 채운다 (노란색 상자 참조). 끝으로 '동시시스템수' 탭에 [그림 Ⅲ-22]와 같이 입력한다.

[그림 Ⅲ-22] 'JUMP'의 '대화상자' 입력 예

[그림 Ⅲ-23]은 결과로써 추정된 '모수'와 'T = 3,000시간'에서의 '실증(또는 성취) MTBF', 그리고 예측된 '고장 수'를 각각 나타낸다('추가 고장 수'는 '82'를 빼줘서 '약 3회'임). 모든 결과는 [표 Ⅲ-18]과 일치한다.

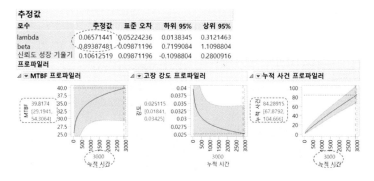

[그림 III-23] JUMP의 '동시 시스템 수로 얻은 '$T=3,000$'에서의
'실증 MTBF'와 '고장 수'

2.2.3. 다중 아이템을 동시에 작동시키는 경우('수정 시점'이 다름)

직전 주제인 여러 아이템을 동시에 시험하는 상황에서 '등가 단일 시스템 (ESS)'을 어떻게 만들었는지 상기해 보자. 한 개 아이템이 고장 났을 때 그 시점을 다른 아이템들의 고장 시간으로 간주하고 모두 합산한 바 있다. 이때 전제 조건이 "아이템 구성(Configuration)이 모두 같다."이다. 즉 한 개 아이템이 고장 나면 그 '고장 모드'에 대해 '수정(Fixes)'을 가하되, 다른 아이템들 역시 작동을 중단시킨 뒤 같은 변경 내용으로 '개선 조치'한 후 시험을 동시에 재개하는 식이다. 따라서 고장 난 아이템을 '수정'하기 직전까지는 모두 같은 '구성'을 유지한다. 그러나 현실적으로 같은 '수정'을 동시에 구현하는 일은 매우 어렵다. 동시에 '수정'이 이뤄지기보다 어느 아이템은 시간이 좀 지나 '수정'되는 일이 다반사다. 이에 일반적인 상황을 고려한 '등가 단일 시스템 (ESS)'의 산정이 필요하다. '기본 원칙'을 기술하면 다음과 같다.[35]

---

35) https://www.weibull.com/hotwire/issue112/hottopics112.htm 내용을 편집해서 옮김.

1) 아이템별 고장 시간을 합할 때는 '구성'이 같아야 한다. 한 아이템이 '수정'되고 다른 아이템들이 '수정 전'이면 '구성'이 다른 것이다.
2) 예로써 한 아이템의 고장 시간이 '1st 수정 완료 시점+α'면 다른 아이템들 각자의 '1st 수정 완료 시점'에 'α'를 더한다. '1st 수정 완료 시점'까지는 같은 '구성'이기 때문이다. '수정 시점'이 달라져도 계산 방식은 같다.

글로는 너무 어려운데 예를 들어보자. 네 개의 각 아이템이 '500시간' 동안 시험 중이다. 아이템별 '고장 시점'과 '수정 시점'이 [표 Ⅲ-19]와 같다.

[표 Ⅲ-19] 다중 아이템의 '동시 시험 데이터' 중 '수정 시점'이 다른 경우 예

No	아이템-#1	아이템-#2	아이템-#3	아이템-#4	비고
1	100	280	290	5(BC2)	○ 숫자만 표기된 셀은 모두 '고장 모드=BC1'이 발생한 것임. ○ 'Fix'는 수정 시점임.
2	200(Fix)	300(Fix)	390	12(BC3)	
3	250	380	400(Fix)	270	
4	300(Fix)	400(Fix)	490	370	
5	350	480	500(Fix)	470	
6	450	-	-	500(Fix)	
7	-	-	-	500(BC2, Fix)	
8	-	-	-	500(BC3, Fix)	

[표 Ⅲ-19]에서 'BC1', 'BC2', 'BC3'의 세 가지 '고장 모드'가 시험 중 발생한 것으로 관찰된다. '고장 모드-BC1'은 다른 아이템에서 서로 다른 시간에 '수정(Fix)'되고 있다(즉, **모든 아이템이 같은 변경 내용으로 동시에 '수정'돼야 함에도 그렇지 못함**). [표 Ⅲ-19]의 상황에서 분석을 위해 '등가 단일 시스템 (ESS)'이 어떻게 구현될지가 관심사이다. [표 Ⅲ-20]을 보자.

[표 Ⅲ-20] '등가 단일 시스템(ESS)'으로의 전환 예

No	아이템	고장 시간	ESS 계산
1	#4	5	(고장 모드=BC2) $5 \times 4 = 20$
2	#4	12	(고장 모드=BC3) $12 \times 4 = 48$
3	#1	100	(고장 모드=BC1, 이하 모두 BC1) $100 \times 4 = 400$
4	#1	250	$[200(Fix) + 50] + [300(Fix) + 0] + [400(Fix) + 0] + [500(Fix) + 0] = 1,450$
5	#4	270	$200(Fix) + 270 \times 3 = 1,010$
6	#2	280	$200(Fix) + 280 \times 3 = 1,040$
7	#3	290	$200(Fix) + 290 \times 3 = 1,070$
8	#1	350	$[200(Fix) + 150] + [300(Fix) + 50] + [400(Fix) + 0] + [500(Fix) + 0] = 1,60$
9	#4	370	$200(Fix) + 300(Fix) + 370 \times 2 = 1,240$
10	#2	380	$[200(Fix) + 180] + [300(Fix) + 80] + [400(Fix) + 0] + [500(Fix) + 0] = 1,66$
11	#3	390	$200(Fix) + 300(Fix) + 390 \times 2 = 1,280$
12	#1	450	$[200(Fix) + 250] + [300(Fix) + 150] + [400(Fix) + 50] + [500(Fix) + 0] = 1,$
13	#4	470	$200(Fix) + 300(Fix) + 400(Fix) + 470 = 1,370$
14	#2	480	$[200(Fix) + 280] + [300(Fix) + 180] + [400(Fix) + 80] + [500(Fix) + 0] = 1,$
15	#3	490	$[200(Fix) + 290] + [300(Fix) + 190] + [400(Fix) + 90] + [500(Fix) + 0] = 1,$

[참고] 2nd 수정 이후 고장들은 #4가 2nd 수정이 없으므로 1st 수정만 반영.

먼저 [표 Ⅲ-19]에서 '아이템-#1'의 첫 '고장 시간'인 '100시간'은 이때까지 '아이템-#1'을 포함해 다른 아이템들 모두 수정이 없는 "같은 구성 상태"에 있다. 따라서 'ESS'는 '100×4개 아이템=400시간'이다. 다시 [표 Ⅲ-19]에서 '아이템-#1'의 '250시간'을 보자. 이 경우 이미 그 앞 '200(Fix)'에서 '수정'을 통해 구성이 변경된 뒤 '50시간'이 흘렀다. 이때 다른 아이템들의 "구성이 같은 시점"은 첫 번째 수정이 이루어진 '아이템-#2 =300(Fix)', '아이템-#3=400(Fix)', '아이템-#4 =500(Fix)'이다. 이들은 모두 '고장 시간=250'보다 뒤에 수행됐으므로 '아이템별 1st 수정 완료 시점+α 까지의 시챠'에서 'α 까지의 시챠'는 모두 '0'이다. 따라서 아이템별로 반영하

면 'ESS=[200(Fix^{1st})+50]+ [300(Fix^{1st})+0]+[400(Fix^{1st})+0]+[500(Fix^{1st})+0]=1,450시간'이다. 계산 예를 하나 더 들면 '아이템-#2'의 '480시간'을 보자. 두 번째 수정인 '400(Fix^{2nd})' 이후 '80시간'이 흘렀다. 그런데 두 번째 수정 이후의 '구성'이 같은 아이템을 찾으면 '아이템-#1~#3'은 수정이 두 번 있으나 '아이템-#4'는 존재하지 않는다. 이에 공통으로 적용될 수 있는 '첫 번째 수정'만을 고려한다. 따라서 '아이템-#1'은 '200(Fix^{1st})+280', '아이템-#2'는 '300(Fix^{1st})+180', '아이템-#3'은 '400(Fix^{1st})+80', 끝으로 '아이템-#4'는 첫 수정이 '500(Fix^{1st})'으로 고장 시간인 '480'보다 뒤가 돼서 '500(Fix^{1st})+0'이 된다. 정리하면 'ESS=[200(Fix^{1st})+280]+[300(Fix^{1st})+180]+[400(Fix^{1st})+80]+ [500(Fix^{1st})+0]=1,940시간'이다.

'수정(Fix)' 활동을 포함하는 특이성 때문에 '원 데이터'의 전처리가 필요했다. 이 부분까지 통계 소프트웨어가 수용할 수도 있으나 'JUMP'의 경우 원 데이터인 [표 Ⅲ-19] 대신 편집한 [표 Ⅲ-20]을 사용해야 한다. 사례를 참고한 출처에 따르면 '신뢰도 성장분석' 전용 소프트웨어인 'RGA'만이 전처리 없이 분석에 활용될 수 있다. [그림 Ⅲ-24]는 전처리 한 [표 Ⅲ-20]을 이용해 'JUMP'로 분석한 과정과 그 결과이다.

[그림 Ⅲ-24]는 '테이블 구조'와 '대화상자' 입력 및 결과이다. 만일 고객 요구가 "신뢰 수준 95%에서 2,000시간의 실증(또는 성취/현재/순간) MTBF=60시간이었다면 '신뢰 하한≅61.52시간'이므로 목표를 달성했다."라고 판단한다(불확실성을 고려해 '신뢰 하한'을 사용함). 그러나 '고장 강도'의 증가 패턴은 '실증(또는 성취) MTBF'를 점차 떨어트릴 수 있으므로 역성장이면 원인 규명과 조치가 필요할 수 있다. 참고로 [그림 Ⅲ-24]의 데이터에서 '고장 모드=BC(「1.1. 용어 정의」의 'B-모드' 참조)'는 시험 중 고장 났을 때 바로 '수정'이 이루어지는 '고장 모드'다. 반면, 'ESS'로 전환하면 시험 종료 후 몰아서 '수정'하는 'BD-모드'로 간주하고 분석한다(지연 수정). 이 때문에 '고장 모드'는 '현 BC→BD'로 전환해야 하나 'BC'를 그대로 표기하였다.

2.2.4. 다중 아이템에 날짜가 포함된 경우(Multiple Systems with Dates)

시험 중 '고장 시간'과 함께 날짜가 기록된다. 특징은 다음과 같다.

○ 같은 아이템이 여러 개 시험 되는 상황은 [표 Ⅲ-16]의 '다중 아이템의 동시 시험 데이터'와 같다. 즉 '고장 시간'이 같게 기록된다.
○ 다른 점은 시험 시작 시점이 다르고('0'으로 일관되게 설정되지 않음), 시작 때 아이템의 '구성'도 다르다([표 Ⅲ-16]은 시작 때 '구성'이 같았음). 단 시험 중 고장 난 아이템의 '수정' 내용을 다른 모두에 적용할 수 있다. 이것은 '수정' 이후 모든 아이템의 '구성'이 같아진다는 의미다.
○ 가장 큰 차이는 '고장 시간'과 함께 '달력 날짜'가 기록된다. '날짜'는 함께 작동 중인 타 아이템과의 '등가 단일 시스템(ESS)' 계산에 이용된다.

[표 Ⅲ-21]은 아이템 두 개만을 고려한 간단한 데이터 수집 예이다.[36]

[표 Ⅲ-21] 다중 아이템 시험에 '날짜'가 포함된 경우의 예

No	아이템-#1		아이템-#2		비고
	누적 고장 시간	날짜	누적 고장 시간	날짜	
1	0	2013/01/01	0	2013/01/05	시험 시작
2	43	2013/01/06	83	2013/01/10	-
3	66	2013/01/18	169	2013/01/15	-
4	115	2013/01/31	213	2013/02/01	-
5	159	2013/02/03	299	2013/02/03	시험 종료

---

36) http://help.synthesisplatform.net/rga9/times-to-failure_data_with_multiple_systems.htm

[표 Ⅲ-21]의 '**누적 고장 시간**' 열만 보면 [표 Ⅲ-16]인 '다중 아이템의 동시 시험 데이터'와 외관상 차이가 없다. '아이템-#1'은 '1월 1일' 시작했고, '아이템-#2'는 '1월 5일' 시작했으나 만일 <u>시작 당시 모든 '아이템 구성'이 같으면</u> '아이템-#1'과 '아이템-#2'의 시작 시점을 '0'으로 설정해 [표 Ⅲ-17]의 방식에 따라 '등가 단일 시스템(ESS)'을 계산한다. 이때 '날짜' 열은 아무런 역할이 없다. 그러나 애초부터 <u>구성</u>'이 다른 상태에서 시험을 시작했다면 동시 개념 은 사라지고 이후 '고장 시간'들에 대해서는 '날짜'를 이용해 '고장 시간'을 추 정한 뒤 'ESS'로 전환해야 한다.

충분한 이해를 돕기 위해 지금까지 다루었던 '다중 아이템 시험 유형'들이 서로 어떤 차이점이 있는지 [그림 Ⅲ-25]에 총정리하였다.

[그림 Ⅲ-25] 다중 아이템 유형들의 '고장 시간' 간 특징과 차이점 정리

[그림 Ⅲ-25]의 가운데는 현재 설명 중인 '날짜가 포함된 다중 아이템 데이

터 구조'이며 나머지는 앞서 소개했던 '다중 아이템 데이터 구조'들이다. 본문에 글로 표현하면 더 복잡하고 내용 파악에 장애가 될 것 같아 관심 있는 독자는 [그림 Ⅲ-25]에 요약된 차이점을 '원 번호' 순으로 정독해 주기 바란다. [표 Ⅲ-22]는 [표 Ⅲ-21]을 이용해 얻은 'ESS' 계산 예이다.

[표 Ⅲ-22] '[표 Ⅲ-21]'에 대한 'ESS 계산' 예

No	아이템-#1			아이템-#2		ESS
	누적 고장 시간	날짜		누적 고장 시간	날짜	
1	0	1/1		–		0
	–			0	1/5	0
2	43	1/6		$0 + \dfrac{83-0}{\langle 1/10 - 1/5 \rangle} \times$ $(\langle 1/6 - 1/5 \rangle - 1) = 0.0$	–	43
	$43 + \dfrac{66-43}{\langle 1/18 - 1/6 \rangle} \times$ $(\langle 1/10 - 1/6 \rangle - 1) = 48.75$	–		83	1/10	131. 75
3	$43 + \dfrac{66-43}{\langle 1/18 - 1/6 \rangle} \times$ $(\langle 1/15 - 1/6 \rangle - 1) = 58.33$	–		169	1/15	227. 33
4	66	1/18		$169 + \dfrac{213-169}{\langle 2/1 - 1/15 \rangle} \times$ $(\langle 1/18 - 1/15 \rangle - 1) \cong 174.1$	–	240. 18
	115	1/31		$169 + \dfrac{213-169}{\langle 2/1 - 1/15 \rangle} \times$ $(\langle 1/31 - 1/15 \rangle - 1) = 207.8$	–	322. 82
	$115 + \dfrac{159-115}{\langle 2/3 - 1/31 \rangle} \times$ $(\langle 2/1 - 1/31 \rangle - 1) = 115.0$	–		213	2/1	328. 0
5	159	2/3		299	2/3	458. 0

※ 계산 값들은 '작동 시간(Operating Times)'에 해당함.

[표 Ⅲ-22]와 [표 Ⅲ-21]의 'No' 열의 '숫자'는 서로 일치한다. 숫자가 없는 행은 'ESS' 계산 설명을 위해 추가되었다. 먼저 **아이템-#1**에서 두 번째로 고장 난 '1월 18일'을 예로 들어보자. '누적 고장 시간'이 '66시간'으로서 이 시

점의 '아이템-#2'의 '고장 시간'이나 '작동 시간'이 알려져야 'ESS'가 얻어진다. 현재 예가 "시작 시점도 다르고, 시작할 때 구성도 달라서" 둘의 시작 시점을 '0'이 아닌 일반적 상황으로 가정한다. 이때 추가로 알려진 '날짜 정보'를 이용한다. 현재 구하고자 하는 값은 '아이템#1'의 '1월 18일'에 해당하는 '아이템#2'의 고장 시간을 추정하는 것이다. 순서는 우선 ① '아이템-#1'이 고장난 '1월 18일'은 '아이템-#2'의 '1월 15일(169시간)'과 '2월 1일(213시간)' 사이에 위치한다. 이때 ② '1월 15일과 2월 1일 사이의 일평균 작동 시간'을 구한다. 다음 ③ '아이템-#2의 1월 15일부터 아이템-#1의 1월 18일까지의 소요일'을 곱한다. 이 같은 접근법을 '선형 보간법(Linear Interpolation)'이라고 한다. 식으로 나타내면 (식 Ⅲ-26)과 같다.

$$[\text{'아이템}-1\text{'의}\,1\text{월}\,18\text{일에 대응하는}\,'\text{아이템}-2\text{'의}\,'\text{작동 시간' 추정}] \quad (\text{식 Ⅲ-26})$$

$$169 + \frac{213 - 169}{\langle 2/1 - 1/15 \rangle} \times (\langle 1/18 - 1/15 \rangle - 1) \cong 174.18$$

$$\underbrace{\phantom{169 + \frac{213-169}{\langle 2/1-1/15\rangle}}}_{\substack{'\text{아이템}-2\text{'의}\\ \text{일평균 작동 시간}}} \quad \underbrace{}_{\substack{'\text{아이템}-2\text{'가}\,1/15\text{부터}\,'\text{아이템}-1\text{'의}\\ \text{고장 날짜}\,1/18\text{일까지 작동한 일수}}}$$

$Where,$ 괄호 '$<>$' 는 날짜를 의미함.

$$\therefore ESS = 66 + 174.18 \cong 240.18시간$$

[표 Ⅲ-22]의 맨 끝 열 'ESS' 값을 이용해 '실증(또는 성취) MTBF'를 얻는다. 'R'의 계산은 [그림 Ⅲ-11]을 참고하고 별도의 설명은 생략한다. [그림 Ⅲ-26]은 'JUMP'를 이용하여 결과만 얻은 것이다. 데이터 입력 상황과 '대화상자' 입력 예 및 기본적인 해석은 [그림 Ⅲ-24]를 참고하기 바란다.

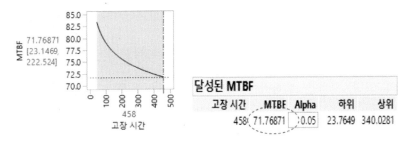

2.3. 그룹(또는 구간) 데이터

만일 '신뢰도 성장' 데이터가 정확한 '고장 시간'은 모른 채 '구간'으로만 수집돼 있다면 이를 '그룹 데이터(Grouped Data)' 또는 '구간 데이터(Interval Data)'라고 한다. 「MIL-HDBK-189C」에 근거한 [그림 Ⅲ-1]의 "'신뢰도 성장추적'을 위한 모형(Model)들의 모음"에서는 "Estimation Procedures for the Option for Grouped Data"로 명명돼 있다. '모형들 모음' 속에 "모형 같지 않은 모형의 표현" 같아 앞으로 어떻게 불러야 할지 난감하다. 사실 'MIL-HDBK'에 "그룹 데이터를 위한 추정 절차"로만 기술한 이유는 별개의 모형이 따로 존재하는 것이 아니라 앞서 학습했던 'RGTMC(또는 AMSAA Crow 모형)'를 해석에 그대로 사용하기 때문이다. 일부에서는 모형 명칭을 영문으로 'AMSAA RGTMC with Grouped Data'로도 쓰고 있다. 그러나 본문에서는 이전까지 설명해 오던 'RGTMC'의 영역으로 보고 데이터의 한 유형인 '그룹 데이터'로만 호칭할 것이다.

'그룹 데이터'는 데이터 구조가 이전과 크게 다르게 '시간 구간'과 그 구간 속에 '고장 수'가 포함되는 특징을 갖는다. '신뢰도 성장추적 분석'을 위해서는 '구간'은 최소 '세 개 이상'이 필요하고, 그들 중 '최소 두 개 이상'의 '구간'에 '고장 수'가 존재해야 한다. 시험 시작은 항상 '0'이며, '구간 폭'이 같을 필요는 없다. 분석에 '모수 추정'과 '실증(또는 성취) MTBF', '적합도 검정' 등이 포함된다. 특히 데이터 구조가 이전과 크게 다르므로 '모수 추정'의 계산 식에 차이가 있고 이후 분석과 해석은 동등하다[문헌-①(pp.85~87)].

[**Case Study 12**] - 'RGTMC'를 적용해서 '그룹 데이터'를 해석하시오.

(**상황**) 항공기의 고장 관련 '그룹 데이터'가 수집되었다. 이 예에서 항공기는 20시간 비행 간격으로 정기 검사를 받는다. [표 Ⅲ-23]은 최초 100시간 동안의 비행시험 결과 데이터이다. 100시간에서의 '순간 MTBF'에 대한 '점 추정', '구간 추정'과 추세 분석', '적합도 검정'을 수행하시오.

[표 Ⅲ-23] 항공기 최초 100시간 동안의 '그룹 데이터' 예

No	시작 시간(t_{i-1})	종료 시간(t_i)	관측 고장 수(n_i)
1	0	20	13
2	20	40	16
3	40	60	5
4	60	80	8
5	80	100	7
총 관측 고장 수(N)			49

[표 Ⅲ-23]에서 '총 관측 고장 수(N)=49', '그룹(구간) 수(g)=5개'이다.

(**점 추정**) 먼저 '모수(β, λ)'를 구해야 한다. '구간 (t_{i-1}, t_i)'에 포함된 '고장 수'를 'n_i'라 할 때, '형상 모수(β)'에 대한 '최대 우도 추정량'은 '비선형 방정식'을 만족하는 값이다. 또 '총 기대 고장 수'를 '총 관측 고장 수'와 같게 놓은 뒤, '$\hat{\lambda}$'에 대해 풀면 '척도 모수(λ)'의 추정값을 얻는다. 각각의 계산 식은 (식 Ⅲ-27)과 같다.[37]

['형상모수(β)' 추정]   (식 Ⅲ-27)

$$\sum_{i=1}^{g} n_i \left[\frac{t_i^{\hat{\beta}} \ln t_i - t_{i-1}^{\hat{\beta}} \ln t_{i-1}}{t_i^{\hat{\beta}} - t_{i-1}^{\hat{\beta}}} - \ln t_g \right] = 0, \ where \begin{cases} t_0 = 0, g = 그룹(구간) 수 \\ t_g = 시험 종료시간 \end{cases}$$

['척도모수(λ)' 추정]

$$\hat{\lambda} t_i^{\hat{\beta}} = \sum_{i=1}^{g} n_i \ \Rightarrow \hat{\lambda} = \frac{\sum_{i=1}^{g} n_i}{t_i^{\hat{\beta}}} \ , \quad where, \ n_i = 구간 내 고장 수$$

[표 Ⅲ-23]에 대해 (식 Ⅲ-27)을 이용하면 '형상 모수(β)'는 (식 Ⅲ-28)로부터 얻는다.

['형상모수(β)' 추정]   (식 Ⅲ-28)

$$\sum_{i=1}^{g} n_i \left[\frac{t_i^{\hat{\beta}} \ln t_i - t_{i-1}^{\hat{\beta}} \ln t_{i-1}}{t_i^{\hat{\beta}} - t_{i-1}^{\hat{\beta}}} - \ln t_g \right]$$

$$= \left[\begin{array}{l} \left(13 \times \dfrac{20^{\hat{\beta}} \ln 20 - 0^{\hat{\beta}} \ln 0}{20^{\hat{\beta}} - 0^{\hat{\beta}}} - \ln 100 \right) + \\[2mm] \left(16 \times \dfrac{40^{\hat{\beta}} \ln 40 - 20^{\hat{\beta}} \ln 20}{40^{\hat{\beta}} - 20^{\hat{\beta}}} - \ln 100 \right) + ... + \\[2mm] \left(7 \times \dfrac{100^{\hat{\beta}} \ln 100 - 80^{\hat{\beta}} \ln 80}{100^{\hat{\beta}} - 80^{\hat{\beta}}} - \ln 100 \right) \end{array} \right] = 0$$

(식 Ⅲ-28)에 포함된 '형상 모수$(\hat{\beta})$'을 구하려면 '비선형 방정식'이라 바로 계산이 어렵다. 굳이 수작업으로 얻으려면 엑셀을 이용하는 방법이 있다. 두 가지 접근이 가능한데 **첫 번째 방법**은 '$\hat{\beta}$'을 '0.000'부터 '0.999' 값을 미리 한 개 열에 설정([그림 Ⅲ-27]의 '형상모수' 열)한 뒤 (식 Ⅲ-27)의 좌변 계산 결

---

37) [유도 과정은 다음 문헌 참죄] Dipl.-Ing. Mag. Dr.Helmut Waldl, Decision-Making in Reliability Growth Planning With Focus on the Crow-AMSAA Model, JOHANNES KEPLER UNIVERSITY LINZ, pp.32~34, 2017.

과가 '0'에 가장 근접한 '$\hat{\beta}$([그림 Ⅲ-27]의 '<u>비선형</u>' 열)'을 찾는다. 실제 해보면 '약 0.753'을 얻는다. 정확히는 [그림 Ⅲ-27]의 엑셀처럼 '0.752851'에서 비선형 값이 '0'이 된다('R'을 이용한 추정은 '부록 F-1' 참조).

[그림 Ⅲ-27] 엑셀로 '형상 모수($\hat{\beta}$)'에 대한 비선형 방정식 풀이 예

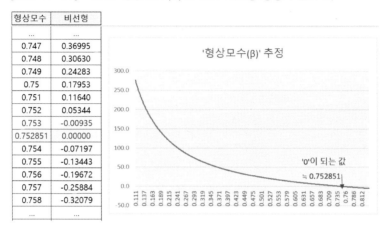

형상모수	비선형
...	...
0.747	0.36995
0.748	0.30630
0.749	0.24283
0.75	0.17953
0.751	0.11640
0.752	0.05344
0.753	-0.00935
0.752851	0.00000
0.754	-0.07197
0.755	-0.13443
0.756	-0.19672
0.757	-0.25884
0.758	-0.32079
...	...

두 번째 방법은 엑셀의 '해 찾기' 기능을 이용한다. 쉽고 선호되는 방법이다. (식 Ⅲ-27)을 시트 한 개 셀에 직접 계산한다([그림 Ⅲ-28] 'D4'셀 식 참조). 이때 '모수 $\hat{\beta}$('E2' 셀 참조)'는 '0.1'등으로 임의 값 하나를 지정한다. 다음 '해 찾기'로 들어가 '목표 설정:(T)'에 '합('D7' 셀)'을 지정한 뒤 '◉지정값:(V)'은 '0'으로 설정한다. 여기까지가 (식 Ⅲ-27) 상황이다. 끝으로 '변수 셀 변경:(B)'에 '$\hat{\beta}$'로 지정한 'E2 셀(현재 '0.1'로 설정돼 있음)'을 지정하고 실행한다. 결과로써 'E2 셀=0.752851'을 얻는다. 복잡한 그림 양해해 주기 바란다.

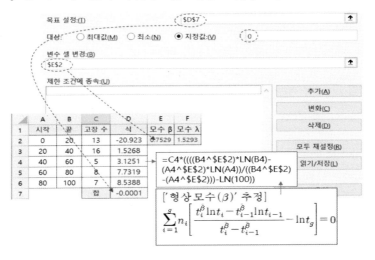

[그림 Ⅲ-28] 엑셀의 '해 찾기' 기능: '형상 모수($\hat{\beta}$)' 추정

$$\sum_{i=1}^{g} n_i \left[\frac{t_i^{\beta} \ln t_i - t_{i-1}^{\beta} \ln t_{i-1}}{t_i^{\beta} - t_{i-1}^{\beta}} - \ln t_g \right] = 0$$

['형상모수(β)' 추정]

'척도 모수($\hat{\lambda}$)'는 (식 Ⅲ-29)를 통해 쉽게 얻을 수 있다.

$$['척도모수(\lambda)' \text{ 추정}] \qquad\qquad (식\ Ⅲ\text{-}29)$$

$$\hat{\lambda} = \frac{\sum_{i=1}^{g} n_i}{t_g^{\hat{\beta}}} = \frac{\sum_{i=1}^{5} n_i}{t_5^{\hat{\beta}}} = \frac{49}{100^{0.752851}} \cong 1.529305$$

일반적으로 추정된 (식 Ⅲ-28)과 (식 Ⅲ-29)의 '모수' 값들을 이용해 '고장 강도 함수[$\mu(t)$]'와 '순간 MTBF[$m_{ins}(t)$]'을 얻는다. 이들은 (식 Ⅲ-15)로 표현됐으며 기억을 되살리기 위해 (식 Ⅲ-30)에 다시 옮겨 놓았다.

○ 고장 강도함수 : $\hat{\mu}(t) = \hat{\lambda}\hat{\beta}t^{\hat{\beta}-1}$, $\quad \hat{\lambda}, \hat{\beta}, t > 0$ (식 Ⅲ-30)

$\hat{\mu}(100) = \hat{\lambda}\hat{\beta}t^{\hat{\beta}-1} = 1.529305 \times 0.752851 \times 100^{0.752851-1}$
$\qquad \cong 0.3689$ 고장/비행시간

○ 순간(현재/성취) $MTBF$: $\widehat{m}_{ins}(t) = [\hat{\mu}(t)]^{-1} = (\hat{\lambda}\hat{\beta}t^{\hat{\beta}-1})^{-1}$

$\widehat{m}_{ins}(100) = [\hat{\mu}(100)]^{-1} = 1/0.3689 \cong 2.7107$ 비행시간/고장

(식 Ⅲ-30)에 [그림 Ⅲ-28]과 (식 Ⅲ-29)에서 얻은 '모수'들을 대입해 최종 그룹인 '100시간'에서의 '고장 강도'와 '순간(또는 실증/성취) MTBF'를 각각 얻었다. 이들은 「MIL-HDBK-189(p.140)」 및 통계 소프트웨어인 'JUMP'의 결과와 정확히 일치한다. 그러나 최신 버전인 「MIL-HDBK-189C(p.85)」에 따르면 (식 Ⅲ-30)은 부드러운 연속 곡선에서의 추정값이므로 '그룹 데이터' 형식의 '신뢰도 성장'을 제대로 설명하지 못한다고 기술하고 있다. 대신 '그룹 데이터'에 대해 (식 Ⅲ-31)을 제안하고 있다.

[고장 강도함수] (식 Ⅲ-31)

$$\hat{\mu}_{Last} = (\widehat{m}_{Last})^{-1} = \left(\frac{t_{Last} - t_{Last-1}}{E(\hat{n}_{Last})}\right)^{-1}$$

[성취 $MTBF$(or $MTBF_{최종그룹}$)]

$$\widehat{m}_{Last} = \frac{t_{Last} - t_{Last-1}}{E(\hat{n}_{Last})}. \qquad \because E(\hat{n}_{Last}) = \hat{\lambda}\left(t_{Last}^{\hat{\beta}} - t_{Last-1}^{\hat{\beta}}\right)$$

$where,\ t_{Last}$: 최종 그룹에서의 '시험 시간'
$\qquad E(\hat{n}_{Last})$: 최종 그룹에서의 '기대 고장 수'

이때의 '고장 강도'와 '실증(또는 성취) MTBF'를 (식 Ⅲ-31)을 통해 각각 얻으면 (식 Ⅲ-32)와 같다. (식 Ⅲ-30)과 약간의 차이를 보인다.

[최종 그룹에서의 '고장 강도' 추정 $(MIL-HDBK-189C)$]　　　　　　　(식 Ⅲ-32)

$$\hat{\mu}(100) = \frac{E(\hat{n}_{Last})}{t_{Last} - t_{Last-1}} = \frac{\hat{\lambda}\left(t_{Last}^{\hat{\beta}} - t_{Last-1}^{\hat{\beta}}\right)}{t_{Last} - t_{Last-1}}$$
$$= \frac{1.529305 \times (100^{0.752851} - 80^{0.752851})}{100 - 80} \cong 0.3789 \text{ 고장}/\text{비행시간}.$$

[최종 그룹에서의 '성취 $MTBF$(or $MTBF_{최종그룹}$)' 추정]
$$\hat{m}_{Last}(100) = \left[\hat{\mu}(100)\right]^{-1} = \frac{1}{0.3789} \cong 2.6392 \text{ 비행시간}/\text{고장}.$$

(구간 추정) '구간 추정'의 산출물은 '신뢰구간'이다. 우리에게 익숙한 '정규 분포'의 중심을 기준으로 '95% 넓이'를 점유하면 '95% 신뢰 수준'이라고 하고 그 넓이를 가르는 'x-축의 양 끝점'을 지정하면 그를 '신뢰구간'이라고 한다. 따라서 '신뢰 수준=95% 또는 90%' 등과 '신뢰구간'은 항상 붙어 다닌다. '신뢰도 성장분석'에서 쓰이는 계산법은 크게 두 개인데, 하나는 '개발 중인 시험 데이터'에 적용하는 <u>Crow Bounds</u>'와, 다른 하나는 '신뢰성 분야'에서 선호하는 '<u>Fisher Matrix Approach</u>('부록-E' 참조)'이다. '그룹 데이터'에 대한 'Crow Bounds' 방법의 'MTBF 구간 추정'은 Crow 논문에 따라 (식 Ⅲ-33)으로부터 얻는다[계산 예는 (식 Ⅲ-24) 참조].[38]

　　　　○ 양쪽 신뢰구간 : $L_{N,\gamma}\,\hat{m}_{Last} \le m_{Last} \le U_{N,\gamma}\,\hat{m}_{Last}$　　(식 Ⅲ-33)
　　　　○ 한쪽 신뢰구간 : $\hat{m}_{Last} \le m_{Last}$

　　　　　where, N : 총 관측 고장 수
　　　　　　　$L_{N,\gamma}/U_{N,\gamma}$: 'γ= 신뢰 수준'.

---

38) Crow, Larry H., Confidence Interval Procedures for Reliability Growth Analysis. APG: AMSAA Technical Report TR 197, Jun 1977.

(식 Ⅲ-33)은 'Crow Bounds'의 계산법이나 실제 활용도 높은 'Fisher Matrix Bounds'에 대해 알아보자. 이론적 배경(도출 과정)은 '부록-E'에 자세히 유도해 놓았고 추가 학습이 필요한 독자는 'http://reliawiki.org/'의 "Crow-AMSAA Confidence Bounds"를 참고하기 바란다. 이어지는 본문은 계산 과정이 복잡해 결과 식만 활용할 것이다. '$\widehat{m}_{Last}(100)$'을 통해 '신뢰 수준(γ)=0.95'에 대한 '신뢰구간'을 구하면 (식 Ⅲ-34)와 같다.

['그룹데이터'에 대한 '순간 $MTBF[\widehat{m}_{ins}(100)]$'의 '구간 추정']　　　(식 Ⅲ-34)
시험 종료 시점인 $t=100$에서의 '신뢰 구간($Confidence\ Bounds$)'

○ $\widehat{m}_{ins}(100)=2.710784.$ (식 $III-30$)으로부터
○ $Var[\widehat{m}_{ins}(100)]=0.356639$
○ $z_{0.975} \cong 1.96$

○ $CB=\widehat{m}_{ins}(100)e^{\pm z_o \sqrt{Var[\widehat{m}_{ins}(100)]}/\widehat{m}_{ins}(100)}$
$\qquad =2.710784 \times e^{\pm 1.96\sqrt{0.356639}/2.710784}$

∴ 신뢰 수준 95%에서의 '구간 추정'
$\begin{cases} ('-' \text{일 때}), \text{신뢰 하한} \cong 1.76025 \\ ('+' \text{일 때}), \text{신뢰 상한} \cong 4.17462 \end{cases}$

[그림 Ⅲ-29]는 'JUMP'의 데이터 테이블, 대화상자 및 모수 추정 결과를 각각 보여준다. '모수'는 [그림 Ⅲ-28], '실증(성취) MTBF'는 (식 Ⅲ-30), '신뢰구간'은 (식 Ⅲ-34)와 비교하기 바란다.

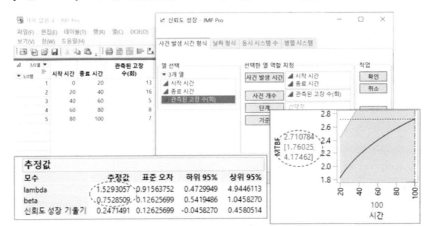

모수들의 '점 추정', '구간 추정(신뢰구간)', '공분산 행렬', '실증(또는 성취) MTBF'와 관련한 'R-코드'는 '부록 F-1'을 참고하기 바란다.

(**적합도 검정**) '그룹 데이터'가 'RGTMC'로 잘 설명되는지 검정하기 위해 '카이제곱 적합도 검정(Chi-squared Goodness-of-fit Test)'을 실시한다. '적합도 검정'을 수행하기 전 만일 현 '그룹 데이터'의 각 구간 내 '고장 수'가 '5개 이내'이면 '최소 5개 이상'이 되도록 인접한 구간들을 결합한다. 단, 구간별로 '$n_i = 5$개 이상'이면 결합 과정은 생략한다. 이때 검정에 필요한 '카이제곱 통계량'은 (식 Ⅲ-35)와 같다.

$$\chi_{g-2}^2 = \sum_{i=1}^{g} \frac{\left(O_i - \hat{E}_i\right)^2}{\hat{E}_i}, \quad 단, 자유도\,(Degree\,of\,Freedom) = g - 2 \quad (식\ Ⅲ\text{-}35)$$

$where,\ g$: 그룹(구간)의 수
O_i : 새롭게 구성된 구간에서의 '관측 고장 수'
$\hat{E}_i$: 새롭게 구성된 i^{th} 구간에서의 '기대 고장 수'

(식 Ⅲ-35)는 '신뢰 수준'이 정해졌을 때 '카이제곱 통계량'이 '임곗값'보다 작으면 "귀무가설을 기각하지 못한다. 즉 'RGTMC'가 '그룹 데이터'를 잘 설명한다."라고 판단한다. 통계적 방법 외에 '평균 고장률 그림'을 이용해 신뢰도 분석을 보충할 수 있다. [표 Ⅲ-23]의 '그룹 데이터'가 'RGTMC'로 설명되는지 확인해 보자. 이를 위해 (식 Ⅲ-35)의 '$\hat{E}_i$'인 구간별 '기대 고장 수'가 필요하다. 이 값은 (식 Ⅲ-31)의 '$E(\hat{n}_i)$'와 같다['$E(\hat{n}_{Last})$'→ '$E(\hat{n}_i)$'로 대체]. 계산하면 [표 Ⅲ-24]와 같다.

[표 Ⅲ-24] '그룹 데이터'의 '기대 고장 수[$E(\hat{n}_i)$]' 구하기 예

No	시작 시간	종료 시간	관측 고장 수(회)	기대 고장 수[$E(\hat{n}_i)$]
1	0	20	13	14.58
2	20	40	16	9.99
3	40	60	5	8.77
4	60	80	8	8.07
5	80	100	7	7.58
총 관측 고장 수(N)			49	49.0

○ 기대 고장 수: $\hat{E}_i$, 또는 $E(\hat{n}_i) = \hat{\lambda}\left(t_i^{\hat{\beta}} - t_{i-1}^{\hat{\beta}}\right)$. 예) $E(\hat{n}_1) = 1.528 \times \left(20^{0.753} - 0^{0.753}\right) \cong 14.58$.

(식 Ⅲ-35)에 [표 Ⅲ-24]의 '기대 고장 수'를 적용해 '카이제곱 통계량'을 구하면 (식 Ⅲ-36)과 같다.

○ 가설 : $\begin{cases} H_o : \text{'그룹 데이터'는 } 'RGTMC' \text{로 설명된다.} \\ H_A : H_o \text{가 아니다.} \end{cases}$ (식 Ⅲ-36)

○ 검정통계량 :

$$\chi^2_{5-2} = \sum_{i=1}^{g} \frac{\left(O_i - \hat{E}_i\right)^2}{\hat{E}_i} = \sum_{i=1}^{5} \frac{\left(\text{관측된 고장 수}_i - \text{기대 고장 수}_i\right)^2}{\text{기대 고장 수}_i}$$

$$= \frac{(13-14.58)^2}{14.58} + \frac{(16-9.99)^2}{9.99} + \frac{(5-8.77)^2}{8.77} +$$

$$\frac{(8-8.07)^2}{8.07} + \frac{(7-7.58)^2}{7.58} \cong 5.45.$$

○ 임곗값(유의수준 = 0.05, 자유도 = 3) : 엑셀에서,
 $' = CHISQ.INV(0.95, 3) = 7.815'.$
○ 결론 : '유의수준 = 0.05'에서 '5.45(검정통계량) < 7.815(임곗값)'로
 귀무가설을 기각하지 못함. 즉, '그룹 데이터'는 'RGTMC'로 설명됨.

(식 Ⅲ-36)의 '결론'으로부터 "'그룹 데이터'는 'RGTMC'로 설명된다."이다. [그림 Ⅲ-30]은 '적합도 검정'에 대한 'JUMP' 결과이다.

[그림 Ⅲ-30] '적합도 검정' 'JUMP' 결과

적합도		
카이제곱	DF	p 값
5.450432	3	0.1416

통상은 [그림 Ⅲ-30]의 'p-값'을 이용해 "'p-값(0.1416)>유의 수준(0.05)'이므로 귀무가설을 기각하지 못함. 즉 '그룹 데이터'는 'RGTMC'로 설명된다."라고 판단한다. 'p-값 vs. 유의 수준'을 비교하나 '검정 통계량 vs. 임곗값'을 비교해도 결과는 같다. 검정 때는 둘 중 하나를 선택해서 사용한다.

(추세 분석) '고장 시간'이 아닌 '그룹 데이터'로 수집된 경우 '일정한 고장

률(성장 없음)’ 또는 ‘신뢰도 성장(양의 성장이나 부의 성장)’ 여부를 ‘카이제
곱 검정’으로 확인한다. ‘검정 통계량’은 (식 Ⅲ-37)과 같다[문헌-②(p.69)].

$$\bigcirc \ 가설 \begin{cases} H_o : 고장\,사이의\,시간은\,지수함수를\,따른다(성장없음). \\ H_A : H_o가\,아니다(신뢰도\,성장\,또는\,감소). \end{cases} \qquad (식 \ Ⅲ\text{-}37)$$

$$\bigcirc \ \chi^2_{g-1} = \sum_{i=1}^{q} \frac{\left(n_i - N \times \dfrac{\triangle t_i}{T} \right)^2}{N \times \dfrac{\triangle t_i}{T}}, \ 단, \ (\triangle t_i / T) > 5, \ i = 1, 2, ..., g.$$

$$where, \quad g \quad : 그룹(or\,구간)의\,수$$
$$\triangle t_i \ : \,'t_i - t_{i-1}',\,구간의\,길이(폭),\,모두\,같을\,필요는\,없음.$$
$$N \quad : 총\,고장수, \quad T = \sum_{i=1}^{q} \triangle t_i$$

(식 Ⅲ-37)의 ‘귀무가설’에서 “고장 사이의 시간이 지수함수를 따른다.”라는
것은 “단위 시간당 고장 빈도가 같다.”라는 의미이므로 곧 “성장 없음”을 나
타낸다. 만일 ‘신뢰도 성장(또는 감소)’하려면 시간에 따라 ‘고장 수가 증가(또
는 감소)’해야 한다. 관련 내용은 [표 Ⅲ-2]를 복습하기 바란다.
  ‘검정 통계량’ 계산을 위해 (식 Ⅲ-37)의 각 항을 [표 Ⅲ-25]에 정리하였다.
결론은 표 이후의 설명을 참조하기 바란다.

[표 Ⅲ-25] ‘그룹 데이터’의 ‘추세 분석’을 위한 ‘검정 통계량’ 계산 예

No	시작 시간	종료 시간	관측 고장 수(회)	$\triangle t_i$	개별 카이제곱
1	0	20	13	20	$(13 - 9.8)^2/9.8 \cong 1.04$
2	20	40	16	20	$(16 - 9.8)^2/9.8 \cong 3.92$
3	40	60	5	20	$(5 - 9.8)^2/9.8 \cong 2.35$
4	60	80	8	20	$(8 - 9.8)^2/9.8 \cong 0.33$

5	80	100	7	20	$(7-9.8)^2/9.8 \cong 0.80$
총 관측 고장 수(N)			49	T 100	검정 통계량 8.45

○ (식 $III-37$)에서, $N \times (\triangle t_i / T) = 49 \times (20/100) = 9.8$.

○ 임곗값(유의 수준=0.10, 자유도=4): 엑셀에서 '$= CHISQ.INV(0.9,4) \cong 7.78$.'

[표 Ⅲ-25]로부터 "'유의 수준=0.10'에서 '검정 통계량(8.45)>임곗값(7.78)' 이므로 '대립 가설'을 채택함. 즉 '그룹 데이터'는 '지수함수를 따르지 않는 다(또는 성장/감소한다. 또는 NHPP).'로 설명된다."이다(검정에 대한 개요도는 [그림 Ⅲ-8] 참조). 그러나 만일 '유의 수준=0.05'로 할 경우 '임곗값 $= CHISQ.INV(0.95,4) \cong 9.49$'가 되어 "'귀무가설'을 기각하지 못함. 즉 지수함수를 따른다(성장 없음)."가 돼 결론이 뒤바뀐다. 일반적으로 '추세 분석'에서 '유의 수준=0.10'으로 검정한다. 그러나 이 경우 '검정 통 계량'이 '신뢰도 성장'을 충분히 검증하지 못할 정도로 작을 수 있고, 이 에 '개선 정도'가 미흡하단 판단을 내릴 수도 있다. 따라서 시간에 따른 고장 발생 빈도를 더 낮추기 위한 기술적 노력이 필요할 수 있다. 예를 들어 [표 Ⅲ-25]에서 'No.4와 No.5'의 '관측 고장 수'를 '개선 조치'의 노 력을 통해 각각 '5회'로 낮추었다면 '검정 통계량'은 '8.45 → 12.02'로 증 가한다. 이 경우 '유의 수준=0.05'의 '임곗값=9.49'보다도 더 크므로 확실 한 '신뢰도 성장'의 판단이 가능하다. 연구 개발자는 항상 통계적 결론에 얽매이기보다 제품의 신뢰도가 높아졌는지에 대한 기술적 관점도 함께 고려하는 신중함이 필요하다. 단순히 "유의하다 또는 그렇지 않다"만 판 단할 것이 아니라 통계적 결론을 실제 제품 개선과 연계시키는 것이 훌 륭한 접근임을 명심하자.

2.4. 결측 자료(Missing Data)

'신뢰도 성장분석'에서 문제 있는 '고장 시간'을 제외하면 그들을 '결측 자료'라 하고 이 같은 접근을 '갭 분석(Gap Analysis)'이라고 한다. '갭 분석'은 여러 분야에서 자주 등장하는 용어다. 일반적으로 '선진 수준'을 목표로 두고 우리의 '현 수준'과의 차이를 파악할 때 쓰이곤 한다. '신뢰도 성장' 분야는 아니지만, 데이터 분석과 관련한 '갭 분석'도 있다. 예를 들어 몇 년 전 제철 공정에서 품질 문제가 생겼고 모든 엔지니어가 원인을 규명하기 위해 온종일 매달리는 일이 발생했다. 제철소 특성상 프로세스는 연결돼 있고 임의로 어느 한 구간을 중단하는 일은 있을 수 없었다. 마침 필자가 컨설팅차 방문 중이어서 공장장님이 참석한 번개 미팅이 이루어졌다. 회의 결론은 다음 날 아침까지 원인을 규명해야 한다는 것이었다. 공교롭게도 그날 예정에 없던 외박이 있었지만, 다행히 밤 11시쯤 원인을 규명하는 데 성공했다. 당시 선택한 분석법이 바로 '갭 분석'이었다. 엔지니어들에 의해 같은 공정이 두 개가 있다는 것을 알게 되었고 가장 빠른 분석법을 제시했다. 즉 정상 공정을 기준으로 삼고 문제 공정과 비교하는 것이었다. 장치 산업의 특성상 한 위치에서 조차 1초에 수천 개씩 쏟아지는 데이터를 모두 분석하는 것은 시간상으로 불가능에 가깝다는 것쯤은 누구나 다 알고 있던 터였다. 이에 당일 두 공정을 대상으로 문제 발생 시점까지의 '4M(Man, Machine, Material, Method)'을 하나씩 점검해 나간 것이었다. 그렇다면 '신뢰도 성장'에서의 '갭 분석'도 같은 용도인가? 한마디로 "유사하다."이다([Case Study 13] 참조).

시험 기간 수집된 데이터가 'RGTMC'를 잘 따르는 상황에서 유독 일부 구간에 변칙(또는 진행 중인 시험과 성격이 다른) 시험 데이터가 존재할 경우 어떻게 처리하면 좋을까? 단, 변칙 데이터가 포함된 시간 구간의 '시작'과 '끝'은 정상적인 '신뢰도 성장 과정'과 무관하게 발생하는 것으로 가정한다. '무관

(또는 독립)'이라는 가정은 "관계없음."의 의미이므로 문제 구간에 포함된 '고장 수'는 '모수 추정' 때 반영하지 않는다. 대신 **해당 구간이 전체 시험 기간에 미치는 기여도**는 고려하는데 이 같은 접근법을 '갭 분석(Gap Analysis)', 이때 제외된 데이터를 '결측 자료(Missing Data)'라고 한다[문헌-⑤(pp.83~86)].

'총 시험 기간(T)'에 걸쳐 아이템의 '고장 시간'이 수집된다. 'T' 역시 '관측 고장 시간'에 포함될 수 있다. 또 다루어질 '갭 구간(Gap Interval)'의 끝점은 기록된 '고장 시간'과 일치할 수도 그렇지 않을 수도 있다. 이전과 마찬가지로 '고장 시간'에 대한 기본 가정은 '와이블 고장 강도 함수($\lambda \beta t^{\beta-1}$)'로 이루어진 'RGTMC'를 따르며 '최대 우도 추정(MLE)'을 통해 '모수'들을 추정한다. 분석 중 특정 '갭 구간'에서의 '고장=0회'는 고려하지 않으며, 만일 이력 조사를 통해 고장 횟수 파악이 어려운 경우 '모수 추정' 대상에서 제외한다.

자료수집 상황을 고려하면 'S_1, S_2'를 '갭 구간'에서의 양 끝점이라 하고, '$S_1 < S_2$' 관계에 있을 때 '$(0, S_1)$'에 걸쳐 수집된 '고장 시간'은 '$0 < X_1 < X_2 < ... < X_{N1} \leq S_1$'이고, '$(S_2, T)$'에 걸쳐 수집된 '고장 시간'은 '$S_2 < Y_1 < Y_2 < ... < Y_{N2} \leq T$'다. 이때 '$\lambda$와 β'의 '최대 우도 추정량'인 '$\hat{\lambda}$와 $\hat{\beta}$'는 (식 Ⅲ-38)의 관계 식으로 얻는다.

$$\hat{\lambda} = \frac{N_1 + N_2}{S_1^{\hat{\beta}} + T^{\hat{\beta}} - S_2^{\hat{\beta}}} \qquad \text{(식 Ⅲ-38)}$$

$$\hat{\beta} = \frac{N_1 + N_2}{\hat{\lambda}\left[S_1^{\hat{\beta}} \ln S_1 + T^{\hat{\beta}} \ln T - S_2^{\hat{\beta}} \ln S_2\right] - \left[\sum_{i=1}^{N_1} \ln X_i + \sum_{i=1}^{N_2} \ln Y_i\right]}$$

일반적으로 (식 Ⅲ-38)은 명확하게 풀리지 않으며, 따라서 반복적인 수치 처리 과정을 통해 계산된다. 다음은 문헌에서 소개한 예를 옮겨 놓은 것이다.

[**Case Study 13**] - '갭 분석'을 통해 물음에 답하시오.

(**상황**) 한 아이템에 대해 1,000시간 동안 '신뢰도 성장시험'이 진행되었으며, 전체 과제 수행 기간은 7개월이다. 매월 '누적 시험 시간' 기준으로 '고장 시간'이 보고되었다. 시험 계획에 따르면 매월 프로토타입별로 125시간의 시험 시간이 누적된다(즉, 첫 달 초 '0시간'이면 말일에 125시간까지 시험 됨). 1/3/4/5/6/7개월째 달에서는 한 개 프로토타입을 대상으로 125시간 동안 시험했으며, 2개월째 달 동안은, 두 개의 프로토타입을 총 250시간 동안 시험하였다. [표 III-26]은 수집된 데이터이다[문헌-⑤(pp.84~86)].

[표 III-26] '갭 분석'을 위한 데이터 예

월	시험 기간	고장 시간	고장 수	누적 고장 수
1월	0~125	0.5, 0.6, 10.7, 16.6, 18.3, 19.2, 19.5, 25.3, 39.2, 39.4, 43.2, 44.8, 47.4, 65.7, 88.1, 97.2, 104.9, 105.1, 120.8	19	19
2월	125~375	195.7, 217.1, 219.0, 257.5, 260.4, 281.3, 283.7, 289.8, 306.6, 328.6, 357.0, 371.7, 374.7	13	32
3월	375~500	393.2, 403.2, 466.5	3	35
4월	500~625	500.9, 501.5, 518.4, 520.7, 522.7, 524.6, 526.9, 527.8, 533.6, 536.5, 542.6, 543.2, 545.0, 547.4, 554.0, 554.1, 554.2, 554.8, 556.5, 570.6, 571.4, 574.9, 576.8, 578.8, 583.4, 584.9, 590.6, 596.1, 599.1, 600.1, 602.5, 613.9, 616.0, 616.2, 617.1, 621.4, 622.6, 624.7	38	75
5월	625~750	628.8, 642.4, 684.8, 731.9, 735.1,	5	78
6월	750~875	753.6, 792.5, 803.7, 805.4, 832.5, 836.2, 873.2	7	85
7월	875~1,000	975.1	1	86

[표 III-26]의 '고장 시간'이 차례로 누적돼 있으므로 그 자체만으로 'RGTMC' 의 해석이 가능하다. 그러나 4월(500~625시간)을 보면 고장이 유난히 많아 보인다. 만일 4월의 고장들이 다른 때의 고장과 달리 독립적 요인에 의해 양산된 결과라면 그 시간대 고장들을 제외한 '갭 분석'이 필요하다. 조사에 따르면 4월에는 다수의 자료수집용 신규 장치가 도입되었고, 또 설계 변경도 광범위하게

이루어진 것으로 파악되었다. 특히 다량의 부품을 제거한 사실도 밝혀졌는데 제거 건수를 고장으로 잘못 오인했을 가능성도 점쳐졌다. 아이템 성능과 시험 운영 능력으로 판단하건대, 이렇게 많은 수의 실제 아이템 고장이 발생할 가능성은 극히 낮다는 것이 일반적 견해였다. 이 같은 상황 분석에 따라 4월에 발생한 '고장 수'는 알 수 없다고 보고 대신 나머지 데이터는 신뢰할 수 있으며, 'RGTMC'의 '신뢰도 성장 모형'으로 설명된다고 가정하였다. 이에 분석은 두 가지로 나눠 수행되는데 하나는 4월 데이터가 정상이라고 가정한 뒤 'RGTMC'의 '적합도 검정'을 수행한다. 그리고 다시 4월의 '고장 수'는 모른다고 보고 '갭 분석'을 수행해 둘을 비교하는 순으로 전개할 것이다.

우선 정상 데이터로 가정하면 (식 Ⅲ-17)과 (식 Ⅲ-18)에서 보였던 '최대 우도 추정'으로 '모수(β, λ)'를 구한 뒤, '1,000시간'에서의 '실증(또는 성취) MTBF'를 얻는다. 이어 '모형의 적합도 검정'을 통해 데이터가 'RGTMC'로 잘 설명되는지 확인한다. '정시 중단자료'의 경우 모수는 (식 Ⅲ-39)와 같다.

$$\bigcirc \hat{\beta} = \frac{n}{n \ln T - \sum_{i=1}^{n} \ln t_i} = \frac{86}{86 \times \ln 1,000 - (\ln 0.5 + \dots + \ln 975.1)} \cong 0.759 \quad (\text{식 Ⅲ-39})$$

$$\bigcirc \hat{\lambda} = \frac{n}{T^{\hat{\beta}}} = \frac{86}{1000^{0.759}} = 0.452$$

$$\bigcirc \text{성취 } MTBF = \left(\hat{\lambda} \hat{\beta} T^{\hat{\beta}-1}\right)^{-1} = \left(0.452 \times 0.759 \times 1,000^{0.759-1}\right)^{-1}$$
$$\cong 15.4 hrs/failure.$$

다음은 (식 Ⅲ-39)와 같이 'RGTMC'로 모수 추정이 적합한지 알아보기 위해 'Caramer-von Mises(CVM) 적합도 검정'을 (식 Ⅲ-40)과 같이 수행한다. 유사한 계산 예는 [표 Ⅲ-14]를 참고하기 바란다.

○ 가설 $\begin{cases} H_0 : \text{데이터는} 'RGTMC' \text{에 잘 적합한다.} \\ H_A : H_0 \text{가 아니다.} \end{cases}$ (식 Ⅲ-40)

○ $\bar{\beta} = \dfrac{N-1}{N}\hat{\beta} = \dfrac{86-1}{86} \times 0.759 \cong 0.750$ ('$\hat{\beta}$'의 비편향 추정량)

○ 검정 통계량 $C_{86}^2 = \dfrac{1}{12 \times 86} + \left\{ \left[\left(\dfrac{0.5}{1,000} \right)^{0.750} - \dfrac{2 \times 1 - 1}{2 \times 86} \right]^2 + \cdots \right.$
$\left. + \left[\left(\dfrac{975.1}{1,000} \right)^{0.750} - \dfrac{2 \times 86 - 1}{2 \times 86} \right]^2 \right\}$

$\cong 0.000969 + 0.699 \cong 0.70$

○ 결론 : $C_{86}^2 \cong 0.70 > \alpha_{0.1} = 0.173$ 이므로 대립가설 채택 [임곗값 : 부록 (표 $B-1$)]. 즉, 데이터는 '$RGTMC$'을 따르지 않음.

결국은 [표 Ⅲ-26]을 정상적인 '단일 아이템의 고장 데이터'로 보고 '실증 (또는 성취) MTBF'를 얻는 것은 해석에 문제가 있어 보인다('R 코드'는 '[그림 Ⅲ-9]'와 [그림 Ⅲ-11]'을 각각 참조). 따라서 '4월 데이터'를 제외하는 '갭 분석'을 수행한다. '모수'를 얻으려면 주어진 조건을 참고해서 (식 Ⅲ-41)을 풀 어야 한다. 좀 무모하지만, 식의 작동 원리를 이해하는 차원에서 엑셀로 시도 해 보자.

○ $T = 1,000 hrs, \ N_1 = 35, \ N_2 = 13$ (식 Ⅲ-41)

○ $S_1 = 500 hrs, \ S_2 = 625$

$\hat{\lambda} = \dfrac{N_1 + N_2}{S_1^{\hat{\beta}} + T^{\hat{\beta}} - S_2^{\hat{\beta}}}$

$\hat{\beta} = \dfrac{N_1 + N_2}{\hat{\lambda} \left[S_1^{\hat{\beta}} \ln S_1 + T^{\hat{\beta}} \ln T - S_2^{\hat{\beta}} \ln S_2 \right] - \left[\sum\limits_{i=1}^{N_1} \ln X_i + \sum\limits_{i=1}^{N_2} \ln Y_i \right]}$

[그림 Ⅲ-31]은 (식 Ⅲ-41)을 엑셀로 구현한 예이다.

갭 분석	T	N1	N2	S1(4월)	S2(4월)
	1000	35	13	500	625

ln(ti)	$\hat{\beta}$	$\hat{\lambda}$	임의 $\hat{\beta}$	$\hat{\beta}$-(임의 $\hat{\beta}$)	
-0.6931	5.60E-01	1.17183	0.5510	9.05E-03	
-0.5108	5.60E-01	1.16390	0.5520	8.00E-03	
2.3702	5.60E-01	1.15603	0.5530	6.95E-03	
2.8094	5.60E-01	1.14821	0.5540	5.90E-03	
2.9069	5.60E-01	1.14045	0.5550	4.85E-03	
2.9549	5.60E-01	1.13273	0.5560	3.80E-03	
2.9704	5.60E-01	1.12507	0.5570	2.75E-03	
3.2308	5.60E-01	1.11746	0.5580	1.70E-03	
3.6687	5.60E-01	1.10990	0.5590	6.52E-04	
3.6738	0.559622	1.10539	0.5596	2.19E-05	부호 바뀜
3.7658	5.60E-01	1.10239	0.5600	-3.98E-04	
3.8022	5.60E-01	1.09493	0.5610	-1.45E-03	
3.8586	5.60E-01	1.08753	0.5620	-2.50E-03	
4.1851	5.59E-01	1.08017	0.5630	-3.55E-03	

$$\hat{\lambda} = \frac{N_1 + N_2}{S_1^{\hat{\beta}} + T^{\hat{\beta}} - S_2^{\hat{\beta}}} \quad \text{(식 Ⅲ-41)}$$

$$\hat{\beta} = \frac{N_1 + N_2}{\hat{\lambda}\left[S_1^{\hat{\beta}}\ln S_1 + T^{\hat{\beta}}\ln T - S_2^{\hat{\beta}}\ln S_2 \right] - \left[\sum_{i=1}^{N_1}\ln X_i + \sum_{i=1}^{N_2}\ln Y_i \right]}$$

[그림 Ⅲ-31]의 상단 값들은 '총 시험 기간(T)=1,000hrs', '4월 이전(500hrs) 까지의 고장 수(N_1)=35회'와 '4월 이후(625hrs)의 고장 수(N_2)=13회'이다. 'S_1=500은 4월 시작 값'이고 'S_2=625는 4월 종료 값'이다. 계산 과정은 우선 '임의 $\hat{\beta}$' 열에 '0.000~1.000' 값을 임의 배치한다. 물론 사이의 값이 무한대이 므로 [그림 Ⅲ-31]의 예에서는 수작업 계산임을 고려해서 답 주변 값들로 채웠다(0.5510~). 통계 소프트웨어라면 '임의 $\hat{\beta}$' 값들을 계속해서 입력하며 반복 계산을 해나갈 것이다. '$\hat{\beta}$' 열과 '$\hat{\lambda}$' 열은 (식 Ⅲ-38)의 식으로 계 산한 값들이다. 추정된 모수는 '$\hat{\beta}$'와 '임의 $\hat{\beta}$'가 같아야 하므로 그 차이를 '$\hat{\beta}$-(임의 $\hat{\beta}$)' 열에 입력한다. '모수 $\hat{\beta}$와 $\hat{\lambda}$'의 추정은 이 값이 '0'이 되는 순간이 다. '$\hat{\beta}$-(임의 $\hat{\beta}$)' 열에서 부호가 '양'에서 '음'으로 바뀔 때가 '0'이 포함된 영역 이다. [그림 Ⅲ-31]의 결과로부터 '$\hat{\beta}$'와 '$\hat{\lambda}$' 및 '실증(또는 성취) MTBF'는 (식 Ⅲ-42)와 같다.

○ 모수추정값 : $\hat{\beta} \cong 0.560, \ \hat{\lambda} \cong 1.102$　　　　　　　　(식 Ⅲ-42)

○ 고장 강도, $\mu(1,000) = \hat{\lambda}\hat{\beta}T^{\beta-1} = 1.102 \times 0.560 \times 1,000^{0.560-1}$
　　　$\cong 0.0295 \, failure/hr.$

○ 성취(or 순간/현재) $MTBF, m_{ins} = \left[\hat{\lambda}\hat{\beta}T^{\beta-1}\right]^{-1}$
　　　$\cong 33.86 \, hrs/failure.$

(식 Ⅲ-42)의 '약 33.86hrs/failure'는 '4월 데이터'를 정상으로 포함했을 때인 '약 15.4hrs/failure'와 두 배가 넘는 차를 보인다. 사실 [그림 Ⅲ-30]은 계산 과정에 대한 이해를 돕기 위해 도입했지만 엑셀의 '해 찾기' 기능을 이용하면 쉽게 얻을 수 있다([그림 Ⅲ-28] 예 참조). 또 이 같은 특별한 경우의 분석용 소프트웨어에는 'ReliaSoft社'의 'RGA Software'가 있다.

2.5. 불연속(기울기의 변화) 데이터

'시간(X)'에 따라 '고장 데이터의 누적 수(Y)'를 계속 타점해 나갈 때 [그림 Ⅲ-32]의 왼쪽 그래프처럼 '불연속(Discontinuity)' 시점이 생길 수 있다. '불연속성'은 몇 개의 '설계 변경'이 동시에 적용되거나 핵심 요소의 설계 변경, 일부 요인들의 조정이나 변경 결과로 '강도 함수'에 급작스러운 변화가 생길 때 나타난다. [그림 Ⅲ-32]의 오른쪽 그래프는 '불연속성'을 '누적 MTBF(또는 누적 고장률)'로 나타냈을 때의 패턴이다. 선명한 '기울기의 변화'가 관찰된다.

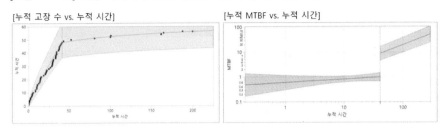

[그림 Ⅲ-32] 고장 데이터의 '불연속(또는 기울기 변화) 패턴' 예

[그림 Ⅲ-32]의 오른쪽 그래프는 불연속에 의해 두 개(그 이상도 가능)의 직선으로 구분되지만 '선형 관계'임에 따라 각각이 'Duane 모형'을 잘 따름을 알 수 있다. 즉 '누적 MTBF(또는 누적 고장률)'와 '누적 시간'의 로그를 취한 '선형 관계'는 여전히 'RGTMC'로 해석이 가능하다. 결과인 '실증(또는 성취) MTBF'는 두 번째 '강도 함수'를 통해 추정된다.

'전환점(Change Point)'의 존재가 확인되면 분석을 위해 먼저 '모수 추정'이 필요하다. 직선이 두 개이므로 '모수 추정'도 각각 수행해야 한다. 이때 「MIL-HDBK-189[문헌-②(p.141)]」 경우 (식 Ⅲ-43)의 관계식을 이용하도록 제시하고 있다.

○ '전환점' 이전의 강도함수 : $\hat{\mu}(t) = \hat{\lambda}_1\hat{\beta}_1 t^{\hat{\beta}_1-1}, \qquad 0 < t \leq T_1.$ (식 Ⅲ-43)
○ '전환점' 이후의 강도함수 : $\quad = \hat{\lambda}_2\hat{\beta}_2 (t-T_1)^{\hat{\beta}_2-1}, \quad t > T_1$
$where, \; T_1 : 전환점(Change\,Point)$

(식 Ⅲ-43)은 'RGTMC'가 두 개이므로 '부록-B'의 '모수' 추정 식을 이용할 수 있다. 그러나 「MIL-HDBK-189」가 1981년 발행본임을 고려할 때 그동안 새로운 '모수 추정법'이 개발되었는데 바로 2010년에 발표된 논문의 활용이다.[39] 최근의 '모수 추정'과 관련된 내용은 [문헌-⑤(pp.92~102)]에서도 자세

히 제공된다. 요약하면 (식 Ⅲ-44)와 같다.

○ '전환점' 이전$(0 < t \leq T_1)$의 '강도함수' 모수 추정　　(식 Ⅲ-44)

$$\hat{\beta}_1 = \frac{n_1}{\sum_{i=1}^{n_1}\ln\left(\dfrac{T_1}{t_i}\right)} \ , \ \hat{\lambda}_1 = \frac{n_1}{T_1^{\hat{\beta}_1}}\left(\text{or } \frac{n}{T_1^{(\hat{\beta}_1 - \hat{\beta}_2)}T_2^{\hat{\beta}_2}}\right).$$

○ '전환점' 이후$(t > T_1)$의 '강도함수' 모수추정

$$\hat{\beta}_2 = \frac{n_2}{n_1\ln\left(\dfrac{T_2}{T_1}\right)+\sum_{i=n_1+1}^{n}\ln\left(\dfrac{T_2}{t_i}\right)} \ , \ \hat{\lambda}_2 = \frac{n}{T_2^{\hat{\beta}_2}}.$$

(식 Ⅲ-44)는 '전환점(Change Point)'에 따라 결과가 달라지는데 예를 들어 '전환점'이 '고장 데이터' 중 하나이면 그 '전환점' 값을 포함한 이전이 '그룹 -1', 그 이후가 '그룹-2'이다. 그러나 '전환점'이 두 개의 '고장 데이터' 사이에 오면 그 직전까지가 '그룹-1', 그 이후 데이터가 '그룹-2'가 된다. 실제 분석 과정을 예제를 통해 확인해 보자([문헌-②(p.141)], [문헌-⑤(pp.92~102)]).

[Case Study 14] - 'RGTMC'를 적용해서 '불연속 데이터'를 분석하시오.

(상황) 한 기계시스템의 '56개' 고장 시간이 [표 Ⅲ-27]과 같을 때 '신뢰도 성장분석'을 수행하시오[총 시험 기간(T)=200시간].

[표 Ⅲ-27] '불연속(기울기의 변화) 데이터' 예

누적 고장 시간(t_i)							
0.3	4.2	10.3	15.1	26.6	33.2	37.5	52.4
0.5	4.2	10.7	18.2	28.3	33.3	37.7	81.0

39) Guo, H., Mettas, A, Sarakakis, G. and Niu P., "Piecewise NHPP Models with Maximum Likelihood Estimation for Repairable Systems", Proceedings of the Annual Reliability and Maintainability Symposium, 2010.

0.6	5.3	12.2	20.3	29.0	33.4	38.3	100.4
1.0	8.1	13.4	21.2	29.3	34.4	39.2	101.0
2.1	8.3	13.9	21.8	29.5	34.4	40.3	162.2
2.2	9.7	14.3	22.4	29.9	34.6	41.3	165.2
3.5	9.8	14.4	24.8	30.6	36.9	43.1	188.1

(적합도 검정) [표 Ⅲ-27]을 'RGTMC'로 해석하기 위해 'CVM 적합도 검정'을 수행한다. 그에 앞서 '$\hat{\beta}$'가 필요하므로 먼저 (식 Ⅲ-17)을 이용해 구하면 (식 Ⅲ-45)와 같다.

$$
[\text{정시 중단}(\textit{Time Truncated})] \qquad\qquad\qquad (\text{식 Ⅲ-45})
$$

$$
\bigcirc\ \hat{\beta} = \frac{n}{n\,\ln T - \displaystyle\sum_{i=1}^{n}\ln t_i} = \frac{56}{56\times\ln(200) - (\ln 0.3 + \ldots + \ln 188.1)}
$$

$$
\cong 0.40842. \qquad \therefore\ \overline{\beta} = \frac{56-1}{56}\hat{\beta} = \frac{56-1}{56}\times 0.40842 \cong 0.401.
$$

(식 Ⅲ-45)의 '$\overline{\beta}$'을 이용해 'CVM 적합도 검정(Cramér-von Mises Goodness-of-fit Test)'을 수행하면 (식 Ⅲ-46)과 같다.

$$
[CVM\text{적합도 검정} '부록 - B'\text{의 식}(B-23)\text{ 참조}] \qquad (\text{식 Ⅲ-46})
$$

$$
\bigcirc\ \text{가설}\begin{cases} H_0 : \text{데이터는} 'RGTMC'\text{에 잘 적합한다.} \\ H_A : H_0\text{가 아니다.} \end{cases}
$$

$$
\bigcirc\ \text{검정 통계량}\ C_{56}^2 = \frac{1}{12\times 56} + \left\{\left[\left(\frac{0.3}{200}\right)^{0.401} - \frac{2\times 1-1}{2\times 56}\right]^2 + \ldots \right.
$$

$$
\left. + \left[\left(\frac{188.1}{200}\right)^{0.401} - \frac{2\times 56-1}{2\times 56}\right]^2\right\}
$$

$$
\cong 0.0015 + 1.221 \cong 1.222
$$

$\bigcirc$ 결론 : $C_{56}^2 \cong 1.222 > \alpha_{0.1} = 0.173$이므로 대립가설 채택
    [임곗값 : 부록 (표 $B-1$)]. 즉, 데이터는 '$RGTMC$'를
    따르지 않음.

(식 Ⅲ-46)의 'R 코드'는 [그림 Ⅲ-11]을 참고하고 별도의 설명은 생략한다. [그림 Ⅲ-33]은 'JUMP'의 'CVM 적합도 검정' 결과이다.

[그림 Ⅲ-33] 'CVM 검정'-불연속 미고려

적합도		
비편향 베타	Cramer von Mises	p 값
0.401129	1.222126	< 0.01

[그림 Ⅲ-33]에서 "유의 수준=0.05(또는 0.10)에서 P-값이 '0.01 미만'이므로 '대립가설' 채택. 즉 자료는 'RGTMC'에 적합하지 않다."이다. 결과적으로 [그림 Ⅲ-32]에 보이듯 두 개의 'RGTMC'를 해석하는 단계로 자연스럽게 넘어간다. 이때 중요한 것이 두 그룹의 '모수'를 추정하는 일이다. (식 Ⅲ-44)를 이용하면 추정된 '모수'는 (식 Ⅲ-47)과 같다.

[불연속'고장강도함수'의'모수'추정]   (식 Ⅲ-47)

$\bigcirc$ $n_1 = 48, n_2 = 8, T_1 = 41.3, T_2 = 200$

$\bigcirc$ '전환점' 이전$(0 < t \leq T_1)$의'고장강도함수' 모수추정

$$\hat{\beta}_1 = n_1 / \sum_{i=1}^{n_1} \ln(T_1/t_i) = \frac{48}{\ln(41.3/0.3) + \dots + \ln(41.3/41.3)} \cong 0.8605,$$

$$\hat{\lambda}_1 = n / \left[T_1^{(\hat{\beta}_1 - \hat{\beta}_2)} T_2^{\hat{\beta}_2} \right] = 56 / \left[41.3^{(0.8605 - 0.0984)} \times 200^{0.0984} \right] \cong 1.9512.$$

$\bigcirc$ '전환점' 이후$(t > T_1)$의'고장강도함수' 모수 추정

$$\hat{\beta}_2 = n_2 / \left[n_1 \ln(T_2/T_1) + \sum_{i=n_1+1}^{n} \ln(T_2/t_i) \right]$$

$$= 8 / \left[\begin{array}{l} 48 \times \ln(200/41.3) \\ + [\ln(200/43.1) + \dots + \ln(200/188.1)] \end{array} \right] \cong 0.0984,$$

$$\hat{\lambda}_2 = n / T_2^{\hat{\beta}_2} = 56 / 200^{0.0984} \cong 33.254.$$

(식 Ⅲ-47)의 'R 코드'는 '부록 F-2'를 참고하기 바란다. [그림 Ⅲ-34]는 지금까지의 계산을 요약한 'JUMP' 결과이다('테이블 구조'는 [그림 Ⅲ-12] 참조. 'JUMP' 메뉴는 「분석(A) > 신뢰도 성장 > '사건 발생 시간 형식' 탭」). 그림 내 화살표 방향으로 '불연속 데이터'를 분석하기 위해 모형인 "구간적 Weibull NHPP 변화지점 감지(Piecewise Weibull NHPP Change Point Detection)" 선택한 뒤, 이어 두 개 '고장 강도 함수'에 대한 "모수('λ_2'는 포함돼 있지 않음)" 값 및 "변화지점(데이터 간 사잇값이 지정될 수도 있음)", 다음으로 "누적 MTBF 그림", 그리고 끝으로, "실증(또는 성취) MTBF"를 각각 보여준다. (식 Ⅲ-47)과 비교하기 바란다.

[그림 Ⅲ-34] '불연속 데이터'의 'JUMP' 분석 결과 예

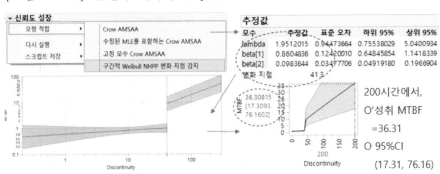

2.6. '일회성 아이템(One Shot System)'의 추적

한번 사용하면 더는 재현이 안 되는 아이템을 'One Shot System'이라고 한다. 아무래도 신뢰도 연구가 방위 산업에서 유래했으므로 미사일과 같은 유형

의 무기 체계를 연상하면 될 듯싶다. 독자들이 다루는 아이템들과 성격이 달라도 사례를 보고 응용할 수 있는 여지를 찾을 수 있다면 학습에 의미가 있다. 각 '시험 국면' 내 시험 횟수가 상대적으로 많고 신뢰도 높은 '일회성 아이템'을 다룬다면 '연속 성장 모형'이 신뢰도를 추적하는 데 좋은 근사치를 제공한다. 만일 상기한 조건이 충족되지 않으면 '이산 성장 모형'이 필요할 수 있으며 이에 대한 사례는 「2.8. 이산 데이터(Discrete Data)-RGTMC」에서 다룬다. 핸드북에선 '일회성 아이템'에 대해 모형을 적용하고 그 특성을 평가하는 자료가 충분치 않아 사용 지침은 제공하지 않는다고 기술하고 있다. 따라서 이어지는 사례는 데이터가 제시되지 않은 상태에서 '일회성 아이템'의 신뢰도를 실제 성장시킨 과정을 구체적으로 담고 있다. 그들의 개선 비결을 간접 체험하는 용도로 사용하면 적합할 것 같다. 설명하려는 예는 「MIL-HDBK-189」의 내용을 옮겨 놓았다[문헌-②(pp.72~78)].

본 예는 육군이 시행하는 미사일 시스템의 신뢰도 성장 연구에 대한 것이다. 예에서는 먼저 이루어진 '801회' 유효 비행시험의 과거 데이터를 사용하여 성장 곡선을 결정하고 또 이러한 데이터가 개발 중인 아이템의 신뢰도를 추적하고 예상하는 데 어떻게 이용될 수 있었는지를 회고적으로 설명한다. 즉 과거에 기록된 시험 데이터로부터 현재 '아이템의 신뢰도' 상태를 파악하고, '성장률'을 추정하며, 미래에 기대되는 '신뢰도 예측치'를 얻는 과정을 보여준다. 이러한 방식은 현재의 아이템을 평가하고, 신뢰도 요구목표를 충족하기에 적합한 속도로 성장해 가고 있는지를 모니터링하며, 그에 따라 가용자원을 할당하는 일에도 응용할 수 있다.

아이템은 미사일 같은 발사체로 정의된다. 연구·개발부터 초기 생산까지 이루어진 발사체의 연속 시험 결과가 데이터로 기록된다. 데이터는 정기적으로 공유되므로 시험 회차의 일련번호와 발사 날짜로부터 미사일 비행시험을 식별할 수 있다. 매 발사 비행시험은 미사일 평가위원회에서 정한 장비 평가

기준을 사용하여 평가된다. 이 등급은 각 비행 시도를 5가지 범주 중 하나로 분류한다.

a. 미사일과 추적기는 신뢰할 수 있다.
b. 미사일은 신뢰할 수 없다.
c. 추적기는 신뢰할 수 없다.
d. 비행은 신뢰도에 대해 적절한 시험이 아니다.
e. 비행에 대한 정보가 신뢰도를 결정하기에 불충분하다.

본 예의 경우 회차의 성장추적에만 관심을 두기 때문에 'a, b' 두 등급이 신뢰도 성장을 평가하기 위한 기준으로 사용되었다. 따라서 'c, d 또는 e 등급'의 회차는 이 연구에 해당하지 않으며, 결과적으로 데이터베이스에 남은 '801회'의 유효 비행 데이터가 활용되었다.

'신뢰도 성장'을 고려할 때 가장 중요한 것이 아이템의 '구성 변경'이다. 따라서 본 연구에서는 이러한 '801회'의 유효 비행을 제조일별 연대순으로 정렬하였다. 유효 비행은 '성공' 또는 '실패'로 확인되었고 제조일에 따라 정렬돼 있으므로 개발 중 아이템 변경의 순서와 결과를 알 수 있다. 따라서 이 데이터로 신뢰도 성장을 평가할 수 있다. 비행 시행 횟수가 많으므로 신뢰도를 추적하기 위해 'AMSAA 신뢰도 성장 모형'이 연구에 사용되었다. '이산 자료'로 간주하고, 생산된 'i-번째 미사일의 고장 확률'을 '$f_i = \lambda \beta i^{\beta-1}$'로 가정하였다(기존 '연속 자료'에서 적용한 '시간, t' 대신 순번의 의미인 'i'로 대체함).

분석의 첫 단계는 '평균 고장 확률'을 추정하는 것이며 이를 위해 '비행 간격'을 '100개씩'으로 구분하였다(100개씩의 결정은 임의로 이루어짐). 이때의 '평균 고장 확률'을 수평선으로 나타내면 [그림 Ⅲ-35]와 같다. 각 수평선은

'고장 횟수'를 '100회 비행'으로 나누어 얻는다. 고장률 그림의 시각화로부터 '제조 데이터(이 경우 비행 번호)'와 '고장 횟수'의 관계를 유추할 수 있으며 아이템의 고장률 추세를 파악할 수 있다.

[그림 Ⅲ-35] '평균 고장률(확률)'과 '비행 회차' 간 그림

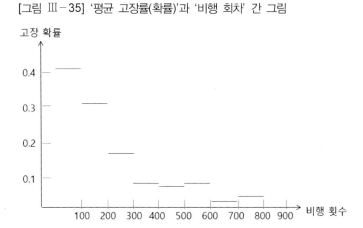

제시된 '801회'의 비행 및 추정 절차에 대한 고장 결과를 사용하여, 'AMSAA 모형'에 기초한 '고장 확률 곡선'을 결정했다. 이는 [그림 Ⅲ-36]에 '평균 고장률 그림'으로 나타나 있다. '적합도 검정의 통계량'을 계산해 추정된 '고장 확률 곡선'과 데이터가 호환되는지를 평가하였다. 통계량 값은 매우 유의(매우 컸다)하게 나왔으며, 따라서 곡선이 데이터를 합리적으로 설명하지 못함을 확인하였다. 이는 실제 데이터와 적합 곡선 사이에 큰 불일치가 있음을 시사한다. 불일치의 이유로 [그림 Ⅲ-36]에서 '200회차'를 중심으로 두 개의 그룹이 있음을 유추하였다. 즉 매끄러운 단일의 '고장 확률 곡선'으론 이 아이템의 신뢰도 성장을 설명하지 못한다는 것을 알게 되었다.

[그림 Ⅲ-36] '평균 고장률'을 'AMSAA 연속 모형'으로 적합한 초기 그림

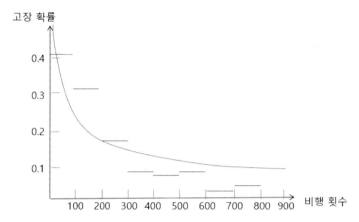

　　조사 결과, 신뢰도 향상을 위한 중대 변경이 '200회차' 비행 이후에 있었음이
밝혀졌다. 예를 들어 '약 200회차' 비행에서 아이템에 주요 설계 변경이 가해졌
고, 이로 인해 미사일 신뢰도가 크게 '도약'하는 계기가 되었다. 따라서 '200회
차' 비행에서 데이터를 두 그룹으로 나누는 합리적 결정의 근거가 되었다. 이에
'고장 확률'도 두 개로 나눠 '200회차'와 '601회차'에서 각각 추정되었다. 두 경
우 모두 모형 사용을 위한 '적합도 검정'이 수용되었으므로 [그림 Ⅲ-37]에 나타
낸 것처럼, 두 개의 적합된 평균에 대한 곡선으로 각각 나타낼 수 있었다.

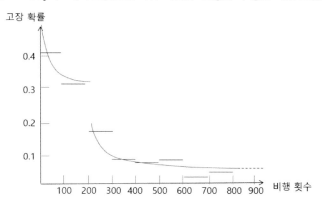

'신뢰도', 즉 '1'에서 '고장 확률'을 뺀 값을 각 곡선에 대해 추정한 후 [그림 Ⅲ-38]에 나타냈다. 이것이 미사일에 대해 추정된 '신뢰도 성장 곡선'이다.

[그림 Ⅲ-38] 미사일에 대해 추정된 '신뢰도 성장 곡선'

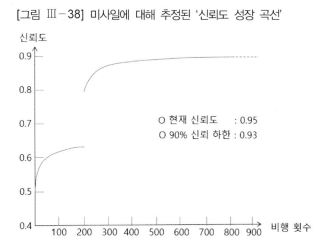

'801회차' 비행에서 '신뢰 수준, 90%'의 '신뢰 하한'을 얻기 위해 '201~801

회차 비행'의 데이터를 이용하였다. 결과로 얻은 '신뢰 하한'은 '0.93'이었다. 같은 방식으로 '신뢰 하한'을 주기적으로 계산하여 아이템에 필요한 신뢰도를 충분히 입증할 수 있는 시점을 결정할 수 있다. 중간 목표 달성이 확인되면, 아이템개발의 주안점을 다른 영역으로 옮길 수 있다.

다음 활동은 개발 단계에서 현재 확보한 성장추적 정보를 이용해 아이템의 '신뢰도'를 예상하는 일이었다. 한 예로 [그림 Ⅲ-38]에서 만일 200회차 때 곡선을 연장하면 아이템은 큰 문제에 직면하리라는 것을 짐작할 수 있다. 프로젝트팀은 이를 깨닫고 사태 개선을 위해 일치된 노력을 기울였다. 'AMSAA 모형'을 추적에 사용했을 때, 200회차의 비행에서 신뢰도 추정치는 '0.68'이고, 800회차의 예상 비행은 '0.73'이 예상된다. 이 추정치는 경영진이 알고 있는 '0.95'의 신뢰도 요구 사항에 현저히 미달하는 수준이다([그림 Ⅲ-39] 참조).

[그림 Ⅲ-39] '200회차'에서의 곡선 연장을 통한 신뢰도 예상

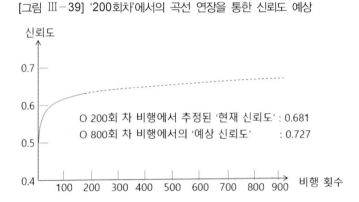

물론 '200회차' 비행 후 신뢰도를 위한 주요 설계 변경이 있었고, 이를 바탕으로 '신뢰도'를 예상하면, '다음 100회차째' 비행(201~300)을 기준으로 '300회차' 비행에 대한 신뢰도 추정치는 '0.89'였을 것이며, '800회차' 비행에서의 '예

상 신뢰도'는 '0.94'가 됐을 것이다. 즉 '신뢰도 성장'은 요구 사항을 충족할 수 있음을 알 수 있다. 이 상황은 [그림 Ⅲ-40]에 나타나 있다.

[그림 Ⅲ-40] '201～300' 구간을 기반으로 한 '예상 신뢰도' 그림

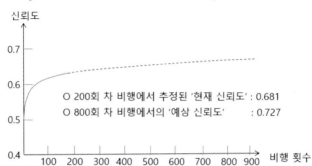

[표 Ⅲ-28]은 데이터가 '100회차'씩 증가할 때 'AMSAA 성장 모형'의 예측 능력을 보여준다. 자료가 추가돼도 '예상 신뢰도'는 거의 변하지 않았으며, 경영진은 '300회차째' 비행시험에서 당시 개발 노력을 통해 목표 신뢰도가 충족될 수 있음을 예견할 수 있었다.

[표 Ⅲ-28] 비행시험 회차별 목표달성 '예상 신뢰도'

비행 회차	추정된 신뢰도	800회차 비행에서의 '예상 신뢰도'
200	0.68	0.73
300	0.89	0.94
400	0.92	0.94
500	0.93	0.94
600	0.93	0.94
700	0.94	0.95
800	0.95	0.95

앞서 「2.6. '일회성 아이템(One Shot System)'의 추적」에서 미사일과 같은 '일회성 발사체'의 '신뢰도 성장'에 대해 알아보았다. 본 소단원은 실제 데이터 예를 통해 '신뢰도 성장'의 과정을 학습할 것이다[문헌-⑤(pp.103~106)].

미사일(또는 발사체) 개발에서 최초의 '구성'으로 4대를 시험 발사해서 3대가 고장 났다면 그를 '개선 조치', 즉 설계 변경을 통해 새로운 '구성'으로 제작하고, 계속해서 이 '구성'으로 1대를 다시 시험 발사한 뒤 고장 여부를 재차 판독한다. 미사일의 신뢰도를 목표 수준까지 계속 성장시켜 나가야 하므로 이 같은 시험은 요구 수준에 이를 때까지 반복된다. '혼합 데이터'는 설명한 바와 같이 '그룹 형태'인 "몇 개 시행 중 몇 개 고장"의 형식을 취하면서 이들이 시행별로 누적돼 가는 구조다. [표 Ⅲ-29]는 '일회성 미사일'의 신뢰도 성장을 목표로 '총 50회' 발사한 후 기록한 시험 결과이다.

[표 Ⅲ-29] '일회성 미사일' 시험의 '혼합 데이터' 예

누적 시행	4	5	9	12	13	15	19	20	22	24	25	28	32	37	39	40	44	46	49	50
구간 내 고장 수	3	0	4	1	0	1	2	1	1	0	1	1	0	2	0	1	1	0	1	0

미사일의 '신뢰도 성장추적'을 위해 [표 Ⅲ-29]로부터 'RGTMC'의 '모수'를 얻어야 한다. 이를 위해 '구간(Interval)'으로 전처리를 해야 하며, 이후의 '모수 추정'은 「2.3. 그룹(또는 구간) 데이터」와 똑같은 과정을 밟는다(데이터 구조는 [표 Ⅲ-23] 참조). 따라서 (식 Ⅲ-27)을 (식 Ⅲ-48)에 다시 옮겨 놓았다.

$['$형상모수$(\beta)'$ 추정$]$ $\hfill$ (식 III-48)

$$\sum_{i=1}^{g} n_i \left[\frac{t_i^{\hat{\beta}} \ln t_i - t_{i-1}^{\hat{\beta}} \ln t_{i-1}}{t_i^{\hat{\beta}} - t_{i-1}^{\hat{\beta}}} - \ln t_g \right] = 0, \; where \begin{cases} t_0 = 0, g = 그룹(구간) 수 \\ t_g = 시험 종료시간 \end{cases}$$

$['$척도모수$(\lambda)'$ 추정$]$

$$\hat{\lambda} t_i^{\hat{\beta}} = \sum_{i=1}^{g} n_i \; \Rightarrow \hat{\lambda} = \frac{\sum_{i=1}^{g} n_i}{t_i^{\hat{\beta}}} \; , \quad where, \; n_i = 구간 내 고장 수$$

[표 III-29]를 '그룹(또는 구간) 데이터' 형식으로 전처리를 하면 [표 III-30] 과 같다. 신뢰성 데이터는 시험에 따라 여러 구조로 수집되므로 분석을 위해 전처리를 하는 과정은 매우 중요하다.

[표 III-30] '혼합 데이터'를 '그룹(또는 구간) 데이터'로 전처리 한 예

시작	0	4	5	9	12	13	15	19	20	22	24	25	28	32	37	39	40	44	46	49
끝	4	5	9	12	13	15	19	20	22	24	25	28	32	37	39	40	44	46	49	50
고장 수	3	0	4	1	0	1	2	1	1	0	1	1	0	2	0	1	1	0	1	0

[표 III-30]은 각 구간의 '끝 값'이 다음 구간의 '시작 값'이 된다. 계산 과정 에 대한 이해를 돕기 위해 다음을 차례대로 구해 보자. '적합도 검정'과 '추세 분석'은 (식 III-36)과 [표 III-25]를 참고하고 별도의 설명은 생략한다.

1) 'RGTMC'의 '모수'를 '최대 우도 추정'으로 추정하시오.
2) 시험 종료 시점에서의 '실증(또는 성취) MTBF'와 '95% CI'를 구하시오.
3) '95% CI'를 포함한 '고장 강도 함수의 그림'을 작성하시오.
4) '25회'의 추가 시험이 진행될 때 '추가되는 기대 고장 수'를 계산하시오.

(**모수 추정**) 「2.3. 그룹(또는 구간) 데이터」에서는 통계 소프트웨어를 사용하지 않고 학습 목적상 엑셀로 직접 계산 과정을 보여준 바 있다([그림 Ⅲ-27] 참조). 그러나 번거로우므로 역시 엑셀이지만 좀 더 간단한 '해 찾기' 기능을 이용해 모수를 얻어보자. [그림 Ⅲ-41]은 엑셀로 쉽게 따라 할 수 있도록 '행(1, 2, …)'과 '열(A, B, …)'을 포함하고 있으며, (식 Ⅲ-48)의 계산 예를 보이기 위해 한 개 셀에 '셈식'을 드러냈다. 글자도 작게 보이고 다소 번잡하지만, 이해를 돕기 위한 궁여지책이니 이해해 주기 바란다.

[그림 Ⅲ-41] '혼합 데이터'의 '모수 추정'을 위한 엑셀 '해 찾기' 기능 예

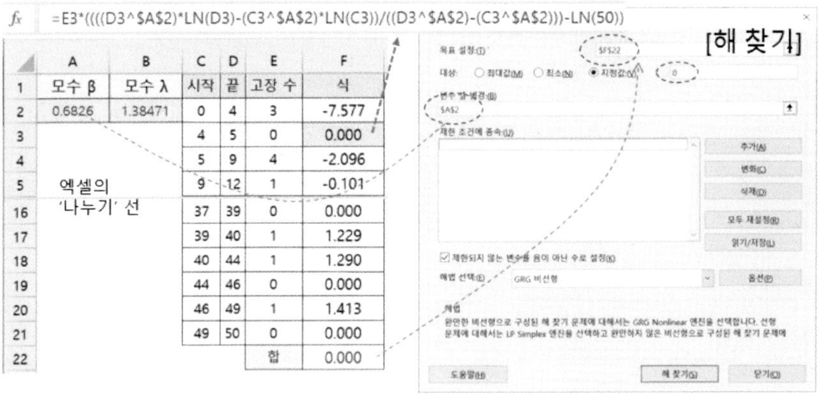

	A	B	C	D	E	F
1	모수 β	모수 λ	시작	끝	고장 수	식
2	0.6826	1.38471	0	4	3	-7.577
3			4	5	0	0.000
4			5	9	4	-2.096
5			9	12	1	-0.101
16			37	39	0	0.000
17			39	40	1	1.229
18			40	44	1	1.290
19			44	46	0	0.000
20			46	49	1	1.413
21			49	50	0	0.000
22					합	0.000

[그림 Ⅲ-41]에서 'A2 셀'은 '0.3' 등 임의 값을 입력해 둔다. 두 번째 그룹인 'F3 셀'에 대해 (식 Ⅲ-48)의 계산 예를 상단에 보여주고 있다. 또 'F22 셀'은 모든 그룹의 합이므로 (식 Ⅲ-48)의 '$\sum_{i=1}^{g}$'을 나타낸다. 오른쪽 '해 찾기'의 '대화상자'에 해당 셀들을 지정한 뒤 실행하면 'A2 셀'의 '$\hat{\beta} \cong 0.6826$'을 얻는다. '$\hat{\lambda}$'는 (식 Ⅲ-48)에 나타낸 바와 같이 '$\hat{\beta}$'을 이용해 '$\hat{\lambda} \cong 1.3847$'을 얻었다.

(실증(또는 성취) MTBF) '현재 MTBF'나 '순간 MTBF'로도 불린다. 계산은 '모수'가 추정됐으므로 'RGTMC'에 따라 (식 Ⅲ-19)로 얻는다. 따라서 시험이 끝난 시점(누적 시행 수=50)에서의 'MTBF'를 구하면 (식 Ⅲ-49)와 같다.

$$['구성\,20(또는\,50번째\,시행)'에서의\,'성취\,MTBF] \qquad (식\ Ⅲ\text{-}49)$$
$$\hat{m}_{ins}(50) = \hat{\mu}(50)^{-1} = (\hat{\lambda}\hat{\beta}i^{\hat{\beta}-1})^{-1} = (1.3847 \times 0.6826 \times 50^{0.6826-1})^{-1}$$
$$\cong 3.662616$$

(구간 추정) 'MTBF의 구간 추정'은 '그룹 데이터'인 (식 Ⅲ-34)의 계산 과정과 정확히 같다. 필요한 '분산'을 얻기 위해 다소 복잡한 'Fisher Matrix' 등의 과정이 포함돼 있으므로 직접 계산에는 제약이 많아 통계 소프트웨어나 'R-코드'를 이용한다. 간단한 데이터 예로 '부록-E'에 계산 전체 과정을 기술했으니 관심 있는 독자는 참고하기 바란다. '부록-E'의 결론만 가져와 요약하면 (식 Ⅲ-50)과 같다.

$$['순간\,MTBF, \hat{m}_{ins}(50)'의\,'구간\,추정(Confidence\,Bounds)'] \qquad (식\ Ⅲ\text{-}50)$$
$$시험\,종료\,시점인\,i = 50에서의\,'구간\,추정'$$

$\bigcirc\ \hat{m}_{ins}(50) \cong 3.662616\ \ ----\ (식\,III-49)로부터,$

$\bigcirc\ Var[\hat{m}_{ins}(50)] \cong 1.46286\ --\ '부록\,E'의\,식\,(E-10)\,참조,$

$\bigcirc\ z_{0.975} \cong 1.96\,(신뢰수준\,95\%,\,양쪽\,신뢰\,구간).$

$\bigcirc\ CB = \hat{m}_{ins}(50) \times e^{\pm z_{0.975}\sqrt{Var[\hat{m}_{ins}(50)]}/\hat{m}_{ins}(50)}$
$$= 3.662616 \times e^{\pm 1.96\sqrt{1.46286}/3.662616}$$

$\therefore\ 신뢰\,수준\,95\%에서의\,'구간\,추정'$
$$\begin{cases} ('-'일\,때)\,신뢰\,하한 \cong 1.91736 \\ ('+'일\,때)\,신뢰\,상한 \cong 6.99647 \end{cases}$$

[그림 Ⅲ-42]는 'JUMP'의 '데이터 테이블', '대화상자' 및 '모수 추정', '실증

(또는 성취/순간) MTBF'와 '실증 MTBF의 신뢰구간' 결과를 각각 보여준다.

[그림 Ⅲ-42] '혼합 데이터'의 '모수' 추정 및 '실증 MTBF/신뢰구간' JUMP 결과

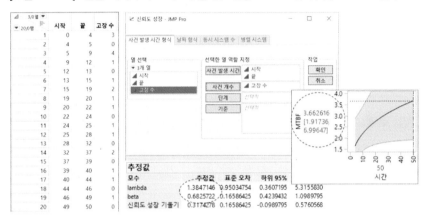

'R'로 분석하기 위해 모수들의 '점 추정', '구간 추정(신뢰구간)', '공분산 행렬', '실증(또는 성취) MTBF' 등 관련 'R-코드'는 '부록 F-1'을 참고하기 바란다.

('95% CI'를 포함한 '고장 강도 함수의 그림') (식 Ⅲ-49)에서 보였듯 '실증 (또는 성취/순간) MTBF'와 역수 관계이므로 그래프 패턴은 [그림 Ⅲ-42]의 반대 모습으로 나타난다. '누적 시행 수'가 '50'으로 갈수록 아이템의 신뢰도 는 성장하므로 반대인 '고장 강도'는 점차 감소 추세를 보인다. 결과는 [그림 Ⅲ-43]과 같다. '누적 시행 수=50'에서의 '고장 강도=0.273029'는 (식 Ⅲ-49)의 역수인 '=1/3.662166'임을 쉽게 할 수 있다. '95% CI' 계산 과정은 생략한다. 관심 있는 독자는 '부록-E'를 참고하기 바란다.

[그림 Ⅲ-43] '고장 강도 함수'의 패턴

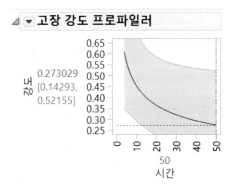

('25회'의 추가 시험이 진행될 때 '추가 기대 고장 수') '기대 고장 수'는 (식 Ⅲ-16)에 언급한 바 있다. 다시 옮겨 오면 (식 Ⅲ-51)과 같다.

$$E[N(t_i - t_{i-1}) = n_i] = \lambda t_i^{\beta} - \lambda t_{i-1}^{\beta} \qquad\qquad (식\ \ Ⅲ\text{-}51)$$

if $(0, t]$, 간단히 $E[N(t)] = \lambda t^{\beta}$.

[표 III - 30]이 '0'부터 시작하고, '$i = 50 + 25$'이므로,
$E[N(50)] = \lambda i^{\beta} = 1.3847 \times 75^{0.6826} \cong 26.38$ 회 고장.
$\therefore i = 50$일 때 20회 이므로 약 6.38회(또는 7회) 추가 고장이 예상됨.

통계 소프트웨어 'JUMP'의 결과를 옮기면 [그림 Ⅲ-44]와 같다.

[그림 Ⅲ-44] '기대 고장 수' 'JUMP' 결과

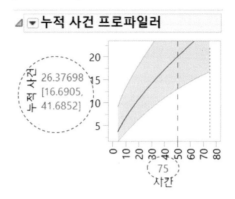

2.8. 이산 데이터(Discrete Data) – RGTMD

'RGTMC'는 '성공/실패 데이터(Success/Failure Data)' 분석에 응용할 수 있다. 제목의 정확한 명칭은 '이산 자료'이나 이전 소주제들과 일관되게 할 목적으로 "데이터"를 붙였다. 이 외 '속성 데이터(Attribute Data)'로도 불린다. 「MIL-STD-189C」에서는 이를 해석하는 모형을 'AMSAA Reliability Growth Tracking Model-Discrete', 줄여서 'AMSAA RGTMD' 또는 간단히 'RGTMD'로 명명한다. 본문은 'RGTMD'를 사용할 것이다. 용도는 한 번 발사하면 되돌리기 어려운 미사일처럼 주로 **'일회성 아이템(One-shot Systems)'**의 신뢰성 추적에 쓰인다. 따라서 측정은 '시행 수(Trials)'나 '회전수(Rounds)'의 단위로 시험 값들이 수집된다. 'RGTMD'를 적용하기 전 알아둬야 할 <u>기본 가정</u>을 요약하면 다음과 같다(이하 [문헌-①(pp.87~94)], [문헌-⑤(pp.86~91)]).

a) '시험 기간'은 '시행 수'나 '회전수'에 대응하며 불연속적이다.

b) '시행'은 통계적으로 독립이다. 즉 직전 시행과 현 시행은 관련성이 없다.

c) '아이템 구성(Configurations)'의 '고장 수'는 '이항 확률 분포'를 따른다.

d) '구성'이 차례로 형성될 때 기대되는 '누적 고장 수'는 'Power Law'을 따른다.

'RGTMD'는 '이산 자료'가 가질 수 있는 한계도 있는데, 예를 들어 '고장 수'가 너무 적으면 '적합도 검정'을 할 수 없다든가, 또는 '모수 추정'이 신뢰도를 제약하는 한계점 부근에서 이루어질 수 있어 '0'과 같은 비현실적인 초기 신뢰도 값이 나올 수 있다. 반면에 '계획 MTBF'와 '실증 MTBF'를 얻을 수 있으므로 계획 대비 진척도 관리가 가능하고, '신뢰 하한(Lower Confidence Bounds)'이 계산돼 아이템의 신뢰도 한계를 결정할 수 있다. '이산 데이터'는 다시 세 개 유형으로 나뉜다.

- 순차 데이터(Sequential Data)
- '구성'별 그룹 데이터(Grouped per Configuration)
- 혼합 데이터(Mixed Data)

'순차 데이터'와 '구성별 그룹 데이터'는 매우 유사해서 모수 추정 방법에 차이가 없다. '혼합 데이터'는 '순차 데이터'와 '구성별 그룹 데이터'의 조합으로 이루어진다.

2.8.1. 'RGTMD'의 기초 이론

'연속 자료'를 기반으로 한 'RGTMC'의 한 갈래인 'RGTMD'의 형성 배경

에는 'RGTMC'와 같이 '학습 곡선 접근법(Learning Curve Approach)'이 자리
한다. 이하의 내용은 복습하는 차원에서 읽어주기 바란다. 't'를 '누적 시험
시간'이라 하고, '$N(t)$'을 시간 't'까지의 '누적 고장 수'라 하자. 이때 '누적 고
장률'인 '$F_c(t)$'는 (식 Ⅲ-52)의 비율로 나타낸다.

$$F_c(t) = N(t)/t \qquad \text{(식 Ⅲ-52)}$$

Duane은 발전기나 수압기계 장치, 항공기의 제트 엔진들로부터 얻은 시험
데이터를 타점하면서 '누적 고장률'과 '누적 시험 시간'에 각각 '로그'를 취하
면 '선형 관계'가 있음을 발견하였다. 즉 앞서 배웠던 (식 Ⅱ-3)과 같다.

$$\ln F_c(t) = \beta_{Duane} - \alpha_{Duane} \ln t \qquad \text{(식 Ⅲ-53)}$$

(식 Ⅲ-53)의 'β_{Duane}'는 'y 절편'이며 '상수'이므로 편의상 '$\ln \lambda_{AMSAA}$'라고 놓
고 양변에 '무리수(e)'를 취하면 (식 Ⅲ-54)로 정리된다.

$$F_c(t) = e^{\ln\lambda_{AMSAA} + \ln t^{-\alpha_{Duane}}} = e^{\ln\lambda_{AMSAA}} e^{\ln t^{-\alpha_{Duane}}} = \lambda_{AMSAA} t^{-\alpha_{Duane}}, \qquad \text{(식 Ⅲ-54)}$$

(식 $III-52$)를 대입하면,

$$N(t)/t = \lambda_{AMSAA} t^{-\alpha_{Duane}}, \text{ 양변에 } '\times t', \ '\beta_{AMSAA} = 1 - \alpha_{Duane}' \text{로 대체,}$$

$$N(t) = \lambda_{AMSAA} t^{-\alpha_{Duane}} \times t = \lambda_{AMSAA} t^{1-\alpha_{Duane}} = \lambda_{AMSAA} t^{\beta_{AMSAA}},$$

$$\therefore N(t) = \lambda_{AMSAA} t^{\beta_{AMSAA}}, \qquad where, \lambda_{AMSAA} \text{와 } \beta_{AMSAA} > 0.$$

'모수'들에 붙인 '첨자' 때문에 복잡해 보이지만 'Duane 모형'에서 'AMSAA
Crow 모형'으로 전환되는 과정을 설명하기 위함이니 이해해 주기 바란다. '부
록-B'의 식(B-9) 및 (B-10)과 함께 학습하면 이해가 훨씬 빠를 것이다. (식 Ⅲ

-54)는 't'의 'Power Function'으로써 '$N(t)$'는 '학습 곡선'의 속성을 그대로 지닌다(활용 예는 본문 '[표 Ⅲ-3]'을 참고하기 바란다).

2.8.2. '구성별 그룹 데이터'를 위한 모형 유도

'학습 곡선'의 속성을 반영한 (식 Ⅲ-54)를 이용해 '구성'의 변경을 해석하는 데 쓰이는 'RGTMD'를 유도할 수 있다. '아이템개발'은 '개선 조치'를 통해 '구성(Configuration)'에 변화를 주는 활동이다. 'i^{th} 시험 국면'이 끝나는 시점에 '수정'이 있게 되면 'i^{th} 구성 변경'에 해당하며, 반대로 '수정'이 없으면 그 직전까지의 '구성 변경'은 '$(i-1)$회'이다. 이제 '$n_{tr,i}$'을 'i번째 구성 변경' 동안의 '(시험) 시행 수'라 하고, 그때 발생한 '고장 수'를 'n_i'라고 하자. 이때 '구성 i'에서의 '누적 시행 수', 즉 '$N_{tr,i}$'는 '구성 i'까지의 '$n_{tr,i}$ 합'이다. 기호가 복잡해서 그림으로 표현하면 [그림 Ⅲ-45]와 같다. 상기 설명과 함께 읽으면서 확인하기 바란다.

[그림 Ⅲ-45] 'RGTMD'의 유도를 위한 개요도

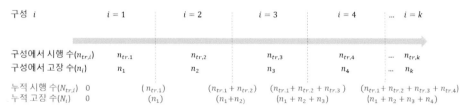

[그림 Ⅲ-45]에서 '누적 시행 수($N_{tr,i}$)'와 '누적 고장 수(N_i)'을 계산 식으로 각각 나타내면 (식 Ⅲ-55)와 같다.

$$\bigcirc\ \text{누적 시행 수} : N_{tr,i} = \sum_{j=1}^{i} n_{tr,j}, \quad (\text{식 } \text{III-55})$$

$$\bigcirc\ \text{누적 고장 수} : N_i = \sum_{j=1}^{i} n_j$$

'누적 고장 수(N_i)'의 기댓값을 '$E[N_i]$'로 나타내고, '구성, i'가 끝나는 시점에서의 '기대 고장 수'로 정의한다. '학습 곡선'의 속성을 '$E[N_i]$'에 적용하면 (식 III-54)를 이용해 (식 III-56)의 형태로 나타낼 수 있다[즉, '누적 시험 시간(t)'을 '누적 시행 수($N_{tr,i}$)'로 대체]. (식 III-54)에 표기했던 '첨자(즉, AMSAA)'는 편의상 제거하였다.

$$\bigcirc\ '\text{구성 } i' \text{에서의} '\text{기대 고장 수}' : E[N_i] = \lambda N_{tr,i}^{\beta} \quad (\text{식 } \text{III-56})$$
$$\therefore\ 't \rightarrow N_{tr,i}' \text{로 대체는 기본 가정 } 'a)' \text{에 따름.}$$

이제 'f_1'을 '구성 1'의 '고장 확률'이라 하고 이것을 사용해서 일반 방정식 'f_i'을 '누적 시행 수($N_{tr,i}$)'와 '시행 수($n_{tr,i}$)'로 표현해 보자. 관계식 (식 III-56)으로부터 '구성 1'이 끝날 때 '기대 고장 수'는 (식 III-57)과 같다.

$$E[N_1] = \lambda N_{tr,1}^{\beta} = f_1 n_{tr,1}, \quad \therefore f_1 = \frac{\lambda N_{tr,1}^{\beta}}{n_{tr,1}} \quad (\text{식 } \text{III-57})$$

(식 III-56)의 '$E[N_i]$' 관계식을 다시 적용해서 '구성 2'가 끝날 때 '기대 고장 수'를 '구성 1에서의 기대 고장 수'와 '구성 2에서의 기대 고장 수'의 합으로 나타낼 수 있다. (식 III-58)과 같다.

$$E[N_2] = \lambda N_{tr,2}^{\beta} = f_1 n_{tr,1} + f_2 n_{tr,2} \qquad \text{(식 III-58)}$$

$$= \lambda N_{tr,1}^{\beta} + f_2 n_{tr,2}, \qquad \therefore f_2 = \frac{\lambda N_{tr,2}^{\beta} - \lambda N_{tr,1}^{\beta}}{n_{tr,2}}$$

이 같은 유도 추론법에 따라, '구성' 기반의 '고장 확률'에 대한 일반화 관계식, 'f_i'는 (식 III-59)로 얻을 수 있다.

$$[\,'구성\ i'에서의\,'고장\ 확률'\,] \qquad \text{(식 III-59)}$$
$$f_i = \frac{\lambda N_{tr,i}^{\beta} - \lambda N_{tr,i-1}^{\beta}}{n_{tr,i}} = \frac{\lambda\left(N_{tr,i}^{\beta} - N_{tr,i-1}^{\beta}\right)}{n_{tr,i}}$$

$$[\,'구성\ i'에서의\,'신뢰도(성공\ 확률)'\,]$$
$$R_i = 1 - f_i$$

2.8.3. '순차 데이터(Sequential Data)'를 위한 모형 유도

모든 'i'에 대해 '$n_{tr,i} = 1$'인 특별한 상황에서 'f_i'는 부드러운 곡선인 'g_i'가 된다. 이를 이용하면 시행 데이터별 '시행에 대한 고장 확률'을 (식 III-60)으로 구할 수 있다.

$$[\,시행\ 데이터별\,'시행에\ 대한\ 고장\ 확률'\,] \qquad \text{(식 III-60)}$$
$$g_i = \lambda i^{\beta} - \lambda(i-1)^{\beta}$$

'g_i'로부터 'i^{th} 시행'에 대한 '신뢰도' 관계식은 (식 III-61)로 얻는다.

$$R_i = 1 - g_i \qquad \text{(식 III-61)}$$

지금까지 유도한 관계식, 'f_i', 'g_i', '$1-f_i$' 및 '$1-g_i$'는 모두 'RGTMD', 즉 '이산 자료'의 신뢰도 성장을 추적할 때 쓰이는 모형들이다.

('RGTMD'의 '모수'에 대한 '점 추정') '구성별 그룹 데이터'와 '순차 데이터'를 포함하는 '성공/실패 데이터'에 대한 'RGTMD'의 '모수'를 추정한다. 추정 절차는 두 모수 'λ'와 'β'에 대해 '최대 우도 추정(MLE)'을 이용한다. 'λ'와 'β'의 'MLE'를 위해 '고장 확률'에 대한 '점 추정' 식인 (식 Ⅲ-59)를 참작한다. (식 Ⅲ-62)와 같다.

$$\hat{f}_i = \frac{\hat{\lambda} N_{tr,i}^{\hat{\beta}} - \hat{\lambda} N_{tr,i-1}^{\hat{\beta}}}{n_{tr,i}} = \frac{\hat{\lambda}(N_{tr,i}^{\hat{\beta}} - N_{tr,i-1}^{\hat{\beta}})}{n_{tr,i}} \qquad \text{(식 Ⅲ-62)}$$

이때, '구성 i'에 대한 '신뢰도(성공 확률)', $\hat{R}_i = 1 - \hat{f}_i$

이제 '$\hat{\lambda}$'와 '$\hat{\beta}$'가 'λ'와 'β'의 '최대 우도 추정량(LME)'이라고 하자. 즉 '$(\hat{\lambda}, \hat{\beta}) = (\lambda, \beta)$'이며, 따라서 '$(\lambda, \beta)$'는 영역 '$0 \le R_i \le 1, i = 1, ..., k$'에 걸쳐 '이산 자료 모형의 우도 함수'를 최대화한다. 그때 점 '$(\hat{\lambda}, \hat{\beta}) = (\lambda, \beta)$'는 (식 Ⅲ-63)인 '우도 함수'를 만족한다('이항 분포 확률 질량 함수'의 적용).

$$\prod_{i=1}^{k} \binom{n_{tr,i}}{n_i} \left(\frac{\lambda N_{tr,i}^{\beta} - \lambda N_{tr,i-1}^{\beta}}{n_{tr,i}} \right)^{n_i} \left(\frac{n_{tr,i} - \lambda N_{tr,i}^{\beta} + \lambda N_{tr,i-1}^{\beta}}{n_{tr,i}} \right)^{n_{tr,i} - n_i} \qquad \text{(식 Ⅲ-63)}$$

미분의 편의를 위해 양변에 '자연로그'를 취하면 (식 Ⅲ-64)와 같다.

$$\Lambda = \sum_{i=1}^{k} \left\{ \ln\binom{n_{tr,i}}{n_i} + n_i \left[\ln\left(\lambda N_{tr,i}^{\beta} - \lambda N_{tr,i-1}^{\beta}\right) - \ln n_{tr,i} \right] \right\} \qquad \text{(식 Ⅲ-64)}$$

$$+ \sum_{i=1}^{k} \left\{ \left(n_{tr,i} - n_i\right)\left[\ln\left(n_{tr,i} - \lambda N_{tr,i}^{\beta} + \lambda N_{tr,i-1}^{\beta}\right) - \ln n_{tr,i} \right] \right\}$$

'λ'와 'β'에 대해 '편미분'한 후 정리하면 (식 Ⅲ-65)와 같다.

$$\sum_{i=1}^{k} H_i \times S_i = 0, \qquad \sum_{i=1}^{k} U_i \times S_i = 0 \qquad\qquad \text{(식 Ⅲ-65)}$$

$where, \; H_i = \left(N_{tr,i}^{\beta} \ln N_{tr,i} - N_{tr,i-1}^{\beta} \ln N_{tr,i-1} \right), \quad U_i = N_{tr,i}^{\beta} - N_{tr,i-1}^{\beta},$

$$S_i = \frac{n_i}{\lambda N_{tr,i}^{\beta} - \lambda N_{tr,i-1}^{\beta}} - \frac{n_{tr,i} - n_i}{n_{tr,i} - \lambda N_{tr,i}^{\beta} + \lambda N_{tr,i-1}^{\beta}},$$

$$N_{tr,0} = 0.$$

(식 Ⅲ-65)의 적용이 어려운 상황이 있는데, '첫 번째 구성'의 '신뢰도($\hat{R}_1$)' 가 '0'이고 (식 Ⅲ-65)를 만족하지 못하는 임의 점 '$(\hat{\lambda}, \hat{\beta})$'에서 우도가 최대가 될 때이다. 이런 예 중 하나는 첫 번째 시행에서 고장이 발생하는 경우이다. 이때 모형 사용을 위해서는 (1) 모형을 초기화해서 최소한 첫 시행이 성공하도록 하거나, (2) 그룹핑을 통해 최소한 한 개의 성공이 포함되도록 그룹을 초기화하는 것이다. 이 같은 처리를 통해 '$0 < \hat{R}_i < 1, \; i = 1, ..., k$'의 범위에서 (식 Ⅲ-65)를 만족하는 '$\hat{\lambda}$와 $\hat{\beta}$'의 최대치를 얻을 수 있다. 절차 '(1)'은 '초기 설계'와 관련된 성능 문제로서 '초기 고장'이 발생하는 경우 요구되는 사항이다. '신뢰도(Reliability)'는 모형 초기화와 그룹핑에 따라 달라지므로 활용된 데이터와 그룹핑에 대한 근거도 평가의 일부로 간주한다.

추가로 '카이제곱 검정'과 같은 '적합도 검정'을 통해 모형이 데이터와 그룹핑을 잘 적합시키는지 확인할 수 있다. 만일 고장 데이터가 '적합도 검정'을 수행하기에 충분한 양이 못 되면 '총 성공 및 시행 횟수'를 근거로 한 '이항 점 추정량, 그리고 'LCB' 산정을 통해 '$R_k \geq R_i, i = 1, ..., k$' 조건에서 '실증(또는 성취) 신뢰도($R_k$)'의 보수적인 추정치를 얻는다. 'LCB'는 'Lower Confidence Bound'로서 '신뢰 하한'이다.

('RGTMD'의 '모수'에 대한 '구간 추정') 최종 '구성'의 신뢰도에 대해 '한쪽 신뢰 하한(LCB)'을 (식 Ⅲ-66)처럼 점근적으로 얻을 수 있다.

$$LCB_\gamma \approx 1 - \left(1 - \hat{R}_k\right)\left(\frac{\chi^2_{\gamma, N_{tr,k}+2}}{N_{tr,k}}\right). \qquad \text{(식 Ⅲ-66)}$$

$where,\ LCB_\gamma = $ '최종 구성'의 신뢰도에 대한 '신뢰수준 γ'에서의 LCB
$\qquad \hat{R}_k = $ '최종 구성'의 '신뢰도'에 대한 최대 우도 추정 값
$\qquad N_{tr,k} = $ '최종 구성($i = k$)'에서의 '누적 시행 수'
$\qquad \chi^2_{\gamma, N_{tr,k}+2} = $ 카이제곱 분포에서 '신뢰수준 γ', '자유도 $= N_{tr,k}+2$'
$\qquad\qquad$ 일 때의 '카이제곱 값(즉, x값)'.

[Case Study 15] - 'RGTMD'를 적용해서 데이터의 '신뢰도'를 추정하시오.
(상황) 다음 [표 Ⅲ-31]은 개발 시험 데이터이며, 네 개 '구성'이 형성된 아이템에 대해 'RGTMD'를 적용하려고 한다.

[표 Ⅲ-31] '구성별 그룹 데이터' 예

구성 수, i ($k=4$)	'구성 i'에서 관측된 '고장 수' (n_i)	'구성 i'에서의 '시행 수' ($n_{tr,i}$)	'구성 i'에 대한 '누적 시행 수' ($N_{tr,i}$)
1	5	14	14
2	3	19	33
3	4	15	48
4	4	20	68

[그림 Ⅲ-45]를 이용해 [표 Ⅲ-31]을 시각화시키면 [그림 Ⅲ-46]과 같다.

[그림 Ⅲ-46] 'RGTMD 모형'의 유도를 위한 예제의 개요도

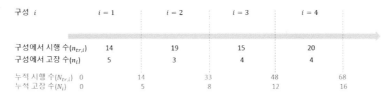

(**Case Study 14의 '모수' 추정**)은 (식 Ⅲ-65)를 적용하며, 원리 이해를 위해 엑셀을 이용하였다. [그림 Ⅲ-47]은 '모수' 추정 예이며 셀들의 위치 파악을 위해 '열(A, B, …)'과 '행(1, 2, …)'을 그림에 포함했다.

[그림 Ⅲ-47] '구성별 그룹 데이터'의 '모수 추정'을 '엑셀'로 계산한 예

| NORM.S.I... | ▾ | : | × | ✓ | f_x | =D3^\$A\$8-D2^\$A\$8 |

▲	A	B	C	D	E
1	구성 수, i (k = 4)	'구성 i' 에서의 고장 수 ($\widehat{n}_i$)	'구성 i' 에서의 '시행 수' ($n_{tr,i}$)	'구성 i' 에 대한 '누적 시행 수' ($N_{tr,i}$)	
2	1	5	14	14	
3	2	19	19	33	
4	3	4	15	48	
5	4	4	20	68	
6	①	$H_i = (N_{tr,i}^\beta \ln N_{tr,i} - N_{tr,i-1}^\beta \ln N_{tr,i-1})$	$S_i = \frac{n_i}{\lambda N_{tr,i}^\beta - \lambda N_{tr,i-1}^\beta} - \frac{n_{tr,i}}{-\lambda N_{tr,i}^\beta + \lambda N_{tr,i-1}^\beta}$	$U_i = N_{tr,i}^\beta - N_{tr,i-1}^\beta$	← ② (식 Ⅲ-65)
7	모수 $\hat{\beta}$	H_i	S_i	U_i	
8	0.780	20.680	0.108	7.836	
9	모수 $\hat{\lambda}$	32.806	-0.424	=D3^\$A\$8-D2^\$A\$8	
10	0.595	25.837	0.370	5.193	
11		34.131	0.062	6.398	
12					
13		③-1 $\sum_{i=1}^{n} H_i \times S_i = 0$		③-2 $\sum_{i=1}^{n} U_i \times S_i = 1$	
14	구성 i=1	2.225		0.843	
15	구성 i=2	-13.899		-3.161	
16	구성 i=3	9.558		1.921	
17	구성 i=4	2.116		0.397	⑤ 두 셀의 합
18	④-1 Σ(H$_i$ x S$_i$)	2.386E-07	④-2 Σ(U$_i$ x S$_i$)	5.809E-08	2.967E-07

[그림 Ⅲ-47]의 'A1 셀부터 D5 셀'은 '원 데이터'인 [표 Ⅲ-31]이다. 그림에서 '①'은 얻고자 하는 두 개 모수 '$\hat{\beta}$'와 '$\hat{\lambda}$'이다. 현재 정답이 기록돼 있지만 처음 시작 때는 임의의 값(예로써 '0.1', '0.5' 등)을 입력해 둔다. 나중에 엑셀의 '해 찾기' 기능을 통해 '최적값'으로 바뀔 것이다. '②'는 (식 Ⅲ-65)를 한 번에 얻기 어려우므로 과정 중 첫 계산을 나타낸 것이며, 여기엔 'H_i, S_i, U_i'가 있다. 엑셀로 직접 계산한 예를 보이기 위해 'U_i'인 'D9 셀'을 클릭해 연계된 셀 위치와 계산 식을 드러나게 했다. (식 Ⅲ-65)의 'U_i'식과 셀 위치를 확인하면서 학습하기 바란다. 좀 더 복잡한 'H_i와 S_i'도 같은 방법으로 계산한다. '③-1'과 '③-2'는 '②'를 이용해서 '$H_i \times S_i$'와 '$U_i \times S_i$'을 '구성(i)'별로 얻은 결과이다. 또 '④-1'과 '④-2'는 각 '③'을 모두 합한 값이다. 즉, 최종 '$\sum_{i=1}^{k} H_i \times S_i$'와 '$\sum_{i=1}^{k} U_i \times S_i$'을 얻은 결과이다.

끝으로 '⑤'는 두 '모수'의 값을 '해 찾기' 하기 위해 '④-1'과 '④-2'를 합한 값이다. 즉 (식 Ⅲ-65)로부터 '④-1'과 '④-2'는 모두 '0'이 돼야 한다. 둘 모두가 '0'이 되는 조건을 만족시키기 위해 다음과 같은 설정이 필요하다('[그림 Ⅲ-48]'의 '해 찾기' 대화상자를 보면 이 과정이 곧 이해될 것이다).

○ ('④-1'+ '④-2'=0) &, ('④-1'=0) & ('④-2'=0)

[그림 Ⅲ-48] 엑셀 '해 찾기'로 '모수' 추정하기

[그림 Ⅲ-47]의 '원 번호'와 [그림 Ⅲ-48]의 '원 번호' 셀 값들을 비교하며 학습하기 바란다. [그림 Ⅲ-48]의 "해 찾기(S)" 버튼을 누르면 [그림 Ⅲ-47]의 '①'에, 구하려는 두 개 모수 '$\hat{\beta} = 0.780$'과 '$\hat{\lambda} = 0.595$'가 뜬다. '최적값'을 얻은 것이다.

('RGTMD'의 '고장률' 및 '신뢰도')는 (식 Ⅲ-58) 또는 (식 Ⅲ-59)를 적용한다. 계산 결과와 과정은 [표 Ⅲ-32]와 같다.

[표 Ⅲ-32] '구성별 그룹 데이터'의 '고장률' 및 '신뢰도' 산정 예

구성 수, i ($k=4$)	'고장률' 추정값 (f_i)	'신뢰도' 추정값 ($1 - f_i$)	계산 예
1	0.333	0.667	$\circ '\hat{f}_2'$에 대해,(식 Ⅲ-58) 적용,
2	0.234	0.766	$\hat{f}_2 = \dfrac{\hat{\lambda}(N_{tr,i}^{\hat{\beta}} - N_{tr,i-1}^{\hat{\beta}})}{n_{tr,i}}$
3	0.206	0.794	
4	0.190	0.810	$= \dfrac{0.595(33^{0.78} - 14^{0.78})}{19} \cong 0.234$

[표 Ⅲ-32]에서 '구성'별로 추정된 '고장률'과 '신뢰도(성공 확률)'을 그래프로 나타내면 [그림 Ⅲ-49]와 같다. '누적 시행 수'가 늘어날수록 '고장 확률'은 떨어지고, '신뢰도(성공 확률)'는 점점 높아지고 있다. 아이템의 '신뢰도' 목표 달성을 위한 개발 활동이 잘 진행 중임을 알 수 있다.

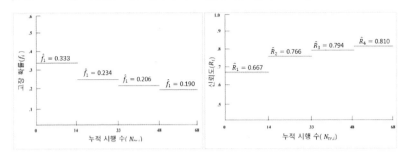

('**RGTMD**'의 '**신뢰 하한**')은 (식 Ⅲ-66)을 적용한다. 최종 '구성($k=4$)'에서 '신뢰 수준(γ)=0.90'이고 '자유도=68+2=70'일 때의 '카이제곱' 및 'LCB'는 (식 Ⅲ-67)과 같다.

$$LCB_\gamma \approx 1 - \left(1 - \hat{R}_4\right)\left(\frac{\chi^2_{\gamma,\, N_{tr,4}+2}}{N_{tr,4}}\right) \qquad\qquad (\text{식 } Ⅲ\text{-67})$$

$$\approx 1 - (1 - 0.810) \times \left(\frac{\chi^2_{0.90,70}}{68}\right) = 1 - (1 - 0.810) \times \frac{85.527}{68}$$

$$\approx 0.761$$

만일 아이템의 '목표 신뢰도'가 '0.80'이라면 [표 Ⅲ-32]의 '최종 구성($k=4$)' 에서 '현 신뢰도=0.81'을 얻었으므로 목표가 달성됐다고 할 수 있다. 그러나 '신뢰 하한(LCB)'이 '0.761'로 예상되므로 현재 얻은 '0.81'보다 작아져 목표 미달일 가능성(즉, 불확실성)이 존재한다. 따라서 실무라면 최소한 'LCB'가 '0.80 초과'가 되도록 연구·개발에 임하는 것이 중요하다.

시험으로 '신뢰도 성장'을 추진하는 예를 통해 설계 목표달성 여부를 확인해 보자[주) 34-2,(p.13)].

[**Case Study 16**] - 'RGTMC'를 적용해서 목표달성 여부를 판단하시오.

(**상황**) 개발 단계 중 한 프로토타입에 대한 '신뢰도 성장시험'이 진행되었다. '총 시험 기간'은 '500시간'이고 '23개'의 고장이 관찰되었다. [표 Ⅲ-33]은 시험에서 수집된 데이터이다. 이 프로토타입의 설계 사양은 '500시간'에서 '95% 신뢰 수준'으로 '50시간'의 'MTBF'를 보증하는 것이다. 이때 연구원은 '최대 우도 추정'을 이용해 '모수'를 추정하고, 프로토타입이 설계 목표를 달성한 것인지 확인하려고 한다.

[표 Ⅲ-33] 한 개발 단계에서 수집된 '고장 시간 데이터'

0.2	6.1	85.8	157.7	329.6
4.2	7.9	108.9	227.4	404.3
4.5	14.8	127.2	244.7	486.2
5.0	19.2	129.8	262.7	-
5.4	48.6	150.1	315.3	-

(**모수 추정**)은 (식 Ⅲ-17)의 '정시 중단시험'의 계산 식을 이용한다. 해당 식을 옮겨 놓으면 (식 Ⅲ-68)과 같다. [표 Ⅲ-33]의 '고장 시간 데이터'를 주어진 식에 대입해 '모수'를 바로 추정한다.

[정시 중단($Time\ Truncated$)] (식 Ⅲ-68)

$\bigcirc\ \hat{\beta}=\dfrac{n}{n\ \ln T-\displaystyle\sum_{i=1}^{n}\ln t_i}=\dfrac{23}{23\times\ln500-(\ln0.2+...+\ln486.2)}\cong 0.41265$

$\bigcirc\ \hat{\lambda}=\dfrac{n}{T^{\hat{\beta}}}=\dfrac{23}{500^{0.41265}}\cong 1.77012$

T : '시험국면'의 정시중단시간.

(**목표달성 확인**) 프로토타입의 신뢰도 목표는 "'500시간'에서 '95% 신뢰 수준'으로 '50시간'의 'MTBF' 달성"이다. 이때 '50시간'은 '평균'이므로 실제 얻을 수 있는 값은 '50시간'보다 작거나 높아질 가능성이 상존한다. 예를 들어 '50시간 이상'은 'MTBF'가 '망대 특성'이므로 문제 될 일은 아니나 그보다 작아지면 목표 미달이므로 심각한 상황이 초래된다. 따라서 '평균 50시간'이 통계적으로 얼마나 내려갈지 미리 알면 최소 그 값을 하향하지 않을 만큼의 개선을 이뤄내야 한다. 이를 'LCB(Lower Confidence Bounds)' 또는 '신뢰구간' 중 '신뢰 하한(Lower Confidence Interval)'이라고 한 바 있다. '신뢰 하한(LCB)'을 얻으려면 평균인 '실증(또는 성취) MTBF'를 얻은 뒤 Dr. H. Corw가 제시한 '정시 중단시험'의 'Crow Bounds'를 적용한다. 자세한 계산식은 '주) 34-2의 문헌'을 참고하기 바란다.

$[$실증$($or 성취$/$순간$) MTBF, \widehat{m}_{ins}]$ (식 Ⅲ-69)

$\bigcirc\ \widehat{m}_{ins} = \dfrac{1}{\widehat{\lambda}\widehat{\beta}t^{\widehat{\beta}-1}} = \dfrac{1}{1.77012 \times 0.41265 \times 500^{0.41265-1}}$
$\qquad \cong 52.6824$시간

$[$구간 추정 $: Crow\ Bounds - LCB]$
$\bigcirc\ L_{N,\gamma}\widehat{m}_{ins}(T) \leq m_{ins}(T)$
$\qquad where, N :$ 총 고장 수$, \gamma :$ 신뢰 수준.
$\qquad\quad 'N'$ 과 $'\gamma'$ 에 따른 $'L_{N,\gamma}'$ 는 $'$부록 $C-1'$ 의 표 참조.

(식 Ⅲ-69)를 이용해 '신뢰 수준=0.95(95%)'에서 '실증(또는 성취) MTBF의 신뢰 하한(LCB)'을 구하면 (식 Ⅲ-70)과 같다.

$N = 23, \gamma = 0.95$ 인 환경에서, (식 Ⅲ-70)
$L_{23,0.95} \times 52.6824 \leq MTBF(52.6824)$

$'\gamma = 0.95'$ 에서 양쪽이 아닌 $'$한쪽 신뢰하한$'$ 은 $'$부록 $C-1'$ 에서
$n = 23, \gamma = 0.90$ 의 하한을 읽어야 함.

즉, $L_{23,0.90} = 0.613,$

$\therefore 0.613 \times 52.6824 \leq MTBF(52.6824).$
$\Rightarrow 32.294 \leq MTBF(52.6824).$

(식 Ⅲ-70)에서 현재의 '실증(또는 성취) MTBF=52.6824'는 목표인 '50시간' 을 초과하나 '신뢰 하한=32.294' 값까지 도달할 가능성이 존재하므로 최소 'LCB=50시간'이 될 수 있도록 보완 또는 재설계 활동이 요구된다.

2.10. '예상 MTBF' 구하기

'예상 MTBF(Projected Reliability)'는 "개발 중인 아이템에 대한 미래 특정 시점에서의 기대되는 MTBF 값"이다. 앞서 여러 차례 계산한 바 있었지만 본 소주제에서는 '외삽'의 접근을 소개한다. '예상 MTBF'에 대한 '기댓값'의 결정은 현재까지 달성한 신뢰도와 직후 아이템에서 이루어질 지향점이나 특성과 같은 기술적 평가에 기초해서 이루어진다. 가장 쉬운 접근법은 현재까지의 데이터를 통해 결정된 'RGTMC'의 '변수 t'에 '미랫값'을 입력하는 것이다. 「2.1. 단일 아이템의 '고장 시간'으로 이루어진 데이터」의 [표 Ⅲ-7]로부터 '예상 MTBF'를 구해 보자. 당시 예는 '3,000시간'까지 '정시 중단시험'을 운용했으며 아직 이루지 못한 '3,500시간'에서의 '예상 MTBF'를 얻는다고 가정한다. [표 Ⅲ-34]는 그때의 데이터 [표 Ⅲ-7]을 다시 옮겨 놓은 것이다[문헌-②(p.78)].

[표 Ⅲ-34] '단일 아이템'의 고장 시간 데이터 예

누적 고장 시간(t_i)							
2.4	118.6	365.9	664.0	852.9	1,340.3	1,971.5	2,674.2
24.9	140.2	366.8	738.1	1,116.3	1,437.3	2,303.4	2,704.8
52.5	185.0	544.8	764.7	1,161.1	1,482.0	2,429.7	2,849.6
53.4	207.6	616.8	765.1	1,257.1	1,489.9	2,457.4	2,923.5
54.7	293.9	627.5	779.6	1,276.3	1,715.1	2,535.2	-
57.2	322.3	646.8	799.9	1,308.9	1,828.9	2,609.9	-

당시 [표 Ⅲ-8]에 기술된 '모수 추정'을 통해 '$\hat{\beta} \cong 0.6165,\ \hat{\lambda} \cong 0.331$'이었으며, 이에 모형은 '$m_{ins}(t) = 1/(0.331 \times 0.6165 \times t^{0.6165-1})$'이었다. 단순히 수식에 '$t = 3,500$'을 입력하면 결과는 (식 Ⅲ-71)과 같다.

$$m_{ins}(3,500) = 1/(0.331 \times 0.6165 \times 3,500^{0.6165-1}) \quad \text{(식 III-71)}$$
$$\cong 112.04\,\text{시간/고장}$$

얻어진 '112.04시간/고장'은 현 '3,000시간'까지의 시험에 '500시간'을 추가
로 수행했을 때 해당 '시험 국면' 중 '종료 시점'에서의 '기대 신뢰도(MTBF)'
이다. 따라서 곡선의 연장에 불과하므로 현재 '구성'에 대해 '재설계(Fixes)'가
없는 한 큰 '도약(Jump)'과 같은 상황은 기대할 수 없다. 만일 정해진 목표가
있고 그 목표 달성과 관련된 활동이 '외삽 추정'과 의미가 있을 때 본 결과를
활용한다. 점진적으로 수행되는 개선 활동의 결과가 '외삽 추정치'와 보조를
맞추며 추진될 수 있기 때문이다. [그림 III-50]은 'JUMP'를 이용해 '예상 신
뢰도(MTBF)'를 구한 결과이다.

[그림 III-50] '3,500시간'에서의 '예상 신뢰도' JUMP 결과

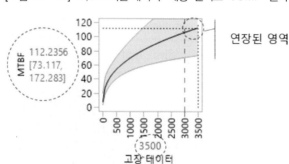

2.11. '예상 MTBF' 산정에 관한 경험 사례

[그림 III-50]에서 시간에 대해 모형을 연장함으로써 '예상 MTBF'를 간단히

알아보았으나 실질적인 활동이 어떻게 이루어지는지는 좀 더 정보가 필요하다. 본 예는 「MIL-HDBK-189」에 소개된 '예상 신뢰도(이후 '예상 MTBF'로 씀)'에 관한 개발 과정 예를 옮긴 것이다[문헌-②(pp.78~81)].

육군 헬리콥터 개발 중 수집된 데이터로부터 신뢰도 성장이 충분치 않다는 분석 결과를 얻었다. 추적 곡선의 '예상 MTBF'가 신뢰도 요건을 충족하지 않았기 때문이며, 항공기 개발 과제를 변경시켜야 할 상황에 직면한 것이다. 문제는 현재 보류 중인 다수의 '수정'이 이행되더라도 그들의 효과가 '예상 MTBF'에 얼마나 반영될는지 추적 곡선으론 파악하기 어렵다는 것이었다. 따라서 헬리콥터의 미래 신뢰도를 더 잘 예측하려면 이들 '수정' 사항에 대한 공학적 평가가 필요하다고 판단하였다. 이에 엔지니어와 분석 전문가로 꾸려진 특별팀이 구성되었다.

초기 조사 시 주안점을 둔 활동은 시험 중 발생한 특정 '고장 모드', 특히 '설계 변경'이 계획됐거나 이행됐던 '고장 모드'에 대해 개발 전문가와 집중적인 논의를 시작한 것이었다. 모두 '81개'의 '고장 모드'로 분류된 '120개'의 '고장 항목 분석 보고서(FIAR: Failed Item Analysis Reports)'가 검토되었다. 각 '고장 모드'에 대해 개발자와 논의를 거친 후 팀원들 각자는 '개선 조치'를 통해 고장이 줄어들 것으로 예상하는 추정치를 기록했다. 이를 '실효성 계수'로 정의하고 해당 비행 기간에 '개선 조치'로 제거될 수 있는 '고장 비율점수'로 활용하였다. 11명의 육군 팀원 각자가 제공한 '개선 조치' 후 '실효성 계수'를 각 주요 '하위 시스템'별로 평균을 냈다. 이들 '평균(또는 k 계수)'을 [표 III-35]에 요약하였다. 예를 들어, 특정 '시간 간격' 동안 발생한 임의의 '고장 모드'를 '수정'했다고 가정하자. 이때의 'k=0.60'이었다면 이 값은 '수정'이 반영된 이후, '같은 시간 간격'에서 그 '고장 모드'로 야기된 고장 횟수 중 '60%'가 줄었다는 의미다. 다른 말로 '수정' 사항이 반영된 후 총 고장 수의 '40%'가 같은 시간 간격에서 제거되지 않은 채 발생한다고 보는 것이다.

[표 Ⅲ-35] 기대되는 총 고장률('마모 고장 모드' 제외)

하위 시스템	'고장 모드' 수	고장 수	평균 'k 계수'*	'k 계수' 적용 후 기대되는 고장 수 N_E**	239시간에 기반한 기대 고장률
회전자	10	16	0.707	4.88	0.020
트랜스미션	7	7	0.642	2.51	0.011
추진체	14	19	0.576	8.49	0.036
전기장치	6	14	0.584	6.00	0.025
항공 전자기기	8	9	0.362	5.93	0.025
항공기 기체	6	7	0.598	3.10	0.013
전자제어기	3	3	0.689	0.93	0.004
유압 기계/ 기체 제어장치	12	20	0.551	9.08	0.038
총합	65	95		40.92	0.172
비고	* '하위 시스템'별 평균임. 따라서 'N_E'는 이 숫자로부터 직접 얻을 수 없음. ** 평가팀이 부여한 '평균 k 계수'를 각 고장에 적용하여 얻음.				

따라서 'N'을 특정 기간에 발생한 임의 '고장 모드의 고장 횟수'라 하고, '효과 계수=k'인 '수정'이 반영된 후 '같은 기간 동안 예상되는 고장 횟수'를 'N_E'로 나타낸다면 '$N_E = N(1-k)$'이다. 예를 들어 어느 '고장 모드'로 야기된 '고장'이 특정 기간에 걸쳐 '5번' 발생하고 이때 '$k = 0.6$'의 '수정'이 있었다면 '$N_E = 5 \times (1-0.6) = 2$'이다. 즉, '수정'이 있은 다음에는 '같은 기간 동안 2번만 고장 나는 것'으로 예상한다.

현존하는 '고장 모드' 목록은 육군 요원이 '239시간'의 비행시험 동안 발생한 고장 데이터를 분석해 얻은 결과였다. 앞서 언급한 '81개'의 '고장 모드' 중, 개발자는 '66개'의 고장에 대해서만 '수정'이 있었음을 확인해 주었다. 따라서 나머지 '15개 고장 모드'와 관련된 고장률이 그대로 남게 되었다. 특히 남겨진 '고장 모드'로부터 야기되는 것으로 파악된 '고장'이 '25개'이며 이들 각각은 평가 과정에서 모두 고려되었다. 단, 개발자가 '수정'을 했던 '66개'의 '고장 모드'는 평가팀이 별도로 분석하여 각 '수정' 내용별로 그 효과를 추정할 필요가 있었다. 총 '95개'의 관련 '고장'은 예상할 수 있는 고장률 감소 폭만큼 조정해서 반영될 것이다. 이 분석 결과는 [표 III-35]에 요약되어 있다.

'66개'의 '고장 모드'는 헬리콥터의 주요 '하위 시스템'별로 분류되었다. 각 '하위 시스템'별로 열거된 'k 계수'는 '하위 시스템' 내에서 발생하는 '고장 모드'에 대한 평균치이므로 이 값으로 '기대 고장 수(N_E)'을 얻는 것은 아니다. 'N_E'는 개발자가 제안한 '수정' 사항을 반영한 후 '같은 시험 시간(239시간)' 동안 발생할 것으로 예상되는 고장 횟수를 평가팀이 판단한 값이다. 마지막 열에는 수정 후 예상되는 고장률이 포함돼 있다. 원래 시험에 근거한 '고장 간 평균 시간(MTBF)'의 추정치는 '239시간/120고장=2.0시간/고장'이었다. 그러나 '수정' 후 예상되는 '고장 횟수(N_E)'는 현재 '40.92'에 '수정'이 없었던 '25회 고장 횟수'를 더한 값이다. 따라서 'MTBF'의 새로운 추정치는 '239/(40.92+25)=3.6시간/고장'이다. 결과적으로 육군은 좀 더 나은 헬리콥터 시스템의 신뢰도 추정치로 이 값을 사용하게 되었다.

신뢰도 성장 예상분석
(Reliability Growth Projection Analysis)

'신뢰도 성장 예상분석'은 이전의 '신뢰도 성장추적분석'과 겹치기도 하지만 굳이 차이점을 찾자면 첫째는 대상 '고장 모드'인데 추적분석은 'BC-모드'를, 예상분석은 'BC-모드, BD-모드'를 대상으로 한다. 둘째는 '수정 전략'이다. 추적분석은 '시험 중'에, 예상분석은 '시험 중, 시험 후' 모두에서의 '수정'을 다룬다. '시험 후'를 연장하면 '필드 아이템'까지 분석 대상을 확대할 수 있다. 셋째는 얻고자 하는 '신뢰도(MTBF)' 인데 추적분석은 '실증 MTBF'에, 예상분석은 '예상 MTBF'에 중점을 둔다. 이 세 가지 기본 차이점을 이해하고 본문을 학습하면 이해하는 데 큰 도움을 받을 것이다.

I. 신뢰도 성장 예상분석 개요

제품이 생산처를 떠나 고객에 인도되면 다양한 환경에 노출된다. '고객 사용 환경'은 '연구 개발 환경'과는 여러 면에서 차이를 보인다. 예를 들어 개발 환경은 고객의 그것과 비교해 안정적이라 할 수 있으며 이처럼 외부 영향이 최소화된 상태에서 시험 평가되는 '제품 신뢰도(또는 고장)'는 그 '구성(Configuration)'이 가진 고유한 속성에 따라 결정되기 마련이다. 그러나 '고객 사용 환경'은 다르다. 같은 제품이더라도 동작 조건이나 환경, 유지보수 정책, 정비 인력의 능력에 따라 신뢰도에 영향을 미치며, 이들 모두를 개발 환경에서 미리 고려하고 반영하는 일은 현실적으로 매우 어렵다. 설사 불가능하진 않더라도 막대한 비용 지출이나 출시에 대한 시간적 압박에서 결코 자유롭지 못하다.

거꾸로 사용자 환경에서 발생한 고장 제품들을 수거해 신뢰도를 평가하면 품질에 대한 여러 정보를 얻을 수 있다. 예를 들어 제품에 문제가 생겼을 때 그 대상이 단품, 또는 설사 시스템이더라도 문제 부품을 찾아 그저 교체만으로 복구가 된다면 잘 알려진 '와이블 분포' 등을 활용해 분석할 수 있다. 이 같은 단품과 관련한 신뢰성 분석은 「BTS 시리즈_신뢰성 분석 편」에서 자세히 다룬다. 그러나 아이템 중에는 냉장고, TV, 자동차, 항공기, 탱크처럼 고장 났을 때 수리를 거쳐 임무를 계속 유지해야 하는 시스템들도 상당히 많다. 사용자 환경에서의 아이템은 고장 났을 때 수리를 통해 기능을 유지해야 하므로 비수리 아이템의 분석 때와는 분명히 다른 분석적 접근이 필요하다. 'HPP(Homogeneous Poisson Process Models)'는 '포아송 분포'를 그대로 사용하며, '고장 강도'가 '아이템 사용 연한'에 관계없이 일정한 상황이면 '고장 사이의 지수 시간'을 적절하게 모형화한다. 그러나 현실에서는 물류 및 유지보수 전략이나 품질 및 제조 문제, 초기 고장 저감 활동(Burn-in), 마모 상태, 임무 신뢰도나 보증 정책들의 영향을 고려해야 하며, 따라서 '고장 강도'는 '아이템 사용 연한'별로 일정하지 않고 달라질 수 있다. 이때 'NHPP 모형'이 쓰인다. 일반적으로 고객 환경에서 사용된 '복구 가능 아이템('Fielded System'이라고 함)'의 분석에는 다수의 아이템으로부터 수집된 데이터가 이용된다. 이와 관련한 분석법을 Crow[40]가 개발했으며, '최대 우도 추정', '적합도 검정' 및 '구간 추정'들을 포함한다.[41]

다시 돌아와 결국, 고객이 믿고 쓸 수 있는 제품을 제공하려면 '신뢰도 성장 예상(Reliability Growth Projection)'이 중요하다. 즉 개발이나 생산 중인 아이템에 대한 현재나 미래에서의 '신뢰도 추정치'를 잘 알아야 한다. 또 이 값은 '경영전략'이나 '계획 및 이행된 개선 조치', '평가된 수정 효과', 그리고 통계적 추정치인 'B-모드 발생률' 등 기본 정보와도 연동한다. '신뢰도 추정치'가 얻어지면 다음으로 전체 시험을 대상으로 미리 계획된 매개변수[예: '수정 효과 계수(FEF)' 등]를 이용해 '신뢰도 예상'에 미치는 영향도를 분석하고 이어 'MTBF', 'B-모드 발생률' 또는 'B-모드 초기 고장률의 백분율'과 같은 표면화된 지표를 기반으로 '시스템'이나 '하위 시스템'의 성숙도를 결정한다.

개발 중인 복잡도 높은 아이템의 신뢰도를 높이는 과정을 '신뢰도 성장 프로세스(Reliability Growth Process)'라고 하며, 여기에는 '고장 모드'를 드러내고, 그들을 분석하며, 제거나 완화를 목적으로 이루어지는 '개선 조치'가 포함된다. 이 과정을 거치면서 아이템의 '구성(Configuration)'에 대한 신뢰도는 점차 성장한다. 이때 '신뢰도 성장률'은 기본적으로 세 가지에 의해 결정된다. 즉 (1) 새로운 '고장 모드'의 발생률, (2) '개선 조치'의 효과성과 적시성, (3)

---

40) Crow, L. H., "Reliability Analysis for Complex, Repairable Systems in Reliability and Biometry", SIAM, ed. by Proschan and R. J. Serfling, Philadelphia, Pennsylvania, pp.379~410, 1974.

41) http://reliawiki.org/index.php/Fielded_Systems 내용을 편집함.

'개선 조치'로 해결되는 '고장 모드' 군이다.

　시험 중에 '고장 모드'가 식별되면 '개선 조치'가 바로 이행되거나(BC-모드), '시험 국면'이 끝날 때까지 미뤄두는 '지연 수정'이 있다(BD-모드). '지연 수정'은 미리 정해 놓은 '개선 조치 기간(CAP)' 동안에 수행되며, 그 결과로써 아이템의 신뢰도는 뚜렷하게 '도약' 성장한다. '지연 수정'이 완료되면 알려진 '예상 모형'을 이용해 신뢰도가 '도약'한 양, 즉 "예상(Projection)"값이 추정된다. 주의할 점은 모형을 이용해 '현 시험 국면' 이후까지 단순히 연장하는 식의 추정은 고려 대상이 아니며, 특히 '예상'을 얻는 전제 조건으로 '현 시험 국면'의 시험 조건이 변경되지 말아야 하고 신뢰도 성장을 촉진하는 활동 수준(예: 성장률 α)도 일정하게 유지돼야 한다.

　확실한 규칙이 있는 것은 아니지만 '고장 모드 발생률'을 통계적으로 추정할 수 있을 만큼의 뚜렷한 'B-모드'가 드러나야 한다. 즉, 충분한 수의 'B-모드'가 존재해야 'B-모드의 누적 수 vs. 누적 시험 시간'의 그래프가 규칙성을 띠게 되고, '예상 모형'의 함수 속 '모수'들을 통계적으로 추정할 수 있다. 분석할 때는 '관측된 B-모드의 누적 수 vs. 누적 시험 시간'을 그래프로 나타내서 추세를 시각적으로 비교하고, '적합도 검정'도 수행할 것을 권장한다. '예상 MTBF'를 얻으면 '현 국면' 이후 이어질 시험의 타당성 평가도 가능하다.[42]

1.1. '신뢰도 성장 예상분석'을 위한 모형(Model)

　'신뢰도 성장 예상 모형'들을 이용해 개발 아이템뿐 아니라 '고객 사용 환경'에서 수집한 아이템들의 신뢰도를 분석할 수 있다. 특히 '고객 사용 환경'

---

42) [문헌①(pp.99 · 100)]을 편집함.

에서 수집한 아이템들은 '수정(Fixes)'을 통해 기능을 회복시키는 과정이 반복되므로 이를 별도로 **복구 가능 필드 아이템 분석**'으로 표현하면 의미 전달이 쉬울 것 같아 자주 인용할 것이다. 이어지는 본문은 [문헌-①(p.99)]의 내용과 'ReliaSoft社의 Reference'[43]를 참고하고 있다. 모형에 대한 이해를 돕기 위해 [그림 I-3]을 다시 가져와 '신뢰도 성장 예상분석'과 직접 관련된 모형들만 [그림 IV-1]에 다시 표시하였다.

[그림 IV-1] '신뢰도 성장 예상분석 모형(Model)'들의 모음

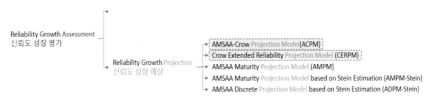

[그림 IV-1]의 '신뢰도 성장 예상분석'의 모형 중 본문에 포함하고 있는 'AMSAA-Crow Projection Model(ACPM)'과 'Crow Extended Reliability Projection Model(CERPM)'은 'Power Law Approach'를, 나머지 세 개 모형들은 'AMPM Approach'를 적용한다. 전자에 해당하는 ① 'ACPM'은 고장이 날 때 '현 시험 국면'의 종료 이후, 그러나 '다음 시험 국면'의 시작 전까지 '개선 조치'가 완료되는 것으로 가정한다. 반면 'CERPM'은 '지연 수정'뿐 아니라 '즉각적인 수정' 모두의 분석을 위해 개발되었다. 'MIL-HDBK'에서는 'CERPM'보다 전체 명칭을 그대로 쓰고 있으나 편의를 위해 약어로 계속 사용할 것이다. 이들 '예상 모형'은 '수정 효과 계수(FEF, Fix Effectiveness Factor)'를 조정하여 '잠재 신뢰도'를 결정하는 데에도 이용된다. 출처에 따라서는 **'ACPM'과 'CERPM'을 합쳐 "Crow-Extended 모형"으로 통칭**한

---

43) https://www.reliawiki.com/index.php/Reliability_Growth_and_Repairable_System_Analysis_Reference

다. [그림 Ⅳ-1]의 '신뢰도 성장 예상분석 모형'들 중 'AMPM'은 '감마 분포'를 사용하나 본문에는 포함하고 있지 않다. 관심 있는 독자는 [문헌-①(pp.118~129)]를 참고하기 바란다.

② 'ACPM'에서의 '예상 MTBF'는 시험 종료 때 모든 '수정'이 이루어지는 '**Test-Find-Test 전략**'으로부터, 그리고 '<u>CERPM</u>'에서의 '예상 MTBF'는 시험 도중에 일부가 수정되고 시험이 완료된 이후 나머지가 수정되는 '**Test-Fix-Find-Test 전략**'으로부터 각각 얻어진다.44) '시험 중'과 '시험 후'에 수행되는 '개선 조치'의 평가와 관리 상태의 측정을 위해 'B-모드'의 두 개 유형인 'BC-모드(시험 중 이루어지는 '개선 조치' 대상)'와 'BD-모드(시험이 끝날 때까지 지연시킨 후 이루어지는 '개선 조치' 대상)'를 각각 정의한다.

이전 단원의 ③ '**신뢰도 성장추적분석**'에서는 아이템이 시험 중 고장 나면 바로 모든 '수정'이 이행됐으며, 이때 해석을 위해 'Duane 모형' 또는 'RGTMC'를 사용했었다. 반면에 '**신뢰도 성장 예상분석**' 모형인 'ACPM 및 CERPM'은 "서로 다른 '고장 모드'"에 "서로 다른 '수정 전략'"을 고려하는 해석에 유용하다. '신뢰도 성장 예상분석'을 언급할 때 자주 등장하는 "Crow Extended"의 'Extended'에서 보듯 'ACPM'과 'CERPM'은 'RGTMC'의 "확장"을 의미한다. 정리하면 '**RGTMC**'는 "**시험 중 신뢰도 성장을 추정(Estimation)**"하며, '**ACPM**'은 "**지연된 '개선 조치**'를, '**CERPM**'은 '**시험 중 및 후의 개선 조치**'를 근거 삼아 시험 이후의 신뢰도 성장을 예상(Projection)"한다. 지금까지의 '개요'를 요약하면 [그림 Ⅳ-2]와 같다. 매우 중요하니 정독하기 바란다.

---

44) "Test-Fix-Test with Delayed Fixes 접근법"과 유사하며 이후 계속 사용함.

[그림 IV-2] '시험 국면 I'과 '개선 조치 기간(CAP)'에서의 주요 내용

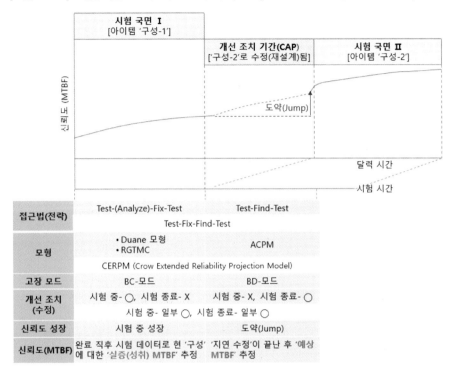

[그림 IV-2]의 내용을 알아보자. 우선 '시험 국면 I' 경우 '接근법(전략)'으로 "**Test-(Analyze)-Fix-Test 전략**"을 선택했을 때이며, 시험 중 '수정(Fix)'이 있어 이를 해석하기 위한 '**모형**'으로 "Duane 모형(또는 RGTMC)"이 쓰인다. 또 시험 중 '수정'의 대상이 되는 '**고장 모드**' 분류는 "BC-모드"이며, 따라서 '**개선조치(수정)**'가 '시험 국면 I'에서 "시험 중-○", 그리고 개선(수정)이 있으므로 '**신뢰도 성장**'은 "시험 중 성장"처럼 완만한 상승 패턴을 보인다. 시험 중 확보된 데이터로 '순간 MTBF'를 구하면 현 아이템 '구성'에 대한 '**신뢰도**'인 "실증(성취) MTBF"

를 얻는다. 또 "Test-Find-Test 전략" 경우 '지연 수정'이므로 '개선 조치 기간 (CAP, Corrective Action Period)'에서 '수정'이 이루어지고 이때의 해석 '**모형**'은 "ACPM"이, '**고장 모드**'는 "BD-모드"가 해당한다. '**개선조치(수정)**'가 'CAP'에 집중되므로 '**신뢰도 성장**'은 크게 "도약(Jump)"하게 되고 이때의 '**신뢰도**'는 "예상 MTBF"가 추정된다. 끝으로 "**Test-Fix-Find-Test 전략**"은 '**개선조치(수정)**'가 "시험 중-일부○"와 "시험 후-일부○"와 같이 두 개 기간 모두에서 일어나며, 해석 '**모형**'은 "CERPM"임을 알 수 있다. 중요하므로 [그림 Ⅳ-2]와 본문을 번갈아 보며 학습하기 바란다.

1.2. '신뢰도 성장 예상분석'의 특징

'신뢰도 성장 예상분석'의 이점은 다음과 같다[문헌-①(p.101)].

1) 드러난 '고장 모드'를 '개선 조치'한 후 'MTBF'를 평가할 수 있음.
2) 아이템의 신뢰도 성장을 가늠할 수 있는 다음의 성숙도 지표를 얻음.
　　ⅰ. 예상 MTBF(m_P)
　　ⅱ. 신규 'B-모드'의 발생률
　　ⅲ. 'B-모드'로 생겨난 고장의 '초기 고장률' 대비 백분율
3) 추가 시험 동안 발견될 '신규 B-모드'의 '기대 수'를 예상할 수 있음.
4) 아이템의 '신뢰도 성장 잠재력(m_{GP})'을 평가할 수 있음.
5) '개선 조치' 효과, 적용된 기술과 관리 전략의 영향을 수치화함.

또 분석 수행을 위해 취해질 가정들을 요약하면 다음과 같다.

1) 시험 시작 때 시스템(또는 복잡한 하위 시스템)에 내재하고 있을 'B-모드의 수'가 'k개' 존재함.
2) '고장 모드(A-모드와 B-모드 모두)'는 독립적으로 발생함.
3) '고장 모드'가 발생할 때마다 아이템에 고장이 발생함.
4) '개선 조치'를 통해 새로운 '고장 모드'가 생겨나지 않음.

'신뢰도 성장 예상분석 모형'에서 아이템의 '고장 강도(또는 고장률)'을 먼저 추정하게 되는데, 이때 발견된 '고장 모드'의 모든 '개선 조치'를 '현 시험 국면' 종료 시점까지 연기하게 돼 있는지 확인해 봐야 한다. 왜냐하면, 분석에 쓰일 데이터는 '첫 BD-모드'에 기인한 '고장 발생 시간'인데 시험 중 '개선 조치'가 있게 되면 '구성'이 바뀌므로 먼저 확보한 '첫 BD-모드의 고장 시간'은 무용지물이 될 수 있기 때문이다. 한마디로 분석이 어렵다. 이때 '고장률, r_i' 는 '고장 모드 i'로 인한 '고장 수'를 '시험 국면 기간'으로 나누어 얻는다 (r_i = 고장 수/시험국면기간). '예상 MTBF'를 얻을 때 고려 사항은 다음과 같다.

1) '고장 모드'의 분류가 돼 있어야 함(A-모드, BC-모드, BD-모드).
2) 시험 환경이 공유돼야 함(지상, 수중 등).
3) 아이템의 '구성(Configuration)'을 제어할 수 있어야 함.
4) '수정 효과'를 공학적으로 평가할 수 있어야 함.

'예상분석'을 위해 필요한 데이터 요구 사항은 다음과 같다.

1) '수정'이 가능한 '고장 모드'의 분류 및 그들의 첫 고장 발생 시간.
2) '수정'이 가능한 각 '고장 모드'가 반복해서 발생할 때의 각 시간.
3) '수정'할 수 없는 고장들의 수.

4) '수정' 가능한 '고장 모드'의 'FEF(수정 효과 계수, Fix Effectiveness Factor)' 값 지정 또는 'FEF'의 전체 평균.

5) 총 시험 기간(T).

6) 'CERPM(Crow Extended Reliability Projection Model)' 경우 데이터에 대한 별도의 요구 사항이 존재할 수 있음.

개발 환경 또는 고객 사용 환경에서 '필드 아이템(Field Systems)'의 신뢰도 분석(복구 가능 필드 아이템 분석)'은 다음으로 구분한다.[45)]

1) 복구 가능 아이템 분석(Repairable Systems Analysis)

2) 동작 시험 분석(Operational Testing Analysis)[46)]

3) 플릿 데이터 분석(Fleet Data Analysis)

1.3. '신뢰도 성장 예상 모형'의 '모수' 특징

'ACPM' 경우 '시험 국면'이 끝난 후 '개선 조치'가 이루어지므로 'Test-Find-Test 전략'이며, 따라서 시험 중에는 '수정'이 없어 'MTBF'는 일정하게 유지된다(고 가정한다). 'MTBF'가 오르거나 내리지 않는다면 **'모수'인** '$\beta = 1.0$'에 해당한다. 따라서 '필드 아이템(Field Systems)' 대부분은 '마모 고장'이므로 이 조건에 해당하지 않는다. 그러나 정확히 '1.0'이 나오는 것은 아니므로 통계학적으로 '1'인지는 '구간 추정'을 통해 확인한다. 만일 '구간 추정'에서 '1.0'을 포함하지 않으면 다음과 같은

---

45) http://reliawiki.org/index.php/Reliability_Growth_and_Repairable_System_Analysis_Reference

46) 다른 용어와 맞추기 위해 '분석(Analysis)'을 붙임.

의문을 제기한다.

1) 다중 아이템의 시험이면 그들이 모두 같은 '구성'인가?
2) 아이템 모두에 '개선 조치'가 가해졌는가? 만일 일부만 '수정'됐다면 '$\hat{\beta}$' 는 '1.0'이 아닐 수 있음.
3) 모든 아이템이 일관된 조건에서 시험 되었는가?
4) 고장의 정의에 변화가 있었는가? 또 데이터 입력에 문제는 없었는가?

'$\hat{\beta}=1$'이 확인되면 '실증 MTBF' 추정과 '적합도 검정'에 이용된다.

2. ACPM(AMSAA-Crow Projection Model)

[그림 Ⅳ-1]에서 언급한 'ACPM(AMSAA Crow Projection Model)'과 'CERPM(Crow Extended Reliability Projection Model)'은 출처에 따라 하나로 통합해서 'Crow Extended Model'로 불리고 따라서 각 모형은 'Crow Extended Model'의 특수한 경우로 분류하기도 한다. 이어질 내용은 먼저 'ACPM'의 이론적 배경에 대해 알아보고 이해를 돕기 위해 간단한 예를 소개할 것이다.

2.1. ACPM 개요

이 모형은 시험 중 드러난 'BD-모드'에 대해, '현 시험 국면'이 끝나는 시점과 '후속 시험 국면'이 시작되기 전 사이에서 '개선 조치' 모두가 이행될 때 적용된다. 따라서 모든 '수정'이 지연되므로 'Tets-Find-Test 전략'에 해당한다. 보통 해석을 위해 '현 시험 국면'을 '시험 국면 Ⅰ', '후속 시험 국면'을 '시험 국면 Ⅱ'로 설정한다. **'ACPM'의 목적은 '지연 수정'으로 신뢰도를 성장시킨 후 '시험 국면 Ⅱ' 시작 때의 '아이템 신뢰도'를 추정**하는 데 있다. 이것을 '예상 MTBF'라고 한 바 있다. 기본 가정 사항들은 다음과 같다.

1) '시험 기간'은 연속이다.
2) '개선 조치'는 '시험 국면' 종료 때 이행되는 '지연 수정'이다.
3) '고장 모드'를 'A-모드'와 'BD-모드'로 분류한다.
4) '고장 모드'는 독립적으로 발생하며 아이템 고장을 초래하는 원인이다.

5) 아이템 내 많은 수(주로 'k개'로 지정)의 'BD-모드'가 잠재해 있다.

6) 드러난 'BD-모드의 수'는 'Power Law Mean Value Function'을 갖는 'NHPP'에 의해 근사치로 구할 수 있다.

7) '고장 모드'로 인한 고장의 '첫 발생 시간'은 각 '고장 모드'에 대해 지수적으로 분포한다.

8) '시험 기간, t'까지 나타난 'A-모드'의 '고장 수'는 해당 '시험 국면'에 걸쳐 '동질적 포아송 과정(HPP)'을 따른다. 즉 단위 시간당 고장 발생확률은 균일하다.

9) '시험 기간, t'까지 나타난 'BD-모드'의 '고장 수'는 해당 '시험 국면'에 걸쳐 '동질적 포아송 과정(HPP)'을 따른다. 즉 단위 시간당 고장 발생확률은 균일하다.

'ACPM'을 사용할 때의 제한은, a) 모든 '개선 조치'는 지연되어야 한다는 점, b) '수정 효과 계수(FEF)'를 종종 주관적으로 정해 사용한다는 점, 그리고 c) 'A-모드'를 'BD-모드'로 재분류하면 '예상'의 정확도가 떨어질 수 있다는 점이다. 그러나 부의 효과를 상쇄할 만큼의 긍정적 요인도 있는데 다음과 같다.

1) 아이템 신뢰도에 대한 '지연 수정'의 효과를 '예상'할 수 있고,

2) 예상 시, '드러나지 않은 BD-모드'가 '아이템 고장 강도'에 어느 정도 이바지하는지를 알 수 있다.

2.2. 'ACPM'의 '고장 강도(Failure Intensity)'

'ACPM'과 그에 포함된 '모수'는 '지연 수정'을 이행했을 때 'MTBF'가 얼마만큼 변화하는지 알아내는 데 핵심 역할을 한다. 즉, '지연 수정' 이행 후 '모

수' 추정 절차를 통해 '시험 국면 Ⅱ'의 시작 시점에서 '아이템 고장 강도'를 알 수 있다. 이 '고장 강도'를 '$\mu(T)$'로 나타낸다('T'는 '시험 국면 Ⅰ'의 '총 시험 기간'). '고장 강도'란 "아이템의 고장을 유발하는 세기"이므로 당연히 클수록 해롭고 '개선 조치'를 통해 줄일수록 유익하다. 'ACPM'에서의 '$\mu(T)$' 평가를 위해서는 두 가지가 필요하다. (1) '시험 국면 Ⅰ'의 '시험 기간 $[0, T]$' 에 발생한 'A-모드'와 'BD-모드'의 고장 시간 데이터, (2) '시험 국면 Ⅰ' 동안 드러난 'BD-모드'의 'FEF' 값. 'FEF'는 'd'로 쓰며 대개 기술적 판단이나 기존 자료에 근거하므로 객관적이지 못하다. 그래서 '개선 조치' 후 'd'을 적용해서 얻은 '아이템 고장 강도의 추정값[$\hat{\mu}(T)$]'을 '신뢰도 예상(Reliability Projection)' 이라고 부른다. "예상"은 시험 데이터만으로 이루어진 객관적이고 실증된 평 가와는 차이가 있다는 의미를 내포한다.

일반적으로 '개선 조치'로 '고장 모드'를 완전히 제거하면 좋지만 그렇지 못한 게 현실이다. 이때 '수정 효과 계수(FEF)'를 도입해 완전히 제거되지 않고 남은 '고장 모드' 영향을 수치화하는데 이 과정을 '조정 절차(Adjustment Procedure)' 라고 한다. 즉 'FEF'는 임의 '고장 모드(고장의 원인)'가 '수정(Fix)'을 통해 제거 되는 비율이다. 'FEF'는 '개선 조치' 때문에 '고장 모드'가 추가로 생겨나는 상황 은 고려하지 않는다. 만일 생겨나면 '실제 FEF'는 제시된 값보다 더 낮아져야 한다. 'FEF(d)≥0.9'이면 '고장 강도'가 많이 줄었다는 뜻이므로 'MTBF'는 크게 개선된다. 즉 설계에 긍정적 변화가 생긴 것으로 해석한다. 'FEF'가 정해졌을 때 임의 '고장 모드'와 관련된 'MTBF 성장'은 '승수 효과 = $1/(1 - FEF)$'로 평가 한다. 예를 들어, 'FEF=0.7'이면 'MTBF'는 '3.3배의 성장'에 해당한다. 따라서 한 '고장 모드'와 관련된 'MTBF'가 '지연 수정' 전 '100시간'이면 '고장 모드'의 'MTBF 추정치'는 '수정(Fixes)' 이후 '약 333시간'으로 성장한다. 또 'FEF=0.9'는 '고장 모드'의 'MTBF'가 '10배 성장'하는 것과 같다. 따라서 'FEF=0.7~0.9'에서 'MTBF'가 크게 성장한다. 'BD-모드'별로 'FEF' 값을 할당하기 전, 해당 'FEF'

값이 '수정(Fixes) 효과'를 잘 설명하는지 가능하면 시험으로 확인할 것을 권장한다. 만일 'BD-모드'별 'FEF' 값을 모르면 모든 'BD-모드'에 하나의 'FEF' 값을 지정할 수 있다. 이 경우 통상 평균값인 'FEF=0.7'을 시작 값으로 사용하나, '수정 효과'를 좀 더 낮게 보는, 즉 보수적 생각이면 'FEF(d) ≤ 0.4'를 사용한다.

'고장 모드'로 생겨나는 '고장 수'의 '조정 절차'에 'FEF'를 반영해 보자. '시험 국면 I' 동안 'BD-모드, i'의 발생으로 '고장 수, n_i'가 생겼다면 이 수는 '수정'을 거치면서 'FEF'에 의해 '$(1-d_i)n_i$'로 줄어든다. 'BD-모드, i'별로 '실제 FEF(d_i)'을 모르면 조정 식에 포함된 'd_i'는 '평갓값'으로 대신한다. 경험적으로 '평균 FEF(d_i)'는 '약 0.7(70%)'로 알려져 있다. 따라서 'BD-모드'로 인한 '고장 강도' 중 '$1-d_i$'에 해당하는 '약 0.3(30%)'은 모든 '개선 조치'가 시행된 이후에도 아이템에 계속 남는다. '$(1-d_i)n_i$'의 의미는 '시험 국면 I'과 동등한 기간의 후속 시험에서 'BD-모드, i'로 생겨난 '기대 고장 수(즉, 남아 있는 'BD-모드'의 예상 수)'이다. 용어나 쓰임새에 대한 이해를 돕기 위해 개요도인 [그림 IV-3]을 작성해 보았다. 이 개요도는 자주 쓰는 식과 식 내 각 항의 개념을 시험 시간 순서에 따라 재구성한 것이다.

[그림 IV-3] 시간별 '고장 강도 함수'의 형태와 항들의 개념

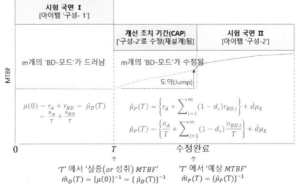

[그림 Ⅳ-3]을 통해 관련 식들이 어떻게 생겨난 것인지 따라가 보자. 현재 'Test-Find-Test 전략'을 구사하고 있다고 가정한다. 그럴 때 모든 '개선 조치'는 [그림 Ⅳ-3]의 '개선 조치 기간(CAP)'에서 이루어진다. 이제 '시험 국면 Ⅰ'에서 시험이 진행되고 아이템 내 존재하는 모든 'n_{BD}개'의 'BD-모드' 중 'm개'가 발견됐다(고 가정한다. 그림 내 설명 참조). 이들 'BD-모드'는 '시험 국면 Ⅰ'에서 개선되지 않고 그대로 놓아둔 뒤 'CAP'에서 일괄적으로 '수정'된다. 따라서 [그림 Ⅳ-3]의 '시험 국면 Ⅰ' 전체에 걸쳐 고장을 유발하는 영향력, 즉 '고장 강도[$\hat{\mu}_D(T)$]'는 '$t=0$' 시점에서의 '아이템 고장 강도[$\mu(0)$]' 상태를 그대로 유지한다. 즉, (식 Ⅳ-1)과 같다['아이템 고장 강도'의 역수인 '실증(또는 성취) MTBF'도 같이 기술함].

○ '시험 국면 Ⅰ'에서의 '아이템 고장 강도[$\mu(0)$]'   (식 Ⅳ-1)

$$\mu(0) = r_A + r_{BD} = \hat{\mu}_D(T)$$

$$= \frac{n_A}{T} + \frac{n_{BD}}{T} \quad : \text{'}BD-\text{모드'가 '총 } n_{BD}\text{개' 있다고 가정.}$$

$$\because r_{BD} = \sum_{i=1}^{n_{BD}} r_{BD,i}, \text{ '}r_{BD,i}\text{'는 '}i\text{번째 } BD-\text{모드'의 '고장률(강도).'}$$

'$\hat{\mu}_D(T)$'는 '수정' 직전의 '실증(또는 성취) 고장 강도.'

○ '시험 국면 Ⅰ' 직후인 '$t=T$'에서의 '실증(성취) $MTBF$',

$$\hat{m}_D = \{\mu(0)\}^{-1} \text{ or } \{\hat{\mu}_D(T)\}^{-1}$$

(식 Ⅳ-1)은 아이템이 원래 가진 고유 성능이며, '수정' 전 상태이다. '수정' 후 설계가 바뀌면 '구성'도 달라져 'MTBF'도 달라진다. 또 '실증 MTBF'를 'T'에서 계산하는 이유는 시험 중 얻은 실제 데이터를 이용해야 하기 때문이다.

이어 [그림 Ⅳ-3]에서 '개선 조치'가 수행되는 '개선 조치 기간(CAP)'의 상황에 대해 알아보자. 'CAP'에서는 '개선 조치(수정)'가 이루어지므로 (식 Ⅳ-1)

에 변화가 생긴다. 그 변화량을 수식으로 표현하면 (식 Ⅳ-2)와 같다.

$$\mu(0) = r_A + r_{BD} \ \ --- \ (식 \ IV-1) 로부터 \qquad\qquad\qquad (식 \ Ⅳ-2)$$
$$= r_A + r_{BD드러남} + r_{BD안드러남} (시험중 \ m개 \ '모드'가 \ 드러났다면)$$
$$= r_A + \sum_{i=1}^{m} r_{BD드러남,i} + r_{BD.안드러남} \ ------------ \ ①$$

$$'CAP', \ 즉 \ 't=T' \ 이후 \ '수정'되므로 \ 'FEF(d_i)'가 \ 도입돼야 \ 함. \ 즉,$$
$$\mu(T) = r_A + r_{BD드러남} + r_{BD안드러남} \quad (\because 'r_{BD드러남}'은 \ '수정'되므로)$$
$$= r_A + \sum_{i=1}^{m}(1-d_i)r_{BD드러남,i} + \left(r_{BD} - \sum_{i=1}^{m} r_{BD드러남,i} \right) \ ---- \ ②$$
$$= r_A + r_{BD} - \sum_{i=1}^{m} d_i r_{BD드러남,i} \ --------------- \ ③$$

(식 Ⅳ-2)의 '①식'은 'r_{BD}'을 두 개로 나누는데, 시험 중 '드러난 고장 모드'의 '고장률'인 '$r_{BD드러남}$'과 '드러나지 않은 고장률'인 '$r_{BD안드러남}$'이다. '고장 모드'가 드러나야 'CAP'에서 '수정'이 가능하다. 만일 시험 중 드러난 서로 다른 '고장 모드 유형'이 'm개'이면 그들로 인한 '고장률'의 합은 '$\sum_{i=1}^{m} r_{BD드러남,i}$'이다. 이양은 'CAP'에서 수정될 때 '$FEF = d_i$' 비율만큼 제거되고 '$(1-d_i)r_{BD드러남,i}$'만큼 아이템에 잔류한다('②식'의 둘째 항). 또 '②식'의 셋째 항인 '$r_{BD} - \sum_{i=1}^{m} r_{BD드러남,i}$'은 '$r_{BD안드러남}$'이며 시험 중 '드러나지 않은 양이다. 끝으로 '②식'을 정리한 '③식'을 보면 '$r_A + r_{BD}$'는 '$t=0$'에서의 '아이템 고장 강도'인 '$\mu(0)$'이고, 덧붙은 '$-\sum_{i=1}^{m} d_i r_{BD드러남,i}$,' 양만큼 '최초 아이템 고장률, $\mu(0)$'에서 줄어들었음을 알 수 있다. 즉, **이 양은 'CAP'에서 '개선 조치'로 얻은 효과**이다.

이제 (식 Ⅳ-2)에서 논한 '$t=T$', 즉 '시험 국면 Ⅰ' 이후에서의 '아이템 고장 강도, $\mu(T)$'을 좀 더 자세히 살펴보자. '고장 강도 함수'를 이해해야 원하는 신뢰도 계산이 가능하다. '$\mu(T)$ 기댓값'을 '$E[\mu(T)]=\mu_P(T)$', 그리고 시험 중 'm 개'의 'BD-모드'가 발견됐다고 할 때 Crow는 'ACPM' 접근의 접근으로 (식 Ⅳ-3)을 제안하였다.[47)

$$E[\mu(T)]=\mu_P(T)=r_A+\sum_{i=1}^{m}(1-d_i)r_{BD드러남,i}+\bar{d}\,\mu_E(T) \qquad\qquad (\text{식 Ⅳ-3})$$

$$\therefore \widehat{\mu_P}(T)=\frac{n_A}{T}+\sum_{i=1}^{m}(1-d_i)\frac{n_{BD드러남,i}}{T}+\bar{d}\,\mu_E(T) : \text{각 고장률 추정값 대입.}$$

$where, r_A, n_A$: '$A-$모드의 고장률'과 '고장 수.' '시험 국면 I'에서 '일정'함.
$\qquad r_{BD드러남,i}, n_{BD드러남,i}$: 드러난 '$BD-$모드, i'의 고장률'과 '고장 수.'
$\qquad d_i$: '$BD-$모드, i'별 '실제 FEF' 값을 대신할 평갓값.
$\qquad \bar{d}$: m 개 '$BD-$모드' 유형에 대한 'FEF'의 전체 평균.
$\qquad \mu_E(T)$: 'T 시점'에서 '신규 $BD-$모드의 기대 발생률'

(식 Ⅳ-3)은 '(식 Ⅳ-2)-②'의 구성과 매우 유사하다. (식 Ⅳ-2)의 '①식'을 이용해 (식 Ⅳ-3)을 일반화된 형태로 유도하면 (식 Ⅳ-4)와 같다.

$$\mu(0)=r_A+r_{BD} \; ---- \; (\text{식 } IV-2)\text{의 '①식'으로 부터} \qquad\qquad (\text{식 Ⅳ-4})$$
$$=r_A+r_{BD드러남}+r_{BD안드러남}(\text{시험중 } m \text{개 '모드'가 드러났다면})$$
$$=r_A+\sum_{i=1}^{m}r_{BD드러남,i}+r_{BD안드러남}$$

['예상 고장 강도 함수'의 일반형 유도]
'개선 조치'가 이루어진 후 '예상 고장강도 함수'는 '$FEF(d)$'가 필요. 즉
$$\mu(T)_P=r_A+r_{BD드러남}+r_{BD안드러남} \;\; (\because 'r_{BD드러남}'은 '수정'되므로)$$
$$\Rightarrow r_A+(1-d)[r_{BD}-\mu_c(t)]+\mu_c(t) \; (\because r_{BD안드러남}\equiv\mu_c(t)\text{면})$$
$$=r_A+(1-d)r_{BD}-(1-d)\mu_c(t)+\mu_c(t)$$
$$=r_A+(1-d)r_{BD}+d\mu_c(t) \; ---------------- \; ⓐ$$
$$\therefore \text{예상 } MTBF, \; m_P=\{\mu(T)_P\}^{-1}$$

---

47) Crow, L. H., "An Extended Reliability Growth Model for Managing and Assessing Corrective Actions", IEEE Proceedings Annual Reliability and Maintainability Symposium, pp.73~80, 2004.

(식 Ⅳ-3) 또는 (식 Ⅳ-4)-ⓐ의 **첫 번째 항**인 'r_A'는 'A-모드'로 인한 '고장률'이며 '모드-A'가 '수정' 대상이 아니므로 '$[0, T]$' 전체에 걸쳐 일정하고, 추정값 '$\hat{r}_A = n_A / T$'로 대체된다. 이때 'n_A'는 '$[0, T]$'에서 밝혀진 'A-모드의 수'이다. 반면 **두 번째 항** 경우, '국면 Ⅰ'이 종료될 때까지 모든 '수정'들이 지연된다고 가정하면 '$[0, T]$'에 걸쳐 드러난 'BD-모드, i'의 고장률은 일정할 것이고, 따라서 '$r_{BD드러남,i}$'는 '$\hat{r}_{BD드러남i} = n_{BD드러남,i} / T$'로 대체된다. '$n_{BD드러남,i}$'는 '$[0, T]$' 동안 드러난 'BD-모드, i'와 관련된 '고장 수'이다. 참고로 '$\hat{r}_{BD드러남,i}$'의 기댓값 '$E(\hat{r}_{BD드러남,i}) = E(n_{BD드러남,i})/T = (r_{BD드러남,i} \times T)/T = r_{BD드러남,i}$,'의 관계에 있다. 이어 (식 Ⅳ-3)의 **셋째 항**인 '$\overline{d}\mu_E(T)$' 중 '$\mu_E(T)$'에 대해 알아보자. Crow의 경험적 연구에 따르면 '시험 기간$[0,t]$' 동안 서로 다른 'BD-모드'로 인해 생겨나는 '기대 고장 수'는 대체로 (식 Ⅳ-5)에 근사하다고 하였다.

$$n_E(t) = \lambda_{BD} t^{\beta_{BD}} \quad \text{for } \lambda_{BD}, \beta_{BD} > 0 \quad (\text{식 } Ⅳ\text{-5})$$

즉, '시험 기간$[0,t]$' 동안 서로 다른 'BD-모드'의 '기대 고장 수'는 평균적으로 '$n_E(t)$'에 의해 설명(즉, 단위 시간당 '고장 수'가 균일하지 않은 'NHPP'에 해당)된다고 가정한다. 이때 '순간 발생률'을 구하기 위해 'BD-모드'로 인한 '기대 고장 수'의 시간당 변화율을 구하면 (식 Ⅳ-6)과 같다.

$$\mu_E(t) = \frac{d[n_E(t)]}{dt} = \lambda_{BD}\beta_{BD} t^{\beta_{BD}-1} \quad \text{for } \lambda_{BD}, \beta_{BD} > 0 \quad (\text{식 } Ⅳ\text{-6})$$
$$\therefore \text{'추정량'은} \quad \hat{\mu}_E(t) = \hat{\lambda}_{BD}\hat{\beta}_{BD} t^{\hat{\beta}_{BD}-1}$$

(식 Ⅳ-6)으로부터 **'시험 시간, t'에서 '신규 BD-모드'가 발생할 것으**

로 기대되는 비율, 또는 '(식 Ⅳ-2)-②'와 '(식 Ⅳ-4)-ⓐ'의 표현에 따르면 '$\mu_E(t) = r_{BD안드러남} = \lambda_{BD}\beta_{BD}t^{\beta_{BD}-1}$', 즉 아직 "**드러나지 않은 BD-모드의 고장 강도**"를 얻게 된다. '$\mu_E(t)$'는 수행 중인 개발 시험의 '**위험 척도**'로 사용될 수 있다. 예를 들어, 개발 노력은 '$\mu_E(t) \rightarrow 0$'에 초점을 둘 것인데, 만일 '0'이라면 아이템을 지배하는 'BD-모드' 전체가 드러났음을 의미한다(즉 개선까지 마무리함). 반대로, '$\mu_E(t)$'가 커질수록 현 아이템의 설계에 내재한 보이지 않는 'BD-모드'들이 존재하고, 따라서 추가로 드러날 위험성도 커진다는 것을 나타낸다. 즉 '$\mu_E(t)$'는 개발 시험의 '위험 척도'로 의미가 있으며 효과적인 목표 설정과 관리가 요구된다.

'지연 수정'이 완료된 후 예상되는 '아이템 고장 강도'를 얻기 위해 (식 Ⅳ-6)을 (식 Ⅳ-3)에 대입하면 (식 Ⅳ-7)과 같다.

$$['지연수정'이완료된후'아이템고장강도'] \qquad\qquad (식\ Ⅳ\text{-}7)$$

$$E[\mu(T)] = \mu_P(T) = r_A + \sum_{i=1}^{m}(1-d_i)r_{BD드러남,i} + \bar{d}\,\mu_E(T)$$

$$\hat{\mu}_P(T) = \frac{n_A}{T} + \sum_{i=1}^{m}(1-d_i)\frac{n_{BD드러남,i}}{T} + \bar{d}\,\hat{\lambda}_{BD}\hat{\beta}_{BD}t^{\beta_{BD}-1}(T).$$

$$\uparrow (식\ IV\text{-}6)을\ '\hat{\mu}_E(T)'에대입.$$

(식 Ⅳ-7)의 첫 항은 'A-모드의 고장률'을, 둘째 항은 'BD-모드'를 수정한 후 잔류한 'BD-모드의 고장률', 셋째 항은 '신규 BD-모드의 발생률'을 각각 나타낸다. 이들이 모두 합쳐져 '수정' 이후 고장을 유발할 '고장의 강도(세기)'를 형성한다. 'BD-모드'에 대해 (식 Ⅳ-7)의 'β_{BD}와 λ_{BD}의 추정량'인 '$\hat{\beta}_{BD}$ **및** $\hat{\lambda}_{BD}$'는 **각 'BD-모드'의 '첫 고장 시간'을 이용하여 계산**한다. 이에 대해서는 「2.6. ACPM 사례 분석」에서 소개될 것이다.

2.3. 'ACPM'의 '모수 추정(Parameter Estimation)'

(식 Ⅳ-7)을 활용하려면 'λ_{BD}, β_{BD}'을 알아야 한다. 이를 위해 (1) $[0, T]$ 동안 발생한 'BD-모드의 수, m'과 (2) 구간 '$0 < t_1 \le t_2 \le \dots \le t_m \le T$'에서 'BD-모드'의 '첫 고장 시간'이 필요하다((식 Ⅳ-8)-③, [표 Ⅳ-1] 사례 참조). 모수의 추정은 복잡하더라도 아이템이 여럿이고 아이템별로 고장이 발생하는 다양한 상황을 아우르는 일반식이 더 유익하다. 시험 환경에 따라 데이터 구조가 바뀌므로 그들 모두를 수용하면서도 필요 시점에 간소화해 사용하면 그만이기 때문이다. '모수'의 '최대 우도 추정량'은 (식 Ⅳ-8)과 같다.

[일반 추정 식], k = 아이템 수, S_j = 시작시간, T_j = 총 시험기간 (식 Ⅳ-8)

$$\bigcirc \ \hat{\lambda}_{BD} = \frac{\sum_{j=1}^{k} n_j}{\sum_{j=1}^{k}\left(T_j^{\hat{\beta}_{BD}} - S_j^{\hat{\beta}_{BD}}\right)}, \quad \hat{\beta}_{BD} = \frac{\sum_{j=1}^{k} n_j}{\hat{\lambda}_{BD}\sum_{j=1}^{k}\left\{T_j^{\hat{\beta}_{BD}}\ln(T_j) - S_j^{\hat{\beta}_{BD}}\ln(S_j)\right\} - \sum_{j=1}^{k}\sum_{i=1}^{n_j}(\ln t_{ij})} - ①$$

[시작 시간 $S_1 = \dots = S_j = 0$이고, $T_1 = \dots = T_j$ 인 경우]

$$\bigcirc \ \hat{\lambda}_{BD} = \frac{\sum_{j=1}^{k} n_j}{kT^{\hat{\beta}_{BD}}}, \qquad \hat{\beta}_{BD} = \frac{\sum_{j=1}^{k} n_j}{\sum_{j=1}^{k}\sum_{i=1}^{n_j}\ln\left(\frac{T}{t_{ij}}\right)} \ ----------- ②$$

[1 - 아이템이고, 다수의 BD - 모드인 경우], (식 $III-17$),

$$\bigcirc \ \hat{\lambda}_{BD} = \frac{m}{T^{\hat{\beta}_{BD}}}, \qquad \hat{\beta}_{BD} = \frac{m}{\sum_{i=1}^{m}\ln\left(\frac{T}{t_i}\right)} = \frac{m}{m \times \ln(T) - \sum_{i=1}^{m}\ln(t_i)} \ -- ③$$

$\therefore m = $ 서로 다른'$BD-$ 모드 유형 수'

'비편향 추정량(Unbiased Estimator)'이란 값이 있다. 예를 들어 (식 Ⅳ-8)은 진실한 'λ_{BD}' 및 'β_{BD}'을 알 수 없으므로 궁여지책(?), 또는 할 수 있는 한 최선책으로 현 데이터를 이용해 얻은 '추정값(Estimate)'이다. 그러나 이 값 역시 진실한 참값을 대신하기엔 치우침이 있는 것으로 알려져 있다. 이에 Crow는 관측된 서로 다른 'BD-모드 유형 수'가 'm'일 때 '$\hat{\beta}_{BD}$'의 '비편향 추정량'은 (식 IV-9)로 얻을 수 있다고 하였다. 한마디로 통계적 보정을 거쳐 나온 값이다.

$$['\beta_{BD}'의\,'비편향추정량'] \qquad\qquad (식\ IV\text{-}9)$$
$$\overline{\beta_{BD}} = \left(\frac{m-1}{m}\right) \times \widehat{\beta_{BD}}, \quad m \geq 2.$$
$$where,\,'m'은\ 서로\ 다른\,'BD-모드 유형 수.'$$

(식 IV-9)는 '$\overline{\beta}_{BD}$의 기댓값'인 '$E(\overline{\beta}_{BD})$'가 참값인 'β_{BD}'가 된다는 것이며[즉, $E(\overline{\beta}_{BD}) = \beta_{BD}$], 만일 '$(m-1)/m$'의 보정이 없으면 '$\hat{\beta}_{BD}$'은 '실제 β_{BD}'에 비해 큰 값 쪽으로 치우친다. 꼭 기억할 것은 'JUMP'와 같은 통계 패키지 경우 'Crow AMSAA'를 선택하면 '$\hat{\beta}$'을 출력하고, '수정된 MLE를 포함하는 Crow AMSAA'를 선택하면 (식 IV-9)의 '$\overline{\beta}_{BD}$'을 출력한다는 점이다.

이제 설명했던 함수인 (식 IV-6)과 (식 IV-7)을 '모수'의 추정값인 (식 IV-8) 또는 (식 IV-9)를 적용해 다시 조정해 줘야 한다. 먼저 (식 IV-6)의 'μ_E 추정량'을 '$\hat{\mu}_E$'라 할 때, (식 IV-8)과 (식 IV-9)를 이용하면 (식 IV-10)으로 다시 쓸 수 있다.

○ (식 $IV-6$)의 $'\mu_E(t)'$에 (식 $IV-8$)의 $'\hat{\beta}_{BD}'$, $'\hat{\lambda}_{BD}'$을 적용 시,　　(식 IV-10)

$$\hat{\mu}_E(T) = \hat{\lambda}_{BD}\hat{\beta}_{BD} T^{\hat{\beta}_{BD}-1} = \left(\frac{m}{T^{\hat{\beta}_{BD}}}\right)\hat{\beta}_{BD} T^{\hat{\beta}_{BD}-1} = \frac{m\hat{\beta}_{BD}}{T}$$

○ (식 $IV-9$)의 $'$비편향추정량$'$인 $'\bar{\beta}_{BD}'$을 상기 식에 적용 시,

$$\bar{\mu}_E(T) = \frac{m\bar{\beta}_{BD}}{T}$$

(식 IV-10)으로 '아이템 고장 강도'인 (식 IV-7)을 종합하면 'ACPM'의 기대되는 '예상 고장 강도'를 (식 IV-11)로 나타낼 수 있다(첨자 '드러남' 생략).

$$E[\mu(T)] = \mu_P(T) = r_A + \sum_{i=1}^{m}(1-d_i)r_{BD,i} + \bar{d}\mu_E(T) \leftarrow (식\ IV-7)참조 \quad (식\ IV\text{-}11)$$

$$\left(\because \bar{d}\mu_E = \frac{\sum d_i}{m} \times \frac{m\beta_{BD}}{T} = \frac{\beta_{BD}}{T}\sum d_i\right)(식\ IV-3)정의,(식\ IV-10)참조$$

$\Rightarrow '\hat{\beta}_{BD}'$를 고려할 경우 $('$예상 $MTBF'$ 추정량$, \hat{m}_P = \{\hat{\mu}_P(T)\}^{-1})$,

$$\hat{\mu}_P(T) = \frac{1}{T}\left\{n_A + \sum_{i=1}^{m}(1-d_i)n_{BD,i} + \hat{\beta}_{BD}\sum_{i=1}^{m}d_i\right\} ---- ①$$

$\Rightarrow '\bar{\beta}_{BD}'$을 고려할 경우 $(m \geq 2)\left(\begin{array}{c}'예상\ MTBF'\ 비편향추정량), \\ \bar{m}_P = \{\bar{\mu}_P(T)\}^{-1}\end{array}\right)$,

$$\bar{\mu}_P(T) = \frac{1}{T}\left\{n_A + \sum_{i=1}^{m}(1-d_i)n_{BD,i} + \bar{\beta}_{BD}\sum_{i=1}^{m}d_i\right\} ---- ②$$

$\Rightarrow$ 두 식을 합한 형태는,

$$Estimate\ \mu_P(T) = \frac{1}{T}\left\{n^* + (estimate\ \beta_{BD})\sum_{i=1}^{m}d_i\right\} --- ③$$

$where, n^*$는 $[0, T]$에서의 조정된 $'$고장수$'$.

'고장 강도 함수'에서 'β_{BD}'가 '1 미만'이면 '신규 BD-모드 발생률'이 감소해 신뢰도가 성장하므로 원하는 상황이 된다.

'지연 수정'이 이루어진 후, 아이템 '예상 고장 강도'에 대한 '조정 절차'의 결과로써 (식 IV-11)의 '첫 항+둘째 항'을 'μ_{Mode}', 즉 '$\hat{\mu}_{Mode}(T) = n^*/T$'라 놓을 때 '$\bar{\beta} = \left(\dfrac{m-1}{m}\right)\hat{\beta} < \hat{\beta}$'의 관계로부터 (식 IV-12)가 성립한다.

$$\hat{\mu}_{Mode}(T) < \bar{\mu}_P(T) < \hat{\mu}_P(T) \qquad \text{(식 IV-12)}$$

또 하나 관심 사항은 '$\mu_E(T)$의 역수'인 '$m_P(T) = \{\mu_P(T)\}^{-1}$'일 때, '$m_P(T)$'에 대해서는 (식 IV-13)과 같다.

$$\hat{m}_P(T) < \bar{m}_P(T) < \left\{\hat{\mu}_{Mode}(T)\right\}^{-1} \qquad \text{(식 IV-13)}$$

2.4. 신뢰도 성장 잠재력

'지연 수정'이 이행된 후 '(식 IV-11)-①'에서 '$T \propto \infty$'로 가정할 때 아이템의 '예상 고장 강도'는 한곗값까지 감소한다. 첫째 항과 둘째 항은 '고장 수'가 시간과 함께 증가해 '상수'로 남으므로 셋째 항인 '$\beta_{BD}\sum d_i / T$'만 '0'에 수렴한다. '∞'의 의미는 그 정도 기간이면 "'수정'이 완벽하게 이루어졌을 것"의 상황을 가정한 것이다. 이때의 값을 '성장 잠재 고장 강도(Growth Potential Failure Intensity)'라 하고, 'μ_{GP}'로 표기한다. '신뢰도 성장 잠재력'은 한 아이템에 고장을 유발하는 '고장 강도'가 최소화되면 이론적으로 'MTBF'가 최대가 되기 때문에 붙여진 이름이다. 이를 식으로 나타내면 (식 IV-14)와 같다 ('μ_{GP}'의 추정량인 '$\hat{\mu}_{GP}$' 포함).

[아이템의 '성장 잠재 고장 강도', $\mu_{GP}(T)$] (식 Ⅳ-14)

$$\mu_{GP}(T) = \lim_{t \to \infty} \mu_P(T) = r_A + \sum_{i=1}^{m} \left[(1-d_i) \times r_{BD.i} \right]$$

[아이템의 '성장 잠재 고장 강도'의 추정량, $\hat{\mu}_{GP}(T)$]

$$\hat{\mu}_{GP}(T) = \lim_{t \to \infty} \hat{\mu}_P(T) = \frac{n_A}{T} + \sum_{i=1}^{m} \left[(1-d_i) \times \frac{n_{BD.i}}{T} \right]$$
$$= \frac{1}{T} \left\{ n_A + \sum_{i=1}^{m} \left[(1-d_i) \times n_{BD.i} \right] \right\}$$

'신뢰도 성장 잠재력'은 현실적으로 달성하기 어려운 사실상 이론값에 가깝다. '아이템 MTBF'의 상한값으로 볼 때 일반적으로 고객의 '요구 MTBF'보다 '약 30% 이상' 높은 수준이다. '아이템 MTBF'가 '신뢰도 성장 잠재력'에 점차 가까워지면, 또 다른 'BD-모드'를 드러내는 데 더 많은 시험 시간이 걸리기 때문에 '아이템 MTBF'를 증가시키는 일은 더 어려워진다. 'BD-모드'는 '수정'을 통해 신뢰도 성장의 기회를 주지만, 결국은 '신뢰도 성장 잠재력'은 '신규 BD-모드 발생률'인 'μ_E'가 감소해서 최종 '0'에 이를 때 달성된다. 즉, '예상 고장 강도'와 '성장 잠재 고장 강도'의 차이는 'μ_E'의 존재 여부에 있다. '성장 잠재 고장 강도'의 '약 2/3' 지점에서 'μ_E 함수'는 평탄해지기 시작하고 이때부터 '아이템 MTBF' 성장은 점점 어려워진다.

(식 Ⅳ-14)의 역수를 취하면 '성장 잠재 MTBF'를 얻으며, 이론상 '아이템 MTBF의 상한값'에 해당한다. 즉 이 상한값은 **모든 'BD-모드'가 드러나고, 그들에 설정한 'FEF(d_i)' 값만큼 개선했을 때의 'MTBF'**이다. 'MTBF' 관점에서 볼 때, 현재 관리 전략과 함께 아이템 설계에서 달성할 수 있는 **'아이템 최대 신뢰도'**이다. 이를 '성장 잠재 MTBF(Growth Potential MTBF)'라 하고 기호로 'm_{GP}'를 쓴다. 'm_{GP}의 추정량'은 (식 Ⅳ-15)와 같다.

[성장 잠재 $MTBF$($Growth\ Potential\ MTBF$)]   (식 Ⅳ-15)

$$\widehat{m}_{GP} = \left\{ \widehat{\mu}_{GP}(T) \right\}^{-1} = \left\{ \frac{1}{T}\left(n_A + \sum_{i=1}^{m}\left[(1-d_i)n_{BD,i} \right] \right) \right\}^{-1}$$

만일 (식 Ⅳ-15)가 '목표 MTBF'보다 작으면 목표달성이 매우 위태롭다는 신호로 해석한다. 경험상 '목표 MTBF(m_G)'에 대해 'm_G/m_{GP}'가 '0.6~0.8'이 적절한 것으로 알려져 있다. 일반적으로 '0.6 미만'은 '아이템 MTBF'를 적절하게 성장시키지 못해 권장되지 않고, '0.8 초과'는 '아이템 MTBF'를 '성장 잠재 MTBF'에 매우 가깝게 증가시켜야 하므로 과도한 양의 시험이 필요해 역시 권장되지 않는다.

2.5. 'ACPM'의 '적합도 검정(Goodness-of-Fit Test)'

'적합도 검정'에 대해 '부록-B'의 식(B-23)에서 'CVM 검정(Cramér-von Mises Test)'을 소개한 바 있다. 해당 식은 주로 '단일 또는 다중 아이템'에 쓰였으나 '복구 가능 아이템' 경우 그 수도 여럿이고, 또 아이템별로도 다수의 고장 데이터를 포함하므로 이들을 모두 고려한 확장된 접근이 필요하다. 그러나 기본 골격은 식(B-23)을 그대로 유지한다.

'적합도 검정'을 한 번 더 요약하면, 현재 사용하려고 하는 '모형(예로써 ACPM 등)'이 분석 대상인 '데이터'를 잘 설명하는지 확인하는 것이다. 이때의 'CVM 검정'은 각 아이템의 '시작=0시간'이면서 중간 공백이 존재하지 않는, 즉 연속의 시간 구간 '[0, T]' 속에서 수집한 '고장 데이터'를 이용한다. 반면, 각 아이템의 시험 시작이 '0시간'이 아니고 제각각이면 일반적 접근인 '카이제곱 검정(Chi-Squared Test)'이 있다. 추가로 'Common Beta Hypothesis 검정'처럼 각 아이템의 'β 값'을 비교함으로써 '강도 함수'를 비교하는 유용한 접근법도 있다. 끝으로 'Laplace Trend 검정'은 이전에 언급한 바와 같이 데이터 내의 '추세(Trend)'를 점검한다. 다음은 '복구 가능 아이템'의 'CVM 검정' 과정이 다소 복잡해 '(순서 1)~(순서 6)'으로 나눠 기술하였다.

(순서 1) '가설'을 설정한다.

$$\text{가설}\begin{cases} H_o : \left(C_M^2 \leq CV_{\text{임곗값}} \right), \text{즉} k\text{개 아이템의 고장시간들은} \\ \qquad \text{고장강도} \mu(t) = \lambda \beta t^{\beta-1} \text{를 갖는 } NHPP \text{를 따른다.} \\ H_A : \left(C_M^2 > CV_{\text{임곗값}} \right), \text{즉} H_o \text{가 아니다.} \end{cases} \qquad \text{(식 IV-16)}$$

(순서 2) '정시 중단'과 '정수 중단'에 따라 (식 IV-17)을 결정한다.

$$M = \begin{cases} \sum_{i=1}^{k} n_i, & \text{시험이 '정시 중단'인 경우} \\ \sum_{i=1}^{k} (n_i - 1), & \text{시험이 '정수 중단'인 경우} \end{cases} \qquad \text{(식 IV-17)}$$

(순서 3) 아이템 각 '고장 시간'을 해당 '총 시험 기간(T_i)'으로 나눈다.

아이템이 $'i = 1, 2, ..., k$개$'$ 이고, 각 아이템 내 $'n_i$개$'$ 의 '고장 시간'이   (식 IV-18)
있을 때(즉, $'M = \sum_{i=1}^{k} n_i)$, $\left[\dfrac{t_{i,q}}{T_i} \right]$ 를 구함. 이때, $q = 1, 2, 3, ..., n_i$

(순서 4) '순서 3'의 결과를 '오름차순'으로 정렬한다.

$$S_j = \left[\frac{t_{i,q}}{T_i} \right]_j \quad \text{. 이때, } S_1 < S_2 < S_3 < \cdots < S_M. \qquad \text{(식 IV-19)}$$

(순서 5) 'CVM 통계량'을 계산한다.

$$C_M^2 = \frac{1}{12M} + \sum_{j=1}^{M} \left[S_j^{\bar{\beta}} - \frac{2j-1}{2M} \right]^2 \qquad (\text{식 IV-20})$$

$$where, \ \bar{\beta} = \frac{M-1}{\displaystyle\sum_{j=1}^{n_i}\sum_{i=1}^{k} \ln\left(\frac{T_i}{t_{ij}}\right)} \ : (\text{식 } IV-8) - \textcircled{2} \ \text{및} \ (\text{식 } IV-9) \ \text{참조.}$$

(순서 6) '부록-B'의 '[표 B-1]-임곗값(Critical Values)'을 이용해 '표본 크기'와 '유의 수준(통상 0.1)'에 해당하는 '임곗값'을 찾아 판단.

(**'CVM 검정' 예**) [표 IV-1]은 세 개 아이템에 대한 '고장 시간 데이터'이며 시작은 모두 '0시간'이고 '총 시험 기간=2,000시간'으로 모두 같다. 'Power Law 모형'으로 해석할 수 있는지 확인해 보자.[48]

[표 IV-1] 'CVM 검정'을 위한 '고장 시간 데이터'

아이템 1	아이템 2	아이템 3	비고
1.2	1.4	0.3	
55.6	35.0	32.6	
72.7	46.8	33.4	
111.9	65.9	241.7	
121.9	181.1	396.2	
303.6	712.6	444.4	○ 시작 시간= '0hrs'
326.9	1005.7	480.8	○ 종료 시간=2000hrs
1568.4	1029.9	588.9	○ '정시 중단' 시험
1913.5	1675.7	1043.9	○ 'Power Law 모형'으로 해
-	1787.5	1136.1	석이 가능한 데이터인가?
-	1867.0	1288.1	
-	-	1408.1	
-	-	1439.4	
-	-	1604.8	

48) http://www.reliawiki.org/index.php/Repairable_Systems_Analysis

(순서1) 가설의 설정 ((식 Ⅳ-21))

$\begin{cases} H_o : \text{3개 아이템 고장시간은}' \mu(t) = \lambda\beta t^{\beta-1}' \text{를 갖는} NHPP \text{를 따른다.} \\ H_A : H_o \text{가 아니다.} \end{cases}$

(순서2)'정시 중단'으로 $M = \sum\limits_{i=1}^{3} n_i = 9 + 11 + 14 = 34.$

(순서3) (for $i=1$) $\dfrac{t_{1.9}}{T_1} = \dfrac{1.2}{2000}, \dfrac{55.6}{2000}, ..., \dfrac{1568.4}{2000}, \dfrac{1913.5}{2000}$

(for $i=2$) $\dfrac{t_{2.11}}{T_2} = \dfrac{1.4}{2000}, \dfrac{35.0}{2000}, ..., \dfrac{1787.5}{2000}, \dfrac{1867}{2000}$

(for $i=3$) $\dfrac{t_{3.14}}{T_3} = \dfrac{0.3}{2000}, \dfrac{32.6}{2000}, ..., \dfrac{1439.4}{2000}, \dfrac{1604.8}{2000}$

(순서4) 오름차순 : $0.00015 < 0.0006 < 0.0007 < ... < 0.9335 < 0.9568$

(순서5) $C_M^2 = \dfrac{1}{12 \times 34} + \left\{ \begin{aligned} &\left(0.00015^{0.4397} - \dfrac{2 \times 1 - 1}{2 \times 34}\right)^2 + ... \\ &+ \left(0.9568^{0.4397} - \dfrac{2 \times 34 - 1}{2 \times 34}\right)^2 \end{aligned} \right\} \cong 0.0636.$

(순서6) $\alpha = 0.1$에서 ($C.V = 0.172$) > ($C_M^2 = 0.0636$) 이므로 귀무가설 기각 못함.

(식 Ⅳ-21)의 '(순서-6)'에서 "귀무가설 기각 못 함"은 [표 Ⅳ-1]의 '고장 시 간'은 "'고장 강도 함수, $\mu(t) = \lambda\beta t^{\beta-1}$'을 갖는 'NHPP'를 따름, 즉 'Power Law 모형'으로 해석할 수 있음"을 나타낸다.

2.6. 'ACPM' 사례 분석

이론만으로는 어떤 상황에서 어느 데이터를 또 어떻게 분석해야 할지 난감 하다. 'MIL-HDBK'와 다른 여러 출처에서 제시된 기본 예제들을 통해 이해 도를 높여 보자. 참고로 바로 이어질 「2.6.1. Case Study 17」은 신뢰도 성장에서 일반적으로 일으키는 분석 오류와 그를 올바로 해석하는 과정에 대해서 자세히 알아볼 것이다.

2.6.1. Case Study 17: 올바른 분석과 '신뢰도 블록' 분석법

(**상황 및 데이터**) 경주 차량의 성능을 분석하려고 한다. 회당 경주 거리는 '200km'이다. 브레이크는 매 경주 후에 교체되지만 다른 구성품들은 연속 경주를 위해 그대로 유지된다. [표 Ⅳ-2]는 시험에 참여한 세 개 차량의 '고장 시간'이다. 차량 모두는 유사한 조건에서 운전됐으며 브레이크는 예방적 차원에서 '305km'마다 교체되었다. 참고로 실제 경주 거리보다 시험 때 거리가 더 길어 시험 차량을 동작 상태에서 관찰하는 기간도 상대적으로 긴 상황이다.[49]

[표 Ⅳ-2] 세 개 경주 차량에 대한 '고장 시간 데이터'

차량 1 (사용 연한=2,500km)		차량 2 (사용 연한=1,976km)		차량 3 (사용 연한=800km)	
누적 고장 시간	구성품	누적 고장 시간	구성품	누적 고장 시간	구성품
249.8	엔진	305.0	브레이크(PM)	305.0	브레이크(PM)
305.0	브레이크(PM)	610.0	브레이크(PM)	453.9	후면 서스펜션
584.2	전면 서스펜션	872.4	엔진	610.0	브레이크(PM)
610.0	브레이크(PM)	899.8	우측 전방 브레이크	743.5	트랜스미션
915.0	브레이크(PM)	899.8	브레이크(PM)	-	-
972.0	엔진	1204.8	브레이크(PM)	-	-
1220.0	브레이크(PM)	1371.7		-	-

---

49) 다음 출처의 내용을 참고해서 편집함.
   https://www.reliasoft.com/resources/resource-center/avoiding-a-common-mistake-in-the-analysis-of-repairable-systems

1525.0	브레이크(PM)	1371.7	브레이크(PM)	-	-
1830.0	브레이크(PM)	1470.4	엔진	-	-
1861.7	전면 서스펜션	1572.6	후면 서스펜션	-	-
1994.6	후면 서스펜션	1676.7	브레이크(PM)	-	-
2127.0	트랜스미션	1754.9	트랜스미션	-	-
2134.3	우측 후방 브레이크	-	-	-	-
2134.3	브레이크(PM)	-	-	-	-
2186.9	엔진	-	-	-	-
2439.3	브레이크(PM)	-	-	-	-

[표 IV-2]를 보면 '차량 사용 연한'은 '차량 1=2,500㎞', '차량 2=1,976㎞', '차량 3=800㎞'이다. 차량별로 해당 양만큼 동작했고 또 그만큼 노화(?)했다는 뜻이다. '차량 1' 경우 '249.8㎞'를 운행한 뒤 '엔진'이 고장 나서 수리했고, '305㎞' 시점엔 고장 나진 않았지만 '예방 보전(Preventive Maintenance)' 차원에서 '브레이크'를 교체했다. 분석할 때 이 부분을 참작해서 반영해야 한다. 나머지도 같은 방식으로 해석할 수 있다.

(통상적인 분석 오류) [표 IV-2]와 같은 데이터를 접했을 때 일반적으로 알려진 신뢰성 분석법이 있다. 즉 분포를 적합시켜 '확률밀도함수'를 찾은 뒤 그의 '모수'를 추정하고, 이어서 찾아진 '확률밀도함수'를 이용해 필요한 정보를 확률적으로 얻는 일이다. 알고 싶은 정보는 예를 들어 "200㎞를 완주할 확률은?", "첫 200㎞에서 차량이 고장 나지 않을 확률은?" 또는 "10회 경주 동안 예상되는 고장 횟수는?", "차량을 정비해야 하는지 또는 언제 해야 하는지?", "예비 부품을 몇 개 구매해야 하는지?" 등이다. 우선 가장 흔한 예로써 분포를 적합시켜 해석했을 때의 문제점에 대해 알아보자. [그림 IV-4]는 '고장 간 시간(Time between Failures)'[50]들이 '와이블 분포 확률밀도함수'로 설명된

---

50) 출처에 따라 '도착 간 시간(Inter-arrival Times)'으로도 불린다.

다는 가정하에 데이터의 전처리를 보여준다.

[그림 Ⅳ-4] '고장 간 시간'을 얻기 위한 데이터 전처리 예

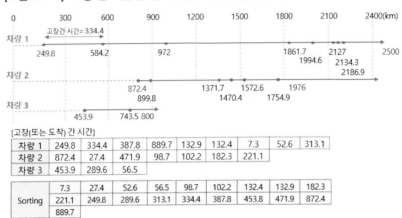

차량 1	249.8	334.4	387.8	889.7	132.9	132.4	7.3	52.6	313.1
차량 2	872.4	27.4	471.9	98.7	102.2	182.3	221.1		
차량 3	453.9	289.6	56.5						

	7.3	27.4	52.6	56.5	98.7	102.2	132.4	132.9	182.3
Sorting	221.1	249.8	289.6	313.1	334.4	387.8	453.8	471.9	872.4
	889.7								

[그림 Ⅳ-4]에서 맨 위의 직선들은 [표 Ⅳ-2]를 차량별로 도식화한 것이다. '예방 보전(PM, Preventive Maintenance)' 대상인 '브레이크'는 고장이 아니므로 전처리에서 제외하였다. 그림 중간의 "고장(또는 도착) 간 시간"은 '고장과 고장 사이 간격'을 정리한 표이다. 예를 들어, '차량 1' 경우 최초 고장이 '249.8㎞'에서 났으므로 시작 '0㎞'와의 '간격'은 '249.8'이다. 다음 간격은 '334.4(=584.2-249.8)'이며 이후와 타 차량에서도 같은 방식으로 '고장 간 시간'을 얻는다. 그리고 이들을 '오름차순 정렬'한 결과가 [그림 Ⅳ-4]의 맨 아래 표이다. 이 데이터로 '와이블 분포 함수'의 '모수'를 추정한 뒤 "200㎞를 완주할 확률은?"을 얻어보자. [그림 Ⅳ-5]와 같다.

[그림 Ⅳ-5] JUMP로 '와이블 분포'의 '모수' 추정과 "200㎞ 완주할 확률" 얻기

[JMP경로] 분석>신뢰성 및 생존 > 수명분포

모수적 추정값 - Weibull

모수	추정값	표준 오차	하위 95%	상위 95%
위치	5.66026	0.220627	5.22784	6.09268
척도	0.91350	0.165077	0.58996	1.23705
Weibull α	287.22328	63.369215	186.38955	442.60640
Weibull β	1.09469	0.197817	0.80838	1.69503
평균	277.59086	58.224756	184.02017	418.74045

'생존(신뢰도) 곡선': 고장 없이 '200km'를 완주할 확률은 '약 0.51'

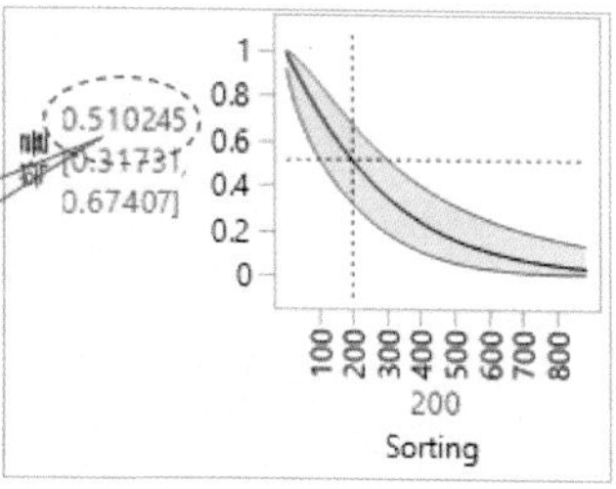

0.510245
[0.31731,
0.67407]
1
0.8
0.6
0.4
0.2
0
100
200
300
400
500
600
700
800
200
Sorting

[그림 Ⅳ-5]는 'JUMP' 결과로써 '200㎞를 고장 없이 완주할 확률'은 '약 0.51'임을 알 수 있다. 그러나 여기에 오류가 숨어 있다. '와이블 분포'를 '고장 간 시간' 데이터에 적합할 때 전제 조건을 만족해야 한다. 즉, 데이터가 통계적으로 '독립(Statistically Independent)'이며, '같은 분포를 따른다(Identically Distributed)'는 가정이 그것이다(iid). 그러나 복구 가능 차량은 독립적이지 않으며, 대부분 분포도 같지 않다. 예를 들어 복구 가능 차량에 고장이 나면 그 고장을 유발한 부품 이외의 나머지 구성품들은 정상이긴 하나 각자의 '사용 연한'을 갖는다. 따라서 다음 고장이 발생한다면 이들 각 부품의 '사용 연한(노화 상태?)'과 관련되므로 이어지는 '고장 간 시간'은 독립이 아닌 이전의 상태에 종속된 관계를 유지한다. 앞서 '고장 간 시간' 데이터를 '와이블 분포'로 분석하면 'iid'의 가정하에서 '19개 고장 간 시간'들을 서로 독립된 '19개 차량'의 것으로 간주하며 이것은 첫 차량이 고장 나고 이어 두 번째 차량이 고장 나는 식의 상황으로 재편된다. '복구 가능 아이템'의 상황과는 거리가 멀다는 뜻이다. 복구될 때마다 새 차량의 상태로 되는 상황을 "As-good-as-new"라고 한다. "신상처럼 됐다."라는 의미다. 반대로 통상적인 복구 후의 상태를 "복구 직전과 같다."라는 의미로 "As-bad-as-old"라고 하는데 "사용 연한만큼의 상태

이다."이다. 자동차의 신뢰도를 다룰 때 브레이크 하나를 바꿨다고 해서 시스템(자동차) 신뢰도가 증대되지 않는데 바로 교체 이외 구성품들의 '사용 연한'이 이후의 고장을 예고하기 때문이다.

'와이블 분포'로 분석하면서 'iid'의 가정을 만족시킬 순 없을까? 정답은 "있다"이다. "각 차량의 첫 번째 고장 시간"을 이용하는 것이다. 많은 차량이 양산돼서 고객 사용 환경에 놓이면 그 차량(여기서는 주로 '시스템')의 고유 품질 상태에 따라 가장 있음 직한 고장부터 먼저 드러날 것이고 따라서 '첫 번째 고장 시간'은 이전 구성품이 없으므로 그 자체가 'iid'의 속성을 지닌다(이것은 하나의 아이템 경우 고장 났을 때 새 부품으로 교체하게 되면 'As-good-as-new'가 되는데 복구 가능 아이템의 첫 고장 시간은 바로 이와 같은 상태에 빗댈 수 있다). [표 IV-2]의 데이터 경우 '첫 번째 고장 데이터'는 '차량 1=249.8㎞', '차량 2=872.4㎞', '차량 3=453.9㎞' 세 개뿐이다. 분석 결과는 [그림 IV-6]이다.

[그림 IV-6] '와이블 분포'의 '모수' 추정과 "완주할 확률" 얻기('첫 고장 시간' 대상)

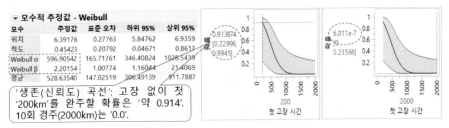

[그림 IV-6]에서 "고장 없이 첫 200㎞를 완주할 확률"은 '약 0.914'로 매우 높지만 '표본 크기=3개'밖에 안 돼 '95% 신뢰구간'이 '0.23~0.99'로 매우 넓어 판단이 쉽지 않다. '10회'를 경주할 경우(2,000㎞)는 '0.0'으로 '1회 이상'은 고장 나는 것으로 예측된다(즉 2,000㎞을 입력하면 완주확률=0.0임). 그러나

지금까지의 분석 과정을 토대로 "10회 경주할 경우 예상되는 고장 횟수는?" 그리고 "차량을 정비해야 하는지와 한다면 언제 해야 하는지?" 같은 질문에는 여전히 답을 주지 못한다.

('복구 가능 아이템'에 맞는 올바른 분석) 고장 나면 수리하고 다시 작동하는 용도의 '복구 가능 아이템' 경우 고장과 고장 사이는 독립이 아니라 종속 관계, 즉 수리대상 이외의 구성품은 계속 '사용 연한(Age)'이 늘어나고 있음을 고려해야 한다. 따라서 '고장 수'가 시간에 따라 일정한 대신 점점 증가하는 모형이 필요한데 '부록'의 '식 (B-5)'에서 식을 유도한 바 있다. 또 이 '기대 고장 수'를 이용해 특정 '고장 수'가 발생할 확률은 '부록'의 '식 (B-7)'을 통해 얻은 바 있다. '확률'의 계산은 '포아송 분포의 일반화'로 요약된다. 이해를 돕기 위해 관련된 두 식을 다시 옮겨 놓으면 (식 IV-22)와 같다.

$$['성장이 존재하는' 상황에서의 '기대(or 누적) 고장 수'] \qquad (식\ IV\text{-}22)$$

$$E[N(t)] = \int_0^t \mu(t)dt = \int_0^t \lambda\beta t^{\beta-1}dt = \left[\frac{1}{\beta}\lambda\beta t^{\beta}\right]_0^t$$

$$= \lambda t^{\beta}$$

$$['성장이 존재하는' 상황에서의 '고장 수 = n개'가 나올 확률]$$

$$P[N(t) = n] = \frac{(\lambda t^{\beta})^n e^{-\lambda t^{\beta}}}{n!} \ ; \ n = 0,1,2,\dots$$

이제 (식 IV-8)과 (식 IV-9)의 '모수 추정', (식 IV-22)의 '기대 고장 수' 및 '특정 개수가 나올 확률' 식들을 이용해 **[표 IV-2]를 올바로 분석해 보자.** 이어 ① 차 한 대가 첫 번째 경주를 고장 없이 마칠 확률, ② 10회 경주했을 때 아이템당 기대되는 고장 수, ③ 차량 2대가 각각 경주에 참여하는 상황에서 고장당 평균 수리 비용이 '192,000원'일 때 예상되는 총 유지 비용, 그리고 끝으로 ④ 회당 정비 비용이 '500,000원'일 때 차량당 최적의 정비 주기에 대해 각각 알아보자.

먼저 '모수' 추정이 선행돼야 한다. (식 IV-8)의 세 개 유형 중 하나가 필요한데 [표 IV-2]의 '원 데이터' 상황을 보면 '아이템이 세 개'이고 시작은 모두 '$S_1 = S_2 = S_3 = 0$'이다. 따라서 '(식 IV-8)-①'을 가져오되 'S_j'는 '0'이므로 관련 항들은 모두 뺀다. (식 IV-23)은 값이 알려진 항들만 입력된 '모수' 추정 식이고, 그 안에 포함된 '$\hat{\beta}_{BD}$'와 '$\hat{\lambda}_{BD}$'는 현재로선 알 수 없으므로 더 이상의 계산은 불가하다. 이를 해결하기 위해 [그림 IV-7]에서 엑셀의 '해 찾기' 기능을 활용하였다. [표 IV-2]의 '원 데이터'와 식에서 필요한 입력값 모두가 함께 표현돼 있으니 (식 IV-23)과 비교하며 학습하기 바란다. '브레이크'는 순수 고장이 아니므로 계산에서 제외되며(즉, '$\ln t$' 계산을 안 함-[그림 IV-7] 내 표 참조), 그림 맨 아래 엑셀 함수가 포함돼 있다.

[일반추정식], $k =$ 아이템 수, $S_j =$ 시작시간, $T_j =$ 총 시험기간 　　(식 IV-23)
'$S_1 = S_2 = S_3 = 0$'이고, '브레이크'는 고장이 아니므로 제외하면,

$$\hat{\beta}_{BD} = \frac{\displaystyle\sum_{j=1}^{k} n_j}{\hat{\lambda}_{BD}\displaystyle\sum_{j=1}^{k}\left\{ T_j^{\hat{\beta}_{BD}}\ln(T_j) - \atop{S_j^{\hat{\beta}_{BD}}\ln(S_j)_{=0}} \right\} - \displaystyle\sum_{j=1}^{k}\sum_{i=1}^{n_j}(\ln t_{i,j})} \quad -- (식 IV-8) - ①$$

$$= \frac{8+6+2}{\hat{\lambda}_{BD} \times \left\{ 2500^{\hat{\beta}_{BD}}\ln(2500) + 1976^{\hat{\beta}_{BD}}\ln(1976) \atop + 800^{\hat{\beta}_{BD}}\ln(800) \right\} - 112.5667}$$

$$\hat{\lambda}_{BD} = \frac{\displaystyle\sum_{j=1}^{k} n_j}{\displaystyle\sum_{j=1}^{k}\left(T_j^{\hat{\beta}_{BD}} - \atop S_j^{\hat{\beta}_{BD}}{}_{=0} \right)}, \quad \left[\begin{array}{l} 단 '\displaystyle\sum_{j=1}^{k}\sum_{i=1}^{n_j}(\ln t_{i,j}) = 112.5667'은 [표 IV-3]에서 \\ '브레이크'를 제외한 뒤 '\ln t_i 의 합'임. \end{array} \right]$$

[그림 Ⅳ-7]의 '해 찾기'에 쓰인 입력식은 그림 맨 아래의 계산 식과 같다. 번거롭지만 그림의 엑셀 '열(A, B, C, …)'과 '행(1, 2, 3, …)'의 위치를 대조해 가면서 '해 찾기'가 어떻게 이루어지는지 추적해 보기 바란다. 또 (식 Ⅳ-23)의 '$\hat{\beta}_{BD}$ 계산 식'과도 비교하기 바란다. 굳이 통계 소프트웨어 대신 엑셀을 강조하는 이유는 번거롭지만 일일이 항들을 찾아 직접 계산하고 확인하는 과정에서 원리가 자연스럽게 이해되기 때문이다. [그림 Ⅳ-7]의 '해 찾기' 결과를 보면 '$\hat{\beta}_{BD} = 1.6489969$', '$\hat{\lambda}_{BD} = 0.00002179$'이다. 설명이 길었지만 'JUMP'로 '모수' 추정을 한 번에 확인하면 [그림 Ⅳ-8]과 같다.

[그림 Ⅳ-8] '[표 Ⅳ-2]'의 '원 데이터'에 대한 '모수' 추정 JUMP 결과

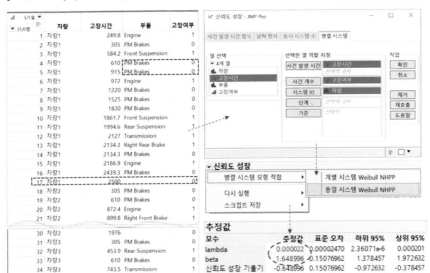

[그림 Ⅳ-8]에서 'PM Brake'는 고장이 아닌 '예방 보전(PM)' 차원의 교체 이므로 **고장여부** 열에 '0'으로 표기하였다. 또 각 '차량'의 '고장 시간' 끝 행 엔 '총 시험 기간(차량 1=2500)'의 입력과 함께 **고장여부** 열에 '0'으로 표기 하였다. '모수 추정값'을 (식 Ⅳ-23)과 비교하기 바란다. 참고로 추정된 모수 '$\hat{\beta}_{BD} = 1.648996$'은 '1'보다 크다. 이 경우 '마모 고장(Wear-out)'으로 분류하고 '순간 고장률'은 점점 증가한다. 풀어 쓰면 시간이 지날수록 '고장 빈도'는 증가하고 따라서 '고장 간 시간'은 짧아진다. '마모 고장'일 경우 아이템의 '최적 정비주기' 등 '정비 정책(Overhaul Policy)'을 비용효과를 고려해 결정할 수 있다. 이에 대해서도 간단히 알아볼 것이다. 이제 필요 정보를 모형으로 부터 추출해 보자. 과정과 결과는 [표 Ⅳ-3]과 같다.

[표 IV-3] '[표 IV-2]'인 '원 데이터'에 대해 '모형'을 이용한 정보 추출

① 차 한 대가 첫 번째 경주를 고장 없이 마칠 확률	(식 $IV-22$) 로부터, $$P[N(t)=n] = \frac{(\lambda t^{\beta})^n e^{-\lambda t^3}}{n!}$$ 의 고장없을 확률은 '$n=0$'이므로 $$P[N(t)=0] = \frac{(\hat{\lambda}_{BD} t^{\hat{\beta}_{BD}})^0 e^{-\hat{\lambda}_{BD} t^{\hat{\beta}_{BD}}}}{0!} = e^{-\hat{\lambda}_{BD} t^{\hat{\beta}_{BD}}}$$ $$= e^{-0.00002179 \times 200^{1.6489969}} \cong 0.8731 (약 87.31\%)$$
② 10회 경주했을 때 아이템당 기대되는 고장 수	(식 $IV-22$) 로부터, 10회 경주는 '$2,000km$'이므로 $$E[N(t)] = \hat{\lambda}_{BD} t^{\hat{\beta}_{BD}}$$ $$= 0.00002179 \times 2000^{1.6489969}$$ $$\cong 6.0485 (차량당 약 6회 고장)$$
③ 차량 2대가 각각 '②'의 경주에 참여하는 상황에서 고장당 평균 수리비용이 '200,000원'일 때 예상되는 총 유지비용	'②'에서 차량당 6회의 고장이 예상되므로 2대는 총 12회임. 따라서 총 유지비용은, 12회 고장 $\times$ 200,000원/고장 = 2,400,000원
④ 회당 정비 비용이 '500,000원'일 때 차량당 최적의 정비주기	최적 정비주기는[51] $$T_{최적} = \left\{ \frac{C_2}{\hat{\lambda}_{BD}(\hat{\beta}_{BD}-1)C_1} \right\}^{1/\hat{\beta}_{BD}},$$ $$= \left\{ \frac{500,000}{0.00002179 \times (1.6489969-1) \times 200,000} \right\}^{1/1.6489969}$$ $$= 1521.25kn$$ $\therefore 1521.25kn/200km \cong 7.6$임, 즉 차량당 약 8회 경주마다 점검함. $where$ C_1 = 대당 평균 수리 비용(계획된 수리가아님) C_2 = 대당교체or점검비용

('**신뢰도 블록도**'를 **이용한 분석**) 지금까지의 결과를 '신뢰도 블록도(RBD,

---

51) Reliability Growth & Repairable System Data Analysis Reference, ReliaSoft Corporation, p.288.

Reliability Block Diagram)'를 이용해 종합적으로 해석해 보자. 'RBD'는 "Dependence Diagram"으로도 불린다. 분석을 위해서는 부품별 '분포 함수'와 '모수'들이 알려져 있어야 한다. 기존 자료나 시험 결과, 공식적인 문헌이나 논문 등의 출처를 통해 수집될 수 있다. 또 분포들의 결합 등 해석의 복잡성을 고려해 통계 분석 소프트웨어인 'JUMP'를 이용하였다. 부품별 정보는 [표 IV-4]와 같다.

[표 IV-4] 부품별 '분포' 정보

No	부품명	분포	모수	
			α(또는 μ)	β(또는 σ)
1	전륜 브레이크(L)	와이블 분포	716.12	3.22
2	전륜 브레이크(R)	와이블 분포	716.12	3.22
3	후륜 브레이크(L)	와이블 분포	391.41	15.36
4	후륜 브레이크(R)	와이블 분포	391.41	15.36
5	엔진	와이블 분포	905.79	2.82
6	전륜 서스펜션	로그정규 분포	7.29	0.65
7	후륜 서스펜션	와이블 분포	1564.36	2.46
8	트랜스미션	와이블 분포	1737.35	3.14

[표 IV-4]와 같이 조립체를 구성하는 부품들의 '분포' 정보들이 수집되면 'RBD'를 작성한다. 'JUMP'의 기능이 비교적 쉽게 작성하도록 구성돼 있다(메뉴 위치: 「분석 > 신뢰성 및 생존 > 신뢰도 블록 다이어그램」). 작성 결과는 [그림 IV-9]와 같다.

[그림 Ⅳ-9] '신뢰도 블록도(RBD)' 작성 결과와 '[표 Ⅳ-6]' 입력 예

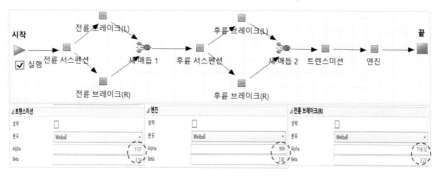

[그림 Ⅳ-9]에서 작은 아이콘들은 'Shape'라고 하며 부품들을 대신한다. '드래그 앤드 드롭(Drag-and-Drop)' 기능으로 생성하며 작동 순서에 맞춰 위치를 잡고 화살표를 넣는다. 아래쪽('JUMP'에서는 오른쪽)은 [표 Ⅳ-4]의 부품별 분포 입력 예이며 '☑ 실행'하면 분석이 수행된다. 결과 출력 중 일부만 옮겨와 해석해 보자. [그림 Ⅳ-10]과 같다.

[그림 Ⅳ-10] 'MTBF, 신뢰도 함수, 위험 함수, 부품 신뢰도 함수' 예

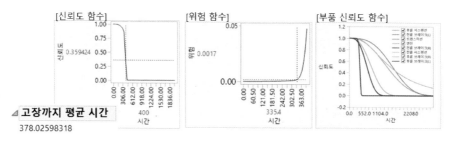

[그림 Ⅳ-10]에서 'MTBF'는 '약 378.03km'로 경주당 '200km'임을 참작하면 두 바퀴도 채 못 돌고 고장 발생이 예상된다. '신뢰도 함수'로부터

'400km' 기준에서 '신뢰도≅0.36'으로 매우 낮은 편이고 '위험 함수'로부터 '약 335km'에서 '순간 고장'이 급속도로 높아짐을 알 수 있다. '부품 신뢰도 함수'는 맨 왼쪽 'ㄴ' 형태로 급격하게 신뢰도가 떨어지는 '후륜 브레이크(L, R)'와 바로 옆 '전륜 브레이크(L, R)'의 신뢰도 향상이 시급한 것으로 판단된다. 경주 차량 특성상 브레이크 마모가 클 것이므로 본 예에서는 고장이 없더라도 '200km'마다 예방 보전 차원에서 브레이크 모두를 교체하는 것으로 가정한다.

2.6.2. Case Study 18: 한 개 아이템의 'BD-모드'와 'FEF' 고려

(상황 및 데이터) 제시된 데이터는 **한 개 아이템**의 '수정' 결과를 컴퓨터 시뮬레이션으로 얻었으며 이때의 생성 파라미터는 '$r_A = 0.02, r_{BD} = 0.1, k = 100$'이고, 'FEF(수정 효과 계수)'인 '$d_i$'들은 '평균 0.7'인 '베타 분포'로부터 얻었다. 또 시뮬레이션은 한 아이템을 대상으로 '$T = 400hrs$' 동안 시험한 것으로 설정하였다. 이 기간에 총 '$N = 42$개'의 고장이 발생했으며, 'A-모드'로 인한 고장은 '$n_A = 10$회', 'BD-모드'로 인한 고장은 '$n_{BD} = 32$회'이다. '32회'의 고장은 서로 다른 '16개($m = 16$)'의 'BD-모드' 때문에 생겨난 것이다. 'BD-모드'들은 인덱스 'i'로 구분돼 있으며 '모드 i'에 대한 '첫 고장 시간'은 't_i'이고 이들은 '$0 < t_1 < t_2 < \cdots < t_{16} < T = 400$'의 관계에 있다. 데이터는 [표 IV-5]와 같다 [문헌-①(pp.106~109)].

[표 IV-5] 'BD-모드'와 'FEF'가 포함된 '1개 아이템'의 시험 데이터 예

BD-모드, i	고장 시간(hrs)	n_i	d_i	$(1-d_i)n_i$	$\ln t_i$
1	15.04, 254.99	2	0.67	0.66	2.7107
2	25.26, 120.89, 366.27	3	0.72	0.84	3.2292
3	47.46, 350.2	2	0.77	0.46	3.8599
4	53.96, 315.42	2	0.77	0.46	3.9882
5	56.42, 72.09, 339.97	3	0.87	0.39	4.0328
6	99.57, 274.71	2	0.92	0.16	4.6009
7	100.31	1	0.50	0.50	4.6083
8	111.99, 263.47, 373.03	3	0.85	0.45	4.7184
9	125.48, 164.66, 303.98	3	0.89	0.33	4.8321
10	133.43, 177.38, 324.95, 364.63	4	0.74	1.04	4.8936
11	192.66	1	0.70	0.30	5.2609
12	249.15, 324.47	2	0.63	0.74	5.5181
13	285.01	1	0.64	0.36	5.6525
14	379.43	1	0.72	0.28	5.9387
15	388.97	1	0.69	0.31	5.9635
16	395.25	1	0.46	0.54	5.9795
Total	-	32	11.54	7.82	75.7873

[표 IV-5]의 '고장 시간(hrs)' 열에는 '첫 고장 시간'과 그 후속의 '누적 고장 시간'들이 기술돼 있다. 세 번째 열 'n_i'는 '시험 기간' 동안 'BD-모드, i'의 '총 고장 수'를, 네 번째 열 'd_i'는 관측된 각 'BD-모드, i'의 '평가된 FEF' 값이다. 이어지는 열 '$(1-d_i)n_i$'는 '$T=400hrs$'에서 '개선 조치'가 이행된 뒤 'BD-모드, i'가 완전히 제거되지 않고 잔류한 양(고장 수)이며, '시험 국면 I'과 기간이 같은 후속 시험에서 예견되는 'BD-모드, i'의 '기대 고장 수'이다. 끝으로 '$\ln t_i$' 열은 'BD-모드, i'의 '첫 고장 시간'에 '로그'를 취한 결과이다(예로써 'BD-모드,1'의 '15.04, 254.99' 중 '첫 고장 시간=15.04'에

대해 'ln 15.04 = 2.7107'). 이 열의 값들은 일차적으로 '모수$(\beta_{BD}, \lambda_{BD})$'의 추정 값인 '$\hat{\beta}_{BD}, \hat{\lambda}_{BD}$'을 얻는 데 사용된다.

('실증(또는 성취) MTBF' 추정) '시험 국면 I'에서는 '모드-A'와 '모드-BD' 모두 '수정'이 없으므로 일정한 '아이템 고장 강도$[\mu(0)]$'을 유지한다. 따라서 '시험 국면 I'이 끝났지만 '수정'이 진행되지 않은 시점$(T = 400)$에서의 '실증 고장 강도$[\hat{\mu}_D(T)]$'는 '아이템 고장 강도$[\mu(0)]$'와 같고, 이 값의 역수를 취해 '실증(또는 성취) MTBF'를 구할 수 있다. (식 IV-1)을 이용하며 과정과 결과 는 (식 IV-24)와 같다.

(식 IV−1)로부터,   (식 IV-24)

○ '시험 국면 I'에서의 '아이템 고장 강도$[\mu(0)]$'

$$\mu(0) = r_A + r_{BD} = \hat{\mu}_D(400) \;\therefore\; \hat{\mu}_D(T) : 'T'에서의 '실증 고장강도'$$

$$= \frac{n_A}{T} + \frac{n_{BD}}{T} = \frac{10}{400} + \frac{32}{400} = 0.105 \text{ 고장/시간.}$$

○ '시험 국면 I' 직후인 $'t = 400'$에서의 '실증(성취) $MTBF'$,

$$\hat{m}_D = \{\mu(0)\}^{-1} = \left\{\hat{\mu}_D(400)\right\}^{-1} = 0.105^{-1} \cong 9.524 \text{ 시간/고장.}$$

'실증(또는 성취) MTBF=9.524시간/고장'은 '수정'이 없는 상태에서의 신뢰 도이므로 아이템 '구성(Configuration)'이 갖고 있을 고유한 성능이다. '시험 국면 I' 이후의 '수정(또는 설계 변경)'을 통해 '구성'이 바뀌면 '신뢰도 도약 (Jump)'이 예상되고 이후 '시험 국면 II'가 시작될 것이다. '시험 국면 II'의 시작 때 예상되는 신뢰도는 '예상 MTBF'를 통해 추정된다.

('성장 잠재 MTBF' 추정) '(식 IV-7)' 또는 '(식 IV-11)-①'에서 '$T \propto \infty$'을 가정함으로써 항 '$\beta_{BD}\sum d_i / T$'을 '0'에 수렴시킨 '고장 강도'를 '성장 잠재 고장 강도'라고 했다. 즉 '시험 국면 I'에서 모든 'BD-모드, i'가 드러나고, 그들에 설정한 'FEF(d_i)' 값만큼 개선했을 때의 상태다. (식 IV-14)로부터 '성장 잠재

고장 강도$[\hat{\mu}_{GP}(T)]$'을 구한 뒤 그 역수인 (식 Ⅳ-15)를 이용해 '성장 잠재 MTBF($\hat{m}_{GP}$)'을 구한다. (식 Ⅳ-25)와 같다.

[성장 잠재 고장 강도$(\hat{\mu}_{GP})$] $\qquad\qquad\qquad\qquad\qquad$ (식 Ⅳ-25)

$$\hat{\mu}_{GP}(400) = \left(\frac{1}{400}\right)\left\{n_A + \sum_{i=1}^{16}\left[(1-d_i)n_{BD,i}\right]\right\}$$

$$= \left(\frac{1}{400}\right)\{10 + 2(1-0.67) + 3(1-0.72) + \dots + 1(1-0.46)\}$$

$$= \frac{10 + 7.82}{400} = 0.04455 \ 고장/시간.$$

[성장 잠재 $MTBF(\hat{m}_{GP})$]

$$\hat{m}_{GP} = \left\{\hat{\mu}_{GP}(400)\right\}^{-1} = 0.04455^{-1} \cong 22.447 \ 시간/고장.$$

만일 '$\hat{m}_{GP} = 22.447$시간/고장'이 '목표 MTBF'보다 작으면 목표달성이 매우 위태롭다는 신호이므로 '목표 MTBF'와의 비교를 통해 개발 상황을 판단한다.

(**'예상 MTBF' 추정**) 16개로 드러난 'BD-모드'를 '수정' 완료한 후 '$T = 400$' 에서 '예상 고장 강도'와 '예상 MTBF'를 얻으려면 (식 Ⅳ-11)이 필요하다. 식 을 이용하려면 먼저 '모수'의 추정이 필요하고 이어 '예상 고장 강도'와 그의 역수인 '예상 MTBF($\hat{m}_P$)'을 얻는다. (식 Ⅳ-11)에 따르면 '예상 MTBF'는 '편 향'과 '비편향 추정량'으로 구분된다. 'JUMP'와 같은 통계 소프트웨어는 후자 를 출력한다. 계산 과정과 결과는 [표 Ⅳ-6]과 같다.

[표 Ⅳ-6] '예상 고장 강도'와 '예상 MTBF'의 계산 과정과 결과

모수 추정 (식 Ⅳ-8)-③,(식 Ⅳ-9) [표 Ⅳ-5]- '$\ln t_i$'열	○ 편향 : $\hat{\beta}_{BD} = \dfrac{16}{\sum\limits_{i=1}^{16} \ln\left(\dfrac{400}{t_i}\right)} = \dfrac{16}{16 \times \ln 400 - \sum\limits_{i=1}^{16} \ln t_i}$ $= \dfrac{16}{95.8634 - 75.7873} \cong 0.797$ $\hat{\lambda}_{BD} = \dfrac{m}{T^{\hat{\beta}_{BD}}} = \dfrac{16}{400^{0.797}} \cong 0.135$ ○ 비편향 : $\overline{\beta}_{BD} = \dfrac{m-1}{m}\hat{\beta}_{BD} = \dfrac{16-1}{16} \times 0.797 \cong 0.7472$ $\overline{\lambda}_{BD} = \dfrac{m}{T^{\overline{\beta}_{BD}}} = \dfrac{16}{400^{0.7472}} \cong 0.1819$
예상 고장 강도 예상 MTBF (식 Ⅳ-11)	○ '$\hat{\beta}_{BD}$' 적용-('예상 $MTBF$' 편향추정량, $\hat{m}_P = \left\{\hat{\mu}_P(T)\right\}^{-1}$), $\hat{\mu}_P(T) = \dfrac{1}{T}\left\{n_A + \sum\limits_{i=1}^{m}(1-d_i)n_{BD,i} + \hat{\beta}_{BD}\sum\limits_{i=1}^{m}d_i\right\}$ $= \dfrac{1}{400}\{10 + 7.82 + 0.797 \times 11.54\} \cong 0.06754$ 고장/시간. $\hat{m}_P = \left\{\hat{\mu}_P(400)\right\}^{-1} = 0.06754^{-1} \cong 14.805$ 시간/고장. ⇒'$\overline{\beta}_{BD}$' 적용-($m \geq 2$)('예상 $MTBF$' 비편향추정량, $\overline{m}_P = \left\{\overline{\mu}_P(T)\right\}^{-1}$), $\overline{\mu}_P(T) = \dfrac{1}{T}\left\{n_A + \sum\limits_{i=1}^{m}(1-d_i)n_{BD,i} + \overline{\beta}_{BD}\sum\limits_{i=1}^{m}d_i\right\}$ $= \dfrac{1}{400}\{10 + 7.82 + 0.7472 \times 11.54\} \cong 0.06611$ 고장/시간. $\overline{m}_P = \left\{\overline{\mu}_P(400)\right\}^{-1} = 0.06754^{-1} \cong 15.127$ 시간/고장.

[표 Ⅳ-6]에서 '$\overline{\beta}_{BD}$'을 적용한 '$\overline{\mu}_P(T)$'로 참값인 '$\mu_P(T)$'을 추정할 때 '비편향'되는 것이 사실이나 그렇다고 '$\overline{m}_P(T)$'로 참값인 '$m_P(T) = \{\mu_P(T)\}^{-1}$'을 추정하는 것까지 '비편향'되는 것은 아니다. 한 문헌에 따르면 참값인 '$m_P(T)$'을 추정할 때 '$\hat{\beta}_{BD}$'에 기반한 '$\hat{m}_P(T)$'가 '$\overline{m}_P(T)$'보다 더 좋다고 제안한다.[52] 따라서 본 예제에서 '예상 고장 강도'는 [표 Ⅳ-6]에서의 '$\overline{\mu}_P(400) = 0.06611$'을,

---

52) AMSAA, "MIL-HDBK-189: Reliability Growth Management." APG, Feb 1981. Broemm, Ellner, and Woodworth. AMSAA Reliability Growth Guide. APG: AMSAA TR-652, Sep 2000.

아이템의 '예상 MTBF'는 '$\{\hat{\mu}_P(400)\}^{-1} \cong 14.805\,hrs$'의 사용을 권장한다.

(식 IV-24)의 '실증(성취) MTBF, $\hat{m}_D$', (식 IV-25)의 '성장 잠재 MTBF, $\hat{m}_{GP}$' 그리고 [표 IV-6]의 '예상 MTBF, $\hat{m}_P$'의 관계를 그림으로 도시하면 [그림 IV-11]과 같다.

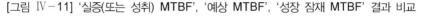

[그림 IV-11] '실증(또는 성취) MTBF', '예상 MTBF', '성장 잠재 MTBF' 결과 비교

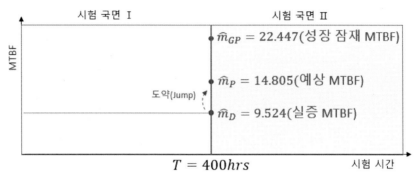

[그림 IV-11]에서 '실증(또는 성취) MTBF, $\hat{m}_D$'는 현 아이템의 고유 성능을, '예상 MTBF, $\hat{m}_P$'는 후속 '시험 국면 II'의 시작 신뢰도, 그리고 '성장 잠재 MTBF, $\hat{m}_{GP}$'는 현 아이템이 최대로 올릴 수 있는 신뢰도를 나타낸다. 각각에 대한 '목표 MTBF'가 있다면 이들과 비교해서 향후 운영 전략을 마련할 수 있을 것이다. 지금까지의 내용을 'JUMP'로 검증하면 [그림 IV-12]와 같다.

[그림 Ⅳ-12] 모수 'β_{BD}, λ_{BD}'의 '비편향 추정량'인 '$\overline{\beta}_{BD}, \overline{\lambda}_{BD}$'을 JUMP로 얻기

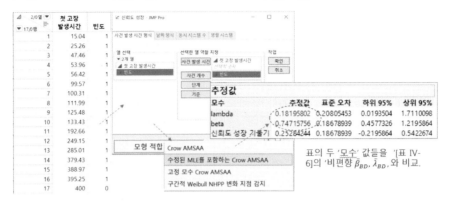

[그림 Ⅳ-12]의 'beta≅0.7472'는 [표 Ⅳ-6]의 '$\overline{\beta}_{BD}$'와 일치한다. "lambda" 역시 '$\overline{\lambda}_{BD} = m/T^{\overline{\beta}_{BD}} = 16/400^{0.7472} \cong 0.18196$'으로 일치함을 알 수 있다. 'JUMP' 경우 결과 화면 중 '◢ ▾ **MTBF 프로파일러**'에서 '$T = 400hrs$'에서의 '성취(또는 실증) MTBF'를 얻으면 '$\overline{\beta}_{BD} = 0.7472$'를 얻을 수 없다. 계산에 'FEF($d_i$)'가 반영돼 있지 않기 때문이다(입력 공간이 없음). 실제 계산 과정은 '$\overline{m}_{P,JMP} = \overline{\lambda}_{BD}\overline{\beta}_{BD}t^{\overline{\beta}_{BD}-1} = 0.18196 \times 0.74716 \times 400^{0.74716-1} \cong 33.46$'이다. 따라서 [그림 Ⅳ-12]의 '모수' 값들을 이용해 별도의 계산 과정을 거쳐 [그림 Ⅳ-11]에 포함된 'MTBF'들을 얻도록 한다.

[그림 Ⅳ-13]은 '$\overline{\beta}_{BD}, \overline{\lambda}_{BD}$'와 '예상 고장 강도, 예상 MTBF'를 'R'로 얻은 결과이다. [표 Ⅳ-6] 및 [그림 Ⅳ-11]과 비교하기 바란다. 관련된 'R-코드'는 '부록 F-3'에 실었으니 관심 있는 독자는 참조하기 바란다.

```
Console    Terminal ×    Jobs ×

C:/Users/sigma/OneDrive/바탕 화면/
> Beta_bar
[1] 0.7471576
> Lamda_bar
[1] 0.181958
> Mu_bar
[1] 0.0661055
> Mp_bar
[1] 15.12734
```

2.6.3. Case Study 19: 다중 아이템의 'BD-모드'와 'FEF' 고려

(상황 및 데이터) 앞서 「2.6.2. Case Study 18」에서는 'BD-모드'와 'FEF'가 포함된 '한 개 아이템'의 예에 대해 알아보았다. 본 사례는 'BD-모드'와 'FEF' 제시는 같지만, **두 개 아이템 이상**인 경우를 살펴볼 것이다. 단순화를 위해 '두 개 아이템' 예를 소개한다. 'ACPM'은 개발 제품뿐 아니라 고객 환경에서 사용된 제품의 분석에도 쓰인다. 만일 후자의 예라면 '설계 변경'은 최소화되며, '사용 연한'에 따른 신뢰도가 평가될 것이다. 이것을 '성능시험 분석(Operational Testing Analysis)'이라고 한다. 목적은 특정 '지연 수정'에 대해 아이템의 'MTBF'를 평가한 뒤 궁극적으로 현재 양산 제품을 수정(또는 개선)하는 것이 비용과 시간을 고려할 때 효과적인지 판단하는 데 이용한다. 이때 '구성(Configuration)'은 고정되고 '설계 변경'은 최소화되므로 'β 추정값'은 '1'이며 실제 '1'인지는 '신뢰구간'을 얻어 '신뢰 하한'과 '신뢰 상한'이 '1'을 포함하는지로 검정한다. [표 Ⅳ-7]은

시험 데이터 예이다.[53]

[표 Ⅳ-7] 'BD-모드'와 'FEF'가 포함된 '다중(2개) 아이템'의 시험 데이터 예

아이템	고장모드	고장 시간	아이템	고장모드	고장 시간	비고
1	BD43	21	1	BD13	320	
1	A42	29	1	BD11	348	
1	BD10	43	1	BD44	364	
1	BD11	43	1	BD44	404	
1	A39	43	1	BD4	410	○A-모드: 7개
1	A20	66	1	BD47	429	○B-모드: 24개
1	BD34	115	1	종료 시간	504	○FEF: 모두 0.6
1	BD49	159	2	BD37	83	○'성능시험'은
1	BD47	199	2	BD43	83	'지연 수정'만
1	BD47	202	2	BD46	83	가정(Test-
1	BD47	222	2	A45	169	Find-Test전략)
1	BD14	248	2	A18	213	○시험 종료시간
1	BD15	248	2	A42	299	- 아이템1: 504
1	BD41	255	2	A1	375	- 아이템2: 541
1	BD40	286	2	BD16	431	
1	BD48	286	2	종료 시간	541	
1	BD47	304	-	-	-	

[표 Ⅳ-7]을 이용한 분석을 통해 다음의 정보를 얻고자 한다.

1) 'ACPM'을 위한 '모수' 추정.
2) 시험 종료 시점에서의 순간 MTBF, 즉 '실증(또는 성취) MTBF.'
3) 'BD-모드'가 처리된 후 'MTBF', 즉 기대되는 '예상 MTBF.'

---

53) http://www.reliawiki.org/index.php/Repairable_Systems_Analysis

4) 아이템 내 모든 'BD-모드'가 발견돼서 현재 유지관리 정책에 따라 모두 '수정'된다고 할 때 달성될 수 있는 최고 MTBF, 즉 '성장 잠재 MTBF.'

5) 향후 고장에 대해 어떤 '수정'도 이루어지지 않을 때 '1,000시간'에서의 '기대 고장 수.'

6) 만일 '예상 MTBF'의 목표가 '45.0시간/고장'이라고 할 때 앞서 분석된 상황에서 추가로 수행할 수 있는 활동을 기술하시오.

('모수' 추정) 현재의 시험 상황은 [표 Ⅲ-16]에서 설명한 "다중 아이템을 동시에 작동시키는 경우(Concurrent Operating Times)"에 해당한다. 따라서 하나로 통합하는 '등가 단일 시스템(ESS, Equivalent Single System)'으로의 전환이 필요하다([표 Ⅲ-15] 참조). 또 당시와의 차이점은 하나의 'BD-모드'에 '고장 시간'이 여럿 있을 수 있다는 것인데, 이 경우 '첫 고장 시간'을 해석에 활용한다. '첫 고장 시간'의 활용은 [표 Ⅳ-5]의 분석 때 이미 경험한 바 있다. 그러나 [표 Ⅳ-5]에서는 'FEF(수정 효과 계수)'가 'BD-모드'별로 달랐지만, 현재의 경우는 '0.6'으로 모두 같다는 점도 차이라면 차이다. 우선 [표 Ⅳ-7]을 설명한 대로 정리하면 [표 Ⅳ-8]과 같다.

[표 Ⅳ-8] 분석을 위한 전처리와 'ESS(등가 단일 시스템)'

BD-모드, i	첫 고장 시간(hrs)	n_i	d_i	$(1-d_i)n_i$	아이템1	아이템2	ESS	$\ln t_i$
43	21	2		0.80	21	21	42	3.73767
10	43	1		0.40	43	43	86	4.454347
11	43	2		0.80	43	43	86	4.454347
37	83	1	0.6	0.40	83	83	166	5.111988
46	83	1		0.40	83	83	166	5.111988
34	115	1		0.40	115	115	230	5.438079
49	159	1		0.40	159	159	318	5.762051

47	199	5	2.00	199	199	398	5.986452
14	248	1	0.40	248	248	496	6.206576
15	248	1	0.40	248	248	496	6.206576
41	255	1	0.40	255	255	510	6.234411
40	286	1	0.40	286	286	572	6.349139
48	286	1	0.40	286	286	572	6.349139
13	320	1	0.40	320	320	640	6.461468
44	364	2	0.80	364	364	728	6.590301
4	410	1	0.40	410	410	820	6.709304
16	431	1	0.40	431	431	862	6.759255
합	-	24	9.60	504	541	1045	97.92309

[표 IV-8]은 아이템이 '두 개'지만 'ESS'를 통해 마치 '한 개 아이템'처럼 전환한 것이므로 '모수' 추정은 '(식 IV-8)-③'인 "'1-아이템'이고 '다수의 BD-모드'인 경우"의 식을 적용한다. 과정과 결과는 (식 IV-26)과 같다.

$$[1-아이템이고, 다수의\ BD-모드인\ 경우], m = BD-모드\ 유형수 \quad (식\ IV\text{-}26)$$

$$\bigcirc\ \hat{\beta}_{BD} = \frac{m}{\sum_{i=1}^{m}\ln\left(\dfrac{T}{t_i}\right)} = \frac{m}{m \times \ln T - \sum_{i=1}^{m}\ln(t_i)} \quad --(식\ IV\text{-}8)-③$$

$$= \frac{17}{17 \times \ln(1045) - 97.92309} \cong 0.839215$$

$$\bigcirc\ \overline{\beta}_{BD} = \frac{m-1}{m} \times \hat{\beta}_{BD} = \frac{16}{17} \times 0.839215 \cong 0.789849$$

$$\bigcirc\ \overline{\lambda}_{BD} = \frac{m}{T^{\overline{\beta}_{BD}}} = \frac{17}{1045^{0.839215}} \cong 0.070114$$

[그림 IV-14]는 (식 IV-26)을 'JUMP'로 확인한 결과이다.

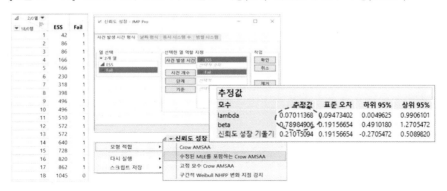

(실증(또는 성취) MTBF) 현재까지 수집된 데이터로부터 계산한 'MTBF'이며, 아직 '수정'이 가해지지 않아 아이템의 '구성(Configuration)' 그대로가 갖게 될 고유한 '고장 간 평균 수명'이다. 'A-모드'와 'BD-모드'의 고장률을 반영해 (식 Ⅳ-27)로 얻는다.

$$['실증고장강도' 및 '실증 MTBF: (식 Ⅳ-1)로부터]] \qquad (식 \text{ Ⅳ-27})$$

○ 현 '시험 국면' 종료 시점에서의 '아이템 고장 강도 $[\mu(0)]$'

$$\mu(0) = r_A + r_{BD} = \hat{\mu}_D(1045) \; \because \hat{\mu}_D(T) : 'T'에서의 '실증 고장강도'$$

$$= \frac{n_A}{T} + \frac{n_{BD}}{T} = \frac{7}{1045} + \frac{17}{1045} = 0.029665 \text{ 고장/시간}.$$

○ 현 '시험 국면' 직후인 '$t = 1,045$'에서의 '실증(성취) MTBF',

$$\hat{m}_D = \{\mu(0)\}^{-1} = \left\{\hat{\mu}_D(1045)\right\}^{-1} = 0.029665^{-1} \cong 33.7097 \, hrs/고장.$$

(예상 MTBF) '지연 수정'을 통해 'BD-모드'가 '수정' 처리됐을 때의 'MTBF'를 구한다. '(식 Ⅳ-11)-②'를 이용해서 계산하며 (식 Ⅳ-28)과 같다.

$$['\text{예상 고장강도}'\text{ 및 }'\text{예상 }MTBF': (식\,IV-11)-②\text{로부터}] \quad\quad (식\ IV\text{-}28)$$

$$\bigcirc\ \overline{\mu}_p(1045) = \frac{1}{T}\left\{ n_A + \sum_{i=1}^{m}(1-d_i)n_{BD,i} + \overline{\beta}_{BD}\sum_{i=1}^{m}d_i \right\}$$

$$= \frac{1}{1045}\left\{ 7 + 9.60^{(표\,III-8),\,5째열로부터} + 0.789849 \times \sum_{i=1}^{17}0.6 \right\}$$

$$\cong 0.023595\ \text{고장/시간}.$$

$$\bigcirc\ \overline{m}_p(1045) = \left\{\overline{\mu}_p(1045)\right\}^{-1} = \{0.023595\}^{-1} \cong 42.3824\ \text{시간/고장}.$$

(성장 잠재 MTBF) '$T \propto \infty$'을 가정할 때 '고장 강도 함수'의 셋째 항 '$\beta_{BD}\sum d_i/T$'가 '0'에 수렴하면 '고장 강도'가 최소화되면서 이론적으로 'MTBF' 는 최대가 된다. (식 IV-15)로부터 '성장 잠재 MTBF'는 (식 IV-29)와 같다.

$$[\text{성장 잠재 고장 강도}(\hat{\mu}_{GP})] \quad\quad\quad\quad\quad\quad (식\ IV\text{-}29)$$

$$\bigcirc\ \hat{\mu}_{GP}(1045) = \left(\frac{1}{1045}\right)\left\{ n_A + \sum_{i=1}^{17}\left[(1-d_i)n_{BD,i}\right] \right\}$$

$$= \left(\frac{1}{1045}\right)\left\{ 7 + 9.60^{(표\,IV-8),\,5째열로부터} \right\}$$

$$= \frac{7+9.60}{1045} \cong 0.015885\ \text{고장/시간}.$$

$$[\text{성장 잠재 }MTBF(\hat{m}_{GP})]$$

$$\bigcirc\ \hat{m}_{GP} = \left\{\hat{\mu}_{GP}(1045)\right\}^{-1} = 0.015885^{-1} \cong 62.9518\ \text{시간/고장}.$$

(식 IV-27)의 '실증(또는 성취) MTBF($\hat{m}_D$)', (식 IV-28)의 '예상 MTBF($\hat{m}_P$)' 그리고 (식 IV-29)의 '성장 잠재 MTBF($\hat{m}_{GP}$)' 간 관계를 도시하면 [그림 IV-15] 와 같다.

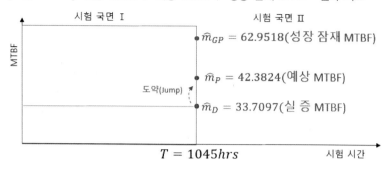

[그림 Ⅳ-15] '실증 MTBF', '예상 MTBF', '성장 잠재 MTBF' 결과 비교

(기대 고장 수) 1,000시간에서 예상되는 '고장 수'를 얻는다. '고장 수'에 따라 시험이나 수정(설계 변경 등)에 필요한 자원, 비용 등을 고려한 전략 수립이 가능하다. 현 시험 조건에서 'MTBF'는 모두 '1,045시간'을 기준으로 평가하고 있다. 따라서 '1,000시간'은 시험 중 상태로서 이때의 '기대 고장 수'는 'A-모드 고장률'과 'B-모드 고장률'에 근거한다. (식 Ⅳ-30)과 같다.

$$
\begin{aligned}
&[t=1000\,에서의\,기대\,고장\,수] \qquad\qquad\qquad\qquad (식\ Ⅳ\text{-}30)\\
&'실증\,고장강도'의\,(식\,IV-1)로부터,\\[4pt]
&t=1000\,시점에서의\,'아이템\,고장\,강도[\mu(0)]'\\
&\mu(0)=r_A+r_{BD}=\hat{\mu}_D(1000) \quad \because \hat{\mu}_D(T):'T'에서의\,'실증\,고장강도'\\
&\quad =\frac{n_A}{T}+\frac{n_{BD}}{T}=\frac{n_A}{1000}+\frac{n_{BD}}{1000}=0.029665\,고장/시간.\\[4pt]
&\therefore (n_A+n_B)_{기대}=0.029665\times 1000 \cong 29.7회\ ['부록-B'의\,식\,(B-4)]
\end{aligned}
$$

(미달한 '예상 MTBF'의 상향 활동) 파악된 '예상 MTBF'는 (식 Ⅳ-28)에 의해 '42.3824시간/고장'인 반면 '목표 예상 MTBF'는 '45.0시간/고장'이다. 평균적으로 '약 2.6시간/고장'이 미달인 셈이다. 현재 얻은 '42.3824시간/고장'은

'평균'이므로 만일 실제 아이템의 'MTBF'가 큰 쪽으로 치우치면 관계없으나 평균보다 작은 쪽으로 치우치면 '목푯값'에서 더 벗어나는 심각한 문제가 발생한다. 이에 '예상 MTBF'의 '구간 추정(신뢰구간)'이 필요하다. '신뢰구간'에 대한 기본 정보는 '부록-E'를 참고하고 본문에서는 비교적 계산이 쉬운 'Crow Bounds'를 얻어 현상을 평가해 보자. 'Crow Bounds'는 '개발 중 시험 데이터'의 해석에 적합한 '구간 추정'으로 알려져 있다. '실증(또는 성취) MTBF'와 '성장 잠재 MTBF'의 '구간 추정' 모두는 해당 문헌을 참고하기 바란다.[54]

$['$예상$MTBF'$에 대한$'90\%$신뢰구간$'$추정$: Crow\,Bounds]$ (식 Ⅳ-31)

$$\bigcirc\ m_{Pl} = \frac{1}{[\mu_p(T)]_U} = \frac{1}{\hat{\mu}_P(T) + C^2/2 + \sqrt{\hat{\mu}_P(T) \times C^2 + C^4/4}}$$

$$= \frac{1}{0.023595 + 0.0509^2/2 + \sqrt{0.023595 \times 0.0509^2 + 0.0509^4/4}}$$

$$\cong 30.473$$

$$\bigcirc\ m_{Pu} = \frac{1}{[\mu_p(T)]_L} = \frac{1}{\hat{\mu}_P(T) + C^2/2 - \sqrt{\hat{\mu}_P(T) \times C^2 + C^4/4}} \cong 58.944$$

$$where,\ C_{\alpha=0.9} = \frac{z_{1-\alpha/2}}{\sqrt{T}} = \frac{1.645}{\sqrt{1045}} \cong 0.0509$$

$$\therefore \hat{\mu}_P(T) = \frac{n_A}{T} + \sum_{i=1}^{m}\left[(1-d_i)\frac{n_i}{T}\right] + \bar{d}\frac{m}{T}\bar{\beta}\ :\ 'BC-모드'\ 없는(X)경우.$$

$$= \frac{7}{1045} + 0.0091866 + 0.6 \times \frac{17}{1045} \times 0.789849 = 0.023595$$

$$\therefore \hat{\mu}_P(T) = \hat{\mu}_{EM} = \hat{\mu}_{CA} - \hat{\mu}_{BD} + \sum_{i=1}^{m}\left[(1-d_i)\frac{n_i}{T}\right] + \bar{d}\bar{\mu}_E(T|BD) : BC모드 O$$

(식 Ⅳ-28)로부터 '예상 MTBF'는 '42.3824시간/고장'이었고 (식 Ⅳ-31)의 '구간 추정'을 통해 '90% CI(30.473, 58.944)'임을 알 수 있다. 따라서 불확실

---

54) hllp://www.reliawiki.org/index.php/Crow_Extended_Confidence_Bounds

성까지 고려하면, 즉 현재 평가인 '42.3824'보다 더 떨어진 '$m_{Pt} = 30.473$'이 될 가능성까지 고려하면 '신뢰 하한'을 '약 14.53(45.0-30.473)' 이상 향상해야 한다. 이때 [표 Ⅳ-7]의 '원 데이터'를 기준으로 '예상 MTBF'를 올릴 수 있는 유일한 해결책은 '개선 조치' 대상이 아닌 'A-모드'를 손보는 것이다. 'A-모드'를 'BD-모드'로 전환한 예는 [표 Ⅳ-9]와 같다.

[표 Ⅳ-9] '개선 조치' 대상에서 제외됐던 'A-모드'

아이템	고장 모드	고장 시간	'고장 모드' 조정 후
1	**A42→BD50**	**29**	○고장률이 가장 높은(빈도가 높은) A42를 개선 대상으로 선정(가정). ○A-모드: 7개 → 5개 ○B-모드: 24개 → 26개 ○B-모드 유형(m): 17개 → 18개 ○FEF: 신규 BD50=0.6으로 가정 ○시험 종료 시간은: '1045'로 동일
1	A39	43	
1	A20	66	
2	A45	169	
2	A18	213	
2	**A42→BD50**	**299**	
2	A1	375	

'고장률(빈도)'이 높은 'A42'를 새로운 'BD-모드(BD50)'로 간주하고 'FEF=0.6'으로 했을 때 '예상 MTBF'를 재산정한다. 이때 '목표 예상 MTBF' 이상이 되면 향후 활동으로 갈 수 있다. [표 Ⅳ-10]은 'BD50'을 포함한 결과이다.

[표 Ⅳ-10] 새로운 'BD50'을 포함한 뒤 재계산한 'ESS(등가 단일 시스템)'

BD-모드, i	첫 고장 시간(hrs)	n_i	d_i	$(1-d_i)n_i$	아이템1	아이템2	ESS	$\ln t_i$
43	21	2		0.80	21	21	42	3.73767
50	**29**	**2**		**0.80**	**29**	**29**	**58**	**4.060443**
10	43	1	0.6	0.40	43	43	86	4.454347
11	43	2		0.80	43	43	86	4.454347
37	83	1		0.40	83	83	166	5.111988

46	83	1	0.40	83	83	166	5.111988
34	115	1	0.40	115	115	230	5.438079
49	159	1	0.40	159	159	318	5.762051
47	199	5	2.00	199	199	398	5.986452
14	248	1	0.40	248	248	496	6.206576
15	248	1	0.40	248	248	496	6.206576
41	255	1	0.40	255	255	510	6.234411
40	286	1	0.40	286	286	572	6.349139
48	286	1	0.40	286	286	572	6.349139
13	320	1	0.40	320	320	640	6.461468
44	364	2	0.80	364	364	728	6.590301
4	410	1	0.40	410	410	820	6.709304
16	431	1	0.40	431	431	862	6.759255
합	-	26	11.2	504	541	1045	**101.98353**

$$['예상 고장강도' 및 '예상 MTBF' : (식\ IV-11) -- ②로부터] \qquad (식\ IV-32)$$

$$\bigcirc\ \overline{\mu}_p(1045) = \frac{1}{T}\left\{ n_A + \sum_{i=1}^{m}(1-d_i)n_{BD,i} + \overline{\beta}_{BD}\sum_{i=1}^{m}d_i \right\}$$

$$= \frac{1}{1045}\left\{ 5 + 11.2^{(표\ III-10),\ 5째열로부터} + 0.734393 \times \sum_{i=1}^{18}0.6 \right\}$$

$$\cong 0.02309229\ 고장/시간.$$

$$\bigcirc\ \overline{m}_p(1045) = \left\{ \overline{\mu}_p(1045) \right\}^{-1} = \left\{ 0.02309229 \right\}^{-1} \cong 43.3시간/고장.$$

(식 IV-32)를 통해 알 수 있는 결론은 굳이 '신뢰 하한'을 얻어보지 않더라도 'A-모드' 두 개를 개선해 봐야 이전보다 '약 0.1시간/고장'의 'MTBF' 향상 밖에 올릴 수 없음을 알 수 있다. 목표인 '45.0'에는 한참 못 미치는 결과다. 따라서 남겨진 'A-모드'를 모두 'BD-모드'로 전환해 재평가해 보거나 그렇게 했음에도 목표 미달이면 '설계 변경'이나 '콘셉트 설계' 등 새로운 전략을 구사해야 한다. 본문은 해석법만 설명하고 나머진 실무 활동의 역할로 남긴다.

(상황 및 데이터) [표 Ⅳ-11]은 34대 자동차의 자동 변속기에 대한 수리 데이터이다. 변속기 수리 시점 및 최근 주행거리를 자동차별로 기록하였다. "+"가 붙은 주행거리는 고장이 아닌 최근 주행거리를 나타낸다. 예를 들어, '자동차 1'은 '7,068마일'에 수리했고 '26,744마일'까지 관찰된 상태다. 데이터 분석을 통해 다음의 정보를 얻고자 한다.[55]

1) 'Power Law 모형'으로 '모수'를 추정하시오.
2) '36,000마일' 보증 시, '35,000대' 기준의 '보증 요청 건수'를 추정하시오.

[표 Ⅳ-11] 자동차 변속기 수리 데이터(고장 나지 않은 데이터의 포함)

자동차	마일리지	자동차	마일리지	자동차	마일리지
1	7068, 26744+	13	22486+	25	19403+
2	28, 13809+	14	19321+	26	20997+
3	48, 1440, 29834+	15	21585+	27	19175+
4	530, 25660+	16	18676+	28	20425+
5	21762+	17	23520+	29	22149+
6	14235+	18	17955+	30	21144+
7	1388, 18228+	19	19507+	31	21237+
8	21401+	20	24177+	32	14281+
9	21876+	21	22854+	33	8250, 21974+
10	5094, 18228+	22	17844+	34	19250, 21888+
11	21691+	23	22637+	-	-
12	20890+	24	375, 19607+	-	-

---

55) Nelson, W., "An Application of Graphical Analysis of Repair Data", Quality and Reliability Engineering International, Vol. 14, pp.49~52, 1998.

[표 Ⅳ-11]의 특징은 수명 데이터의 '중도 절단 자료(Censored Data)'처럼 '고장'이 아닌 관찰 데이터('+' 표시)가 포함된 점이다. 다양한 데이터 구조를 학습하는 데 도움이 될 것이다.

('**모수**' 추정) 계산 과정은 [그림 Ⅳ-7]의 '해 찾기' 상황과 정확히 같다. 먼저 데이터 전처리가 필요한데 ① '고장 수'는 '총 10회("+"는 제외)'이고, ② "+"는 모두 해당 '자동차'의 '시험 종료 기간'에 대응한다. 예를 들어 [그림 Ⅳ-16]의 표에서 '자동차 1' 경우 '7068, 26744+'는 '고장 데이터=7068', '시험 종료 기간=26744'이다. 단 '시험 종료 기간'은 '고장여부' 열에 "고장 데이터 아님"을 나타내는 '0'을 입력한다. 또 ③ '자동차 5'와 같이 '관찰 데이터'만 존재하는 경우 [그림 Ⅳ-16]의 표에서 보듯 '시작 값=0'을 추가한다. 추가하지 않으면 'JUMP' 분석 시 '시작 값'을 묻는 에러가 뜬다. 기본 데이터 구조와 '$\hat{\beta}_{BD}$'는 [그림 Ⅳ-16]으로 요약된다.

[그림 Ⅳ-16] '데이터 전처리' 및 '모수' 추정 과정

Car	Mileage	Fail
1	7068	1
1	26744	0
2	28	1
2	13809	0
3	48	1
3	1440	1
3	29834	0
4	530	1
4	25660	0
5	0	1
5	21762	0

'(식 Ⅳ-8)-①'로부터

$$\hat{\beta}_{BD} = \frac{\sum_{j=1}^{k} n_j}{\hat{\lambda}_{BD} \times \sum_{j}^{k}\left\{ T_j^{\hat{\beta}_{BD}} ln(T_j) \right\} - \sum_{j=1}^{k} \sum_{i=1}^{n_j}(\ln t_{i \cdot j})}$$

$$= \frac{10}{\hat{\lambda}_{BD} \times \left\{ \begin{array}{l} 26744^{\hat{\beta}_{BD}} \times ln(26744) + 13809^{\hat{\beta}_{BD}} \times ln(13809) + \\ \cdots + 21888^{\hat{\beta}_{BD}} \times \ln(21888) \end{array} \right\} - 70.1936}$$

↑대입

$$\hat{\lambda}_{BD} = \frac{10}{\left\{ 26744^{\hat{\beta}_{BD}} + 13809^{\hat{\beta}_{BD}} + \cdots + 21888^{\hat{\beta}_{BD}} \right\}}$$

⇩ 해 찾기
[그림 Ⅳ-17] 참조

[그림 Ⅳ-16]의 '해 찾기'는 [그림 Ⅳ-7]과 '아이템 수'만 다를 뿐 계산 과정은 똑같다. [그림 Ⅳ-7]은 아이템이 '3개'였지만 현재는 '34개'인 점만 다르다. '해 찾기'로 '모수' 추정 결과만 옮기면 [그림 Ⅳ-17]과 같다.

[그림 Ⅳ-17] '해 찾기'를 위한 엑셀의 '셀 위치'와 '대화상자'의 셀 지정 예

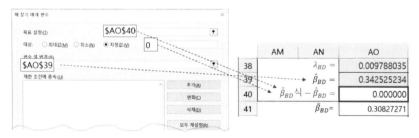

끝으로 'JUMP'를 이용한 과정과 결과는 [그림 Ⅳ-18]과 같다. 엑셀로 먼저 원리를 탐구해 본 뒤 통계 소프트웨어를 활용할 것을 권장한다.

[그림 Ⅳ-18] 'JUMP'를 이용한 '모수' 추정 과정과 결과

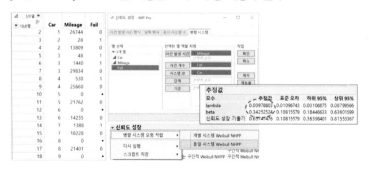

'R 코드'는 '부록 F-4'에 실었다. 코드는 '복구 가능 아이템'의 '모수 추정'에 유용하게 쓰이므로 필요한 독자는 분석 때 활용하기 바란다.

(보증 '36,000마일' 시, '35,000대' 기준의 '보증 요청 건수') (식 Ⅳ-22)를 이용한다. 계산 과정과 결과는 [그림 Ⅳ-19]와 같다.

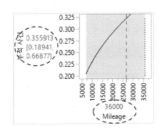

'보증 36,000마일'에서의 기대 고장 수', (식 Ⅳ-22)'로부터

$E[N(t)] = \hat{\lambda}_{BD} \times t^{\hat{\beta}_{BD}} = 0.009788 \times 36000^{0.342525234}$
$\cong 0.3559$ 건/차량

총 35,000대 기준 경우
기대 고장 수 = 0.3559 × 35,000
$\cong 12456.96$ *(약12,456건)*

∴ 35,000대 기준 12,456건의 보증 요청(수리 요청 등)이 예상됨.

[그림 Ⅳ-19]에서 '차량 1대 기준'의 '보증 기간' 내 '기대 고장 수'는 '약 0.3559대'이다. 따라서 '35,000대'[56]는 '약 12,457건'의 '보증 요청(Warranty Claims, 또는 수리 요청)'이 예상된다. 그러나 차량당 '기대 고장 수의 95% 신뢰구간'은 "0.1894~0.6688"로 상당히 넓다. 이를 '35,000대'로 환산하면 '6,629~23,408건'이다. 정책을 수립할 때 '평균'보다 '하한'이나 '상한'을 전략적으로 활용할 필요가 있다. 예를 들어 보수적으로 '상한'인 '23,408건'으로 정책 입안을 해 놓고 품질이나 처리 프로세스(재고 관리 등)를 지속적으로 혁신함으로써 비용 절감을 실현한다.

2.6.5. Case Study 21: '신뢰도'와 '최적 정비 시간/비용' 평가

(상황 및 데이터) 'Power Law 모형'에서 쓰이는 '최소 수명주기 비용모형 (Minimum Life Cycle Cost Model)'에 대한 예이다. 한 '플릿(Fleet)'으로부터 분석에 필요한 몇몇 시스템을 무작위로 추출했으며 [표 Ⅳ-12]와 같다. '임의

---

56) 이 같은 묶음을 '플릿(Fleet)'이라고 한다. '플릿'은 "선단(船團), 즉 조업 따위의 일을 공동으로 하는 배의 무리"이다. '신뢰도 성장'에서는 분석 때 함께 묶어야 할 "데이터 그룹"의 의미로 쓰인다.

표집(Random Sampling)'이 수리를 위해 입고되는 시스템을 통해 이루어진다. 표에 포함된 데이터는 각 시스템의 '고장 시간'이며 '정비 시간'은 분석이 시작되기 직전까지 수집된 최신 값이다. 이것을 '사용 연한(System Age)'이라고 한 바 있다. '고장 시간'이 '정비 시간'보다 작으므로 데이터는 '정시 중단'에 해당한다. 소량이지만 전개될 분석 방법은 실제 대량 데이터 분석에도 그대로 적용된다. 시스템 정비는 표준에 따라 주기가 '1,500시간'이나 실제는 잘 지켜지지 않는 경우가 많다(고 가정한다). '고장 시간'의 출발점은 '0시간'이고, '비용(Cost)' 정보는 표의 '비고'란에 기술돼 있다.

[표 Ⅳ-12] 'Power Law 모형'의 '최소 수명주기 비용모형'을 위한 데이터 예

시스템 ID	정비 시간(hrs)	고장 시간	비고
1	1,268	68, 1137, 1167	
2	1,300	682, 744, 831	
3	1,593	845	
4	1,421	263, 399	○ 한 플릿에서 무작위로 추출.
5	1,574	고장 없음	○ '정비 시간'은 각 시스템의 가장 최신
6	1,415	고장 없음	값이므로 시험상 '종료 시간(End Time)'
7	1,290	598	에 대응.
8	1,556	고장 없음	○ 시스템당 평균수리비용(C_1) =29,860원
9	1,426	고장 없음	○ 시스템당 정비비(C_2) =100,000원
10	1,124	730	
11	1,568	고장 없음	

[표 Ⅳ-12]의 데이터를 통해 다음의 정보를 얻고자 한다.

1) '최대 우도 추정(MLE)'을 사용하여 '모수'를 추정하시오.
2) '시스템 사용 연한(System Age)=2,000시간', '임무 시간(Mission Time)=200

시간'일 때 '신뢰도'를 구하시오.

3) 시스템당 '평균 수리비(C_1)=29,860원', '정비비(C_2)=100,000원'일 때 '최적 정비 시간'을 제시하시오.

('**모수**' 추정) '모수' 추정은 '[그림 Ⅳ-16]~[그림 Ⅳ-18]'의 과정과 정확히 일치한다. 엑셀을 이용한 수작업 계산은 생략하고 'JUMP'를 이용해 결과만 [그림 Ⅳ-20]에 나타냈다.

[그림 Ⅳ-20] 'Power Law 모형'의 '모수' 추정 'JUMP' 결과

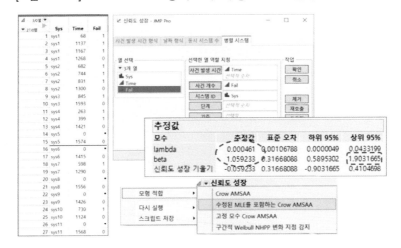

'모수'를 얻기 위한 데이터 전처리는 [그림 Ⅳ-20]의 테이블처럼 '고장 시간'이 있으면 'Fail 열'에 '1', '종료 시간'이면 '0'을 입력한다. 또 '시스템 5(빨간 밑줄)'처럼 '고장 시간'이 없는 경우, '시작 시간'의 의미로 'Time 열'에 '0' 및 'Fail 열'에 '공백'을 입력한다. 추정 결과는 '$\hat{\beta} \cong 1.059233$', '$\hat{\lambda} \cong 0.000461$'이다.

('**신뢰도**' 추정) 'Power Law 모형'으로 현 시스템의 '사용 연한(Age)'이 't'일

때 향후 '$t+d$'까지 고장 없이 작동할 확률을 추정할 수 있다. 모형이 '와이블 분포 함수'와 외형이 같으므로 '와이블 누적 분포 함수[$F(t)$]'을 이용한다. 즉, '신뢰도 함수'는 '$R(t) = 1 - F(t)$'이다. 'd'는 '현재'에 추가되는 시간이므로 '임무 시간(Mission Time)'을 나타낸다. [그림 Ⅳ-20]에서처럼 기존 데이터를 토대로 '모수'가 얻어지면 사용자가 원하는 시점(임무 시간)까지 고장 나지 않고 운영할 확률을 얻어 정책 결정에 이용할 수 있다. '사용 연한(Age)=2,000시간'일 때 '임무 시간=200시간'에 대한 '신뢰도'는 (식 Ⅳ-33)과 같다.

$$['사용 연한 = 2,000시간' 및 '임무 시간 = 200시간'일 때 '신뢰도'] \quad (식 \ Ⅳ\text{-}33)$$

$$R(t) = e^{-\left\{\hat{\lambda}(t+d)^{\hat{\beta}} - \hat{\lambda}t^{\hat{\beta}}\right\}}$$
$$= e^{-\left\{0.000461 \times (2000+200)^{1.05923} - 0.000461 \times 2000^{1.05923}\right\}}$$
$$\cong 0.858$$

(식 Ⅳ-33)에 따라 '2,000시간' 시점을 기준으로 향후 '200시간' 동안 고장 없이 작동할 확률은 '약 0.858'이며 이것은 10대가 작동한다면 8대 이상은 정상 작동한다는 의미이다. 만일 부족한 수준으로 판단되면 '신뢰도' 향상을 위한 '개선 조치'가 필요할 수 있다.

('**최적 정비 시간**' 및 '**최적 비용**' 추정) 'Power Law 모형'을 응용하면 일련의 시스템을 유지 보수하는 데 드는 비용을 최소화할 수 있다. 이때의 계산식을 '최소 수명주기 비용모형(Minimum Life Cycle Cost Model)'이라고 한다. 이를 위해 '$\beta > 1$' 경우인 '마모 고장(Wear-out Failure)'일 때 시스템의 '총 수명 비용(Total Life Cost)'을 최소화할 '정비 정책(Overhaul Policy)' 수립이 가능하다. '총 수명주기 비용'은 시스템의 수명이 다할 때까지 유지 보수하는 데 들어가는 '총비용'이다.

'정비 정책'은 'Power Law 모형'의 '모수'들이 추정된 상태에서 '총 수명주기 비용'을 최소화할 '최적 정비 시간(T_o)', 그리고 '시간 T'에서 시스템을 정비할 경우 얻어지는 '단위 운전 시간당 수명주기 비용'이 대표적이다. 이들은 '시스템당 수리 비용'을 'C_1', '시스템당 정비 비용'을 'C_2'라 할 때 (식 Ⅳ-34)를 통해 얻는다.

$$
[\text{최적 정비 시간}] \qquad [\text{'단위 운전 시간당 수명 주기 비용'}] \qquad (\text{식 } \text{Ⅳ-34})
$$
$$
T_o = \left[\frac{C_2}{\hat{\lambda}(\hat{\beta}-1)C_1} \right]^{1/\hat{\beta}} \qquad Cost/Tine = \frac{C_2 + C_1 \lambda T\beta}{T}
$$

먼저 추정값인 '최적 정비 시간(T_o)'은 "시스템이 고장 나서 수리를 계속하는 것보다 정비하는 편이 비용 측면에서 더 유리한 주기"로서 이에 'T_o'을 시스템에 대한 "경제적 수명(Economical Life)"이라고 한다. 즉 '단위 시간당 평균 운영비'가 최소인 운영시간이다. 시스템당 '평균 수리비(C_1)=29,860원'과 '정비비(C_2)=100,000원'일 때 '최적 정비 시간'을 구해 보자. 문헌에 따르면 [표 Ⅳ-12]처럼 '표본 크기'가 작을 때 [그림 Ⅳ-20]의 '$\hat{\beta} \cong 1.05923$' 대신 '신뢰상한(UCI, Upper Confidence Interval)'의 사용을 권장한다.[57] '95% UCI'는 [그림 Ⅳ-20]으로부터 '1.9032'임을 알 수 있다. 이 값으로 '$\hat{\lambda}$'을 다시 구한 뒤 (식 Ⅳ-34)의 '최적 정비 시간'을 구하면 (식 Ⅳ-35)와 같다.

---

57) Crow, L. H. (1993), Confidence Intervals on the Reliability of Repairable Systems. Proceedings of the 1993 Reliability and Maintainability Symposium, 126~134.

$['\hat{\beta}' 의\,'신뢰 상한'에 대한\,'\hat{\lambda}'] : (식\,IV-8) - ①로부터,$ (식 IV-35)

$$\left(\sum_{j=1}^{k} n_j\right) \bigg/ \left(\sum_{j=1}^{k} T_j^{\hat{\beta}}\right) = 11/\left(1268^{1.90317} + \dots + 1568^{1.90317}\right) \cong 0.000001$$

[최적 정비 시간]
$$T_o = \left[\frac{100,000}{0.000001 \times (1.90317 - 1) \times 29,860}\right]^{1/1.90317} \cong 2,825시간$$

(식 IV-35)로부터 시스템의 '수명주기 비용'을 최소화하는 데 필요한 '최적 정비 시간'은 '약 2,825시간'임을 알 수 있다. 즉, 이 시간은 "수리와 정비에 들어가는 '총 수명주기 비용'을 최소화하는 '경제적 수명 정비 시간'"이다.

원 데이터인 [표 IV-12]의 '상황' 설명에서 시스템 정비는 표준에 따라 주기가 '1,500시간'이라고 한 바 있다. 이때 <u>단위 운전 시간당 수명주기 비용</u>'을 구해 보자. (식 IV-34)의 두 번째 식으로부터 얻으면 (식 IV-36)과 같다.

['단위 운전 시간당 수명 주기 비용', $t = 1,500$] (식 IV-36)
$$Cost/Time = \frac{C_2 + C_1 \hat{\lambda} T^{\hat{\beta}}}{T} = \frac{100,000 + 29,860 \times 0.000001 \times 15,000^{1.90317}}{1,500}$$
$$\cong 88.79원/시간$$

['단위 운전 시간당 수명 주기 비용', $t = 2,825$]
$$Cost/Time = \frac{C_2 + C_1 \hat{\lambda} T^{\hat{\beta}}}{T} = \frac{100,000 + 29,860 \times 0.000001 \times 2,825^{1.90317}}{1,500}$$
$$\cong 74.58원/시간$$

(식 IV-36)은 '정비주기'를 기존의 '1,500시간'으로 하는 것보다 '2,825시간'으로 하게 되면 '시간당 평균 비용'이 '약 14.2원' 절감된다는 의미다.

고객 사용 환경에서의 아이템 분석을 '복구 가능 필드 아이템 분석(Fielded System Analysis)'이라 하고 여기엔 '복구 가능 데이터 유형(Repairable Data Type)'과 '플릿 데이터 유형(Fleet Data Type)'이 있으며, 모두 'Crow Extended 모형'을 적용한다. 이 모형은 'ACPM'과 'CERPM'을 총칭하는 용어라고 설명한 바 있다. 요약하면 [표 Ⅳ-13]과 같다.

[표 Ⅳ-13] '데이터 유형' 및 그와 관련된 분석 사항 요약

Fielded Systems	분석 형태	모형
복구 가능 데이터 유형 (Repairable Data Type)	"복구 가능 아이템 분석"에 쓰임. '최소 수리(Minimal Repair)'를 통해 "As-bad-as-old", 즉 "사용 연한만큼의 상태"로 복구될 때.	- 아이템 고장 수 vs 아이템 고장 시간 - Power Law 모형 - 적합(Fitted)하지 않으면 '플릿 데이터 유형'으로 전환 후 'RGTMC'로 분석
플릿 데이터 유형 (Fleet Data Type)	"Crow Extended Analysis"에 쓰이며, 모든 필드 아이템을 같은 내구 설계로 수정함으로써 기대할 수 있는 '신뢰도 도약' 값의 추정 때. ※ Crow Extended 모형≒ACPM+ CERPM	- 필드에서의 '고장 강도'는 '$\beta = 1$'을 가정하고 제어가 잘되는 '동작 시험(Operating Testing)'에 적용. 'A/BD-모드'만 다룸 - ACPM - 필드에서의 '고장 강도'는 '$\beta = 1$'일 필요 없고, 'A/BC/BD-모드' 모두 다룸 - 플릿 고장 수 vs 플릿 고장 시간 - CERPM

사례 분석에 앞서 '플릿(Fleet)'에 대한 이해가 필요하다. 적절한 표현 찾기가 쉽지 않은데 가장 근접한 사전적 의미로 '선단(船團)', 즉 "배의 무리"가 있다. 이전의 신뢰도 분석이 '아이템 하나'의 '고장 횟수'와 그의 '고장 시간'에 맞춰진 데이터를 분석했다면 '플릿'은 '아이템별 고장 시간'을 마치 배의 무리처럼 하나의 열로 합친다. 이어 '그룹 데이터'로 전환해 그의 '고장 횟수'

와 '고장 시간'에 대해 '$\hat{\beta}$'을 추정한다.

「신뢰도 성장 예상분석 개요」에서 '개선 조치'가 불필요한 'A-모드'와, 시험 종료 후 '개선 조치'가 수행되는 'BD-모드' 모두를 고려했을 때 모수 추정에 서 '$\hat{\beta}=1$'이 돼야 함을 역설한 바 있다. 그러나 고객 사용 환경(Fielded Systems)에서의 아이템은 '마모 고장'이므로 '$\hat{\beta}>1$' 상황이 발생한다. 이 경우 '복구 가능 데이터 유형'으로써의 'Crow Extend 모형'을 적용할 수 없다. 이 때 대안이 바로 '플릿 시스템'의 고려이다. '플릿 시스템'은 아이템 하나씩의 '고장 시간', '고장 수'가 아닌 '무리'로써의 '고장 시간'과 '고장 수'를 살핀다. 이렇게 되면 하나의 플릿 안에 새 아이템과 오래된 아이템이 혼재하게 되고 이들을 묶음 상태에서 관찰하면 '누적 시간' 측면에서 '고장 수'는 '임의성 (Random)'을 띠게 된다. [그림 IV-21]은 설명을 개요도로 나타낸 예이다.[58]

[그림 IV-21] 아이템 고장을 '중첩'했을 때와 '플릿'으로 나타냈을 때 비교

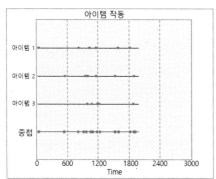 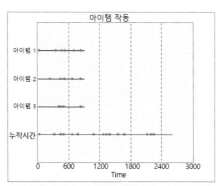

개별 아이템의 고장 시점을 중첩하면 '사용 연한(Age)'이 증가할 수록 고장수도 늘어나는 경향을 보임.

플릿(무리)으로 누적시간에 타점하면 시간에 따라 고장이 임의성(Random)으로 관찰돼 'Crow Extended 모형' 적용이 가능해짐.

---

58) http://reliawiki.org/index.php/Fleet_Data_Analysis

[그림 Ⅳ-21]에서 보듯 아이템별 고장을 중첩하면 예상대로 '사용 연한 (Age)'이 길어질수록 고장 빈도도 높아지지만, 오른쪽 그래프처럼 플릿으로 타점하면 '임의성(Random)'을 띠게 된다.

그럼 어떻게 플릿으로 나타낼까? 구체적 방법에 대해 알아보자. [표 Ⅳ-14] 는 '복구 가능 필드 아이템 분석'과 '플릿 분석'의 차이를 설명하기 위한 간단한 데이터 예이다. '플릿 분석'을 위해서는 [그림 Ⅳ-21]과 같이 '개별 고장 시간'을 '누적 시간선'상에 나타내야 한다. 설명을 최소화하기 위해 두 개 아이템만 고려하였다.

[표 Ⅳ-14] '플릿 분석'을 위한 원 데이터와 '누적 시간선'상으로의 전환 예

아이템 ID	고장 시간	종료 시간
1	3, 7	10
2	4, 9, 13	15

['누적 시간선'상에 개별 고장 시간을 나타내는 방법]
1) 제일 먼저 '아이템 1'의 '고장 시간'인 '3'과 '7'을 타점.
2) '아이템 1'의 '종료 시간=10'을 타점하고, 이어 아이템이 그때까지 작동하였으므로 '아이템 2'의 '시작 시간=4'에 대해 '14'를 이어 타점.
3) '아이템 2'의 두 번째 '고장 시간=9'는 첫 번째로부터 '5시간' 뒤에 발생했으므로 '2)'의 '14'에 '5' 를 더해 '19'를 타점.
4) '아이템 2'의 세 번째 '고장 시간=13'은 두 번째로부터 '4시간' 뒤에 발생했으므로 '19+4=23'을 타점.
5) 끝으로 '아이템 2'의 '종료 시간=15'는 세 번째로부터 '2시간' 뒤에 발생했으므로 '23+2=25'를 타점.

[표 Ⅳ-14]의 결과를 '누적 시간선'상에 재정리하면 [표 Ⅳ-15]이다. '0'은 '종료 시간'을 나타낸다.

[표 Ⅳ-15] '누적 시간선'상에 재정리한 '고장 데이터' 예

누적 고장 시간	3	7	14	19	23	25
고장	1	1	1	1	1	0

만일 [표 Ⅳ-15]와 같이 '아이템 1'을 시작으로 다른 아이템들의 '고장 시간'을 플릿 처리 하지 않고 '아이템 2'부터 먼저 시작하면 어떤 일이 벌어질까? 같은 계산법에 의하면 '4, 9, 13, 18, 22, 25'로 [표 Ⅳ-15]와 다른 결과를 얻는다. 즉 '누적 시간선'상에 나타낼 때 아이템의 순서가 영향을 미친다. 이에 대한 해석은 두 가지 관점으로 정리할 수 있다. **첫째**, '플릿 분석'은 [표 Ⅳ-1]의 상태로 분석하지 않고 '그룹 데이터'로 다시 전환한다([그림 Ⅳ-22] 내 표 참조). 이때 여러 '시간 구간'들을 만들어 '고장 데이터'를 할당하므로 시작 아이템의 순서 결정에 따른 영향은 상당 부분 희석된다. 사실 고객 사용 환경에서 확보된 아이템 경우 순서가 있기보다 무작위 상태로 시작 아이템이 결정될 수 있어 큰 문제는 없다. 즉 '누적 시간선'상으로의 전환 시 아이템 순서는 '임의성(Random)'을 기본 전제로 한다. **둘째**, 분석 목적이 얼마 사용되지 않은 제품과 오래 사용한 제품 간 차이를 알아보는 데 있다면 아이템 간 순서가 중요하나 플릿 상태에서의 신뢰도 향상이 목적이면 '첫째'의 설명대로 순서의 무작위가 지켜져야 한다.

이제 모수인 'β' 추정을 위해 [표 Ⅳ-15]를 '그룹 데이터'로 전환한다. 전체 데이터를 대변할 수 있는 '시간 간격(Interval)'을 설정하되 간격은 모두 같을 필요는 없다. 이어서 '최대 우도 추정'으로 '모수'를 추정한다. [그림 Ⅳ-22]는

전체 과정을 보여주는 개요도이다.

[그림 IV-22] '그룹 데이터'에서 '해 찾기'로 '$\hat{\beta}$'을 추정

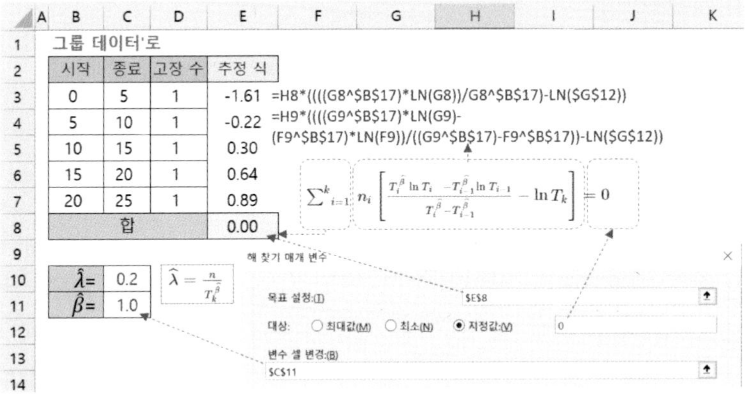

[그림 IV-22]는 '모수' 추정 식을 이용한 엑셀의 '해 찾기' 결과를 보여준다. '첫 구간(0~5)'과 '둘째 구간(5~10)'의 계산 예가 포함돼 있다. 계산과 관련된 셀 위치를 함께 표현했는데 좀 번잡해 보이지만 계산 과정을 소개하기 위한 궁여지책이니 양해 바란다. 모수 추정 식은 (식 IV-37)과 같다.[59]

$$['\text{그룹 데이터}'의 모수 추정] \qquad (식 \text{ IV-37})$$
$$\sum_{i=1}^{k} n_i \left(\frac{T_i^{\hat{\beta}} \ln T_i - T_{i-1}^{\hat{\beta}} \ln T_{i-1}}{T_i^{\hat{\beta}} - T_{i-1}^{\hat{\beta}}} - \ln T_k \right) = 0,$$
$$\hat{\lambda} = n / T_k^{\hat{\beta}}, \quad where \ \ k = \text{그룹 수}, \ n = \text{총 고장 수}$$

59) 1) Crow, L. H., "Reliability Growth Estimation With Missing Data - II", IEEE Proceedings Annual Reliability and Maintainability Symposium, pp.248~253, 1988.
   2) http://reliawiki.org/index.php/Crow-AMSAA_(NHPP)#Grouped_Data

통계 소프트웨어인 'JUMP'로 얻은 과정과 결과는 [그림 Ⅳ-23]이다.

[그림 Ⅳ-23] '그룹 데이터'의 모수 추정 'JUMP' 결과

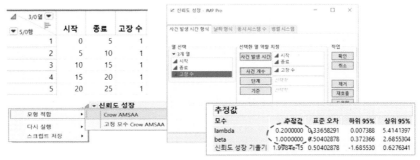

'R'을 이용한 모수 추정은 '부록 F-1'을 참고하기 바란다.

2.6.7. Case Study 23: 플릿 데이터 분석-2

(상황 및 데이터) 고객 사용 환경으로부터 신뢰도 분석을 위해 11개 시스템이 수집되었다. 시스템별로 최소 1건 이상의 고장이 발생했으며, '고장 시간'의 시작은 '0시간', 기록된 최종 '고장 시간'은 '종료 시간'이다. 수집된 데이터는 [표 Ⅳ-16]에 정리돼 있다. '수정 효과 계수(FEF)=0.4'로 알려져 있다. 다음의 정보를 얻고자 한다.[60]

1) 'Crow Extended 모형'의 '모수'를 추정하고 시스템의 순서가 '임의성'을

---

60) http://reliawiki.org/index.php/Fleet_Data_Analysis

보이는지 확인하시오.

2) 종료 시점에서 '실증 MTBF($\widehat{m}_D$)', '예상 MTBF($\widehat{m}_P$)', '성장 잠재 MTBF ($\widehat{m}_{GP}$)'을 구하시오.

3) '지연 수정'이 완료된 이후 '플릿 데이터' 관점에서 '4,000시간' 동안에 발생이 예상되는 '고장 수'는?

[표 Ⅳ-16] '플릿 데이터 분석'을 위한 데이터 예

시스템 ID	고장 시간	비고
1	1137 BD1, 1268 BD2	
2	682 BD3, 744 A, 1336 BD1	
3	95 BD1, 1593 BD3	
4	1421 A	
5	1091 A, 1574 BD2	○ 시스템별 시작 시간 =0.
6	1415 BD4	○ 시스템별 종료 시간 =최종
7	598 BD4, 1290 BD1	고장 시간.
8	1556 BD5	○ 수정 효과 계수(FEF) =0.4.
9	55 BD4	
10	730 BD1, 1124 BD3	
11	1400 BD4, 1568 A	

(**'모수' 추정**) [표 Ⅳ-16]을 전처리 한 뒤 통계 소프트웨어인 'JUMP'로 분석한 결과는 [그림 Ⅳ-24]이다.

[그림 Ⅳ-24] '복구 가능 데이터 유형'의 '모수' 추정 'JUMP' 결과

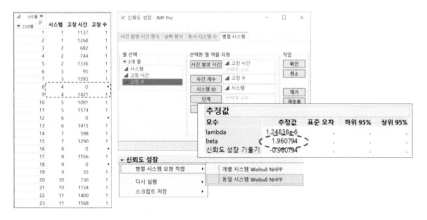

[그림 Ⅳ-24]는 [표 Ⅳ-13]에서 설명했던 '복구 가능 데이터 유형'을 'Crow Extended 모형'으로 추정한 결과다. 'β'의 추정값인 '$\hat{\beta} \cong 1.960794$'로 '1'보다 꽤 큰데 공교롭게도 '신뢰구간'이 없어 실제 '1'로 볼 수 있는지 판단이 안 된다. 'Fisher Matrix Bounds'의 수리적 문제 때문으로 정확한 판단을 위해 상대적으로 얻기 쉬운 'Crow Bounds'로 추정하면 (식 Ⅳ-38)과 같다.

$$['정시 종료' 시 '\beta'의 양측 신뢰구간] : 신뢰수준 = 90\% \qquad (식 \ Ⅳ\text{-}38)$$
$$\begin{cases} \beta_L = \dfrac{\chi^2_{\alpha/2,\,2n}}{2 \times (n-1)}\hat{\beta} = \dfrac{\chi^2_{0.1/2,\,2\times19}}{2\times(19-1)} \times 1.960794 \cong 1.355 \\[3mm] \beta_U = \dfrac{\chi^2_{1-\alpha/2,\,2n}}{2 \times (n-1)}\hat{\beta} = \dfrac{\chi^2_{1-0.1/2,\,2\times19}}{2\times(19-1)} \times 1.960794 \cong 2.908 \end{cases}$$

'β'의 '90% CI(1.355, 2.908)'에서 보듯 '1'을 포함하지 않아 통계적으로 '$\beta = 1$'이라는 귀무가설을 받아들이지 못한다. 즉 '임의성'을 보이지 않아 현재의 '복구 가능 데이터 유형'에서의 'Crow Extended 모형' 적용은 어렵다. 따

라서 '플릿 데이터 유형'으로 전환한 후 재평가를 해보자. [그림 Ⅳ-25]는 원 데이터인 [표 Ⅳ-16]을 '플릿 데이터 유형'으로 전환한 후 재평가한 결과이다. '누적 시간' 열의 생성은 [표 Ⅳ-14]의 방법을 참고하기 바란다.

[그림 Ⅳ-25] '플릿 데이터 유형'으로 전환 후 '$\beta = 1$'인지의 검정

시스템	고장 시간	고장모드	고장 수	누적 시간 ①
1	1137	BD1	1	1137
1	1268	BD2	1	1268
2	682	BD3	1	1950
2	744	A	1	2012
2	1336	BD1	1	2604
3	95	BD1	1	2699
3	1593	BD3	1	4197
4	0			
4	1421	A	1	5618
5	1091	A	1	6709
5	1574	BD2	1	7192
6	0			
6	1415	BD4	1	8607
7	598	BD4	1	9205
7	1290	BD1	1	9897
8	0			
8	1556	BD5	1	11453
9	0			
9	55	BD4	1	11508
10	730	BD1	1	12238
10	1124	BD3	1	12632
11	1400	BD4	1	14032
11	1568	A	1	14200

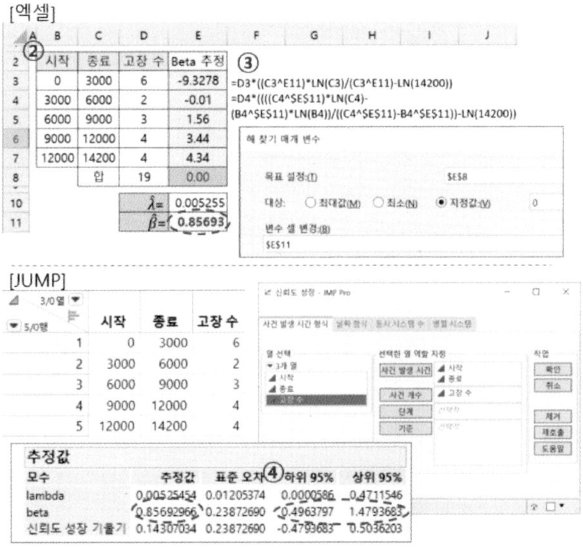

그림이 좀 복잡해졌다. 혼선이 생길 수 있어 다시 정리하면 [그림 Ⅳ-25]는 'β'를 추정한 것이 아니라 '복구 가능 데이터 유형'이 통계적으로 '$\beta = 1$'이 아니어서 'Crow Extended 모형'을 적용할 수 없었다. 이에 적용이 가능한 '플릿 데이터 유형'으로 전환해서 재평가한 과정과 결과이다. 우선 [그림 Ⅳ-25]의 '① 누적 시간'은 '고장 시간' 열의 데이터를 [표 Ⅳ-14]의 방법으로 전환한 것이다. 이렇게 되면 일반적으로 데이터는 '임의성'을 보인다. 그 증거가 '$\beta = 1$'임을 검정하는 것인데 이를 위해 '②'의 '그룹 데이터'화가 필요하다. '3,000'의 '시

간 간격'은 데이터에 맞게 적정하게 설정했고 모두 같을 필요는 없다. 주의할 점은 '**고장 수**'에는 'A-모드'나 'BD-모드' 모두가 포함돼야 한다. '③'은 (식 Ⅳ -37)의 계산으로 '해 찾기' 기능을 통해 '$\hat{\beta} \cong 0.857$'을 얻은 결과이다. 다시 '$\beta = 1$'인지 검정을 위해 '④'의 'JUMP' 결과를 보면 '95% CI(0.4963797, 1.4793683)'에서 보듯 '1'을 포함한다. 일반적으로 '90% CI'가 쓰이나 95%에 도 '1'을 포함하므로 더 이상의 평가는 불필요하다. 여기까지가 'Crow Extended 모형'의 적용이 가능함을 보인 것이다. 실무진들이 이 같은 과정과 필요성을 이해하기란 쉽지 않다. 때론 잘못 처리된 상태에서 결론 내는 일도 있어 주의가 필요하다. 최종 '$\hat{\beta}$'는 [그림 Ⅳ-26]과 같다.

[그림 Ⅳ-26] 최종 '원 데이터'의 '모수($\hat{\beta}, \hat{\lambda}$)' 추정 'JUMP' 결과

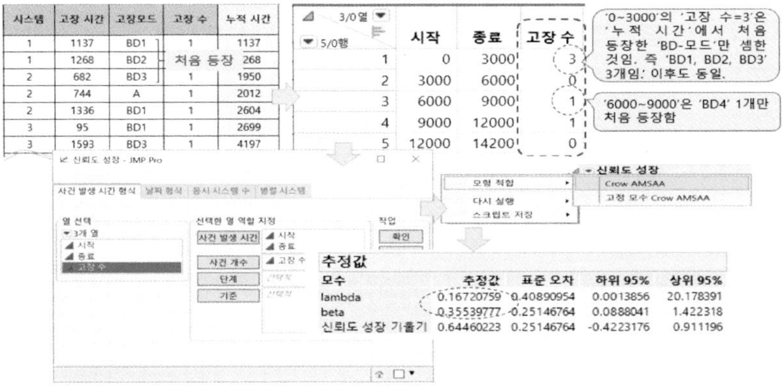

[그림 Ⅳ-26]의 화살표를 따라 학습하기 바란다. 주의할 사항은 '**고장 수**' 열 의 값들은 '**누적 시간**' 열에서 '최초로 나온 BD-모드'의 개수라는 점이다. 예를 들어 '0~3,000' 경우, '총 6개'의 'BD-모드'가 있으나 중복을 빼고 최초 나온 유형들만 모으면 'BD1, BD2, BD3'인 '3개'뿐이다. '6,000~9,000' 경우는

'BD4'의 '1개'만 존재한다. 최종 얻어진 '모수'는 '$\hat{\beta} \cong 0.3554$, $\hat{\lambda} \cong 0.1672$'이다.

('실증(또는 성취) MTBF' 추정) '종료 시점'에서 아이템의 '순간 MTBF'이다. 시험 중에는 'A-모드'와 'BD-모드'를 원인으로 고장이 발생하지만, 전자는 "수정 필요성이 없는 고장 모드"이고, 후자는 "시험 국면이 종료된 후 수정이 이루어지는 고장 모드"이므로 정작 시험 종료 시점 때는 아이템의 개선 내용이 전혀 반영되지 않은 상태이다. 따라서 '실증 MTBF'는 아이템이 갖는 '구성' 그대로의 고장률 특성을 반영한다. 시험 기간의 '고장 강도'를 구하고 그의 역수로 '실증(또는 성취) MTBF'를 얻는다. (식 Ⅳ-1)을 이용한다.

○ (식 $IV-1$)로부터 '실증(또는 성취) 고장 강도[$\mu(0)$]'   (식 Ⅳ-39)

$$\mu(0) = r_A + r_{BD} = \hat{\mu}_D(T)$$

$$= \frac{n_A}{T} + \frac{n_{BD}}{T} = \frac{4}{14200} + \frac{15}{14200} \cong 0.001338$$

○ '시험 국면' 직후인 '$t = 14200$'에서의 '실증(성취) $MTBF$',

$$\hat{m}_D = \{\mu(0)\}^{-1} \text{ or } \{\hat{\mu}_D(T)\}^{-1} = 0.001338^{-1} \cong 747.368 \text{시간/고장}$$

플릿에 속한 시스템이 '현 구성'을 유지할 때 플릿 안에서의 고장은 매 '747.368시간'마다 한 번씩 발생하는 것으로 예상된다.

('예상 MTBF' 추정) '지연 수정(개선 조치)'이 이행된 후 기대되는 '순간 MTBF'이다. 시험 중 드러난 'BD-모드'들이 수정되므로 [표 Ⅳ-16]에서 언급한 '수정 효과 계수(FEF)=0.4'가 반영된다. 계산 식은 '(식 Ⅳ-11)-①'을 이용한다.

○ ′(식 IV-11)-①′로부터 '예상 고장 강도' (식 IV-40)

$$\hat{\mu}_P(T) = \frac{1}{T}\left\{ n_A + \sum_{i=1}^{m}(1-d_i)n_{BD,i} + \hat{\beta}_{BD}\sum_{i=1}^{m}d_i \right\}$$

$$= \frac{1}{14200}\left\{ \begin{array}{l} 4+(1-0.4)\times(5_{BD1}+2_{BD2}+3_{BD3}+4_{BD4}+1_{BD5})+ \\ 0.3554\times5\times0.4 \end{array} \right\}$$

$$\cong 0.000966 \, \text{고장/시간}$$

○ 예상 $MTBF$

$$\hat{m}_P = \left\{ \hat{\mu}_P(T) \right\}^{-1} = 0.000966^{-1} \cong 1035.68 \text{시간/고장}$$

(식 IV-40)에서 '예상 고장 강도' 계산 경우 'A-모드'는 제외되며, 'BD-모드'만 반영된다. 이때 '5_{BD1}'은 'BD-모드 1의 개수'를 나타낸다. 'FEF'는 현재 모든 'BD-모드'들이 '0.4'로 같다는 제시에 따른 것이며, '$\hat{\mu}_P$'의 두 번째 항 경우 'BD-모드'의 '40%'만 개선되고 '60%'는 여전히 잔류해서 '고장 강도'로 영향을 미친다는 의미를 갖는다. 또 세 번째 항의 '$\sum^{m}$'에서 'm'은 'BD-모드 유형'의 '개수'이며 현재 'BD1~BD5'로 '$m=5$'임을 알 수 있다([표 IV-16] 참조). 시스템의 '현 구성'을 기준으로 판단했을 때 '$\hat{m}_D \cong 747.368$시간/고장'이지만 '5개 고장 모드'를 '개선 조치'한다면 '$\hat{m}_P \cong 1,035.68$시간/고장'으로 '약 38.6%'의 'MTBF 도약'이 예상된다. 이렇게 'MTBF'가 증가한 이유는 고장을 유발할 '고장 강도'가 '$\hat{\mu}_D(14200)=0.001338$'에서 '$\hat{\mu}_P(14200)=0.000966$'으로 크게 줄어들었기 때문이다.

(**성장 잠재 MTBF' 추정**) '시스템 설계'와 '관리 전략'을 통해 최대로 도달할 수 있는 'MTBF'이다. (식 IV-40)에서 세 번째 항인 '$\hat{\beta}_{BD}\sum_{i=1}^{m}d_i$'는 개선 이후에 '새로운 BD-모드'가 드러나 '고장 강도'로써 미치는 영향을 나타낸다. 따라서 시험 후 개선이 완벽하고 관리도 철저히 이루어진다면 제거될 수 있는 항으로 여기고 나머지 항들만으로 'MTBF'를 계산한다. (식 IV-15)를 이용해 구할 수 있다.

○ (식 IV-15)로부터 성장잠재 $MTBF$($Growth\ Potential\ MTBF$)　　　(식 IV-41)

$$\hat{\mu}_{GP} = \frac{1}{T}\left(n_A + \sum_{i=1}^{m}\left[(1-d_i)n_{BD,i}\right]\right)$$

$$= \left\{\frac{1}{14200}\times\left[\begin{array}{l}4+(1-0.4)\times(5_{BD1}+2_{BD2}+3_{BD3})\\+4_{BD4}+1_{BD5}\end{array}\right]\right\}^{-1}$$

$$\cong 0.000915\ 고장/시간$$

○ 성장잠재 $MTBF$

$$\hat{m}_{GP} = \left\{\hat{\mu}_{GP}(T)\right\}^{-1} = (0.000915\ 고장/시간)^{-1}$$

$$\cong 1,092.3077\ 시간/고장$$

예상되는 최고 수준이므로 만일 '목표 MTBF'보다 작다면 개선 폭이 더 커져야 하거나 관리 전략을 새롭게 짜야 하는 상황이 생길 수 있다.

('**예상 고장 수**' 추정) 단순히 '4,000시간 시점'이면 (식 IV-5)와 [그림 IV-25]의 '모수'를 이용해 '$n_E(t) = \lambda_{BD}t^{\beta_{BD}} = 0.00526*4000^{0.8569} \cong 6.42$ 회'를 얻는다. 그러나 질문은 "개선 조치 이후 4,000시간 동안에 예상되는 누적 고장 수"를 추정하는 것이다. 따라서 '개선 조치 이후'를 설명하는 (식 IV-40)의 '$\hat{m}_P$'을 이용한다. (식 IV-42)와 같다.

['개선조치' 이후 4,000시간 동안 발생이 예상되는 '고장 수']　　　(식 IV-42)

$$예상\ 고장\ 수 = \frac{기간}{\hat{m}_P} = \frac{4,000\ 시간}{1035.68시간/고장} \cong 3.86회$$

(식 IV-42)는 '개선 조치' 이후 '고장'은 '평균 1,035.68시간'마다 발생하므로 '4,000시간' 동안이면 '약 4회 고장'이 예상된다. 만일 기술적 판단이나 전략상 이 수가 너무 많다고 결론이 나면 현시점에서 추진해야 할 구체 활동을 마련해야 할 것이다.

'복구 가능 아이템 분석(Repairable System Analysis)' 관점에서 개별 시스템의 모수인 'β'가 통계적으로 '1'을 만족하지 않더라도 '플릿 데이터 분석(Fleet Data Analysis)' 관점으로 전환하면 분석과 해석이 가능함을 보였다. 이것은 고객 사용 환경에서 작동하는 모든 아이템에 '수정'이 가해질 경우 '플릿 데이터'로 해석하면 'MTBF' 개선 상태를 문제없이 추정할 수 있음을 의미한다.

3. CERPM(Crow Extended Reliability Projection Model)

    '신뢰도 성장'에 필요한 모형 전체 중 어디에 속하는지 그 위치를 되새기기 위해 '신뢰도 성장평가'용 모형 전체를 [그림 IV-27]에 다시 옮겨 놓았다.

[그림 IV-27] '신뢰도 성장분석 모형(Model)'들의 모음

    일반적으로 'ACPM'과 곧 학습할 'CERPM'을 합쳐 "Crow Extended Model"로 통칭한다고 한 바 있다. 또 [그림 IV-27]에 파란색으로 추가한 '접근법'을 통해 'RGTMC'는 시험 중 '개선 조치'가 이루어지는 'Test-Fix-Test 접근법'을, 'ACPM'은 '시험 국면'이 끝난 뒤 '개선 조치'가 수행되는 'Test-Find-Test 접근법', 그리고 곧 학습할 'CERPM'은 "시험 중, 그리고 시험 종료 후" 모두에서 '개선 조치'가 수행되는 'Test-Fix-Find-Test 접근법'에 쓰인다. 역시 Crow에 의해 개발되었다[문헌-①(pp.111~118)].[61]

---

61) Crow, Larry H., "An Extended Reliability Growth Model for Managing and Assessing Corrective Actions." Proceedings of RAMS 2004 Symposium. 73~80, 2004.

이 모형이 필요한 이유는 '개선 조치'가 수행되는 시점에 따라 아이템이 겪는 'MTBF'의 수준이 변화하고 따라서 해석을 위한 모형도 달라져야 한다는 데 기반한다. '시험 국면 중'에 '개선 조치'가 이루어지면 그 정도에 따라 'MTBF'의 향상이 기대되나(RGTMC) '시험 국면'이 끝난 뒤의 '개선 조치'는 '시험 중'엔 'MTBF'가 일정하다. '개선 조치'가 몰아서 마무리되는 시점에 'MTBF 도약'이 관찰된다(ACPM). 그러나 둘 모두의 조처가 필요하다면 새로운 모형의 필요성이 대두된다. 이것이 'CERPM'이다. 특징을 요약하면 다음과 같다.

1) 이전 모형들처럼 '시험 국면' 하나로부터 나온 시험 데이터를 이용한다.
2) '시험 기간(x-축)'은 '연속 자료'인 '시간' 또는 '거리 단위'가 쓰인다.
3) 'B-모드'는 'BC-모드(시험 중 개선 대상)'와 'BD-모드(지연 수정 대상)'를 포함한다.

또 'CERPM' 적용을 위한 기본 가정도 있는데 다음과 같다.

1) 'A-모드'와 'B-모드'는 독립적으로 발생하고, 아이템 고장을 유발한다.
2) '시험 기간, t'까지 발생한 '고장 수, $n(t)$'는 'Power Mean Value Function'에 기반한 'NHPP', 즉 시간에 따라 '고장 빈도'가 다르다.
3) 't'까지 발생한 서로 다른 'BD-모드의 수, $m_{BD}(t)$'는 'Power Mean Value Function'에 기반한 'NHPP'이다. 이 함수의 '모수'는 일반적으로 '$n(t)$'와 관련한 'Power Law 모형('Duane 모형'과 같음)'의 것과는 차이가 있다.

4) '개선 조치'가 이행되면서 새롭게 형성되는 '고장 모드'는 없다.

5) 't'까지 발생한 'BD-모드로 인한 고장 수, $n_{BD}(t)$'는 'HPP', 즉 시간에 따른 발생 빈도가 일정하다.

6) 't'까지 발생한 'A-모드로 인한 고장 수, $n_A(t)$'는 'HPP', 즉 시간에 따른 발생 빈도가 일정하다.

7) '$n_{BD}(t)$' 및 '$n_A(t)$'와 관련된 '고장률' 역시 일정하고(Constant), 기호로는 'r_{BD}', 'r_A'로 각각 나타낸다.

'CERPM'은 'ACPM' 때의 'BD-모드'와 달리 'BC-모드'에 대한 'FEF'는 사용하지 않는다. 신뢰할 수 있는 '근본 원인분석'이나 고장을 강력하게 완화하는 상황에서 'FEF' 값을 사용하면 'MTBF'의 '예측 정확도'를 높일 수 있는 것으로 알려져 있다. 그러나 이러한 분석 및 완화가 전제되지 않는 한 'FEF' 사용은 오히려 추정 정확도를 크게 떨어트릴 수 있다.

'Power Law'를 '고장 수, $n(t)$'의 기댓값인 '$E[n(t)]$'의 모형화에 적용하는 것은 적절치 않을 수 있다. 모수 'λ'를 가정할 때 '$E[n(t)] = \lambda t^{\beta}, \beta > 0$'가 되고 이때의 '아이템 고장 강도'는 '$\mu(t) = \lambda \beta t^{\beta-1}$'이다. 알려진 바와 같이 하나의 '시험 국면' 안에서 신뢰도가 성장한다는 것은 '$0 < \beta < 1$'의 관계이며, 따라서 엄밀히 얘기하면 '$\mu(t)$'는 '감소함수'인 '$\lim\limits_{t \to \infty} \mu(t) = 0$'의 구조가 된다. 이것은 '$r_A + r_{BD}$'가 '$\mu(t)$'에 '양의 상수 고장률'로 작용한다는 가정과 모순될 수 있다. 만일 '$r_A + r_{BD}$'가 '$\mu(T)$(T는 '시험국면' 기간)'에서 차지하는 비중이 아주 작으면 이러한 모순은 'BC-모드'와 'BD-모드'가 경감된 후 '예상 MTBF'의 추정치를 왜곡하진 않는다. 그러나 만일 '$\hat{r}_A + \hat{r}_{BD} = (n_A + n_{BD})/T$'가 '$\hat{\mu}(T)$'의 평갓값을 초과한다면 모순의 문제가 현실화될 수 있다.

3.2. 'CERPM'의 '고장 강도(Failure Intensity)'

'AMSAA RGTMC'는 '고장 모드'를 지정하지 않고 해석하는 모형이었고, 'ACPM'은 '지연 수정'의 대상인 'BD-모드'를 포함하는 해석이었다. 그에 반해 'CERPM'은 '시험 국면 중'에 해석하는 'BC-모드'와 '지연 수정'의 대상인 'BD-모드' 모두를 포함한다. 이때 'A-모드'는 '개선 조치' 대상은 아니지만 'ACPM'과 'CERPM' 모두에서 언급되며 'MTBF' 산정 때 그 영향을 평가에 반영한다. '시험 국면 중'이든 '시험 국면 종료 이후'든 '개선 조치'가 시행되면 'MTBF'가 증가하게 되고, 따라서 'ACPM'은 시험 종료 시점에 'BD-모드'의 개선을 통해 '도약(Jump)'의 형태로, 'CERPM'은 '시험 국면 중 및 종료 시점' 모두에서 'BC-모드'와 'BD-모드'에 의해 'MTBF'가 증가한다. 이처럼 시험으로부터 얻어진 데이터를 기반으로 'MTBF'를 추정하려면 상황에 맞는 모형을 사용해야 한다.

'CERPM'의 '고장 강도 함수'가 정의돼야 그의 역수를 통해 관련된 'MTBF' 산출이 가능하다. 이전과 달리 'BC-모드'가 추가되므로 '고장 강도 함수'의 복잡도는 다소 증가한다. 이해를 돕기 위해 먼저 함수를 적시한 뒤 각 항의 물리적 의미에 대해 살펴보자. (식 IV-43)은 'CERPM'의 '고장 강도 함수'를 나타낸다.

$$[CERPM의\,'예상\,고장강도\,함수'와\,그\,추정값] \qquad (식\ IV\text{-}43)$$

$$\bigcirc\ \mu_{CER} = r_{All} - r_{BD} + \sum_{i=1}^{m}(1-d_i)r_{BD,i} + \bar{d}\mu_E(T|BD)$$

$$\bigcirc\ \hat{\mu}_{CER} = \hat{r}_{All} - \hat{r}_{BD} + \sum_{i=1}^{m}(1-d_i)\hat{r}_{BD,i} + \bar{d}\hat{\mu}_E(T|BD)$$

$$where,\,'m'은\,'BD\text{-}모드\,유형수'$$

(식 Ⅳ-43)의 각 항이 담고 있는 의미를 [표 Ⅳ-17]에 요약하였다.

[표 Ⅳ-17] 'CERPM'의 '예상 고장 강도 함수'에 포함된 항들의 의미

항	내용
$\mu_{CER}, \hat{\mu}_{CER}$	'$\hat{\mu}_{CER}$'는 'μ_{CER}'의 '추정값(Estimate)'으로 '예상 고장 강도'로 불림. '지연 수정'이 수행된 후 얻어지며, 이 값의 역수는 '예상 MTBF'가 됨. 만일 'BD-모드'가 개선되지 않으면 첫 항만 남게 돼 'RGTMC'가 되며, 이때 '실증(또는 성취) MTBF'는 '예상 MTBF'와 같아져 '도약'이 관찰되지 않음. 또 만일 시험 중 'BC-모드'의 개선이 없으면 'Test-Find-Test 접근법'의 상황이 됨.
$\hat{r}_{All}$	'고장 모드'를 분류하지 않고 전체를 고려한 고장률로 '지연 수정' 전인 'T'에서의 '실증(또는 성취) 고장 강도'는 '$\bar{\lambda}\bar{\beta}\,T^{\bar{\beta}-1}$'로 얻음. '모수' 추정을 위해 'RGTMC'에 적합시킴. 이 값의 역수는 '실증(또는 성취) MTBF'가 됨.
$\hat{r}_{BD}$	'BD-모드' 데이터에만 적용되며, '$\hat{r}_{BD}=n_{BD}/T$'로 얻음. 음수인 이유는 첫째 '$\hat{r}_{All}$'에 포함돼 있어 중복을 피하기 위함과 둘째, 'BD-모드' 영향을 별개로 평가하기 위함임.
$d_i, \bar{d}$	i번째 'BD-모드'의 '수정 효과 계수(FEF)'와 그의 '전체 평균.'
$\hat{\mu}_E(T\vert BD)$	각 'BD-모드' 유형의 '첫 번째 고장 시간'으로 얻어지며, 식은 '$\hat{\lambda}_{BD}\bar{\beta}_{BD}T^{\bar{\beta}_{BD}-1}$', or '$m\bar{\beta}_{BD}/T$'로 얻음. '신규 BD-모드'의 발생과 관계함.
$\bar{\beta}_{BD}$	'β'의 '비편향 추정량'이며, 각 'BD-모드' 유형별 '첫 번째 발생한 고장 시간'을 이용해 'RGTMC'에 대해 추정함.

(식 Ⅳ-43)은 전체적으로 다음의 특징이 있다.[62]

1) '고장 모드'가 전혀 없거나, 'BC-모드'가 알려진 경우는 'Test-Fix-Test 접근법'이고 'RGTMC'를 적용한다.

2) 'BD-모드'가 알려진 경우는 'Test-Find-Test 접근법'이며 'ACPM(AMSAA Crow Projection 모형)'을 적용한다. '지연 수정'만 있으므로 시험 중

---

62) http://reliawiki.org/index.php/Crow_Extended

'MTBF'의 변화가 없어 '$\beta=1$'을 가정한다.

3) 'BC 및 BD-모드'가 알려진 경우는 'Test-Fix-Find-Test 접근법'이고, 'CERPM'을 적용한다.

3.3. 'CERPM' 사례 분석

아이템에 'A-모드', 'BC-모드', 'BD-모드'가 포함돼 있을 때 해석에 필요한 'MTBF'를 산정하고, 이후 신뢰도 목표달성을 위한 추가 활동에 어떤 것들이 있는지 학습해 보자.

3.3.1. Case Study 24: 'A/BC/BD-모드'를 모두 포함한 분석

(상황 및 데이터) 하나의 '시험 국면'에서 총 400시간에 걸쳐 시험이 진행됐으며 드러난 고장은 모두 '56건'이었다. 시험 운영은 'Test-Fix-Find-Test 접근법'이며, '고장 시간'과 'FEF'는 [표 Ⅳ-18]과 같다. 얻고자 하는 정보는 다음과 같다[문헌-①(pp.113~118)], [문헌-⑤(pp.122~126)].

1) '실증(또는 성취) 고장 강도'와 '실증(또는 성취) MTBF'를 구하시오.
2) '예상 고장 강도'와 '예상 MTBF'를 구하시오.
3) '성장 잠재 고장 강도'와 '성장 잠재 MTBF'를 구하시오.
4) 시험 기간에 '새 유형의 BD-모드'가 생겨나는 평균 시간은?
5) 시험 50시간을 연장할 경우 '신규 BD-모드'가 발생할 최소 수는?
6) 현 아이템의 'MTBF'를 추가로 올리는 방안은?

i	t_i	모드	i	t_i	모드	i	t_i	모드	i	t_i	모드	BD	FEF
1	0.7	BC17	15	100.3	BD7	29	192.7	BD11	43	320.6	A	1	0.67
2	3.7	BC17	16	102.5	A	30	213.0	A	44	324.5	BD12	2	0.72
3	13.2	BC17	17	112.0	BD8	31	244.8	A	45	324.9	BD10	3	0.77
4	15.0	BD1	18	112.2	BC21	32	249	BD12	46	342.0	BD5	4	0.77
5	17.6	BC18	19	120.9	BD2	33	250.8	A	47	350.2	BD3	5	0.87
6	25.3	BD2	20	121.9	BC22	34	260.1	BD1	48	355.2	BC28	6	0.92
7	47.5	BD3	21	125.5	BD9	35	263.5	BD8	49	364.6	BD10	7	0.50
8	54.0	BD4	22	133.4	BD10	36	273.1	A	50	364.9	A	8	0.85
												9	0.89
9	54.5	BC19	23	151.0	BC23	37	274.7	BD6	51	366.3	BD2	10	0.74
10	56.4	BD5	24	163.0	BC24	38	282.8	BC27	52	373.0	BD8	11	0.70
11	63.6	A	25	164.7	BD9	39	285	BD13	53	379.4	BD14	12	0.63
12	72.2	BD5	26	174.5	BC25	40	304.0	BD9	54	389.0	BD15	13	0.64
13	99.2	BC20	27	177.4	BD10	41	315.4	BD4	55	394.9	A	14	0.72
14	99.6	BD6	28	191.6	BC26	42	317.1	A	56	395.2	BD16	15	0.69
												16	0.46

('실증(또는 성취) MTBF' 추정) 시험 종료 시점에서 아이템의 '순간 고장률'을 구한다. 계산은 'Test-Fix-Test 접근법' 관점에서 'RGTMC'를 사용해 '고장 모드'의 구분 없이 '56개' 전체 데이터를 적용한다. 'MTBF'를 구하기 전 '모수'의 추정이 선행돼야 하며 '(식 Ⅳ-8)-②'를 이용한다(아이템 수, $k = 1$ 이다).

['실증(or 성취) $MTBF$'를 위한 모수 추정, (식 $IV-8$)-②로부터]　(식 Ⅳ-44)

$$\bigcirc\ \hat{\beta} = \frac{\sum_{j=1}^{k} n_j}{\sum_{j=1}^{k}\sum_{i=1}^{n_j}\ln\left(\dfrac{T}{t_{ij}}\right)} = \frac{56}{56*\ln400 - (\ln0.7 + \ln3.7 + \ldots + \ln395.2)}$$
$$\cong 0.926806$$
$$\overline{\beta} = \frac{(56-1)}{56}\times 0.926806 \cong 0.910256,\ (식\ IV-9)로부터.$$

$$\bigcirc\ \hat{\lambda} = \frac{\sum_{j=1}^{k} n_j}{T^{\beta}} = \frac{56}{400^{0.910256}} \cong 0.239688$$

전체 '고장 모드'를 포함한 '고장률'은 (식 Ⅳ-43)에서 '$\hat{r}_{All}$'이다. 이 값의 역수가 '실증(또는 성취) MTBF'이다. 결과는 (식 Ⅳ-45)와 같다.

[$CERPM$에서 '실증(or 성취) $MTBF$' 추정, [표 $IV-17$] 2행으로부터]　(식 Ⅳ-45)

$$\bigcirc\ \hat{r}_{All} = \overline{\lambda}\,\overline{\beta}\,T^{\overline{\beta}-1} = 0.239688 \times 0.910256 \times 400^{0.910256-1}$$
$$\cong 0.127436\ 고장/시간$$
$$\bigcirc\ \widehat{m}_D = \left\{\hat{r}_{All}\right\}^{-1} = \{0.127436\}^{-1} \cong 7.847\ 시간/고장$$

(식 Ⅳ-45)의 '실증(또는 성취) MTBF($\widehat{m}_D$)'는 '시험 국면'의 기간 중 'BC-모드'에 대한 '개선 조치'로 그 값이 점차 증가하다가 '$T=400$시간'에 이르러 '약 7.85시간/고장'이 된다고 해석한다.

(**'예상 MTBF' 추정**) 'T'에서 '개선 조치'가 이루어진 후 '도약(Jump)'될 때의 'MTBF'이므로 (식 Ⅳ-43)의 '예상 고장 강도 함수'의 모든 항이 계산돼야 한다. 이어서 그의 역수를 구하면 '예상 MTBF'를 얻는다. (식 Ⅳ-46) 및 [표 Ⅳ-19]와 같다.

[$CERPM$의 '예상 고장강도 함수' 와 그 추정량(값)] (식 Ⅳ-46)

$$\hat{\mu}_{CER} = \hat{r}_{All} - \hat{r}_{BD} + \sum_{i=1}^{m}(1-d_i)\hat{r}_{BD,i} + \overline{d}\,\hat{\mu}_E(T|BD), \; 'm = BD모드\,유형\,수'$$

i) 첫째 항 : (식 $IV-45$)로부터, $\hat{r}_{All} \cong 0.12744$ 고장/시간

ii) 둘째 항 : $n_{BD} = 32$이므로, $\hat{r}_{BD} = \dfrac{n_{BD}}{T} = \dfrac{32}{400} = 0.08$ 고장/시간

iii) 셋째 항 : [표 $IV-19$]로부터, $\displaystyle\sum_{i=1}^{m}(1-d_i)\hat{r}_{BD,i} = (1-0.67)\times\dfrac{15.0}{400}$

$$+ (1-0.72)\times\dfrac{25.3}{400} + ... + (1-0.46)\times\dfrac{395.2}{400} \cong 0.0196$$

$$\therefore m = 16, \text{즉} 'BD-모드\,유형\,수'$$

iv) 넷째 항 : [표 $IV-17$], [표 $IV-19$]의 모수로부터, $\overline{d}\,\hat{\mu}_E(T|BD)$

$$= \overline{\lambda}_{BD}\overline{\beta}_{BD}T^{\overline{\beta}_{BD}-1} = 0.18197 \times 0.74715 \times 400^{0.74715-1} \cong 0.02156$$

$$\therefore \hat{\mu}_{CER} = 0.12744 - 0.08 + 0.0196 + 0.02156 \cong 0.0886 \text{고장/시간}$$

[예상 $MTBF$]
$$\therefore \widehat{m}_P = \{\hat{\mu}_{CER}\}^{-1} = (0.0886 \text{고장/시간}) \cong 11.29 \text{시간/고장}$$

'예상 MTBF($\widehat{m}_P$)'는 '시험 국면'이 끝난 후 'BD-모드'의 '개선 조치(지연 수정)'를 통해 달성한 값이다. 즉 '7.85시간/고장'에서 '11.29시간/고장'으로 '약 3.44시간/고장'만큼 'MTBF 도약'이 일어난 것이다. [표 Ⅳ-19]는 (식 Ⅳ-45)의 'iii)'과 'iv)'의 계산에 쓰일 값들을 얻은 내용이다.

[표 Ⅳ-19] 셋째 항 계산을 위한 'BD-모드' 유형별 '첫 고장 시간'과 결과

모드	$t_{BD,i,첫고장}$	$n_{BD,i}$	$(1-d_i)\frac{n_{BD,i}}{400}$	$\ln\left(\frac{400}{t_{BD,i,첫고장}}\right)$	모드	$t_{BD,i,첫고장}$	$n_{BD,i}$	$(1-d_i)\frac{n_{BD,i}}{400}$	$\ln\left(\frac{400}{t_{BD,i,첫고장}}\right)$
BD1	15.0	2	0.0017	3.2834	BD9	125.5	3	0.0008	1.1592
BD2	25.3	3	0.0021	2.7607	BD10	133.4	4	0.0026	1.0981
BD3	47.5	2	0.0012	2.1307	BD11	192.7	1	0.0008	0.7303
BD4	54.0	2	0.0012	2.0025	BD12	249.0	2	0.0019	0.4740

BD5	56.4	3	0.0010	1.9590	BD13	285.0	1	0.0009	0.3390
BD6	99.6	2	0.0004	1.3903	BD14	379.4	1	0.0007	0.0529
BD7	100.3	1	0.0013	1.3833	BD15	389.0	1	0.0008	0.0279
BD8	112.0	3	0.0011	1.2730	BD16	395.2	1	0.0014	0.0121
○ [(식 IV-46)의 '셋째 항' 결과와 비교] 'BD-모드(1~16)'의 총합								0.0196	20.0763

○ 기본 식은 '(식 IV-8)-③' 참고. ○ [(식 IV-46)의 '넷째 항']에 포함된 'BD-모드'의 '모수'에 적용.	$\hat{\beta}_{BD} = \dfrac{n_{BD}}{\displaystyle\sum_{i=1}^{m} \ln\left(\dfrac{T}{t_{BD,i,\,첫고장}}\right)} = \dfrac{16}{20.0763} \cong 0.79696$
	$\bar{\beta}_{BD} = \dfrac{(n_{BD}-1)}{n_{BD}}\hat{\beta}_{BD} = \dfrac{(16-1)}{16} \times 0.79696 \cong 0.74715$
	$\bar{\lambda}_{BD} = \dfrac{n_{BD}}{T^{\bar{\beta}_{BD}}} = \dfrac{16}{400^{0.74715}} \cong 0.18197$

(성장 잠재 MTBF) 현재의 '아이템 설계'와 '관리 전략'을 통해 달성할 수 있는 '최대 MTBF'이다. 구체적으로 (식 IV-43)에서 '첫 항~셋째 항'은 '설계 및 관리 전략'과 관계돼 있고 '넷째 항'은 '개선 조치' 이후 예상되는 '신규 BD-모드'의 발생과 관계한다. 따라서 '첫 항~셋째 항'을 '성장 잠재 고장 강도'라 하고 그의 역수를 '성장 잠재 MTBF'라 한다. (식 IV-47)과 같다.

$$[CERPM의\,'성장잠재\,고장강도함수'] \qquad\qquad (식\ IV\text{-}47)$$

$$\hat{\mu}_{CER} = \hat{r}_{All} - \hat{r}_{BD} + \sum_{i=1}^{m}(1-d_i)\hat{r}_{BD,i}$$
$$= 0.12744 - 0.08 + 0.0196 \quad \because (식\,IV\text{-}46)으로부터$$
$$\cong 0.067$$

$$[CERPM의\,'성장잠재\,MTBF]$$
$$\widehat{m}_{GP} = \left\{\hat{\mu}_{CER}\right\}^{-1} = (0.067)^{-1} \cong 14.92\ 시간/고장$$

실제 개발 중이라면 '성장 잠재 MTBF'가 '목표 MTBF'보다 낮은지를 확인해야 한다.

(**'신규 BD-모드'의 평균 발생 시간**) (식 Ⅳ-43)에서 '넷째 항'에 해당하는 값의 역수를 취해 얻는다. 미리 계산한 (식 Ⅳ-46)의 '넷째 항' 결과를 이용하면 (식 Ⅳ-48)과 같다.

$$[CERPM의 '신규\,BD-모드'의\,평균\,발생\,기간] \qquad (식\ Ⅳ\text{-}48)$$

$$\overline{d}\hat{\mu}_E(T|BD) = \overline{\lambda}_{BD}\overline{\beta}_{BD}T^{\overline{\beta}_{BD}-1} = 0.18197 \times 0.74715 \times 400^{0.74715-1}$$
$$\cong 0.02156$$

$$\therefore \left\{\overline{d}\hat{\mu}_E(T|BD)\right\}^{-1} = (0.02156)^{-1} \cong 33.46\,시간/고장$$

(**'50시간' 시험 연장 시 '신규 BD-모드'의 최소 발생 수**) (식 Ⅳ-48)로부터 '약 33.46시간'마다 서로 다른 '신규 BD 모드'가 생성되고 있으므로 시험이 '50시간' 추가로 진행된다면 '최소 1건'의 'BD-모드' 발생이 예상된다. 추가 시험의 필요성과 새롭게 드러날 '신규 BD-모드'를 예상함으로써 미리 시험 전략을 구상할 수 있다. 너무 많은 '고장 모드'의 발생이 예측된다면 해결을 위한 자원이나 계획 수립을 포함할 수 있다.

(**현 'MTBF'를 더 올릴 방안**) [표 Ⅳ-20]은 원 데이터 [표 Ⅳ-18]을 시간순서대로, 그리고 '고장 모드 유형'별로 'MTBF'를 얻은 결과이다. 이들은 아이템의 고장을 일으키는 원인이다. 각 'MTBF' 계산은 표 아래 기술해 놓았다.

[표 Ⅳ-20] 시간대별 '고장 모드 유형'의 'MTBF' 비교

모드	n	MTBF(전)	MTBF(후)	모드	n	MTBF(전)	MTBF(후)	모드	n	MTBF(전)	MTBF(후)
BC17	3	133	-	BD6	2	200	2500	BC26	1	400	-
BD1	2	200	606	BD7	1	400	800	BD11	1	400	1333
BC18	1	400	-	BD8	3	133	889	BD12	2	200	541
BD2	3	133	476	BC21	1	400	-	BC27	1	400	-
BD3	2	200	870	BC22	1	400	-	BD13	1	400	1111

BD4	2	200	870	BD9	3	133	1212	BC28	1	400	-
BC19	1	400	-	BD10	4	100	385	BD14	1	400	1429
BD5	3	133	1026	BC23	1	400	-	BD15	1	400	1290
A	10	40	-	BC24	1	400	-	BD16	1	400	741
BC20	1	400	-	BC25	1	400	-	-	-	-	-

[MTBF 계산 예] 푯값들은 소수점 첫째 자리서 반올림. 아래 첨자 j = 고장모드 유형 $No.$

○ 'BC-모드' 경우 $\left\{\dfrac{n_{BCj}}{T}\right\}^{-1}$: ($'BC17'$ 예)$\Rightarrow \left\{\dfrac{n_{BC17}}{400}\right\}^{-1} = \left\{\dfrac{3}{400}\right\}^{-1} = 133.33$

○ 'BD-모드(전)' 경우 $\left\{\dfrac{n_{BDj}}{T}\right\}^{-1}$: ($'BD1'$ 예)$\Rightarrow \left\{\dfrac{n_{BD1}}{400}\right\}^{-1} = \left\{\dfrac{2}{400}\right\}^{-1} \cong 200.0$

○ 'BD-모드(후)' 경우 $\left\{(1-d_j)\dfrac{n_{BDj}}{T}\right\}^{-1}$: ($'BD1'$ 예)$\Rightarrow \left\{(1-0.67)\times\dfrac{2}{400}\right\}^{-1} \cong 606.06$

○ 'A-모드' 경우 $\left\{\dfrac{n_A}{T}\right\}^{-1}$: (예)$\Rightarrow \left\{\dfrac{n_A}{400}\right\}^{-1} = \left\{\dfrac{10}{400}\right\}^{-1} = 40.0$

[표 Ⅳ-20]을 얻은 이유는 '예상 MTBF'를 더 올릴 방안이 있는지 검토하기 위함이다. 이를 위해 현상 파악이 쉽도록 [표 Ⅳ-20]의 'MTBF(전)'과 'MTBF(후)'를 막대그래프로 나타냈다. 시간 순서에 따른 발생이므로 시험 순서 그대로 유지해야 한다. [그림 Ⅳ-28]과 같다.

[그림 Ⅳ-28] 시간대별, '고장 모드 유형'별 'MTBF' 산정 결과

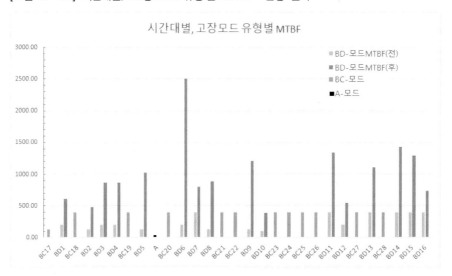

[그림 Ⅳ-28]의 '범례'를 보면 'BD-모드' 경우 '개선 조치 전'과 '개선 조치 후'로 구분돼 있고 '후'의 'MTBF'가 크게 높아졌음을 알 수 있다. 'BC-모드' 는 '시험 중'에 '개선 조치'가 있었지만 'BD-모드'에 비하면 'MTBF'가 높지 않아 필요하면 더 높일 수 있는지에 대한 검토가 필요하다. 또 'A-모드'는 전체 '10개'가 있는데 '개선 조치' 대상은 아니었으나 '수정'을 통해 'MTBF'를 높이면 아이템의 성능에 영향을 줄 것이란 점도 예측된다.

만일 'MTBF' 개선이 필요하다고 판단되면 「Case Study - 19」에서 'A-모드' 를 'BD-모드'로 전환한 후 재계산을 통해 'MTBF 성장 정도'를 시뮬레이션했 던 방법을 참고하기 바라고 더 이상의 설명은 생략한다.

3.3.2. Case Study 25: 'A/BC/BD-모드'를 모두 포함한 '그룹 데이터' 분석

(상황 및 데이터) 한 아이템에 대한 '신뢰도 성장시험'이 '200시간' 동안 수행되었다. '개선 조치'가 함께 수행되었으며 일부는 시험 중에, 일부는 '지연 수정'이었다. 수집된 데이터와 'BD-모드'에 대한 'FEF'는 [표 Ⅳ-21]이며 '그룹 데이터'에 해당한다. 다음의 정보를 얻고자 한다[문헌-⑤(pp.152~155)].

[표 Ⅳ-21] 'CERPM'의 '그룹 데이터'를 이용한 '신뢰도 성장분석' 데이터 예

i	모드	t_i	고장 수	i	모드	t_i	고장 수	i	모드	t_i	고장 수	BD	FEF
1	BC1	25	3	10	BC4	100	1	19	BD16	150	1	9	0.75
2	BD9	25	1	11	BD14	100	1	20	BC4	175	1	10	0.5
3	BC2	25	1	12	BD15	125	1	21	BC8	175	1	11	0.9
4	BD10	50	1	13	A	125	1	22	A	175	1	12	0.6
5	BD11	50	1	14	A	125	1	23	BC7	175	1	13	0.8
6	BD12	75	1	15	BC5	125	1	24	BD16	200	1	14	0.8
7	BC3	75	1	16	BD10	125	1	25	BC3	200	1	15	0.25
8	BD13	75	2	17	BC6	125	1	26	BD17	200	1	16	0.75
9	A	75	1	18	A	150	1	-	-	-	-	17	0.8

1) 'CERPM'의 '모수(그룹 데이터)'를 추정하시오.
2) 'BC-모드'의 '평균 FEF'를 구하시오.
3) '지연 수정'이 이행된 후 'BD-모드'와 관련된 '고장 강도'의 몇 %가 아이템에 잔류하는지 파악하시오.

('모수' 추정) [표 Ⅳ-21]의 '고장 시간'은 연속적이기보다 '25', '75'처럼 끊어져 있음을 알 수 있다. 보통의 '고장 시간'이면 '25.6시간', '75.2시간' 등이 될 것이다. 끊어진 값들은 시험 중 정해진 시점마다 아이템 상태를 관찰해서

'고장 여부'를 파악한 것으로 보인다. 따라서 시험 데이터의 수집 상황에 맞는 데이터 전처리는 '0~25', '25~50'과 같이 '25시간 간격'으로 '그룹 데이터'를 만들어 분석하는 방법이 최선이다. 전처리 결과는 [표 Ⅳ-22]와 같다.

[표 Ⅳ-22] '그룹 데이터'로의 전처리와, '모수 추정'을 위한 최초 계산 예

시작 시간	끝 시간	고장 수	β 추정 식	모수 $\hat{\beta}$		모수 $\hat{\lambda}$
0	25	5	-10.3972	0.1		17.07242
25	50	2	16.5423	○(식 Ⅲ-27) 또는 (식 Ⅲ-48)로부터,		
50	75	5	44.0890	○ $\hat{\beta}=0.1$은 최초 계산을 위해 임의로 설정한 값.		
75	100	2	18.3274	['형상모수(β)' 추정] : 첫 구간은 '끝 시간'만 입력.		
100	125	6	56.5130	$$\sum_{i=1}^{g} n_i \left[\frac{t_i^{\beta} \ln t_i - t_{i-1}^{\beta} \ln t_{i-1}}{t_i^{\beta} - t_{i-1}^{\beta}} - \ln t_g \right] = 0.$$		
125	150	2	19.2429			
150	175	4	39.1584	$(2^{nd}$ 구간 예) $2 \times \dfrac{50^{0.1} \times \ln 50 - 25^{0.1} \times \ln 25}{50^{0.1} - 25^{0.1}} - \ln 200$		
175	200	3	29.8001	$= 16.54227101$		
합		29	213.27593	['척도모수(λ)' 추정] $\hat{\lambda} = \left(\sum_{i=1}^{g} n_i \right) / t_i^{\beta}$, n_i = 구간 내 고장 수		

[표 Ⅳ-22]에서 '**β 추정 식**' 열의 계산 값 중 '둘째 구간(25~50)'의 계산 예를 표 안에 포함했으니 참고 바란다. 계산에 필요한 초기 설정값은 '$\hat{\beta}=0.1$'로 정하였고, 이 값으로 '$\hat{\lambda}=17.07242$'를 얻고 있다. [그림 Ⅳ-29]는 [표 Ⅳ-22]를 적용해 엑셀의 '해 찾기'를 수행한 과정과 결과이다.

[그림 IV-29] '모수 $\hat{\beta}$' 추정을 위해 엑셀 '해 찾기' 기능을 활용한 예

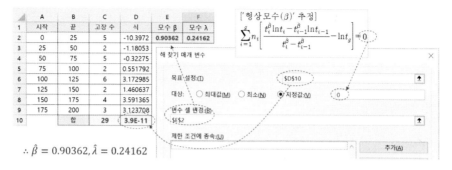

$$['형상모수(\beta)' 추정]$$
$$\sum_{i=1}^{g} n_i \left[\frac{t_i^{\beta} \ln t_i - t_{i-1}^{\beta} \ln t_{i-1}}{t_i^{\beta} - t_{i-1}^{\beta}} - \ln t_g \right] = 0$$

$$\therefore \hat{\beta} = 0.90362, \hat{\lambda} = 0.24162$$

[그림 IV-29]에서 '해 찾기'의 입력 셀들을 표시하였다. '모수 추정' 결과는 '$\hat{\beta} \cong 0.90362, \hat{\lambda} = 0.24162$'를 얻었다. JUMP 결과는 [그림 IV-30]이며 화살표 순서로 진행하고, 관련된 'R 코드'는 '부록 F-1'을 참고하기 바란다.

[그림 IV-30] '모수 $\hat{\beta}$' 추정을 위한 JUMP 사용 과정과 결과 예

모수	추정값	표준 오차	하위 95%	상위 95%
lambda	0.24162407	0.24116462	0.0341631	1.7089256
beta	0.90362046	0.18509123	0.6048281	1.3500199
신뢰도 성장 기울기	0.09637954	0.18509123	-0.3500199	0.3951719

[그림 IV-30]은 'BC/BD-모드'를 포함하는 'Test-Fix-Find-Test 전략'이고 따라서 모형은 'CERPM'이 적절하나 '그룹 데이터'로 전환했으므로 '모수 추정'에 'RGTMC'를 활용하였다.

(**'BC-모드'의 '평균 FEF' 구하기**) 'BC-모드'는 시험 중 드러난 '고장 모드'

중 바로 '개선 조치'해야 할 대상이다. 그러나 원인인 'BC-모드'를 '100%' 완벽하게 제거할 순 없고 일정 분량만 가능하다고 보는데, 이 값을 'FEF(수정 효과 계수)'라고 한 바 있다. 계산은 (식 Ⅳ-49)를 이용한다[문헌-⑤(p.119)].

[$BC-$ 모드의 '평균 수정 효과 계수(FEF)]　　　　　　　　　　(식 Ⅳ-49)

$$\widehat{d_{BC}} = \frac{\left[\dfrac{n_{BC}^{(1/\widehat{\beta_{BC}})}}{\Gamma\left(1 + 1/\widehat{\beta_{BC}}\right)}\right] - n_{BC}}{\left[\dfrac{n_{BC}^{(1/\widehat{\beta_{BC}})}}{\Gamma\left(1 + 1/\widehat{\beta_{BC}}\right)}\right] - m_{BC}} = \frac{\left[\dfrac{12^{(1/0.77536)}}{\Gamma\left(1 + 1/0.77536\right)}\right] - 12}{\left[\dfrac{12^{(1/0.77536)}}{\Gamma\left(1 + 1/0.77536\right)}\right] - 8} = 0.69832$$

$where,$
○ $n_{BC} = $ 관측된 '$BC-$모드'의 총수
○ $m_{BC} = $ 서로 다른 '$BC-$모드'의 수(즉, 중복 제외)
○ $\widehat{\beta_{BC}} = $ 서로 다른 '$BC-$모드' 중 '첫 번째 고장시간'을 이용한 MLE
○ 단, '$\widehat{\beta_{BC}} \geq 1$' 일 경우 '$\widehat{d_{BC}} = 0$'

(식 Ⅳ-49)에서 "서로 다른 'BC-모드'"란, 예를 들어 [표 Ⅳ-21]의 '원 데이터' 중 'BC2'와 'BC3'은 "서로 다른 'BC-모드'"이다. 그러나 'BC3과 BC4'는 하나씩 더 있어 "같으므로(또는 중복되므로)" 대상에서 제외한다. 이해를 돕기 위해 [그림 Ⅳ-31]에 'BC-모드'만 추출해서 정리하였다.

[그림 Ⅳ-31] 'BC-모드'만 추출→ '그룹 데이터'→ '모수' 추정→ 'BC-모드 평균 FEF'

BC-모드'만 옮김.					BC-모드 유형'별 '첫 고장 시간'만 '그룹 데이터'로				BC-모드 FEF '계산		
i	모드	ti	고장 수	→	시작	끝	첫 고장 수	식	모수 β_{BC}	모수 λ_{BC}	분자	분모
1	BC1	25	3	○	0	25	2	-4.1589	0.77536	0.13151	9.25926	13.2593
3	BC2	25	1	○	25	50	0	0.0000			$\hat{d}_{BC}=$	0.69832
7	BC3	75	1	○	50	75	1	0.1168				
25	BC3	200	1	중복	75	100	1	0.4581				
10	BC4	100	1	○	100	125	2	1.4227				
20	BC4	175	1	중복	125	150	0	0.0000				
15	BC5	125	1	○	150	175	2	2.1613				
17	BC6	125	1	○	175	200	0	0.0000				
23	BC7	175	1	○		합	8	-6E-07				
21	BC8	175	1	○								

$$\hat{d}_{BC} = \frac{\left[\dfrac{12^{1/0.77536}}{\Gamma(1 + 1/0.77536)}\right] - 12}{\left[\dfrac{12^{1/0.77536}}{\Gamma(1 + 1/0.77536)}\right] - 8}$$

　[그림 Ⅳ-31]의 왼쪽 표는 [표 Ⅳ-21]의 '원 데이터'로부터 'BC-모드'만 추출해서 '모드' 열로 정렬한 결과다. 'BC-모드'의 '모수'를 추정하려면 "첫 고장 시간"만 필요한데, 'BC3과 BC4'는 두 개씩 있으므로 두 개 중 "첫 고장 시간"만 선택한다. 즉 'BC3 첫 고장 시간=75', 'BC4 첫 고장 시간=100'을 선택한다. 다른 'BC-모드'들은 한 개씩만 있으므로 그대로 선택한 뒤 가운데 표인 '그룹 데이터'로 전환한다. 그림의 '모수 β_{BC}' 열의 값은 [그림 Ⅳ-29]의 엑셀 '해 찾기'와 같은 과정으로 '모수 $\hat{\beta}_{BC}$'를 얻는다(약 0.77536). 그림의 맨 오른쪽 '분자' 열과 '분모' 열은 (식 Ⅳ-49)를 계산한 결과다('Γ'는 엑셀 함수 "GAMMA" 선택). 'R'은 계산식만 코딩하면 되므로 별도의 예는 생략한다.

　'BC-모드'의 '수정 효과 계수(FEF)', 즉 '$\hat{d}_{BC} = 0.69832$'의 의미는 "현재의 관리 전략 또는 시험 운영 수준으로 판단컨대 'BC-모드'를 '개선 조치'했을 때 기대되는 효과는 '약 70%'가 제거되고 '약 30%'가 잔류함"이다. 이후 '약 30%'의 'BC-모드' 잔류는 아이템을 더 오래 사용하거나 스트레스 여건이 강화된 환경에 노출될 경우 '고장의 원인'으로 작용할 수 있다.

　(BD-모드' '고장 강도'의 %잔류) 한 아이템에 존재하는 '고장 모드'를 시험 중에 모두 관찰할 수 있으면 '개선 조치'를 통해 완전히 제거함으로써 신

뢰도를 최상으로 높일 수 있다. 그러나 현실에서 그런 일은 일어나지 않는다. 따라서 '고장 모드'의 존재 전체를 '1'로 봤을 때 드러나거나 드러나지 않은 비율, 또는 제거된 비율 등을 파악하면 신뢰도를 높이기 위한 운영 전략을 마련할 수 있다. '신뢰도 성장' 연구에 대표 기업인 ReliaSoft社의 분석 프로그램(RGA)에서는 이와 같은 구분을 "고장 모드 관리 전략(Failure Mode Management Strategy)"이라고 부르며, 양을 계산한 뒤 '파이 차트'로 시각화해 전략 수립에 활용토록 지원한다. 기본적으로 나눌 수 있는 항목들은 다음과 같다[문헌-⑤(pp.120~122)].

1) '개선 조치' 후 현 아이템의 전체 '순간 고장 강도'는 '1'이다.
2) 'A-모드'로 인한 '고장 강도의 비율(A)'이 존재
3) 드러난 'BC-모드'로 인한 '고장 강도의 비율(BC_{seen})'이 존재
4) 드러나지 않은 'BC-모드'로 인한 '고장 강도의 비율(BC_{unseen})'이 존재
5) 드러난 'BD-모드'로 인한 '고장 강도의 비율(BD_{seen})'이 존재
5-1) 드러난 'BD-모드' 중 '제거된 고장 강도의 비율($BD_{removed}$)'이 존재
5-2) 드러난 'BD-모드' 중 '잔류한 고장 강도의 비율($BD_{remained}$)'이 존재
6) 드러나지 않은 'BD-모드'로 인한 '고장 강도의 비율(BD_{unseen})'이 존재

즉 ''2)' + '3)' + '4)' + '5)' + '6)' = 1'이고, ''5 − 1)' + '5 − 2)' = '5)''의 관계가 있다. 문제에서 제시된 항목은 '5-2)'이므로 본문에서 다루고 나머지 항목들은 유사하게 계산되므로 필요한 독자는 [문헌-⑤(pp.152~155)]를 참고하기 바란다. 기본 계산 식은 (식 Ⅳ-50)과 같다.

$['개선조치' 후 'BD-모드'의 잔류비율]$　　　　　　　　(식 IV-50)

$$BD_{remain} = \left(1 - \frac{1}{m}\sum_{i=1}^{m} d_i\right) \times BD_{seen} = (1 - \bar{d}) \times BD_{seen}$$

$where,$

$\bigcirc\ BD_{seen} = \left(\frac{T}{N^2}\right)\left\{n_{BDR}\ln(T) - \sum_{i=1}^{q}\frac{n_{BDR,i}}{\hat{\beta}} \times \left(\frac{t_i^{\hat{\beta}}\ln\left(t_i^{\hat{\beta}}\right) - t_{i-1}^{\hat{\beta}}\ln\left(t_{i-1}^{\hat{\beta}}\right)}{t_i^{\hat{\beta}} - t_{i-1}^{\hat{\beta}}} - 1\right)\right\}\hat{\mu}_E(T)$

$\bigcirc\ \hat{\beta}=$ 전체'고장시간'을'그룹데이터'로 전환한 후 얻은'척도모수'

$\bigcirc\ \hat{\mu}_E(T) = \hat{\lambda}\hat{\beta}t^{\hat{\beta}-1}$

$\bigcirc\ n_{BDR} = $ '첫 발생 BD-모드'의 '고장시간'을 제외한 수

'BD_{remain}'을 얻으려면 먼저 'BD_{seen}'이 필요한데, 이때 그 안의 '∑항'이 계산돼야 한다. 쉬운 계산을 위해 [표 IV-21]의 '원 데이터'로부터 'BD-모드'만 추출해서 [표 IV-23]처럼 구간별로 값을 얻어 모두 합해 '∑항'을 얻는다.

[표 IV-23] 'BD_{seen}'의 계산 전 '∑항' 얻기

BD-모드	첫 발생 시간	첫 발생 수(n_{BDF})	나머지 (잔류) 시간	잔류 수 (n_{BDR})	시작	끝	잔류 수 (n_{BDR})	∑항
BD9	25	1	-	0	0	25	0	0.000
BD10	50	1	125	1	25	50	0	0.000
BD11	50	1	-	0	50	75	1	4.1271
BD12	75	1	-	0	75	100	0	0.000
BD13	75	1	75	1	100	125	1	4.7205
BD14	100	1	-	0	125	150	0	0.000
BD15	125	1	-	0	150	175	0	0.000
BD16	150	1	200	1	175	200	1	5.2329
BD17	200	1	-	0	-	-	-	-
합		9	-	3	-	-	3	14.0805

[표 Ⅳ-23]의 '**BD-모드** ~잔류수(n_{BDR})' 열까지는 [표 Ⅳ-21]의 '원 데이터'로부터 'BD-모드'만 추출해서 '첫 고장 발생 시간'과 '나머지'로 구분한 표이다. 또 '시작 ~잔류수(n_{BDR})' 열은 바로 앞 추출표로부터 요약되었으며 이들로부터 구간별로 값을 얻어 합산하면 '$\sum$항'을 얻는다. (식 Ⅳ-51)은 [표 Ⅳ-23]의 '그룹 데이터'에서 '세 번째 구간'인 "50~75"를 계산한 예이다.

$$[(식\,IV-50)의\,'\sum 항'\,구하기\,(셋째\,구간인\,'50\sim75')\,예] \qquad (식\ \text{Ⅳ}-51)$$

$$\frac{N_{BDR.3}}{\hat{\beta}}\left[\frac{t_3^{\hat{\beta}}\ln t_3 - t_2^{\hat{\beta}}\ln t_2}{t_3^{\hat{\beta}} - t_2^{\hat{\beta}}} - 1\right]$$

$$= \frac{1}{0.90362}\left[\frac{75^{0.90362}\ln\left(75^{0.90362}\right) - 50^{0.90362}\ln\left(50^{0.90362}\right)}{75^{0.90362} - 50^{0.90362}} - 1\right] \cong 4.1271$$

$$where,\,\hat{\beta} = [그림\,IV-29]\,참조$$

(식 Ⅳ-51)의 결과는 [표 Ⅳ-23]의 '셋째 구간(50~75) 값(4.1271)'에 대응한다. (식 Ⅳ-52)는 [표 Ⅳ-23]의 '$\sum$항' 열의 결과를 이용해 'BD_{seen}'을 얻은 결과이다. 또 바로 아래 'BD_{remain}'도 연속으로 계산하였다.

$$['개선조치'\,후\,'BD-모드'의\,잔류\,비율] \qquad (식\ \text{Ⅳ}-52)$$

$$BD_{seen} = \left(\frac{T}{N^2}\right)\left\{n_{BDR}\ln(T) - \sum_{i=1}^{g}\frac{n_{BDR.i}}{\hat{\beta}}\times\left(\frac{t_i^{\hat{\beta}}\ln\left(t_i^{\hat{\beta}}\right) - t_{i-1}^{\hat{\beta}}\ln\left(t_{i-1}^{\hat{\beta}}\right)}{t_i^{\hat{\beta}} - t_{i-1}^{\hat{\beta}}} - 1\right)\right\}\hat{\mu}_E(T)$$

$$= (200/29^2)\times\{3\times\ln(200) - 14.0805\}\times\left(\begin{array}{c}0.24162\times0.90362\\ \times 200^{0.90362-1}\end{array}\right)$$

$$\cong 0.05654$$

$$\therefore BD_{remain} = \left(1 - \frac{1}{m}\sum_{i=1}^{m}d_i\right) \times BD_{seen} = (1 - \bar{d}) \times BD_{seen}$$
$$= (1 - 0.6833) \times 0.05654$$
$$\cong 0.0179 \, (약 \, 1.790\%)$$

$$where, \, \bar{d} = [표 \, IV-21]의 \, 'FEF열의 평균값'$$

(식 Ⅳ-52)는 드러난 'BD-모드' 중 '개선 조치'를 통해 신뢰도가 성장했지만, 그들 중 '약 1.790%'는 여전히 잔류함에 따라 향후 고장 발생의 원인이 될 수 있음을 알 수 있다.

4. 복구 가능 아이템의 신뢰도 실증시험 설계

        '복구 가능 아이템(Repairable System)'을 대상으로 '신뢰도 실증시험'을 위한 시험설계법에 대해 알아본다. '실증시험의 설계'는 "지정한 '작동 시간' 동안 정해 놓은 '신뢰 수준'에서 '목표 MTBF(누적/순간)'를 달성했는지 확인할 시험의 설계"이다. '목표 MTBF'의 역수가 '고장 강도'이므로 주어진 시간 't'에서의 '누적 고장 강도'와 '순간 고장 강도'를 실증하는 문제와도 직결된다. 시험에 고려될 '매개변수(Parameter)'를 하나로 묶는 '모형'이 있어야 그들의 관계로부터 미정의 항목을 결정할 수 있다. 기본 모형은 '부록-B'의 식(B-7)을 이용한다. 유도 과정은 부록을 참조하고 관련 식만 옮기면 (식 Ⅳ-53)과 같다.

['성장이 존재하는' 상황에서 '기대 누적 고장 수 $=n$개'가 나올 확률] (식 Ⅳ-53)

$$P[N(t)=n] = \frac{(\lambda t^{\beta})^{n} e^{-\lambda t^{\beta}}}{n!} \quad ; \quad n = 0, 1, 2, \ldots$$

    (식 Ⅳ-53)은 단일 아이템에 대한 식이므로 여러 아이템을 대상으로 한 시험으로 일반화하면 (식 Ⅳ-54)와 같다[문헌-⑤(pp.326~329)].

['신뢰도 성장시험' 계획 수립에 필요한 모형]   (식 Ⅳ-54)

$$1 - CL = \sum_{i=0}^{n_f} \frac{\left(n_{it} \lambda T^{\beta}\right)^{i} \exp\left(-n_{it} \lambda T^{\beta}\right)}{i!}$$

$where$:
T : 각 아이템의 '총 시험 기간'
n_{it} : 시험 중인 아이템의 수
n_f : 시험에서 허용한 고장 수
CL : 신뢰 수준

(식 Ⅳ-54)는 현재 시험 계획을 수립 중이므로 (식 Ⅳ-53)의 '시간 t'는 '총 시험 기간, T'로, 여러 아이템을 투입해야 하므로 '아이템 수, n_{it}'을 추가하였다. 또 '$\sum$'는 '허용한 고장 수, n_f'에 이르는 중에 '고장 수'가 '0개 나올 확률', '1개 나올 확률', '$\cdots$', 'n_f개 나올 확률'이 모두 가능하므로 그에 맞춰 도입하였다. 결국 '시험설계'란 (식 Ⅳ-54)의 '매개변수'를 정하는 문제와 같으므로 이를 계획 수립에 잘 활용하는 게 핵심이다.

[Case Study 26] – 신뢰도 실증시험을 위한 '총 시험 기간'을 결정하시오.

(상황) 시험 목적은 5년 동안 아이템당 고장 횟수가 10회 이하임을 입증하는 시험설계이다. 정확히는 '복구 가능 아이템'의 '누적 MTBF'가 5년간의 작동 동안 '신뢰 수준=80%'에서 '0.5년/고장 이하(=5/10)'가 되는지를 입증하는 것이다. 시험 동안의 '아이템 수, $n_{it}=6$'이고 '허용 고장 수, $n_f=2$'라고 가정할 때 '총 시험 기간, T'을 몇 년으로 해야 할지 결정하시오.

(풀이) (식 Ⅳ-54)에서 알려진 '매개변수'는 '$CL=0.8$', '$n_{it}=6$', '$n_f=2$'이므로 결국 'λ'을 주어진 정보로부터 계산한 뒤 'T'을 얻을 수 있다. '부록-B'의 식(B-13)으로부터 쉽게 계산된다.

[주어진 정보로부터 'λ' 구하기]　　　　　　　　　　　　　　　(식 Ⅳ-55)

$$m_{ins}(t)=0.5=\frac{1}{\lambda \beta t^{\beta-1}}=\frac{1}{\lambda \times 1 \times 5^{1-1}} \quad \because \text{구성 변경이 없다면 } \beta=1$$

$$\therefore \lambda=\frac{1}{0.5}=2$$

(식 Ⅳ-54)와 (식 Ⅳ-55)를 이용해 'T'을 얻는다. (식 Ⅳ-56)과 같다.

['신뢰도 성장시험' 계획수립에 필요한 모형]　　　　　　　　　　　　　　　(식 Ⅳ-56)

$$1 - CL = 1 - 0.8 = \sum_{i=0}^{n_f} \frac{\left(n_{it}\lambda T^{\beta}\right)^i \exp\left(-n_{it}\lambda T^{\beta}\right)}{i!}$$

$$= \frac{\left(6 \times 2 \times T^1\right)^0 \times \exp\left(-6 \times 2 \times T^1\right)}{0!} \quad \because n_f = 0 \text{인 경우}$$

$$+ \frac{\left(6 \times 2 \times T^1\right)^1 \times \exp\left(-6 \times 2 \times T^1\right)}{1!} \quad \because n_f = 1 \text{인 경우}$$

$$+ \frac{\left(6 \times 2 \times T^1\right)^2 \times \exp\left(-6 \times 2 \times T^1\right)}{2!} \quad \because n_f = 2 \text{인 경우}$$

$$= \left(1 + 12T + 72T^2\right) \times e^{-12T}$$

(식 Ⅳ-56)은 엑셀의 '해 찾기' 기능으로 쉽게 'T'을 찾을 수 있다.

[그림 Ⅳ-32] 시험설계 '매개변수' 중 'T' 결정하기(엑셀 '해 찾기' 기능)

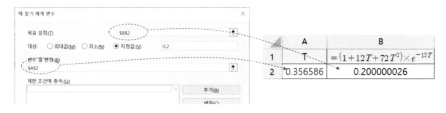

[그림 Ⅳ-32]로부터 "5년에 걸쳐 아이템당 고장 수가 10회 이하가 되는지를 실증하기 위해 '약 0.36년(4.32개월)'의 시험 진행"이 필요함을 알 수 있다.

[Case Study 27] – 신뢰도 실증시험을 위한 '아이템 수'를 결정하시오.

(상황) 한 제조 회사에서 '신뢰도 성장시험' 프로젝트가 종료되는 시점에 신제품의 'MTBF'가 '신뢰 수준=80%'에서 '10,000시간'이 될 수 있음을 입증하려고 한다. 시험에 사용할 수 있는 시간은 아이템당 '4,000시간'이다. 고장이 발생하지 않는다고 가정할 때 원하는 'MTBF'를 실증하는 데 필요한 '아

이템 수'를 결정하시오.

(풀이) (식 Ⅳ-54)에서 알려진 '매개변수'는 '$CL = 0.8$', '$n_f = 0$', '$T = 4000$'이 므로 결국 'λ'을 주어진 정보로부터 계산한 뒤 'n_{it}'을 얻을 수 있다. '부록-B' 의 식(B-13)으로부터 쉽게 계산된다.

[주어진 정보로부터 'λ'구하기]　　　　　　　　　　　(식 Ⅳ-57)

$$m_{ins}(t) = 10000 = \frac{1}{\lambda \beta t^{\beta-1}} = \frac{1}{\lambda \times 1 \times 4000^{1-1}}$$

$$\therefore \text{구성 변경이 없다면 } \beta = 1. \quad \therefore \lambda = \frac{1}{10000} = 10^{-4}$$

(식 Ⅳ-54)와 (식 Ⅳ-57)을 이용해 'n_{it}'을 얻는다. (식 Ⅳ-58)과 같다.

['신뢰도 성장시험' 계획수립에 필요한 모형]　　　　　　　(식 Ⅳ-58)

$$1 - CL = 1 - 0.8 = \sum_{i=0}^{n_f} \frac{\left(n_{it}\lambda T^{\beta}\right)^i \exp\left(-n_{it}\lambda T^{\beta}\right)}{i!}$$

$$= \frac{\left(n_{it} \times 10^{-4} \times 4000^1\right)^0 \times \exp\left(-n_{it} \times 10^{-4} \times 4000^1\right)}{0!}$$

$$= e^{-n_{it} \times 0.4} \qquad \qquad \therefore n_f = 0 \text{인 경우}$$

양변에 '$\ln$'을 취해 정리하면,

$$\ln 0.2 = -0.4 \times n_{it}$$

$$\therefore n_{it} = \frac{-1.60944}{-0.4} \cong 4.024 \, (5\text{아이템})$$

(식 Ⅳ-58)로부터 "4000시간에 걸쳐 아이템당 '고장 수'가 '0회'가 되는데 필요한 '아이템 수'는 '5개'"임을 알 수 있다. 안전한 결괏값을 기대하기 위해 초과한 양은 '반올림'으로 처리한다.

부록
(Appendix)

A. '최소 제곱법' 유도

　유도할 '최소 제곱법(Method of Least Square)'은 「BTS(Be the Solver) 시리
즈_확증적 자료분석(CDA) 편, pp.95~97」의 내용을 옮겼다. 학습을 더 원하
는 독자는 해당 서책을 참고하기 바란다.
　[그림 A-1]은 '산점도'에서 각 점을 가장 잘 설명할 수 있는 '직선'이 있다
고 가정하고 작성한 개요도이다. 여기서부터 시작해 보기로 하자.

[그림 A-1] '단순 선형 회귀 모형' 개요도

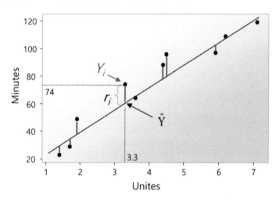

　'산점도'에서 네 번째 점을 예로 들면, 'x'값 '3.3'에 대응하는 실제 측정된
'y'값 '74'가 존재한다. 그런데 그림의 모든 점을 잘 설명할 것이란 가정하에
이상적인 '직선'을 긋고 있으므로 예를 든 '$x=3.3$'에 대해 직선이 'y'값 '74'
를 정확히 지나게 할 수는 없다. 어느 점은 직선 위에 존재할 수 있지만, 어
느 점은 직선 아래 또는 위에 존재한다. 따라서 '실제 값('Y_i'로 표기)'과 '이

상적인 값('$\widehat{Y_i}$'로 표기: Y 위의 '^'는 'hat'으로 읽으며 추정이란 의미로 쓰인다)'의 차이가 존재하는데 편의상 이 차이를 'r_i', 또는 '잔차(Residual)'라고 한다. '산점도'에 '실제 값(Y_i)'과 '이상적인 값($\widehat{Y_i}$)' 및 '잔차'를 각각 표기해 놓았다($r_i = Y_i - \widehat{Y_i}$). 결국 '단순 선형 회귀 모형'을 만든다는 것은 모든 점에 대해 이 '잔차=r_i'가 최소가 되도록 하는 직선의 '기울기'와 'y-절편(직선이 y-축과 만나는 값)'을 구하는 문제로 귀결된다. 설명한 바와 같이 [그림 A-1]로부터 다음의 항등식이 성립한다. 즉,

$Y_i - \widehat{Y_i} = r_i$가 되고,

'잔차(r_i)'를 최소화하는 데 관심이 있으므로 '음수'가 나오지 않도록 양변을 제곱한다(양수, 음수의 구분보다 절댓값 자체를 최소화하면 됨). 즉,

$(Y_i - \widehat{Y_i})^2 = r_i^2$. 이 식은 한 점에 대한 예이고, '총 10개'의 관측치가 있다면 '잔차'도 '10개'가 존재한다. 따라서 양변에 '잔차' 모두를 더한다는 의미로 기호 '$\sum$'을 넣는다. 데이터 수를 'n'으로 가정한 결과는 다음과 같다('잔차'의 총량을 최소화하면 됨).

$\sum_{i=1}^{n}(Y_i - \widehat{Y_i})^2 = \sum_{i=1}^{n} r_i^2$. 항등식에서 '$\widehat{Y_i}$'는 '직선 방정식'이므로 '$\hat{\beta} + \hat{\alpha} X_i$'의 일차식을 대입하면,

$\sum_{i=1}^{n}\left[Y_i - (\hat{\beta} + \hat{\alpha} X_i)\right]^2 = \sum_{i=1}^{n} r_i^2$. 여기서부터는 수학적인 처리가 필요하다. 최종 항등식의 좌변이 최소가 되게 하는 수학적 방법은 '미분'이다. 이를 위해 '$\hat{\alpha}$'와 '$\hat{\beta}$' 각각에 대해 '편미분'을 수행해 우변을 '0'으로 놓게 되면 바로 '잔차'가 최소가 되는 두 식을 얻는데, 그 결과는 다음과 같다. 즉,

$$\hat{\beta}\text{에 대해, } 2\sum_{i=1}^{n}\left\{\left[Y_i-\left(\hat{\beta}+\hat{\alpha}X_i\right)\right]\times(-1)\right\}=0$$

$$\hat{\alpha}\text{에 대해, } 2\sum_{i=1}^{n}\left\{\left[Y_i-\left(\hat{\beta}+\hat{\alpha}X_i\right)\right]\times(-X_i)\right\}=0$$

이 두 개의 방정식을 '정규 방정식(Normal Equation)'이라고 한다. 이들을 풀어 알아보기 쉽도록 정리하면,

$$\sum_{i=1}^{n}Y_i=n\hat{\beta}+\hat{\alpha}\sum_{i=1}^{n}X_i$$

$$\sum_{i=1}^{n}X_iY_i=\hat{\beta}\sum_{i=1}^{n}X_i+\hat{\alpha}\sum_{i=1}^{n}X_i^2$$ 이며, '연립 방정식'을 풀어 '$\hat{\beta}$'와 '$\hat{\alpha}$'을 구하면,

$$\hat{\beta}=\frac{\sum_{i=1}^{n}Y_i-\hat{\alpha}\sum_{i=1}^{n}X_i}{n}$$

$$\hat{\alpha}=\frac{n\sum_{i=1}^{n}X_iY_i-\left(\sum_{i=1}^{n}X_i\right)\left(\sum_{i=1}^{n}Y_i\right)}{n\sum_{i=1}^{n}X_i^2-\left(\sum_{i=1}^{n}X_i\right)^2}$$ 이 된다. 식에 적혀 있는 모든 표기들은

수집한 x, y 데이터로부터 직접 얻어낼 수 있다.

B. 'RGTMC(또는 AMSAA Crow(NHPP) 모형)' 유도

이하 모형과 관련된 수학적 전개는 'ReliaSoft Corporation'의 기술자료인 「Reliability Growth & Repairable System Data Analysis Reference」[63]를 중심으로 하되 부족한 내용은 타 자료를 참고하였다.

'AMSAA Crow 모형'의 신뢰도 성장 패턴은 'Duane 모형'에서의 패턴과 정확히 일치한다. 공통점으로는 ① '시험 국면 간'이 아닌 '시험 국면 내'에서 모형이 적용되며, ② '누적 고장 수'와 '누적 시험 시간'은 $Log-Log$ 용지(척도)'에서 '선형' 관계에 있다. 그러나 차이점도 있는데 ① 'Duane 모형'이 '그래프 해석'에 기반하는 반면, 'AMSAA Crow 모형'은 통계적으로 해석하는 차이가 있다('신뢰구간' 산출, '적합도 검정' 가능). 또 하나 ② 'Duane 모형'은 '순간 고장률'과 '누적 시험 시간'이 $Log-Log$ 용지'에서 선형이지만 'AMSAA Crow 모형'의 경우, '비동질적 포아송 과정(NHPP)의 고장 강도'가 선형이다. 즉 '$y-$축'이 전자는 '순간 고장률', 후자는 '고장 강도'를 적용한다.

'AMSAA Crow 모형'을 설명하기 위해 '$N(t)$'을 '누적 시험 시간(t)' 동안 관측된 '누적 고장 수'로, 또 '$\mu(t)$'을 '고장 강도 함수(Failure Intensity Function)'라 하자. '고장 강도'는 좀 낯선 표현인데 '단위 시간'마다 모두 일정한 빈도로 고장이 발생할 수도 있고 각기 다른 빈도로 발생할 수도 있다. 즉 '강도(Intensity)'가 다른 것이다. '포아송 분포'로 볼 때 '모수(θ)'는 "단위 시간당 평균 발생 건수(즉, 평균 발생률)"이므로 만일 '발생률'이 일정하면 'HPP(동질적 포아송 과정)', 일정하지 않으면 'NHPP(비동질적 포아송 과정)'로 설명한 바

---

63) http://reliawiki.org/index.php/Reliability_Growth_and_Repairable_System_Analysis_Reference

있다. 영문으로는 각각 'Homogeneous Poisson Process'와 'Non-homogeneous Poisson Process'이다[용어 및 이하 기호 표기 포함해서 Ⅲ절의 「1.3.1. 포아송 과정(Poisson Process)」참조]. 'HPP'에서 'θ'는 '상수'이고, 'NHPP'에서는 '$\theta(t)$' 의 표현처럼 시간에 따라 변화한다.

'NHPP 모형'일 때 '$\mu(t)\triangle t$'는 '$\triangle t$'가 아주 작은 값에 수렴할 때 구간 '$[t,\ t+\triangle t]$'에서의 '고장 발생확률'에 근사한다. 이때 'AMSAA Crow 모형'하 에서 시험 구간 '$[0,\ t]$'에 걸친 '기대 고장 수'는 다음으로 주어진다.

$$E[N(t)] = \int_0^t \mu(t)dt \tag{B-1}$$
[참고] 개념적으로 순간의 '단위 시간 당 발생 건수'를 't시간' 동안 모두 합쳤으므로 'N개'가 됨.

'AMSAA Crow 모형'에서 '$\mu(t)$'는 '와이블 고장률 함수(Weibull Failure Rate Function)'에 근사한다고 가정한다. 즉 식 (B-2)와 같다. 참고로 '와이블 고장률 함수'는 '와이블 위험 함수' 또는 '와이블 순간 고장률 함수'로 불린다. '와이블 확률밀도함수'로부터 유도가 가능하다. 자세한 내용은 「BTS(Be the Solver) 시 리즈_신뢰성 분석(기본) 편, p.180」을 참조하고 별도의 설명은 생략한다.

$$\mu(t) = \frac{\beta}{\alpha^\beta} t^{\beta-1} \tag{B-2}$$

그러므로 만일 '$\lambda = 1/\alpha^\beta$'로 놓을 때 '고장 강도 함수(Failure Intensity Function)', 또 는 '순간 고장 강도(Instantaneous Failure Intensity)'인 '$\mu(t)$'는 식(B-3)으로 정해진다.

$$\mu(t) = \lambda\beta t^{\beta-1},\ t > 0,\ \lambda > 0,\ \beta > 0 \tag{B-3}$$

이 모형은 '와이블 함수가 아닌 "와이블 고장 강도 함수를 갖는 포아송 과정(Poisson Process with the Weibull Intensity Function)"임을 인식하자. 그러므로 '와이블 분포'에 대한 통계적 절차는 이 모형에 적용되지 않는다. '모수, λ'는 't'에 대해 선택된 단위에 따라 달라지므로 '척도 모수(Scale Parameter 또는 Size Parameter)'라고 한다. 또 '모수, β'는 '고장 강도 함수'의 그래프 모양을 결정하므로 '형상 모수(Shape Parameter)'라고 한다.[64] '고장 시간'이 '지수 분포'를 따를 경우 '$\beta = 1$'이고 이것은 '성장이 없는' 상황이므로 '$\mu(t)$'는 값 'λ'로 일정하다. '$\beta > 1$'일 때 '$\mu(t)$'는 증가하며 이것은 아이템의 '신뢰도의 저하를 나타낸다. '$\beta < 1$'일 때 '$\mu(t)$'는 감소하며 이것은 순간순간의 고장률 감소를 뜻하므로 '신뢰도 성장'을 나타낸다.

'지수 고장 시간($\beta = 1$)' 같은 특별한 상황은 '성장이 없는' 경우이며 이때의 '기대(또는 평균) 고장 수(Expected Number of Failures)'는 다음으로 정해진다.

$$['성장이 없는' 상황 (\beta = 1)에서의 '기대 고장 수'] \quad (B\text{-}4)$$
$$E[N(t)] = \int_0^t \mu(t)dt = \int_0^t \lambda dt = \lambda t$$

일반적인 '신뢰도 성장' 경우 '$Log - Log$ 용지'에서 '직선 패턴'으로 보이려면 식 (B-1)의 '기대(or 누적) 고장 수'는 다음을 만족해야 한다. 즉 '성장이 존재하는' 상황에서의 '기대 누적 고장 수'이다.

$$['성장이 존재하는' 상황에서의 '기대 누적 고장 수'] \quad (B\text{-}5)$$
$$\therefore E[N(t)] = \int_0^t \mu(t)dt = \int_0^t \lambda\beta t^{\beta-1}dt = \left[\frac{1}{\beta}\lambda\beta t^\beta\right]_0^t$$

$$= \lambda t^\beta$$

---

64) 'β'는 '성장 모수(Growth Parameter)'로도 불린다 - Crow, L. H. (1974), "Reliability analysis for complex, repairable systems", Reliability and Biometry, SIAM, pp.379～410.

다시 '신뢰도 성장 과정'에서 통계적으로 '성장이 전혀 없는' 특별한 경우를 생각해 보자. 이때 '$[0,t]$'의 시험 동안 관찰된 '기대 누적 고장 수$[N(t)]$'는 무작위로 발생하고 '기대 누적 고장 수$[E(N(t))]$'는 '평균$=\lambda t$'을 갖는 '동질적 (즉, 일정한 고장 수를 갖는) 포아송 과정(the Homogeneous Poisson Process)' 을 따른다. 다음과 같다.

$$['성장이 없는' \text{ 상황에서 } '기대 누적 고장 수 = n개' \text{가 나올 확률}] \quad \text{(B-6)}$$
$$P[N(t) = n] = \frac{(\lambda t)^n e^{-\lambda t}}{n!} \; ; n = 0,1,2...$$

'RGTMC(또는 AMSAA Crow 모형)'은 이 같은 '성장 없는' 사례를 '개선 조치'가 이루어졌을 때의 신뢰도 모형으로 일반화할 수 있다. 일반화할 때 '고장 수'를 설명하는 '포아송 분포'는 그대로 유지하지만 '기대(or 누적) 고장 수$[E(N(t))]$'는 '$Log-Log$ 용지'에 타점할 때 '선형'이 돼야 한다. 즉 '식 (B-5)'의 '$E[N(t)] = \lambda t^\beta$'이다. 이를 '성장이 존재하는' 상황으로 일반화해서 "'기대 누적 고장 수$[N(t)]$'가 'n개'가 될 확률"을 구하면 '포아송 분포'에 의해 다음으로 표현된다.

$$['성장이 존재하는' \text{ 상황에서 } '기대 누적 고장 수 = n개' \text{가 나올 확률}] \quad \text{(B-7)}$$
$$P[N(t) = n] = \frac{(\lambda t^\beta)^n e^{-\lambda t^\beta}}{n!} \; ; \; n = 0.1,2,...$$

'기대 누적 고장 수$[N(t)]$'는 '시험 국면'마다 일정하지 않으므로 '비동질적 포아송 과정(NHPP)'을 따름을 알 수 있다. 이때 '성장이 없는' 상황에서의 식 (B-6)은 식 (B-7)과 비교할 때 '$\beta = 1$'에 해당하며, 따라서 식 (B-6)은 'RGTMC(또는 AMSAA Crow 모형)'의 특별한 경우이다.

다음으로 'AMSAA Crow 모형'의 '누적 고장률'인 '$F_{c,AMSAA}(t)$'과 '누적 MTBF'인 '$M_{c,AMSAA}(t)$'을 얻어보자. '누적 고장률'은 고장들이 발생한 해당 '시험 기간'으로 나눠서 얻는다. 통상 '0'부터 시작하므로 '누적 고장 수'를 '시험 기간(t)'로 나누면 된다. 이때 '누적 고장 수'는 식 (B-5)이므로 결과는 식 (B-8)과 같다. '누적 $MTBF[M_{c,AMSAA}(t)]$'은 '누적 고장률$[F_{c,AMSAA}(t)]$'의 역수다.

$$['AMSAA-Crow \, 모형'의 \, '누적 고장률'과 \, '누적 MTBF'] \qquad (B-8)$$
$$F_{c,AMSAA}(t) = \frac{N(t)}{t} = \frac{\lambda_{AMSAA} \times t^{\beta_{AMSAA}}}{t} = \lambda_{AMSAA} \times t^{\beta_{AMSAA}-1}$$
$$M_{c,AMSAA}(t) = \frac{1}{F_{c,AMSAA}(t)} = \frac{1}{\lambda_{AMSAA}} \times t^{1-\beta_{AMSAA}}$$

앞서 언급한 바와 같이 **'시험 국면' 하나에서의 '신뢰도 성장'에 관한 국부적 패턴은 두에인(Duane)에 의해 관측된 성장 패턴과 같다.** 이를 확인해 보자. 우선 Duane의 '누적 고장률($F_{c,Duane}$)'과 '누적 $MTBF(M_{c,Duane})$'을 본문의 [표 Ⅲ-3]으로부터 다시 옮겨 놓으면 다음과 같다.

$$[Duane의 \, '누적 고장률'과 \, '누적 MTBF'] \qquad (B-9)$$
$$F_{c,Duane} = \frac{1}{\beta_{Duane}} \times t^{-\alpha_{Duane}}$$
$$M_{c,Duane} = \beta_{Duane} \times t^{\alpha_{Duane}}$$

그러므로 'AMSAA Crow 모형'과 'Duane 모형'을 비교하기 위해 식 (B-8)과 식 (B-9)를 이용하면 '모수'들 관계는 다음으로 요약된다.

$$[\,'Duane\,모형'과\,'AMSAA-Crow\,모형'\,의\,'모수'\,관계\,] \quad \text{(B-10)}$$
$$\alpha_{Duane} = 1 - \beta_{AMSAA}$$
$$\beta_{Duane} = \frac{1}{\lambda_{AMSAA}}$$

이들 관계가 절대적이지 않음에 주의하자. 데이터 분석 시 모수(기울기, 절편)들이 어떻게 정의되는가에 따라 변할 수 있기 때문이다.

식 (B-7)에서 언급한 바와 같이 '기대(or 누적) 고장 수[$N(t)$]'는 특정 시점마다 몇 개의 고장이 나오는지 알 수 없으므로 '포아송 분포'를 따르는 '확률 변수'이다. 그러므로 '단위 시간당 고장 수'를 '$\theta(t)$'라 할 때 "'시간 t'에서 '누적 고장 수=n'이 관찰될 확률"은 식 (B-7)을 이용해 (B-11)로 표현된다.

$$[\,'성장이\,존재하는'\,상황에서\,'기대(or\,누적)\,고장\,수 = n개'가\,나올\,확률\,] \quad \text{(B-11)}$$
$$P[N(t)=n] = \frac{\theta(t)^n e^{-\theta(t)}}{n!} \;\; ; \;\; n = 0.1, 2, \ldots$$

식 (B-7)의 'λt^β'을 '$\theta(t)$'로만 대체한다. 이때 구간 't_1'과 't_2' 사이에서 발생하는 '고장 수'는 '포아송 분포'를 따르는 '확률 변수'이며 식 (B-5)에 의해 다음으로 나타낸다.

$$평균\,고장\,발생\,수 : \theta(t_2) - \theta(t_1) = \lambda(t_2^\beta - t_1^\beta) \quad \text{(B-12)}$$

임의 '시간 구간'에서의 '고장 수'는 다른 모든 '시간 구간'에서 발생하는 '고장 수와 서로 간 독립이다(즉 서로 관련성 없이 발생한다). 단지 '첫 시간 구간'은 '고장 강도 함수'가 아닌 '와이블 고장률 함수'를 따르므로 제외한다. '첫 시간 구간(t_0)'에서 '고장 강도'는 '$\mu(t_0) = \lambda\beta t_0^{\beta-1}$'이다. 만일 시간 '$t_0$' 이후 아이템의 개선이 없으면 식 (B-3)에 의해 고장들은 일정한 비율인 '$\mu(t_0) = \lambda\beta t_0^{\beta-1}$'로 유지될 것이다. 이때 미래 고장들의 '평균 MTBF'는 '$\mu(t_0)$'의 역수'로 얻는다. 즉 '$m(t_0) = 1/(\lambda\beta t_0^{\beta-1})$'인 '지수 분포'를 따를 것이다. 반대로 개선이 이루어지면 시간 't'에서 아이템의 '순간 $MTBF$'는 다음과 같다.

$$m_{ins}(t) = \frac{1}{\lambda\beta t^{\beta-1}} \qquad \text{(B-13)}$$

이때 '$m_{ins}(t)$'을 다른 용어로 **실증 MTBF(Demonstrated MTBF)'**, 또는 '**성취 MTBF(Achieved MTBF)'**라고 부른다.

응용 시 주의할 점

'Duane 모형'과 'AMSAA Crow 모형'은 '신뢰도 성장 모형' 중 가장 많이 사용된다. 이것은 '누적 MTBF'와 '누적 시험 시간'에 로그를 취했을 때 둘 간에 '선형' 관계가 있다는 공통점 때문인데, 'AMSAA Crow 모형'이 'Duane 모형'을 단지 통계적으로 해석한 것이어서 당연한 결과이기도 하다. 그러나 'Duane 모형'은 '시간 경과에 따라 관측된 MTBF의 변화'가 '시험 국면들 사이에서 생긴 확률적 오류로 인한 변화'와 실제 차이가 있는지를 파악하는 기능은 없다. 반면 'AMSAA Crow 모형'은 설명된 기능이 포함돼 있다. 또 'AMSAA Crow 모형'은 데이터를 통해 성장이 존재하는지 판단할 수 있는 '가설검정' 절차가 가능하다('$\beta < 1$'은 MTBF의 증가, '$\beta = 1$'은 MTBF가 일정, '$\beta > 1$'은 MTBF의 감소). 한마디로 'AMSAA Crow 모형'은 '신뢰도 성장 과정'을 확률론적으로 보지만 'Duane 모형'은 결정론적으로 보는 차이가 있다.

'고장 시간 자료'의 '모수(Parameter)' 추정

'AMSAA Crow(NHPP) 모형'의 '모수'들은 '최대 우도 추정(MLE, Maximum Likelihood Estimation)'을 사용해서 추정된다. 시간 't_{i-1}'일 때 '$(i-1)^{th}$ 사건'이 발생한 상태에서 'i^{th} 사건'의 '확률 밀도 함수(pdf)'는 다음과 같다.

$$f(t_i|t_{i-1}) = \frac{\beta}{\alpha}\left(\frac{t_i}{\alpha}\right)^{\beta-1} \cdot e^{-\frac{1}{\alpha^\beta}\left(t_i^\beta - t_{i-1}^\beta\right)} \qquad \text{(B-14)}$$

이때 't_i' 각각이 모두 나오게 할 '모수'들은 식 (B-14)를 'and'로 묶는 '결합 밀도함수', 즉 '우도 함수(Likelihood Function)'이며 수식으로 나타내면 다음과 같다.

$$L = \lambda^n \beta^n e^{-\lambda T^{*\beta}} \prod_{i=1}^{n} t_i^{\beta-1}, \; \text{단} \; \lambda = 1/\alpha^\beta \qquad \text{(B-15)}$$

$$where, \; T^* \text{는 '중단 시간'이고 다음으로 정해진다.}$$
$$T^* = \begin{cases} T_n, & \text{시험이 '정수 중단'인 경우} \\ T > T_n, & \text{시험이 '정시 중단'인 경우} \end{cases}$$

'n'개만큼 식 (B-14)를 곱했으므로 't_i' 이외의 모수들을 '$\prod$' 밖으로 뺄 때 해당 '모수'들에 'n 제곱'을 하고 있다. 참고로 시간 데이터가 '3개라면 '$\prod_{i=1}^{3} t_i^{\beta-1} = t_1^{\beta-1} \times t_2^{\beta-1} \times t_3^{\beta-1}$' 가 될 것이다. 미분이 쉽도록 식 (B-15) 양변에 자연로그를 취하면 (B-16)과 같으며, 이를 '로그 우도 함수(Natural Log-Likelihood Function)'라고 한다.

$$\ln L = n\ln\lambda + n\ln\beta - \lambda T^{*\beta} + (\beta-1)\sum_{i=1}^{n}\ln t_i \qquad \text{(B-16)}$$

'λ'에 대해 미분하면, $\dfrac{\partial \ln L}{\partial \lambda} = \dfrac{n}{\lambda} - T^{*\beta}$ (B-17)

'0'으로 두고 'λ'에 대해 풀면, $\hat{\lambda} = \dfrac{n}{T^{*\beta}}$ (B-18)

'β'에 대해 미분하면,

$$\frac{\partial \ln L}{\partial \beta} = \frac{n}{\beta} - \lambda\, T^{*\beta} \ln T^* + \sum_{i=1}^{n} \ln t_i \qquad \text{(B-19)}$$

$$\left(\because\ y = T^{*\beta} \text{ 로 놓으면} \rightarrow \ln y = \beta \ln T^* \atop \frac{d(\ln y)}{d\beta} = \frac{1}{y}\frac{dy}{d\beta} = \ln T^*. \quad \therefore\ \frac{dy}{d\beta} = y \ln T^* = T^{*\beta} \times \ln T^* \right)$$

'0'으로 두고 'β'에 대해 풀면,

$$\hat{\beta} = \frac{n}{\lambda\, T^{*\beta} \times \ln T^* - \sum\limits_{i=1}^{n} \ln t_i} \qquad\qquad \therefore\ \hat{\beta} = \frac{n}{n \ln T^* - \sum\limits_{i=1}^{n} \ln t_i} \qquad \text{(B-20)}$$

$$\left(\because '\lambda\, T^{*\beta}' \text{는 식}(B-5)\text{로부터 } 'n' \right)$$

이 방정식은 '정수 중단'과 '정시 중단' 데이터 모두에 사용된다.

β의 '편향(Biasing)'과 '비편향(Unbiasing)'

앞서 설명한 '$\hat{\beta}$'을 얻는 식은 '편향 추정량(Biased Estimator)'이다. **'표본 크기(Sample Size)'가 작을 때** 안정되게 쓸 수 있는 '$\hat{\beta}$'의 '비편향 추정량(Unbiased Estimator)'은 다음으로부터 얻는다.

'정시 중단 데이터(Time Terminated Data)'에 대해(즉, 시험이 '설정된 시간'에 종료됨),

$$\overline{\beta} = \frac{N-1}{N}\, \hat{\beta} \qquad \text{(B-21)}$$

'정수 중단 데이터(Failure Terminated Data)'에 대해(즉, 시험은 '설정된 고장 수'가 발생하면 종료됨),

$$\overline{\beta} = \frac{N-2}{N}\hat{\beta} \qquad \text{(B-22)}$$

Cramer-von Mises Test

'Cramer-von Mises(CVM) 적합도 검정'은 "수집된 데이터가 '고장 강도 $[\mu(t) = \lambda\beta t^{\beta-1}(\lambda, \beta, t > 0)]$'을 잘 따르며 특정 시점에서의 '고장 수'는 일정하지 않은 'NHPP'로 설명된다."라는 '귀무가설'을 검정한다. 또 다른 표현으로 "개별 고장 시간이 알려진 상태에서 **AMSAA Crow 모형이 데이터를 잘 적합시킨다.**"라는 '귀무가설'을 검정한다. 이때 'C_M^2 검정 통계량(Cramér-von Mises Statistic)'을 이용한다.

이 검정법은 고장 데이터가 중간 공백이 없는 상태에서 **연속 구간 '$[0, T_q]$'에 걸쳐 얻어진 '완전 데이터'에 적합**하다. 사실상 'Fleet Data'를 제외하고 고장 시간이 알려진 모든 데이터 유형에 사용할 수 있다. 참고로 만일 고장 데이터가 '시간 구간(시작 시간, 종료 시간)'으로 수집될 경우 '카이제곱 적합도 검정(Chi-Squared Goodness-of-fit Test)'을 수행한다. 이 검정법은 '구간 중도 절단 자료(Interval-censored Data)'에 적합하다.

검정을 위한 'Cramer-von Mises(CVM) 적합도 통계량'은 식(B-23)으로 주어진다.

$$C_M^2 = \frac{1}{12M} + \sum_{i=1}^{M} \left[\left(\frac{t_i}{T} \right)^{\bar{\beta}} - \frac{2i-1}{2M} \right]^2 \qquad \text{(B-23)}$$

$where:$

$\bigcirc\ M = \begin{cases} N, & \text{시험이 '정시 중단'인 경우} \\ N-1, & \text{시험이 '정수 중단'인 경우} \end{cases}$

$\bigcirc\ \bar{\beta} = \dfrac{N-1}{N}\hat{\beta}$

'고장 시간(t_i)'은 반드시 '$t_1 < t_2 < \ldots < t_M$'의 순서를 따라야 한다. 만일 주어진 '신뢰 수준'에서 '통계량 C_M^2'이 'M'에 대응한 '임곗값'보다 작으면 "AMSAA Crow 모형"이 "데이터를 잘 적합시킨다."는 귀무가설의 기각에 실패한다(즉, 귀무가설을 받아들이므로 "적절하다"로 판단함). '유의 수준=0.1'에서의 검정은 '유의 수준=0.01'에서의 검정보다 더 엄격하다. [표 B-1]은 검정에 사용하는 '임곗값(Critical Values)'이다.

[표 B-1] 'Cramér-von 신뢰구간 Test'를 위한 임곗값

	M	2	3	4	5	6	7	8	9	10	11	12
	0.20	0.138	0.121	0.121	0.121	0.123	0.124	0.124	0.12	0.125	0.126	0.126
	0.15	0.149	0.135	0.134	0.137	0.139	0.140	0.141	0.14	0.142	0.143	0.144
α	0.10	0.162	0.154	0.155	0.160	0.162	0.165	0.165	0.16	0.167	0.169	0.169
	0.05	0.175	0.184	0.191	0.199	0.204	0.208	0.210	0.21	0.212	0.214	0.214
	0.01	0.186	0.230	0.280	0.30	0.31	0.32	0.32	0.32	0.32	0.32	0.32
	M	13	14	15	16	17	18	19	20	30	60	100
	0.20	0.126	0.126	0.126	0.127	0.127	0.127	0.127	0.12	0.128	0.128	0.129
	0.15	0.144	0.144	0.144	0.145	0.145	0.146	0.146	0.14	0.146	0.147	0.147
α	0.10	0.169	0.169	0.169	0.171	0.171	0.171	0.171	0.17	0.172	0.173	0.173
	0.05	0.214	0.214	0.215	0.216	0.217	0.217	0.217	0.21	0.218	0.220	0.220
	0.01	0.33	0.33	0.33	0.33	0.33	0.33	0.33	0.33	0.33	0.33	0.34

γ N	.80 L	.80 U	.90 L	.90 U	.95 L	.95 U	.98 L	.98 U
2	.261	18.66	.200	38.66·	.159	78.66	.124	198.7
3	.333	6.326	.263	9.736	.217	14.55	.174	24.10
4	.385	4.243	.312	5.947	.262	8.093	.215	11.81
5	.426	3.386	.352	4.517	.300	5.862	.250	8.043
6	.459	2.915	.385	3.764	.331	4.738	.280	6.254
7	.487	2.616	.412	3.298	.358	4.061	.305	5.216
8	.511	2.407	.436	2.981	.382	3.609	.328	4.539
9	.531	2.254	.457	2.750	.403	3.285	.349	4.064
10	.549	2.136	.476	2.575	.421	3.042	.367	3.712
11	.565	2.041	.492	2.436	.438	2.852	.384	3.441
12	.579	1.965	.507	2.324	.453	2.699	.399	3.226
13	.592	1.901	.521	2.232	.467	2.574	.413	3.050
14	.604	1.846	.533	2.153	.480	2.469	.426	2.904
15	.614	1.800	.545	2.087	.492	2.379	.438	2.781
16	.624	1.759	.556	2.029	.503	2.302	.449	2.675
17	.633	1.723	.565	1.978	.513	2.235	.460	2.584
18	.642	1.692	.575	1.933	.523	2.176	.470	2.503
19	.650	1.663	.583	1.893	.532	2.123	.479	2.432
20	.657	1.638	.591	1.858	.540	2.076	.488	2.369
21	.664	1.615	.599	1.825	.548	2.034	.496	2.313
22	.670	1.594	.606	1.796	.556	1.996	.504	2.261
23	.676	1.574	.613	1.769	.563	1.961	.511	2.215
24	.682	1.557	.619	1.745	.570	1.929	.518	2.173
25	.687	1.540	.625	1.722	.576	1.900	.525	2.134
26	.692	1.525	.631	1.701	.582	1.873	.531	2.098
27	.697	1.511	.636	1.682	.588	1.848	537	2.068
28	.702	1.498	.641	1.664	.594	1.825	.543	2.035
29	.706	1.486	.646	1.647	.599	1.803	.549	2.006
30	.711	1.475	.651	1.631	.604	1.783	.554	1.980
35	.729	1.427	.672	1.565	.627	1.699	.579	1.870
40	.745	1.390	.690	1.515	.646	1.635	.599	1.788
45	.758	1.361	.705	1.476	.662	1.585	.617	1.723
50	.769	1.337	.718	1.443	.676	1.544	.632	1.671
60	.787	1.300	.739	1.393	.700	1.481	.657	1.591
70	.801	1.272	.756	1.356	.718	1.435	.678	1.533
80	.813	1.251	.769	1.328	.734	1.399	.695	1.488
100	.831	1.219	.791	1.286	.758	1.347	.722	1.423

For N > 100,

$$L \doteq (1 + Z_{.5 + \frac{\gamma}{2}} \sqrt{2N})^{-2} \qquad U \doteq (1 - Z_{.5 + \frac{\gamma}{2}} \sqrt{2N})^{-2}$$

in which $Z_{.5 + \frac{\gamma}{2}}$ is the $(.5 + \gamma)$-th percentile of the standard normal distribution.

C-2. MTBF의 '신뢰구간' 계산표(정수 중단시험)

N \ Y	.80 L	.80 U	.90 L	.90 U	.95 L	.95 U	.98 L	.98 U
2	.8065	33.76	.5552	72.67	.4099	151.5	.2944	389.9
3	.6840	8.927	.5137	14.24	.4054	21.96	.3119	37.60
4	.6601	5.328	.5174	7.651	.4225	10.65	.3368	15.96
5	.6568	4.000	.5290	5.424	.4415	7.147	.3603	9.995
6	.6600	3.321	.5421	4.339	.4595	5.521	.3815	7.388
7	.6656	2.910	.5548	3.702	.4760	4.595	.4003	5.963
8	.6720	2.634	.5668	3.284	.4910	4.002	.4173	5.074
9	.6787	2.436	.5780	2.989	.5046	3.589	.4327	4.469
10	.6852	2.287	.5883	2.770	.5171	3.286	.4467	4.032
11	.6915	2.170	.5979	2.600	.5285	3.054	.4595	3.702
12	.6975	2.076	.6067	2.464	.5391	2.870	.4712	3.443
13	.7033	1.998	.6150	2.353	.5488	2.721	.4821	3.235
14	.7087	1.933	.6227	2.260	.5579	2.597	.4923	3.064
15	.7139	1.877	.6299	2.182	.5664	2.493	.5017	2.921
16	.7188	1.829	.6367	2.144	.5743	2.404	.5106	2.800
17	.7234	1.788	.6431	2.056	.5818	2.327	.5189	2.695
18	.7278	1.751	.6491	2.004	.5888	2.259	.5267	2.604
19	.7320	1.718	.6547	1.959	.5954	2.200	.5341	2.524
20	.7360	1.688	.6601	1.918	.6016	2.147	.5411	2.453
21	.7398	1.662	.6652	1.881	.6076	2.099	.5478	2.390
22	.7434	1.638	.6701	1.848	.6132	2.056	.5541	2.333
23	.7469	1.616	.6747	1.818	.6186	2.017	.5601	2.281
24	.7502	1.596	.6791	1.790	.6237	1.982	.5659	2.235
25	.7534	1.578	.6833	1.765	.6286	1.949	.5714	2.192
26	.7565	1.561	.6873	1.742	.6333	1.919	.5766	2.153
27	.7594	1.545	.6912	1.720	.6378	1.892	.5817	2.116
28	.7622	1.530	.6949	1.700	.6421	1.866	.5865	2.083
29	.7649	1.516	.6985	1.682	.6462	1.842	.5912	2.052
30	.7676	1.504	.7019	1.664	.6502	1.820	.5957	2.023
35	.7794	1.450	.7173	1.592	.6681	1.729	.6158	1.905
40	.7894	1.410	.7303	1.538	.6832	1.660	.6328	1.816
45	.7981	1.378	.7415	1.495	.6962	1.606	.6476	1.747
50	.8057	1.352	.7513	1.460	.7076	1.562	.6605	1.692
60	.8184	1.312	.7678	1.407	.7267	1.496	.6823	1.607
70	.8288	1.282	.7811	1.367	.7423	1.447	.7000	1.546
80	.8375	1.259	.7922	1.337	.7553	1.409	.7148	1.499
100	.8514	1.225	.8100	1.293	.7759	1.355	.7384	1.431

For N > 100,

$$L \doteq \left[1 + \sqrt{\frac{2}{N}} \ Z_{.5 + \frac{\gamma}{2}} \right]^{-1} \qquad U \doteq \left[1 - \sqrt{\frac{2}{N}} \ Z_{.5 + \frac{\gamma}{2}} \right]^{-1}$$

in which $Z_{.5 + \frac{\gamma}{2}}$ is the $(.5 + \frac{\gamma}{2})$-th percentile of the standard normal distribution.

Next page is blank.

D. 모형 적용을 위한 '고장 시간 데이터' 최소 수량[65]

Data Type	Minimum Requirements	Models
Failure Times	At least 3 unique failures.	Crow-AMSAA, Duane
		Crow Extended: BD modes - at least 3 unique BD modes - at least 3 unique
Grouped Failure Times	At least 3 unique failures.	Crow-AMSAA, Duane
		Crow Extended: BD modes - at least 3 unique BD modes - at least 3 unique
Multiple Systems - Known Operating Times	At least 3 unique failures for overall analysis.	Crow-AMSAA, Duane
		Crow Extended: BD modes - at least 3 unique BD modes - at least 3 unique
Multiple Systems - Concurrent Operating Times	At least 3 total failures for overall analysis.	Crow-AMSAA, Duane
	At least 3 unique failures on an individual system to return individual system results.	Crow Extended: BD modes - at least 3 unique BD modes - at least 3 unique
Multiple Systems with Dates	At least 3 total failures for overall analysis.	Crow-AMSAA, Duane
	At least 3 unique failures on an individual system to return individual system results.	Crow Extended: BD modes - at least 3 unique BD modes - at least 3 unique
Multiple Systems with Event Codes	At least 3 total failures for overall analysis. At least 3 unique failures on an individual system to return individual system results.	Crow Extended: BD modes - at least 3 unique BC modes - at least 3 unique I events apply only to BC modes and there must be an I event for each BC mode

---

65) https://help.reliasoft.com/weibull20/index.htm?#t=minimum_data_
requirements_-_times-to-failure_data.htm

E. '그룹 데이터'의 '순간 MTBF 구간 추정'

'신뢰도 성장분석'에서 쓰이는 '구간 추정' 방법은 크게 두 개다. 하나는 '개발 중 시험 데이터'에 주로 적용하는 'Crow Bounds'와 다른 하나는 'Fisher Information Matrix'에 기반한 'Fisher Matrix Bounds(또는 Fisher Matrix Approach)'이다. 또 'BC-모드' 존재 여부에 따라 해석 모형이 달라지므로 이것까지 고려하면 다음의 관계를 갖는다.

[그림 E-1] '모형'과 관련된 '구간 추정(신뢰구간)' 방법

[그림 E-1]에서 빨간색으로 강조한 추정법이 이어지는 설명이다. '그룹 데이터'의 '구간 추정'을 위해 본문의 [표 Ⅲ-23]을 다음에 옮겨 놓았다.

[표 E-1] 항공기 최초 '100시간' 동안의 '그룹 데이터' 예

No	시작 시간	종료 시간	관측 고장 수(회)
1	0	20	13
2	20	40	16
3	40	60	5
4	60	80	8
5	80	100	7
총 관측 고장 수(N)			49

'순간 MTBF'에 대한 '구간 추정'은 식(E-1)과 같다.[66)]

$$['순간\ MTBF(\widehat{m}_{ins})'의\ '구간\ 추정\,(Confidence\ Bounds)'] \qquad (E\text{-}1)$$

'순간 $MTBF$가 양수이므로 $\ln\,[m_{ins(t)}]$는 대략 정규분포한다. 이에

$$\bigcirc\ \frac{\ln \widehat{m}_{ins}(t) - \ln m_{ins}(t)}{\sqrt{Var[\ln \widehat{m}_{ins}(t)]}} \sim N(0,1)$$

이때 '순간 $MTBF$'에 대한 신뢰구간 근사값은 다음과 같다.

$$\bigcirc\ CB = \widehat{m}_{ins}(t)e^{\pm z_\alpha \sqrt{Var[\widehat{m}_{ins}(t)]}/\widehat{m}_{ins}(t)} \;-----------------a)$$

$$where,\ \widehat{m}_{ins}(t) = \hat{\mu}(t)^{-1} = 1/(\lambda\beta t^{\beta-1}) \;--------------a)-1$$

$$Var[\widehat{m}_{ins}(t)] = \left(\frac{\partial m_{ins}(t)}{\partial \beta}\right)^2 Var(\hat{\beta}) + \left(\frac{\partial m_{ins}(t)}{\partial \lambda}\right)^2 Var(\hat{\lambda})$$

$$+ 2\left(\frac{\partial m_{ins}(t)}{\partial \beta}\right)\left(\frac{\partial m_{ins}(t)}{\partial \lambda}\right)cov(\hat{\beta},\ \hat{\lambda}) \;--a)-2$$

식(E-1)의 'a)'에서 'CB(Confidence Bounds)'를 구하면 '±'로부터 하나는 '신뢰 하한'과 다른 하나는 '신뢰 상한'을 얻는다. 따라서 계산의 핵심은 'a)-2'인 '$Var[\ln \widehat{m}_{ins}(t)]$'을 알아야 하며, 이를 위해 식에 포함된 '$\widehat{m}_{ins}(t)$'에 대한 '편미분'과, 매우 생소한 'Fisher Matrix'의 '분산 성분'인 '$Var(\hat{\beta}), Var(\hat{\lambda}), cov(\hat{\beta},\ \hat{\lambda})$' 값들이 필요하다. 우선 '$\widehat{m}_{ins}(t)$'에 대한 '편미분'은 '$\beta$'와 '$\lambda$'에 대해 각각 수행한다.

---

66) http://reliawiki.org/index.php?title=Crow-AMSAA_Confidence_Bounds

['$Var[\ln \widehat{m}_{ins}(t)]$'에 포함된 '편미분' 구하기] (E-2)

본문 [그림 $III-27$] → $\hat{\beta}=0.752851$, (식 $III-29$) → $\hat{\lambda}=1.529305$, $t=100$.

$$\left(\frac{\partial m_i(t)}{\partial \beta}\right)_{\beta=\hat{\beta},\,\lambda=\hat{\lambda}} = \frac{1}{\hat{\lambda}}\frac{\partial[1/(\hat{\beta}t^{\hat{\beta}-1})]}{\partial\hat{\beta}} = -\frac{1}{\hat{\lambda}\hat{\beta}^2}t^{1-\hat{\beta}} - \frac{1}{\hat{\lambda}\hat{\beta}}t^{1-\hat{\beta}}\ln t$$

$$= -\frac{1}{1.529305\times0.752851^2}\times100^{1-0.752851}$$

$$\quad -\frac{1}{1.529305\times0.752851}\times100^{1-0.752851}\ln100$$

$$\cong -16.0843$$

$$\left(\frac{\partial m_i(t)}{\partial \lambda}\right)_{\beta=\hat{\beta},\,\lambda=\hat{\lambda}} = \frac{1}{\hat{\beta}t^{\hat{\beta}-1}}\frac{\partial[1/\lambda]}{\partial\hat{\lambda}} = -\frac{1}{\hat{\lambda}^2\hat{\beta}}t^{1-\hat{\beta}}$$

$$= -\frac{1}{1.529305^2\times0.752851}\times100^{1-0.752851} \cong -1.7726$$

통계 소프트웨어인 'JUMP'의 결과와 비교하기 위해 될 수 있으면 반올림을 최소화했다. 다음은 식(E-1)의 'a)-2'를 계산하기 위해 '분산 성분'인 '$Var(\hat{\beta}), Var(\hat{\lambda}), cov(\hat{\beta}, \hat{\lambda})$' 값들을 알아야 하는데, 이때 필요한 정보가 'Fisher Matrix'이다. 한마디로 '$\hat{\beta}$의 분산', '$\hat{\lambda}$의 분산', 그리고 '공분산 $cov(\hat{\beta}, \hat{\lambda})$'을 한 번에 얻는 방법이다. 다음 식(E-3)과 같다.

$$\left[\begin{array}{cc} -\dfrac{\partial^2 \Lambda}{\partial\lambda^2} & -\dfrac{\partial^2 \Lambda}{\partial\lambda\partial\beta} \\ -\dfrac{\partial^2 \Lambda}{\partial\lambda\partial\beta} & -\dfrac{\partial^2 \Lambda}{\partial\beta^2} \end{array}\right]^{-1}_{\beta=\hat{\beta},\,\lambda=\hat{\lambda}} = \left[\begin{array}{cc} Var(\hat{\lambda}) & Cov(\hat{\beta}, \hat{\lambda}) \\ Cov(\hat{\beta}, \hat{\lambda}) & Var(\hat{\beta}) \end{array}\right] \quad \text{(E-3)}$$

식(E-3)의 편미분에서 'Λ'는 '그룹 데이터(Grouped Data)'에 대한 '로그 우도 함수'이다. 다음 식(E-4)와 같다.

$$['\text{그룹 데이터}']\text{의 }'\text{로그우도함수}'] \tag{E-4}$$

$$\Lambda = \sum_{i=1}^{k}\left[n_i \ln\left(\lambda T_i^{\beta} - \lambda T_{i-1}^{\beta}\right) - \left(\lambda T_i^{\beta} - \lambda T_{i-1}^{\beta}\right) - \ln n_i!\right]$$

식(E-4)를 식(E-3)의 각 '편미분'에 맞춰 정리하면 다음 식(E-5)와 같다.

$$\bigcirc \quad \frac{\partial^2 \Lambda}{\partial \lambda^2} = -\frac{N}{\lambda^2}, \quad where, \ N = \text{총 고장수} \tag{E-5}$$

$$\bigcirc \quad \frac{\partial^2 \Lambda}{\partial \beta^2} = \sum_{i=1}^{k}\left\{ n_i \left[\frac{\left(t_i^{\hat{\beta}}\ln^2 t_i - t_{i-1}^{\hat{\beta}}\ln^2 t_{i-1}\right)\left(t_i^{\hat{\beta}} - t_{i-1}^{\hat{\beta}}\right)}{-\left(t_i^{\hat{\beta}}\ln t_i - t_{i-1}^{\hat{\beta}}\ln t_{i-1}\right)^2} \middle/ \left(t_i^{\hat{\beta}} - t_{i-1}^{\hat{\beta}}\right)^2 \right] - \left(\lambda t_i^{\hat{\beta}}\ln^2 t_i - \lambda t_{i-1}^{\hat{\beta}}\ln^2 t_{i-1}\right) \right\}$$

$$\bigcirc \quad \frac{\partial^2 \Lambda}{\partial \lambda \partial \beta} = -t_k^{\beta}\ln t_k, \quad where, \ t_k = \text{시험 중단 시간}$$

(E-5)의 'β의 편미분'이 복잡한데 계산 과정을 기술하면 식(E-6)과 같다.

$$\bigcirc \quad \frac{\partial^2 \Lambda}{\partial \lambda^2} = -\frac{N}{\lambda^2} = -\frac{49}{1.529305^2} \cong -20.9512 \tag{E-6}$$

$$\bigcirc \quad \frac{\partial^2 \Lambda}{\partial \beta^2} = \sum_{i=1}^{k}\left\{ n_i \left[\frac{\left(t_i^{\hat{\beta}}\ln^2 t_i - t_{i-1}^{\hat{\beta}}\ln^2 t_{i-1}\right)\left(t_i^{\hat{\beta}} - t_{i-1}^{\hat{\beta}}\right)}{-\left(t_i^{\hat{\beta}}\ln t_i - t_{i-1}^{\hat{\beta}}\ln t_{i-1}\right)^2} \middle/ \left(t_i^{\hat{\beta}} - t_{i-1}^{\hat{\beta}}\right)^2 \right] - \left(\lambda t_i^{\hat{\beta}}\ln^2 t_i - \lambda t_{i-1}^{\hat{\beta}}\ln^2 t_{i-1}\right) \right\} = [i=1]$$

$$+ 16 \times \left[\frac{\left(40^{0.752851}*\ln^2 40 - 20^{0.752851}*\ln^2 20\right)\times\left(40^{0.752851} - 20^{0.752851}\right)}{-\left(40^{0.752851}*\ln 40 - 20^{0.752851}*\ln 20\right)^2} \middle/ \left(40^{0.752851} - 20^{0.752851}\right)^2 \right.$$
$$\left. -\left(1.529305*40^{0.752851}*\ln^2 40 - 1.529305*20^{0.752851}*\ln^2 20\right) \right]$$
$$+ [i=3] + [i=4] + [i=5] \cong -1,101.9040$$

$$\bigcirc \quad \frac{\partial^2 \Lambda}{\partial \lambda \partial \beta} = -t_k^{\beta}\ln t_k = -100^{0.752851}\times\ln(100) = -147.5529$$

식(E-6)의 '$\partial^2 \Lambda / \partial \beta^2$'는 양이 많아 [표 E-1]의 두 번째 그룹만 기술하였다. 나머지는 '$[i=1]$, $[i=3]$' 등으로 표기하였다. 식(E-6)을 토대로 식(E-3)의 'Fisher Matrix'를 완성하면 식(E-7)과 같다.

$$\begin{bmatrix} 20.9512 & 147.5529 \\ 147.5529 & 1,101.9040 \end{bmatrix}^{-1} = \begin{bmatrix} Var(\hat{\lambda}) & Cov(\hat{\beta}, \hat{\lambda}) \\ Cov(\hat{\beta}, \hat{\lambda}) & Var(\hat{\beta}) \end{bmatrix} \qquad \text{(E-7)}$$

식(E-7)의 좌변은 '2×2 행렬의 역행렬'로 알려진 식을 이용하면 계산될 수 있다. 식(E-8)과 같다.

○ '2×2 행렬의 역행렬' 계산   (E-8)

$$\begin{bmatrix} a & b \\ c & d \end{bmatrix}^{-1} = \frac{1}{ad-bc} \begin{bmatrix} d & -b \\ -c & a \end{bmatrix}$$

$$\begin{bmatrix} 20.9512 & 147.5529 \\ 147.5529 & 1,101.9040 \end{bmatrix}^{-1} = \frac{1}{20.9512 * 1,101.9040 - 147.5529^2}$$
$$\times \begin{bmatrix} 1,101.9040 & -147.5529 \\ -147.5529 & 20.9512 \end{bmatrix}$$
$$= \begin{bmatrix} 0.83839 & -0.11227 \\ -0.11227 & 0.01594 \end{bmatrix} = \begin{bmatrix} Var(\hat{\lambda}) & Cov(\hat{\beta}, \hat{\lambda}) \\ Cov(\hat{\beta}, \hat{\lambda}) & Var(\hat{\beta}) \end{bmatrix}$$

식(E-8)을 통계 소프트웨어 'JUMP'로 확인하면 [그림 E-2]와 같다.

이제 마무리 단계이다. 식(E-1)의 '신뢰구간'인 'a)'를 얻기 위해 'a)-1'과 'a)-2'의 '$Var[\hat{m}_{ins}(t)]$'을 얻는 일만 남았다. 먼저 'a)-1'은 다음 식(E-9)와 같다.

$$[식(E-1)의\ 'a)-1'의\ 계산] \tag{E-9}$$
$$\hat{m}_{ins}(t) = \hat{\mu}(t)^{-1} = 1/(\lambda\beta t^{\beta-1})$$
$$= (1.529305*0.752851*100^{0.752851-1})^{-1} \cong 2.710784$$

다음 식(E-2)와 식(E-8)을 이용하면 'a)-2'의 결과인 식(E-10)을 얻는다.

$$[식(E-1)의\ 'a)-2'의\ 분산\ 계산] \tag{E-10}$$
$$Var[\hat{m}_{ins}(t)] = \left(\frac{\partial m_{ins}(t)}{\partial \beta}\right)^2 Var(\hat{\beta}) + \left(\frac{\partial m_{ins}(t)}{\partial \lambda}\right)^2 Var(\hat{\lambda})$$
$$+ 2\left(\frac{\partial m_{ins}(t)}{\partial \beta}\right)\left(\frac{\partial m_{ins}(t)}{\partial \lambda}\right) cov(\hat{\beta}, \hat{\lambda})$$
$$= (-16.0843)^2 \times 0.01594 + (-1.7726)^2 \times 0.83839$$
$$+ 2 \times (-16.0843) \times (-1.7726) \times (-0.11227)$$
$$\cong 0.356639$$

식(E-9)와 식(E-10)을 이용해서 식(E-1)의 'a)'인 '신뢰구간'을 얻을 수 있다. 다음 식(E-11)과 같다.

$$['순간\, MTBF[\widehat{m}_{ins}(100)]'의\,'구간 추정(Confidence\ Bounds)'] \quad (E\text{-}11)$$
$$시험 종료 시점인\, t = 100에서의\,'구간 추정'$$

$$- \widehat{m}_{ins}(100) = 2.710784$$
$$- Var[\widehat{m}_{ins}(100)] = 0.356639$$
$$- z_{0.975} \cong 1.96$$

$$CB = \widehat{m}_{ins}(100)e^{\pm z_o \sqrt{Var[\widehat{m}_{ins}(100)]}/\widehat{m}_{ins}(100)}$$
$$= 2.710784 \times e^{\pm 1.96 \sqrt{0.356639}/2.710784}$$

$$\therefore\, 신뢰 수준 95\%에서의\,'구간 추정'$$
$$-\,('-'일\ 때)\ 신뢰 하한 \cong 1.76025$$
$$-\,('+'일\ 때)\ 신뢰 상한 \cong 4.17462$$

다음 [그림 E-3]은 'JUMP'의 결과로 식(E-11)의 '신뢰구간' 결과와 정확히 일치한다.

[그림 E-3] '순간 MTBF'의 '신뢰구간' JUMP 결과

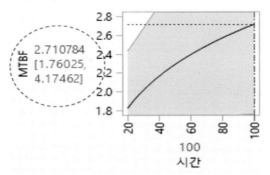

본문 [표 III-23]의 '그룹 데이터'에 대한 '모수(β, λ)'들 '점 추정', '구간 추정(신뢰구간)', '공분산 행렬', '실증(또는 성취) MTBF'를 계산한다.

library(bbmle)

[데이터]
HoursL <- c(0, 20, 40, 60, 80)   # 시간 구간의 하단
HoursU <- c(20, 40, 60, 80, 100) # 시간 구간의 상단
Failures <- c(13,16,5,8,7)   # 고장 수

[그룹 데이터에 대한 AMSAA Crow model의 '-로그우도 함수']
lambda <- c(0.1) # 시작 값
beta <- c(0.1)

llikCROWg <- function (lambda, beta) {
l <- exp(lambda)
b <- exp(beta)
-(sum(ns*log(l*TU^b - l*TL^b) - (l*TU^b - l*TL^b)))
}

---

67) 'http://blogs2.datall analyse.nl/2016/02/17/rcode_crow_amsaa/' 내용 편집.

[두 모수의 최적값 찾기]]

```
NHPP.mle        <-        mle2(minuslogl=llikCROWg,        optimizer="optim",
method="BFGS",
    data=list(TU=HoursU, TL=HoursL, ns=Failures),
    start=list(lambda=log(lambda), beta=log(beta))
```

[MLE 모수 추정]

```
para <- exp(coef(NHPP.mle))
(loglikModel <- -NHPP.mle@min)   #log-likelihood of model
> para
 lambda  beta
1.5293982 0.7528377
```

[모수들의 신뢰구간]

```
round(exp(confint(NHPP.mle, level=0.95, method="quad"))), 4)
>       2.5 %  97.5 %
lambda 0.4730   4.9449
beta   0.5419   1.0458
```

[공분산 행렬]

```
vcovNHPP                                                               <-
exp(coef(NHPP.mle))%*%t(exp(coef(NHPP.mle)))*vcov(NHPP.mle)
    rownames(vcovNHPP) <- colnames(vcovNHPP)
    round(vcovNHPP, 8)
> lambda   beta
```

lambda 0.8384799 -0.11227153

beta   -0.1122715 0.01594055

[실증(또는 성취) MTBF]

FailureRate <-as.numeric(para[1]*para[2]*100^(para[2]-1))

MTBF <- as.numeric(1/FailureRate)

> FailureRate

[1] 0.3688904

> MTBF

[1] 2.710832

F-2. '불연속 데이터' 분석 'R 코드'

```
dat   <-   read.csv(file="C:/Users/sigma/OneDrive/바탕  화면/불연속데이터.csv",
header=TRUE, sep=",")
data <- dat$FailTime  # nemeric으로 변환


T1 <- 41.3  # Change Point
T2 <- 200    # 종 시험 기간(T)
n1 <- length(which(data <= 41.3))   # Change Point 41.3 이하 개수
n2 <- length(which(data > 41.3))   # Change Point 41.3 초과 개수
```

['β 1' 계산]

```
i <- 1
cum.1 <- 0
repeat {
func.1 <- log(T1/data[i])
cum.1 <- cum.1 + func.1
beta.1 <- n1/cum.1
if(i > 47){
cat("$\beta$ 1=", beta.1, "\n")
break
}
i <- i+1
}
```

```
> β 1= 0.8604836
```

['β 2' 계산(먼저 계산돼야 'λ 1','λ 2' 계산 가능)]

```
i <- n1 + 1
cum.2 <- 0
repeat {
func.2 <- log(T2/data[i])
cum.2 <- cum.2 + func.2
const <- n1*log(T2/T1)
beta.2 <- n2/(const + cum.2)
if(i == 56){
  cat("β 2 =", beta.2, "\n")
  break
}
  i <- i+1
}
> β 2=0.09836438
```

['λ 1' 계산]

```
Lamda1 <- (n1+n2)/((T1^(beta.1-beta.2))*T2^beta.2)
cat("λ 1 =", Lamda1, "\n")
> λ 1=1.951201
```

['λ 2' 계산]

```
Lamda2 <- (n1+n2)/(T2^beta.2)
```

```
cat("λ 2 =", Lamda2, "\n")
> λ 2=33.25436
```

F-3. ACPM [표 Ⅳ-5] Case Study18 'R 코드'

```
Data <- read.csv(file="C:/Users/sigma/OneDrive/바탕 화면/
 ACPM_Case Study18(표 4-5).csv",header=T)

# 분석 가능한 구조의 데이터프레임 만들기
BDCount <- table(Data$BDi) # BD별 고장 수 세기
BDCount_df <- data.frame(BDCount)  # 데이터 프레임으로.
names(BDCount_df) <- c("BDi", "ni") # 열이름 지정.

# 중복제거하고 BDi별 첫 값들만 구성
di_Duplicate <- Data[-which(duplicated(Data$BDi)),]

# BDi, FailureTime, di, ni
DataBind <- cbind(di_Duplicate, BDCount_df$ni)
colnames(DataBind)[4]<-"ni" # 'BDCount_df$ni'이름을 'ni'로 바꾸기
DataBind  # 분석 가능한 구조완성

# 공통 변수
attach(DataBind)
nA <- 10
```

```
T <- 400
```

```
# [모수: 편향 추정량]
Beta <- max(BDi)/(max(BDi)*log(T)-sum(log(FailureTime)))
Lamda <- max(BDi)/T^Beta
```

```
# [모수: 비편향 추정량]
Beta_bar <- ((max(BDi)-1)/max(BDi))*Beta
Lamda_bar <- max(BDi)/T^Beta_bar
```

```
# [고장강도, 예상 MTBF: 비편향]
Mu_bar <- (1/T)*(nA + sum((1-di)*ni)
+ Beta_bar*sum(di))
Mp_bar <- 1/Mu_bar
```

F-4. ACPM [표 Ⅳ-11] Case Study20 'R 코드'

```
dat <- read.csv(file="C:/Users/sigma/OneDrive/바탕 화면/ACPM_Case Study20
(표 4-11).csv",header=T)
```

```
## 최적화에 필요한 함수의 구성
attach(dat)
#-1) 'Beta 계산 식'의 분모 중 맨 끝항 미리 계산해 놓기
FailTime=Mileage[which(Fail==1)] # 고장 난 아이템의 고장시간(Mileage)
```

```
SumLog=0
for(i in 1:length(FailTime)){
SumLog=SumLog+log(FailTime[i])
}
SumLog   # 'ln(고장시간)'의 합.


#-2) 'Fail 열=0', 즉 'End Time' 값 추출
dat.nomiss <- na.omit(dat)   # 결측치 행 모두 제거
tEnd <- c() # 각 시스템 '시험종료시간' 모아 놓을 공간.
for(i in 1:length(dat.nomiss$Car)){   # 'Fail열'이 '0'이면, 같은
if (dat.nomiss$Fail[i]==0) { # 행 'Mileage열' 값을
  tEnd <- append(tEnd, dat.nomiss$Mileage[i]) # 'tEnd'에 추가.
}
}


#-3) 'Beta 계산 함수' 구성
options(digits=8)   # 8자릿수로 출력.
ff=function(para,t) {    # 't'는 '입력 데이터.' 본 예는 'tEnd.'
b <- para[1]     # '모수'는 1개('lambda'는 'beta'로 계산됨) # 모수 2개면 'c
<- para[2]' 등 추가함.
l <- 0  # 'beta 계산 식 시작. 초깃값.
term <- 0
for(i in 1:length(tEnd)){
 l <- l + t[i]^b
 term <- term + ((t[i]^b)*log(t[i]))
```

```
    lambda <-length(FailTime)/l
    beta <- length(FailTime)/(lambda*term-SumLog)
  }
    return(abs(b-beta)) # (주의!) 'return'이 바로 앞 영역에 들어    } # 있으면
단 1개 사이클만 돌게 됨.
    # 'optim' 사용 위해 'return(function)'이 # 꼭 있어야 함.
    #-4) 최적화를 통한 beta 추정
    optim(c(0), fn=ff, t=tEnd, method="CG", hessian=F)
```

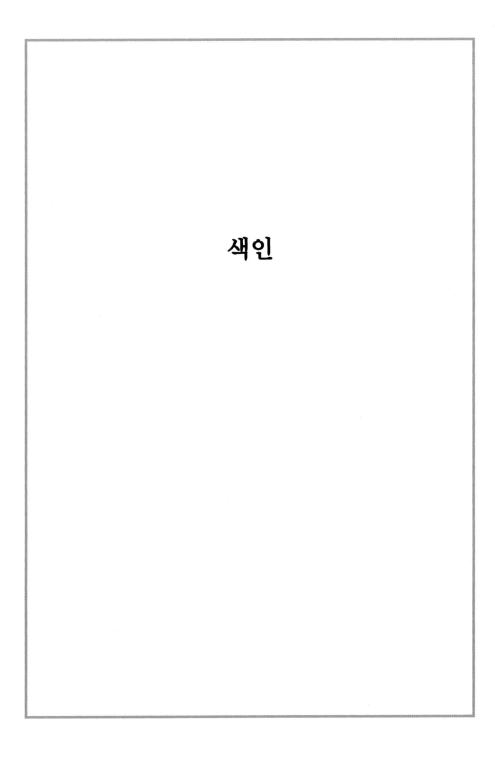

색인

(A~P)

A-모드 ; 32, 296
B-모드 ; 32
BC-모드 ; 365
BD-모드 ; 296, 365
Crow Bounds ; 192, 229
Duane 그림 ; 188
Duane 모형 ; 157, 199
Fisher Matrix Bounds ; 192, 229
HPP ; 33, 152
MTBF ; 34
NHPP ; 33
OMS/MP ; 33, 104
Power Law 모형 ; 177, 341

(ㄱ)

개선 조치 ; 34, 48
개선조치 기간 ; 49
갱신 과정 ; 41, 146, 149
결측 자료 ; 236
계획 성장 곡선 ; 28, 73
고장 강도 함수 ; 34, 105, 150, 176
고장모드 ; 28
고장 시간 ; 58
공학적 분석법 ; 142
관리전략 ; 102
구간 데이터 ; 65
구간 추정 ; 204, 338
구성 ; 28, 214, 284
그룹 데이터 ; 65

(ㄴ)

누적 고장률 ; 34, 74, 82
누적 사건 그림 ; 188
누적 MTBF 그림 ; 196
누적 시험 시간 ; 74

(ㄷ)

다중 고장 ; 34
다중 아이템 ; 60
동질적 포아송 과정 ; 41
등가 단일 시스템 ; 207, 219, 333

(ㅁ)

매개변수 ; 101, 109

(ㅂ)

방법론 ; 50
불연속 ; 242
복구 가능 아이템 ; 285, 386
비동질적 포아송 과정 ; 40

(ㅅ)

선형 보간법 ; 222
성능 시험 분석 ; 331
성장률 ; 92
성장 잠재 고장강도 ; 306

성장 잠재 MTBF ; 46, 103, 307, 373
성장 잠재력 ; 29
성취 MTBF ; 30, 176
수리 ; 29
수정 ; 29
수정 효과계수 ; 45, 52, 295
순간 고장률 ; 84
시험국면 ; 29, 48
신규 BD-모드 ; 373
신뢰도 성장예상 ; 30, 285
신뢰도 ; 29
신뢰도 블록도 ; 321
신뢰도 성장 ; 29
신뢰도 성장계획 ; 26, 48, 72
신뢰도 성장관리 ; 30, 39
신뢰도 성장분석 ; 30
신뢰도 성장평가 ; 26
신뢰도 성장추적 ; 140
실증 MTBF ; 30, 142, 176

(ㅇ)

아이템 사용 연한 ; 31, 345
아이템 성숙도 ; 114
열화계수 ; 107
열화 모형 ; 151
예방보전 ; 313
예상 MTBF ; 31, 46, 142, 277
요구 MTBF ; 103
와이블 과정 ; 150
운영 척도 ; 113
위험 척도 ; 111
이상 성장 곡선 ; 31, 73, 87, 89
일회성 아이템 ; 261

임곗값 ; 310
임의성 ; 352

(ㅈ)

적합도 검정 ; 41, 184, 231, 239
전환점 ; 243
정비 정책 ; 320
정수 중단시험 ; 40
정시 중단시험 ; 40
주 고장 ; 34
지수 분포 ; 170
지연 수정 ; 31, 53

(ㅊ)

초기 MTBF ; 102
총 시험 기간 ; 94
최대 우도 추정 ; 202
최소 수리 ; 170
최적 정비 시간 ; 348
최종 MTBF ; 94
추세 ; 172, 309
추세분석 ; 206
추적 성장 곡선 ; 32

(ㅋ)

카이제곱 검정 ; 308

(ㅍ)

평균 MTBF 그림 ; 197
평균 고장률 ; 79, 83
평균 수리비 ; 346

평균 지연 시간 ; 103
평균 FEF ; 102
포아송 과정 ; 32, 153
필드 아이템 ; 66, 68
플릿 데이터 분석 ; 350
플릿 아이템 ; 66

(ㅎ)

학습 곡선 ; 74, 263
현재 고장률 ; 84
형상모수 ; 225
혼합 데이터 ; 255

송인식

저자는 6시그마가 국내 처음으로 도입된' 97년에 삼성 SDI 중앙연구소 연구원이었으며, 당시 WB인증 및 고장해석 분야에서 공정 고질불량을 완전히 해결한 DMAIC GB과제와 국내 처음으로 PDP 가속수명법 개발을 통한 DFSS BB과제를 수행하였으며, 특히 이후의 미국 SBTI사 DFSS 과정 중 Display Cost Reduction 과제 성과를 토대로 Off-Job 사내 컨설턴트로 활동하였다.
삼성정밀화학, 제일모직, 효성, 삼성코닝정밀유리, 만도, 동부제철 등 DFSS를 기반으로 한 국내 대기업 연구, 제조, 간접과제는 물론, 교보생명, 동부화재 등 금융 업종까지의 전방위적인 컨설팅 수행 실적을 보유하고 있다.

저자카페: http://cafe.naver.com/oversigma (DMAIC, DFSS, DMWC, VFSS 템플릿 제공)

Be the Solver

신뢰도 성장분석(RGA)

초판인쇄   2021년 4월 15일
초판발행   2021년 4월 15일

지은이   송인식
펴낸이   채종준
펴낸곳   한국학술정보㈜
주소   경기도 파주시 회동길 230(문발동)
전화   031) 908-3181(대표)
팩스   031) 908-3189
홈페이지   http://ebook.kstudy.com
전자우편   출판사업부 publish@kstudy.com
등록   제일산-115호(2000. 6. 19)

ISBN   979-11-6603-407-7 94320